新编21世纪市场营销系列教材

营销调研

第3版

主 编 陈 凯
副主编 薛永基 彭 茜 汪晓凡

Marketing Research

中国人民大学出版社
·北京·

图书在版编目（CIP）数据

营销调研 / 陈凯等主编. -- 3 版. -- 北京 : 中国人民大学出版社，2023.3
新编 21 世纪市场营销系列教材
ISBN 978-7-300-31457-0

Ⅰ.①营… Ⅱ.①陈… Ⅲ.①市场调查－高等学校－教材 Ⅳ.①F713.52

中国国家版本馆 CIP 数据核字（2023）第 030038 号

新编 21 世纪市场营销系列教材
营销调研（第 3 版）
主　编　陈　凯
副主编　薛永基　彭　茜　汪晓凡
Yingxiao Diaoyan

出版发行	中国人民大学出版社		
社　　址	北京中关村大街 31 号	**邮政编码**	100080
电　　话	010－62511242（总编室）		010－62511770（质管部）
	010－82501766（邮购部）		010－62514148（门市部）
	010－62515195（发行公司）		010－62515275（盗版举报）
网　　址	http://www.crup.com.cn		
经　　销	新华书店		
印　　刷	北京溢漾印刷有限公司	**版　　次**	2011 年 9 月第 1 版
开　　本	787 mm×1092 mm　1/16		2023 年 3 月第 3 版
印　　张	20.75 插页 1	**印　　次**	2024 年 12 月第 2 次印刷
字　　数	473 000	**定　　价**	55.00 元

内容简介

本书基于数字经济发展的背景，突出营销调研的基本理论、原理和方法，在第2版的基础上对相关章节进行了简化与调整：简化了“实验法”一章，保留了实验法概述、实验效度与误差以及实验设计；调整了“分析营销调研数据”一章，删除了聚类分析，增加了实践中更常用的因子分析；更新了各章的案例分析、延伸阅读的内容，增加了课程思政的相关内容。

第3版聚焦国内外营销调研理论与实践的新进展，侧重于应用、侧重于实践教学。

- 立足理论基础。本书着力于营销调研理论的介绍和前沿学科知识的引入，将近年来的新理论、新理念融入教材，循序渐进地介绍营销调研的基本概念、理论和方法。

- 突出应用导向。本书结合相关案例分析详细介绍了各种调研方法的应用，在营销调研数据处理、市场预测等部分表现得尤为明显。对SPSS、EViews等软件的介绍突出了基础性、应用性，便于读者掌握和应用。

- 面向营销实践。本书注重对实践的指导作用，各章的重点难点问题都配有相应的典型案例，可直接辅助营销调研的组织和诊断。本土化案例和新近资料贴近中国国情，适合中国企业营销调研的实际。

主要作者简介

陈　凯　管理学博士，北京林业大学经济管理学院教授、博士生导师，工商管理学科负责人。中国高等院校市场学研究会绿色消费与绿色营销专业委员会学术委员会主任，中国商业史学会品牌专业委员会副主任，全国万名优秀创新创业导师人才库首批入库导师，北京林业大学第七届教学名师。

前言

党的二十大报告指出，高质量发展是全面建设社会主义现代化国家的首要任务。必须完整、准确、全面贯彻新发展理念，坚持社会主义市场经济改革方向，坚持高水平对外开放，加快构建以国内大循环为主体、国内国际双循环相互促进的新发展格局。充分发挥市场在资源配置中的决定性作用，更好发挥政府作用。2020 年 12 月，中共中央政治局会议提出，要扭住供给侧结构性改革，同时注重需求侧改革，打通堵点，补齐短板，贯通生产、分配、流通、消费各环节，形成需求牵引供给、供给创造需求的更高水平动态平衡，提升国民经济体系整体效能。

实现高质量发展，形成需求牵引供给、供给创造需求的更高水平动态平衡，关键一环就是提升企业对市场需求变化的反应能力和调整能力。企业不仅要致力于满足现实的有效需求，还要善于捕捉尚未被满足的潜在需求，这就要求企业积极运用市场营销理论，依靠理念创新、技术创新，借助营销调研、市场细分、市场选择、市场定位等营销技术和方法，发掘潜在的市场需求，开发市场需要的产品和服务，提供高质量的产品和服务，以切实有效地惠及民生，更好地满足人民对美好生活的向往。

习近平总书记指出："调查研究是谋事之基、成事之道。没有调查，就没有发言权，更没有决策权。"随着移动互联网、大数据分析等新技术的普及，企业要在复杂多变的环境中生存与发展就必须开展调查研究，快速、准确地捕捉不断变化的顾客需求，并根据市场变化调整营销战略和策略。这就要求企业准确把脉市场环境，加强营销创新，提高营销效率，生产出消费者青睐、供不应求的产品，顺利实现从商品到货币的"惊险一跃"。因此，开展营销调研对企业具有重要的现实意义。

为了更好地满足经济管理类学生以及相关从业人员深入学习营销调研的需要，我们密切关注国内外营销调研理论与实践的新进展，并结合作者多年的教学经验和科研体会，从侧重于应用、侧重于实践教学的基点出发，编写完成了这本《营销调研》（第 3 版）。与第 2 版相比，第 3 版保持了篇章结构的稳定性，在数字经济发展的背景下，突出营销调研的基本理论、原理和方法，并对相关章节进行了简化与调整，使内容更紧凑。具体而言，将“实验法”这一章的内容简化，保留了实验法概述、实验效度与误差以及实验设计；在“分析营销调研数据”这一章，删除了聚类分析，增加了实践中更常用的因子分析；重点更新了各章案例分析和延伸阅读的内容，增加了课程思政的相关内容。全书分为 4 篇，共 13 章，涵盖了营销调研涉及的所有活动。

第 1 篇“导论”包括两章内容。首先，介绍营销调研的含义、作用、分类、程序、组织以及营销调研伦理等，旨在使读者准确把握营销调研的基本概念，正确认识营销调研的任务，全面理解营销调研的内涵，并了解开展营销调研活动对于企业获取竞争优势所具有的重要意义。其次，介绍营销调研方案的确定，具体包括制定营销调研目标、设计营销调研方案以及实施营销测试。

第 2 篇“营销调研方法”包括六章内容。首先，介绍定性调研方法，包括观察法、深度访谈法、头脑风暴法、焦点小组访谈法、投射法等，在此基础上进一步介绍调查数据的收集方法。其次，对营销测量方案进行讨论，介绍测量的基本概念、基本尺度及应用，在此基础上对营销调研常用量表进行分析说明，简要介绍量表的信度与效度，并结合 SPSS 应用软件进行举例分析。再次，围绕问卷的基本结构和问题设计技巧、问卷预编码、计算机辅助问卷设计等内容，在明确了调研方法和工具后，对随机抽样和非随机抽样、制订抽样计划、确定样本规模等内容进行介绍。最后，进行实验法概述，介绍实验效度与误差以及实验设计。

第 3 篇“营销调研数据处理”包括三章内容，主要探讨营销调研数据的收集以及数据整理相关内容。首先，介绍数据收集过程中可能产生的误差，并对数据收集的质量控制及对无应答与不可靠应答的处理进行了介绍。其次，介绍如何初步整理营销调研数据，数据整理环节的工作程序、事后编码的要点、统计分析方法的分类和数据的描述性分析。最后，详细介绍调研数据处理中常用的五种分析方法的含义、原理、步骤，具体方法包括回归分析、T 检验、列联表分析、方差分析以及因子分析，并结合统计软件详细说明了如何应用这些分析方法解决实际问题。

第 4 篇“市场预测与调研报告”包括两章内容，首先，介绍市场预测的概念、步骤，以及常用的定性预测方法和定量预测方法。其次，介绍营销调研报告的撰写，内容包括调研报告的撰写步骤、结构、撰写技巧等。

本书具有以下特色：

第一，立足理论基础。本书着力于营销调研理论的介绍和前沿学科知识的引入，实现了将近年来的新理论、新理念融入教材的目标。本书由浅入深、循序渐进地介绍营销调研的基本概念、理论和方法。

第二，突出应用导向。本书在介绍营销调研理论和方法的同时，结合相关案例分析详细介绍了调研方法的应用，突出了应用导向，这在营销调研数据处理、市场预测等部分表现得尤为明显。在介绍 SPSS、EViews 等软件的使用时，本书做到了突出基础性、应用性，以便读者掌握和应用。

第三，面向营销实践。本书注重对实践的指导作用，各章的重点难点问题都配有相应的典型案例，案例分析、延伸阅读等强化了本书面向实践的特色，可以直接辅助营销调研的组织和诊断。尤其是很多本土化的鲜活案例和新近资料，使本书内容更贴近中国国情，更适合中国企业营销调研的实际。

本书由陈凯主编，北京林业大学薛永基、彭茜，北京中医药大学汪晓凡担任副主编。在写作过程中，参考了多位学者的著作，得到了他们的诸多帮助，还有许多同行提供了案例遴选、数据查验等帮助，在此一并表示感谢。

由于水平所限，缺点和不足在所难免，敬请学术同仁批评指正。

陈 凯

目录

第 1 篇
导论

第 2 篇
营销调研方法

PART ONE

1

|第1篇|

导　论

第1章
认识营销调研

学习目标

- 理解营销调研的含义与分类。
- 掌握营销调研的程序与组织。
- 了解营销调研伦理。

引例

亨利·福特说过，如果你在汽车没被发明的年代问人们需要什么交通工具，人们只会告诉你，他想要一辆跑得更快的马车。事实上，营销调研主要反映现状，而不是预测未来，调研用户和市场是为引导需求提供方向，然后不断地寻找用户没有想过的答案。

很多企业在做决策和方案前会先进行营销调研。沃尔玛在制订营销计划之前，曾实施大规模的美国零售商店购物者和消费者调研。调研结果显示沃尔玛的关键竞争优势有两个：(1)“低价”的功能利益；(2)使消费者感到他们是“聪明的购物者”的情感利益。沃尔玛的营销人员利用调研结果设计并推出了以“花得更少，生活更好”为宣传口号的促销方案。

对很多企业来说，通过调研了解消费者的想法和市场竞争状况十分重要。Keep是一家成立于2014年的全球化运动科技公司，全称为北京卡路里科技有限公司。2021年冬季恰逢冰雪运动这个季节性热点，又面临北京冬奥会这项重大赛事，Keep开展了雪季玩家线下活动。前期调研显示，大部分雪友在运动之前还不习惯热身和拉伸，或者热身和拉伸动作不规范。对此，Keep推出热身和拉伸课与大神带滑体验，中国单板滑雪教父王磊等莅临现场、言传身教，打破滑雪属于贵族运动的高门槛，带领雪友更从容地享受滑雪运动，有效地提高了Keep切入冰雪运动的影响力和说服力，完成了滑雪爱好者对Keep的认知塑造。顾客或许不知道自己想要什么，但他们一定知道如何选择。因此，对于企业来说，通过营销调研来获得消费者的选择偏好十分重要。

倘若制订营销方案前没有进行相应的市场调研，可能会导致产品滞销或者销售额下滑。譬如，纯果乐重新设计其橙汁包装时，放弃了在橙子上插吸管的经典图标，而事先又没有做好消费者反应的测试，结果销售额下降了20%。仅仅几个月后，纯果乐公司又重新换上旧的包装设计。

资料来源：市场调研：营销中最重要也是最容易被忽视的一环.（2020-08-25）. https://www.sohu.com/na/414829238_114819.

中国已进入高质量发展阶段，社会主要矛盾已经转化为人民日益增长的美好生活需要和不平衡不充分的发展之间的矛盾，内需潜力将不断释放，增强企业对市场需求变化的反应能力和调整能力，可以更好地满足人民对美好生活的向往。

不论大公司还是中小企业，都需要在经营中开展营销调研，否则会在市场竞争中迷失方向。营销调研能够获得顾客选择偏好等关键信息，有助于企业制定营销决策。

市场若水，企业如舟，水能载舟，亦能覆舟。企业只有熟知水性才能乘风破浪，在市场竞争中谋得先机。营销调研正是企业获取市场信息，进行科学决策，实施正确经营管理的重要手段。准确把握营销的核心概念，正确认识营销调研的任务，全面理解营销调研的含义，积极开展营销调研活动，对于加强企业营销管理，赢得竞争优势具有重要意义。

第1节　营销调研活动

在经济全球化和市场经济不断发展的今天，营销调研已成为企业营销活动的重要组成部分，是企业必须认真对待和重视的工作。

一、营销调研的含义及发展

（一）营销调研的含义

营销调研（marketing research），也称为市场调研、市场调查、销售研究等。关于营销调研含义的阐述颇多，归纳起来，可分为狭义和广义两种观点。

狭义的观点认为营销调研主要是针对消费者进行的，即以购买商品和接受服务的个人、家庭或组织为对象，收集其消费动机、消费行为、意见等有关资料，进行分析研究，最后得出结论的过程。广义的观点认为营销调研不仅包括对消费者和市场的调研，还包括对市场运营每一阶段及其所有功能和作用等的调研。根据美国市场营销协会（AMA）的定义，营销调研是通过对信息的运用，把消费者、公众和营销者联系在一起的一种职能，是一个为了识别和确定营销机会与问题，通过对营销活动进行策划、研究和评价，控制营销活动，增强人们对营销活动理解的过程。营销调研识别出解决这些问题所需要的信息，设计收集信息的方法，组织并管理信息收集工作，分析收集到的信息，最后对所发现的问题得出研究结论。

简单地讲，营销调研就是通过了解市场情况来认识市场现状和发展趋势的过程。本书从广义的角度介绍营销调研。

（二）营销调研的发展

营销调研是伴随着商品生产和商品交换的发展而日趋成熟的。营销调研的萌芽出现在商品经济的初始阶段，当时的一些商贾和小商品生产者，就已经有意或无意地注意市场信息的收集、研究及利用，但受到当时生产规模和市场范围的局限，调研的手段和技术十分落后，调查者的调研和了解通常局限于市场的局部和表面，难以开展系统深入的分析和研究。

随着商品经济的发展，西方国家逐步进入发达的市场经济阶段，表现为市场规模急剧扩张，市场环境快速变化，市场竞争日趋激烈，供需关系更加复杂，以及产品生命周期越来越短等。在这种经营环境下，商品生产者和经营者尝试探索、运用科学的调研方法，力图系统、全面、准确地收集市场信息，从而使企业在激烈的市场竞争中占据主动地位。为此，西方国家的大型企业纷纷成立了营销调研中心，对市场需求、消费者行为进行科学的调研分析，与此同时，营销调研的理论也日趋成熟。

改革开放后，我国社会主义市场经济体制逐步确立和完善，营销调研也随之快速发展。各类企业都越来越重视市场信息的收集，一些大型企业还成立了专门的调研机构。同时，各种专业性的调研咨询公司纷纷成立。营销调研已成为现代企业经营管理的重要组成部分。

延伸阅读

助力农业高质量发展，打造农本调查的“样本”

农产品成本调查工作人员秉承惠农、兴农的初心和使命，默默耕耘在调查一线，农产品成本调查工作中每一个数字的背后，都是他们的执着坚守和默默付出。以茶叶种植为例，他们除了要走访调查每户茶农采摘青茶、加工炒制干茶的数量外，还要计算人工成本，对比今年和往年的交易价格，计算盈亏，在做好成本调查之余，还帮助茶农找寻销路。只有充分掌握市场供求情况，才能更好地提高茶叶的销量，为政府部门的政策制定、茶农的增收致富提供有效支撑。他们还将勇担责任、坚守初心，以二十大精神为指引，在服务农产品价格改革、引导农民优化种植结构、推动农业供给侧结构性改革和共同富裕等方面发挥积极作用。

资料来源：https://baijiahao.baidu.com/s?id=1746474110809777361&wfr=spider&for=pc.

二、营销调研的特征

营销调研就是调研者运用科学的方法，有目的、有计划地系统收集、整理市场活动中的各种信息，分析营销环境，找出其发展变化规律，为市场预测和营销决策提供科学依据的过程。要理解这一概念的内涵，必须注意营销调研以下几个方面的特征。

（一）营销调研是一个系统的过程

营销调研是一个系统的过程，这一特征体现在两个方面：一方面，从调研过程的全程性来看，营销调研是经过周密计划、精心组织和科学实施，由一系列工作步骤、环节、行动和成果组成的过程；另一方面，从指导思想上来说，营销调研必须坚持系统的观点，即把影响市场营销活动的各种因素视为一个有机的系统，注重研究各个因素之间的内在联系，从而把握市场需求的运动规律及变化趋势。在总体与部分之间关系的处理上，营销调研应把对某种具体产品或某个局部市场的调研作为子系统，使其与市场的总体调研相协调，形成一个完整有序的营销调研系统。

（二）营销调研具有明确的目的

营销调研具有明确的目的，即通过研究目标市场的现状，探明市场发展变化的规律和趋势，为企业营销决策提供客观依据，减少决策中的不确定因素，提高企业营销决策的科学性和可行性，从而使企业获得更好的经济效益。这一特征说明，营销调研本身不是目的，它是紧紧围绕企业的市场营销活动进行的，是营销活动不可或缺的重要组成部分。

（三）营销调研具有科学性

马克思认为，一种科学只有在成功地运用数学时，才算达到了真正完善的地步。将定量分析运用于营销学，可以深入揭示仅靠定性分析难以充分揭示的现代经济错综复杂的相互关系及变动趋势。营销调研对市场状况的分析和判断，不是仅凭借个人经验和主观判断，而是使用现代科学技术手段，经过一系列严密的程序，通过科学的分析论证，最终得出结论。这些程序包括：运用调查法、观察法、实验法等现代调研技术进行营销调研；运用电子计算机对市场情报资料进行分析和整理；建立反映市场需求结构及其变动趋势的调查模型；对调查结果进行误差分析。其中，每道程序均应建立在科学严谨、准确可靠的分析的基础之上，才能得出正确结论。

（四）营销调研具有不确定性

营销调研是对目标市场现状进行的调查研究，据此来制定营销决策。市场是商品交换关系的总和，受政治、经济、文化、法律等多方面因素的影响。其中，每一个因素的变化都会导致市场发生变化。目标市场上存在不少难以精确分析的因素，使得营销调研具有不确定性。这种不确定性一方面体现在时间上，即今天的营销调研获取的信息，在几天之后可能就无法完全反映目标市场的实际情况，营销调研的结果通常滞后于目标市场现状；另一方面体现在地域上，某地的调研结果只能供准备在某地开拓市场的营销者参考，而不能用于某地之外。这表明一劳永逸的营销调研是不存在的，企业应不断关注市场的变化趋势，并及时作出调整。

三、营销调研的作用

无论是国民经济的宏观调控，还是企业层面的微观经营，都应了解市场信息，把握市场动向。由此可见，营销调研无论对微观经济还是宏观经济都有十分重要的作用。

延伸阅读 一次成功的营销调研

（一） 营销调研是企业认识目标市场的基本方法

马克思主义认识论告诉我们，深入实际进行认真的调查研究，是人们获得正确认识的基础。不做深入的调查研究，就不可能正确地认识客观世界。营销调研是认识目标市场的历史和现状，探求市场供求矛盾运动规律的基本方法。不做周密的营销调研，管理者就无法了解目标市场，无法把握市场动向，在经营管理过程中，就可能存在主观认识脱离客观实际的情况。相反，准确的营销调研则会为企业满足消费者需求奠定基础，使企业不断获得新的商机。

延伸阅读 强生婴儿香皂的新市场

（二） 营销调研是企业制定营销战略的重要依据

企业的营销战略是关乎企业长远发展的纲领，是为了适应未来环境变化而制定的有长远目标的企业整体经营规划。企业在制定营销战略时，应当进行周密系统的营销调研，这样才能保证企业有正确的经营战略方向、可行的战略目标、符合市场要求的营销活动的中心和重点，以及与外部环境相适应的发展模式。否则，企业可能依靠主观判断进行决策，凭历史经验组织生产、开展经营，难以把握变化的市场需求，致使企业生产的产品不是市场所需，导致企业在激烈的竞争中处于被动局面。营销调研作为了解市场发展趋势和供求情况的一种手段，可以促使企业有效地调整营销方案，帮助企业根据市场供求的变化、消费者需求的变化、竞争者策略的变化以及营销环境的变化制订生产和采购计划，生产适销对路的产品，疏通销售渠道，加速资金周转，增强企业活力，提高经济效益。

延伸阅读

百雀羚市场拓展之路

国产品牌百雀羚创建于 1931 年，在 20 世纪 30 年代，百雀羚是名副其实的国产高端护肤品，到了 90 年代后，外资品牌强势进入中国市场，它们的技术、管理理念、资金都领先于国产品牌。国产美妆护肤品牌受到了一定程度的冲击。百雀羚不断探索，作出了一个重大决定：走访全国 30 多个城市，了解用户的真正需求。在不断地进行调研后，百雀羚突破瓶颈，找准企业定位，在大众化的基础上，向年轻消费者市场拓展，向不同层次的用户延伸。譬如，加入“国潮”潮流，普及中国美学，吸引年轻消费者。随着Z世代不再单纯为中国元素买单，“国潮”进入了2.0时代——在产品优质的基础上，将中国传统文化元素和品牌原有的格调结合，从设计、功能到品牌价值形成统一的内核，让品牌变得年轻，融入新时代。百雀羚将品牌战略升级为“科技新草本”，用科技激发草本更多的护肤潜能。同时，推动品牌年轻化，从“历史悠久”的品牌转型为“历久弥新”的国民品牌，保持品牌长久且动态的活力，使百雀羚不再是“妈妈口中的护肤品”，实现“品牌比你想象的更强大”。

资料来源：满足年轻人的文化认同感还得看百雀羚．（2021-11-17）．https://baijiahao.baidu.com/s? id=1716637172604270161&wfr=spider&for=pc.

（三）营销调研是揭示企业经营中存在的问题的重要手段

市场是国民经济发展状况的综合反映，通过营销调研，可以了解社会购买力和商品供应量之间以及各种商品生产和销售之间存在的矛盾，从而揭示企业经营管理中存在的问题，便于采取相应的改进措施。通过营销调研，可以了解市场供给与需求的实际情况，找出企业经营计划执行中存在的不足，以便及时修正。市场是企业经营活动的一面镜子，在市场经济条件下，企业作为自主经营、自负盈亏、自我约束、自我发展的经济实体，其经营的好坏要通过市场来检验。通过营销调研，还可以了解企业在市场竞争中的竞争状况，商品销售渠道是否畅通以及广告效果如何等，从中总结经验教训，揭示企业经营中存在的问题，以便企业克服缺点，改善经营管理。

延伸阅读　新能源汽车的市场调研

第2节　营销调研分类

按照主体、范围、功能、时间间隔等方面存在的差异，营销调研可以分为不同的类型。

一、按营销调研的主体进行分类

（一）企业的营销调研

企业是营销调研最主要的主体。企业经常要根据市场的变化对各种营销问题进行判断和决策，及时采取相应的措施，因而需要进行营销调研。企业的营销调研工作通常由企业的市场营销部门承担。本书是以企业为营销调研主体展开的。

（二）政府部门的营销调研

政府部门在社会经济活动中承担着重要的角色，无论是其履行管理和调节职能，还是直接从事经营活动，都需要充分了解和掌握市场信息。一般来说，政府部门开展营销调研所涉及的范围往往比较大。

（三）社会组织和社会团体的营销调研

各种社会组织和社会团体（如各种行业协会、学术团体、中介组织、事业单位、群众组织、民主党派等）为了开展学术研究、提供社会服务及政策建议等，也会开展营销调研活动，这种调研活动通常具有较强的专业性。

（四）个人的营销调研

由于某些特殊原因，个人有时也会进行营销调研。例如，某些研究机构的研究人员为了某个研究项目进行的营销调研；个体工商户由于经营需要，收集相关的市场信息，从而进行的营销调研。一般来说，个人的营销调研范围比较小，实施过程也不一定十分规范。

二、按营销调研的范围进行分类

（一）专题性营销调研

专题性营销调研主要是指营销调研主体为解决某个具体问题而针对市场中的某一方面进行的营销调研活动。它的优点包括范围较小、时间较短、研究目的明确、所需人力物力有限、组织实施灵活方便等。企业所做的大多数营销调研都是专题性的，如对广告效果的评价、对包装吸引度的评价等。它也存在局限性，即无法较为全面地反映市场状况。当企业管理层需要解决的具体问题涉及面有限时，专题性营销调研就是最合适的选择。

（二）综合性营销调研

综合性营销调研是指营销调研主体为全面了解市场状况而对市场各个方面进行的调研活动。综合性营销调研涉及的问题比较多、面比较广、决策难度大、风险高，组织实施相对困难，不仅需要投入大量的人力物力，对营销调研人员的素质要求也非常高。事实上，这种营销调研方法在实践中运用不多。相对专题性营销调研而言，综合性营销调研提供的信息能更为全面地反映市场状况，有助于营销调研主体正确了解和更好地把握市场的基本状况。在政府部门、社会组织和社会团体开展的营销调研中，综合性营销调研相对多些。

三、按营销调研的功能进行分类

（一）探索性营销调研

探索性营销调研是通过对某个具体问题或状况进行探索和研究，从而对其有了基本的认识和了解，目的是识别和掌握所要研究问题的基本特征和与之相关联的各种影响因素。探索性营销调研的作用在于发现问题或者发现导致某种结果的各种现象，是对所研究问题的试探性调查。因此，探索性营销调研大都作为大型营销调研项目的开端。探索性营销调研最主要的特征是具有灵活性与多样性。调研人员在探索性营销调研中需要及时捕捉各类信息，形成全新的概念和理解。一旦新的概念和理解形成，调研人员将沿着新的方向进一步开展探索性营销调研。正因如此，调研的重点有可能发生变化。调研人员的专业才能和创造性思维在探索性营销调研中起着重要的作用。探索性营销调研一般采用简便易行的调查方法，譬如收集二手资料、采用定性调研、收集专家或相关人员的意见等。

（二）描述性营销调研

描述性营销调研是指对所研究的问题作出尽可能准确的结论性描述，要了解的是有关问题的影响因素及问题与影响因素之间的相关关系。描述性营销调研的目的是客观反映市场的实际情况，它的结果通常是说明事物的表象，并不涉及事物的本质及影响事物发展变化的内在原因。它是一种最基本、最一般的营销调研。营销调研中大多都是描述性的，常见的有：市场分析研究、销售分析研究、产品分析研究、销售渠道研究、价格分析研究、形象分析研究、广告分析研究等。一般而言，描述性营销调研的信息来源很多，基本上各种来源的信息都可用于描述性营销调研，调研的方法也很多。

（三）因果性营销调研

因果性营销调研是指为了研究某种市场现象与各种因素之间客观存在的关系而进行的市场调研，旨在确定有关事物之间的因果关系。因果性营销调研的主要目的有：了解哪些变量是原因性变量即自变量，哪些变量是结果性变量即因变量；确定原因与结果，即自变量与因变量之间相互联系的特征。因果性营销调研的难度较大，涉及事物的本质，即影响事物发展变化的内在原因，因此，因果性营销调研是一种十分重要的调研方法。

（四）预测性营销调研

预测性营销调研收集某种商品过去和现在的市场情报资料，预测其发展变化的规律，运用科学的方法估计未来一定时期内市场对某种商品的需求量及其变化趋势。

四、按营销调研的时间间隔进行分类

（一）经常性营销调研

经常性营销调研是指随着市场在时间上的发展变化，连续不断地进行的营销调研。经常性营销调研的目的在于通过对某一经济现象发展变化的过程及其结果等信息的搜寻、整理和分析，把握某一市场的运行状态和规律，以利于企业在营销活动中根据市场变化及时调整营销策略，制定相应的营销措施。

（二）一次性营销调研

一次性营销调研又称临时性营销调研。它是指企业在营销活动中，为了某一特定目的而在某一特定时点专门组织的营销调研。其目的在于收集某一经济现象在特定时点的状况。通过对在一定时期内相对稳定的市场信息的收集、加工和分析，为企业有针对性地制定经营措施提供依据。

除了上述分类外，营销调研还可以从其他角度进行分类。例如，按调研区域的不同，分为国内营销调研和国际营销调研；按调研对象的不同，分为消费者营销调研、生产者营销调研、广告营销调研、形象营销调研、产品营销调研、价格营销调研、销售渠道营销调研等。

第 3 节　营销调研程序

营销调研是一个由不同阶段、不同步骤、不同活动构成的有目的的连续过程，各阶段、各步骤在功能上相互联系、相互衔接，共同构成了一个整体。从功能上看，营销调研过程可以分为六个阶段（见图 1-1）。本书主要就前五个阶段的工作进行详细介绍，实施反馈追踪阶段旨在实践活动中进行经验总结，故仅作简单介绍。

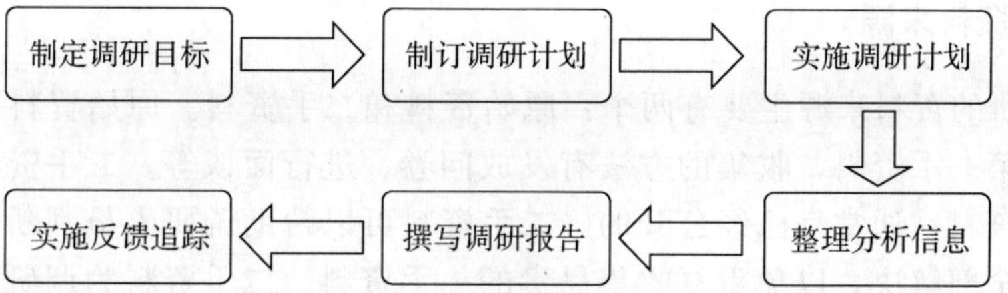

图 1-1　营销调研的六个阶段

一、制定调研目标

营销调研的第一个阶段是制定调研目标。在企业的经营过程中，外部环境会发生变化，因此，企业营销活动与市场需求往往不相适应，这种不适应性在营销过程中会逐渐显现出来，企业应当意识到这种变化，去发现企业因不适应环境变化所产生的问题，或者去发现变化中出现的各种机会。营销调研目标的制定需要良好的洞察力和创造力，它是寻求解决方案的第一步，是进行营销调研的前提。良好的开端是成功的一半，只有正确制定营销调研的目标，整个营销调研工作才能做到有的放矢。为了正确识别和界定问题与机会，应注意以下几个方面。

（一）调研的范围

根据调研人员的经验，每一个问题都存在许多值得调研的内容，只有对调研问题作出明确的界定，收集的信息才能满足调研工作的需要。当调研问题界定得太宽泛时，得到的信息往往会比实际需要的多；当调研问题界定得太窄时，调研者的思路会受到束缚，不利于调研工作的开展。

（二） 调研的主题

在界定了调研的范围之后，调研者需要从中提炼调研的主题，为正确制订调研计划和选择调研方法打下基础。因此，调研者需要收集和分析企业内外部关于调研问题的各种记录和相关资料，同时向具有丰富知识和经验的专家咨询，以使调研主题更加明确。

（三） 调研的目标

调研的目标往往是以调研问题的形式呈现的，表明了营销调研主要是为了解决实际问题或预测未来发展。调研的目标不明确会导致调研问题模糊。

二、 制订调研计划

营销调研是一项有计划的工作，因此营销调研的第二个阶段是要制订一个收集所需信息的最有效的计划。在制订调研计划时，有以下几个方面需要考虑。

（一） 资料来源

营销调研的资料来源主要有两个：原始资料和二手资料。原始资料指的是调研人员收集到的第一手资料，收集的方法有发放问卷、进行面谈等。二手资料则是别人收集整理过的资料，通常是已经公开的。二手资料可以帮助调研人员判断他们的问题是否已部分或全部解决，以免重复收集昂贵的一手资料。二手资料为调研提供了一个起点，成本较低而且收集迅速，但由于二手资料是过时的，而且不是针对此次调研专门收集整理的，一般难以完全满足企业调研的需要，因此，收集和掌握第一手资料是十分必要的。

（二） 调研方法

取得资料的方法叫调研方法。确定用什么方法进行调研，出发点应该是具体的调研条件以及是否有利于收集符合需要的第一手资料。主要的调研方法有调查法、观察法、实验法。每种方法适用于不同的情况，应依据调研的目的、性质以及经费选择最合适的调研方法。

在伊索寓言中有这样一个故事：老鼠在一起开会，商讨怎么才能不被猫抓住，其中一只老鼠提议，在猫的脖子上挂一个铃铛，全体老鼠欢声雷动——“这个主意太好了！”但当有老鼠问，怎样才能将铃铛挂到猫的脖子上时，全体老鼠顿时鸦雀无声。这个故事说明方法比想法更重要，或者说没有对应方法的想法是没有价值的。因此，调研方法是营销调研中一个关键的部分。

（三） 调研工具

在确定了调研方法之后，就可以进行调研工具的设计了。如采用观察法或实验法进行调研时，不仅要考虑进行观察、实验时使用何种设备仪器，还需要设计记录观察结果的记录表和登记表等；如采用访问法，需要提前设计访谈提纲，设计的关键是提问的方式以及提什么问题。在设计这些调研工具时，还应该考虑到观察法或实验法参与者的文化水平和专业技术等方面的因素。

（四）抽样计划

样本设计在营销调研过程中是一个独立且关键的步骤，它直接关系到整个营销调研的质量。抽样计划就是根据调研的目的确定抽样单位、样本数量以及抽样方法。抽样单位即本次营销调研应面向的人群，样本数量即本次调研抽取的样本有多少单位数量，抽样方法即在随机抽样和非随机抽样技术中进行选择。其他约束条件相同时，一次调研的样本数量越大就越具有可信度和代表性，但从成本的角度考虑，样本数量又不宜过大。因此，在实践中样本数量应综合调研经费、允许的误差等因素来考虑。

（五）接触方式

抽样计划确定以后，营销调研者必须决定采用何种方式接触被调查者，如邮寄调查、电话调查、人员访问、网络调查等。邮寄调查的优点是能避开被调查者不愿面谈或其反应可能受访问者偏见或曲解影响的情况，但问卷回收率一般较低或邮寄时间较迟；电话调查能在被调查者不明白问题时予以澄清，缺点是只有电话拥有者才能被调查且调查时间受限，也不能涉及过多的个人问题，以免引起被调查者的怀疑；人员访问能提出较多的问题，可用个人观察来弥补访问的不足，但是成本较高且易受访问人员偏见或曲解的影响；网络调查方便灵活，但局限性较多。究竟采取何种方式或以何种方式为主，应根据调研的实际情况和客观要求来决定。

（六）人员费用

确定调研人员主要是确定参加营销调研人员的资质和人数，包括对调研人员进行必要的培训。营销调研人员必须具有一定的思想水平、工作能力和业务技术水平，能正确理解调查提纲、问卷内容等，能比较准确地记录被调查者反映出来的实际情况和内容，能做一些数学运算和初步的统计分析。最后应该对调研活动作出尽可能详尽可靠的费用预算，以便营销调研能够按计划进行。

三、实施调研计划

准备工作完成后，进入调研计划的实施阶段。这一阶段是调研能否实现预期目标的关键，需要注意两个方面的问题。

一是访问。访问的一般程序是：调研人员首先说明来意，作为开场白；接着调研人员应试图与被调查者之间建立起某种初步的个人联系，而后开始提问，提问是访问的主体部分；在提问和回答过程完成后，调研人员不应匆匆结束对话，而是要与被调查者就某些问题展开简短的非正式讨论，以期引导对方回答先前他们不愿回答的问题，然后才结束对话。这一过程费时最多也很容易出现错误，在访问时有可能出现以下问题：被调查者拒绝合作；回答可能有偏见或不诚实；调研人员自身存在偏见及不诚实；等等。

二是考核工作。对调研人员的管理要贯穿整个调研工作的始终。保证整个调研活动顺利进行的重要条件是对调查人员的工作表现进行考核。考核时提出的具体标准应注意与工作成果相结合。对调研人员的考核不要等到工作结束之后，还应结合工作进度在工作过程中进行，以利于及时推动工作。

四、整理分析信息

通过调查收集来的原始信息一般是分散的、凌乱的，有的可能还是片面的、不准确的，因此，需要对这些信息按照科学的方法整理、加工，以取得真实的、系统的、能反映问题本质的信息。信息的整理分析包括信息分类、信息编校、信息整理、制表作图、鉴定误差五步。

（一）信息分类

信息分类是信息整理分析的基础，更是资料科学性的重要保证。分类的方法有两种：事先分类和事后分类。前者表示在问卷设计时便已将调查问题预先做了分类编号，收集资料后只需按照事先分类整理即可；后者则是在调研过程中当有些问题无法分类时使用，如消费动机的询问等。信息分类的编组有按数量分组、按时序分组、按地区分组、按质量分组四种，具体适用何种要视调研需要而定。

（二）信息编校

信息编校就是对收集的资料进行检查，验证其是否真实可靠，是否合乎调研要求，对不符合实际的资料予以剔除。具体做法包括：检查调查资料的真实性和准确程度；检查收集的资料是否齐全、有无重复或遗漏；检查记录的一致性、口径的统一性等。

（三）信息整理

数据资料的整理一般采用手工方法和电子计算机方法。手工方法整理大量复杂的数据需要的时间过长，不过发现差错时能及时纠正；电子计算机的效率较之手工方法明显要高，而且能保证资料的准确性，处理大量复杂的数据时特别有效。

（四）制表作图

将编校过的资料根据调研的目的和重要程度进行统计分类，制成表格和图形，可以使资料简洁明了，方便对资料的分析与对比。一般而言，制表作图多借助计算机软件（如 SPSS，EViews 等）来完成，统计方便且准确性较高。

（五）鉴定误差

鉴定误差是信息整理分析中必不可少的一个步骤，因为根据抽取样本的调查结果来推断总体的状况必定会带有误差。采取一些方法进行鉴定，正是为了检验所抽取的样本能否代表总体。鉴定误差多使用公式计算标准误差与置信度，若计算结果处于误差范围之内，则认为样本数据是可靠的。有时某些有标准数据的调研也通过将所得样本数据与标准数据进行比较来鉴定误差。

五、撰写调研报告

在调研计划得到完整执行的基础上，营销调研还必须将调研结果写成分析报告，提交给企业的管理部门作为营销决策的重要依据。营销调研报告除了要应用大量的统计数据对市场现象加以描述，应用统计模型对市场现象的规律进行分析之外，还要得出判断性的结论，提出建设性的意见。直接为企业管理者制定营销决策服务是调研报告的主要功能。

六、实施反馈追踪

借助营销调研提供的信息情报作出营销决策后，在实施的过程中还应持续关注市场情况的变化，以检验所提供的资料是否准确和有效，同时还应收集新的信息，以保证营销决策的正确性。通过这种不断的信息反馈发现市场新的趋势，对经验进行总结，从而提高营销调研水平。

第 4 节　营销调研组织

随着社会经济的发展，营销调研日益受到人们的重视，营销调研业获得快速发展。作为一种服务性的组织机构，国外的营销调研组织发展逐渐成熟，其规模超乎人们想象。根据相关资料，2019 年全球营业额排名前五的调研组织中，营业额最低的为 29 亿美元，排名榜首的则高达 64.98 亿美元，如表 1-1 所示。

表 1-1　全球营业额排名前五的营销调研组织　　单位：亿美元

排名	营销调研组织	所属国家	2019 年全球营业总额
1	The Nielsen Company（尼尔森）	荷兰	64.98
2	Gartner（高德纳）	美国	42.45
3	IQVIA（艾昆纬）	美国	41
4	Adobe（奥多比）	美国	32.28
5	Kantar（凯度）	英国	29

一、营销调研组织的类型

（一）按营销调研组织的所属部门划分

按营销调研组织的所属部门划分，营销调研组织可分为以下六种类型：外资调研公司，政府部门自设的调研组织，新闻单位、高等院校和研究机构的调研组织，专业营销调研组织，专项服务和辅助性调研组织，企业内部调研组织。

外资调研公司是由国外一些著名的营销调研公司通过独资、合资、合营、合作等方式在我国境内成立的商业调查公司，如益普索（中国）公司。借助于国外总公司的雄厚实力和广泛的客户关系，这些外资公司专门为国外跨国公司和企业在我国境内提供营销调研服务，较少接受国内企业的委托。外资调研公司能够进入中国市场的原因有两个：一是其所服务的大型跨国公司有对中国市场调研的需要；二是中国潜在的调研市场具有巨大的吸引力。外资调研公司项目操作规范、公司内部分工明确、业务量稳定、研究人员的素质较高。但外资调研公司调查项目的报价较高，高级管理人员的流动性大。

政府部门自设的调研组织，包括各级政府部门的统计机构、信息中心、咨询中心等。这些机构均是为适应政府部门开展营销调研活动而设立的。这些机构通常能够获得很多行业的背景数据，研究项目成本低，具有广泛的客户群。同时也存在以下问题：管理体制不畅，积极性不高；没有引入市场机制，没有实行市场化运作，市场压力较小；自主性差，缺乏独立性。随着市场机制的建立与不断完善，市场竞争不断加剧，国有调研公司有与外资调研公司合作的趋势。

新闻单位、高等院校和研究机构的调研组织，如中国广视索福瑞媒介研究（CSM）。

延伸阅读　中国广视索福瑞媒介研究

专业营销调研组织是指专门从事营销调研咨询工作，为顾客提供咨询服务的公司。其职责是接受顾客的委托，执行从调研策划、调研实施直至报告制作等一系列营销调研任务，或收集、整理各种资料和信息，为客户提供长期的咨询服务。

专项服务和辅助性调研组织专为市场调研公司及其他公司提供各种类型的辅助性服务。

企业内部调研组织是指企业或公司所属的调研部门，针对企业或公司所处的市场进行调研，收集各种商业信息，为企业或公司的生产、经营决策提供各个方面的参考资料。大型企业一般设有自己的调研部门，如美国福特汽车公司、柯达公司、宝洁公司等。国内的如云南盘龙云海药业有限公司等。企业内部的调研机构自行开展调研有其独特的优越性，主要表现为调研成本低，并可通过自行调研积累调研经验；其缺点在于不易看清企业的问题，缺乏一定的客观性，并且由于受人员素质的限制，使用的调研方法可能落后。

（二）按营销调研组织的执行部门划分

按营销调研的执行部门划分，营销调研组织可分为营销调研的内部提供者和营销调研的外部提供者。

营销调研的内部提供者是指管理决策部门内部或公司内部的调查研究室或营销调研部。当企业内部的调研部门有一定的能力和经验时，通常自行组织对企业所处市场的调研，为企业管理层和决策层提供市场信息。企业内部调研部门自行调研，一方面可以节省调研经费，降低调研成本；另一方面可以积累自行调研的经验，为今后进一步开展市场调研打下一定的基础。

营销调研的外部提供者是指被雇来提供市场调研数据的机构，可分为全过程服务提供者和部分服务提供者。全过程服务提供者是指那些提供全方位服务的机构，例如提供共享数据的辛迪加服务调研公司，按特定客户的特定需要设计调研的量体裁衣式服务或专项服务的调研公司等。部分服务提供者则是指那些只提供有限服务的机构。

二、营销调研组织的人员构成

不同的调研组织的人员构成不尽相同，但一般都设有以下职位。

（一）调研公司总裁

调研公司总裁是公司经营决策和业务执行的最高领导，是公司的法定代表人。调研公司总裁负责调研公司的组织、经营、管理、决策，负责公司的人事任免，协调各部门的关系，领导制定公司的基本管理制度和人员职责，对外代表公司开展联络工作。

（二）调研部主任

调研部常根据具体的工作内容设置若干个研究部门，如市场环境研究部、市场价格研究部等。调研部主任负责承接调研项目；审查各项目经理拟定的调研方案、调查问卷、调查进度及提交的调查报告等；领导制定调研规程并组织实施；对调查项目的执行进行监督管理。如工作需要，可设若干名主任助理协助主任工作。

（三）项目经理

项目经理是调研公司的高级研究人员，专门对某一具体调研项目负责。项目经理负责自项目设计至主报告提交全过程的工作，向客户汇报调研结果、提供咨询服务。根据层次不同，项目经理又分为高级项目经理、项目经理和助理项目经理。

（四）数据处理专家

数据处理专家或统计学家主要负责调研数据的处理。他们常常借助电子计算机，运用统计分析软件对数据进行分类汇总，制作统计图表，进行统计分析。在未设分析师的公司中，数据处理专家也常负责数据分析工作。

（五） 分析师

分析师的主要任务是对经过处理的数据进行分析，发现市场中存在的问题及规律，预测市场的未来走势，提出相应的对策及建议。分析师根据其层次的不同，可分为高级分析师、分析师、初级分析师。

（六） 调查实施部主任

调查实施部主任一般同时负责几个项目的实施，其职责主要是深入了解调查项目的性质、目的以及具体的实施要求。规模不大的营销调研组织，调查实施部主任往往就是项目经理。

（七） 运作督导

运作督导是调查员的直接管理者，在调查实施部主任的领导下，具体负责调查员的招聘、督导培训，对调查员的工作进行指导、监督和检查。

（八） 调查员

调查员通常包括专职调查员和兼职调查员。调查员的工作就是采集资料，对指定的被调查者进行调查访问，以获取原始资料。

（九） 电脑录入员

电脑录入员主要负责对收集的资料进行编码，并将数据录入电脑，以便研究人员进行统计分析处理。此外，他们通常负责一般资料性文件的编辑、打印工作。

（十） 资料员

资料员负责一般性的商业资料的收集、分类、整理和归档，以便研究人员查询。一家公司至少要有一名资料员。资料员要具备档案管理方面的经验。

第 5 节　营销调研伦理

营销调研伦理是指在营销调研过程中需遵守或达成（至少不违背）的营销相关专业领域的行为准则及道德标准。这一节主要介绍专业营销调研活动中应当注意的伦理问题。

一、 营销调研伦理的本质

一般意义上的伦理和道德可以看作同义词。“伦”是指人的关系，即人伦；“理”是指道德律令和原则。伦理是指人与人相处应遵守的道德和行为准则。它赋予人们在动机或行为上判断是非善恶的标准，是人类社会长期发展中自发形成的一种约束机制。道德的基本含义在实际运作中和伦理并没有太大的区别。一般而言，道德与伦理的区别在于，道德是一定的文化界域内占实际支配地位的现存规范，伦理则是指对这种道德规范的科学性思考。按这种区分，伦理倾向于是一种理论，是对道德的科学性思考，是高于道德的哲学，道德则是伦理在实际中的规范。

营销调研伦理是企业管理伦理的一部分，它服从和服务于整个社会的伦理。营销调研伦理是营销主体在从事营销调研活动中所应具有的基本的道德准则，是判断企业营销调研活动是否符合消费者及社会的利益，能否给广大消费者及社会带来最大福利的一种价值判断标准。企业与消费者和社会的关系，最主要的是经济关系，直接表现为某种利益关系，正确处理这种关系，除依靠法律外，还需要正确的伦理观念的指导。

正如习近平总书记指出，要防止为调研而调研，防止搞“出发一车子，开会一屋子，发言念稿子”式的调研，防止扎堆调研、“作秀式”调研。

二、营销调研伦理产生的必然性

营销调研蕴含着丰富的伦理思想，比如市场营销的真实性原则，既是营销调研原则，又是营销调研伦理原则。我们在谈营销调研伦理时往往只注意其对于企业营销调研活动的约束和导致的营销调研成本的增加等方面，却忽视了营销调研伦理对于企业而言还有市场开拓、关系维护、法律补充以及形象塑造等功能。营销调研所蕴含的伦理思想表明，道德可以和经济相互促进、共同发展。调研企业贯彻营销调研伦理的要求，就会在营销调研活动中坚持以道德为中心，而不是以利润为中心；以人为营销调研活动的出发点，而不是以物为营销调研活动的出发点。

调研企业贯彻营销调研伦理的要求，在营销调研活动中就会做到尊重顾客、严格保密、科学严谨。实践表明，营销调研企业只要自觉践行道德经营之道，高质量完成调研项目，就能赢得顾客的信任，最终获得较好的信誉。

综上所述，按照企业营销调研伦理的要求进行营销调研活动，可以使企业做到义利兼得，谋利而不失义。义利兼得是现代市场经济发展的必然要求。企业只有遵循营销调研伦理的要求，才会在尽到自己社会责任的同时获得应有的利润。可以说，遵守营销调研伦理是企业开展营销调研活动的必然要求。

三、营销调研伦理的准则

营销调研用户在选定了某家营销调研组织之后，委托人与受托人之间就形成了一种对等互换的关系，就必须要切实进行协作，相互信任，相互配合，互通信息，及时沟通，并且遵守道德伦理准则。

（一）营销调研用户应遵守的道德伦理准则

营销调研用户应避免以下不道德的行为：

（1）未经营销调研组织同意而将营销调研组织的方案、报价、研究技术细节和有关记录对外披露。营销调研用户应当对获得的营销调研组织的方案、报价、研究技术细节和有关记录等保密，因为这些都是营销调研组织的商业机密，营销调研用户有义务对其保密，不应透露给第三方，尤其是其他竞争性的调研公司。实践中有些用户为了完善自己的调研方案，在选定了调研公司后，还与其他调研公司接触，骗取其他调研公司的方案，提供给自己合作的公司作为参考，这样的行为是违背商业道德的。

（2）未征求研究者的意见即公布调研结果。这种情况之下，往往容易引起误导。营销调研用户在公布调研结果时，必须确保这些结果不会引起误导，一般需要研究者确认，对其中容易引起误导之处进行修正并予以说明。

（3）追查受访者的有关信息。营销调研组织在进行营销调研的过程中通常都对受访者作出承诺，对与受访者相关的信息予以保密。营销调研用户一般情况下不应追查受访者的有关信息，除非取得了受访者的许可。

（二）营销调研组织应遵守的道德伦理准则

营销调研组织应遵守以下道德伦理准则：

（1）对自己掌握的所有研究记录保密。营销调研组织必须绝对保守调研过程中知晓的营销调研用户的秘密和受访者的秘密，不得损害营销调研用户和受访者的利益，否则最终受损的还是自己。

（2）不做有损营销调研行业声誉或使公众丧失信心的举动。

（3）不对自己的技能、经验和所在组织的其他情况做不切实际的表述。

（4）不对其他营销调研组织做不公正的评价或污蔑。

（5）在没有充分数据支持的情况下，不得有意散布从营销调研项目中得出的结论。

（6）严格遵守与营销调研用户签订的书面协议。

（7）在提供营销调研报告时，必须对研究发现和主观的解释与建议进行区分，确保用户不会发生误解。

（8）在获取信息的过程中，不得采取诱导甚至欺骗的手段，应遵循自愿的原则。

（9）不将受访者的有关信息用于非研究目的。

四、营销调研伦理的建立

（一）完善立法，严格执法

尽管法律不能解决所有的营销调研伦理问题，但法律是伦理的基本保证和最低要求。如果法制不健全，无法可依，不道德的营销调研行为就会泛滥。许多国家通过立法来保证企业的营销调研行为与社会利益相一致，取得了较好的效果。我国也通过加强法制建设，为企业营销调研的伦理要求提供必要的法律环境。

（二）加强行业协会建设，强化行业监督

行业协会是同行业企业之间的组织。由于个别企业不道德的营销调研行为会损害全行业的商业信誉和利益，行业协会应针对本行业的特点，制定相应的营销调研道德

准则以及对不道德的营销调研行为的处罚规则，规范全行业的营销调研行为，维护全行业的利益。

（三）加强社会舆论的监督作用

对于企业不道德的营销调研行为，充分运用舆论压力扶正除邪，促使企业转变营销调研伦理观念，修正自己的行为。同时还应借助新闻媒介予以监督和约束，通过舆论的力量使企业行为符合营销调研伦理规范。企业应加强与消费者、社会公众和宣传媒体的沟通，检查自己的不足，促进营销调研伦理水平的提升。

（四）广泛开展营销调研伦理教育，重视塑造企业文化

营销调研伦理首先是一种理念，这种理念只有被企业及员工广泛接受，才能成为企业的自觉行为。为此，必须广泛进行营销调研伦理规范的宣传和教育，树立正确的营销调研伦理观念，在营销调研活动中正确处理“义”与“利”的关系，把顾客和社会的利益放在第一位，欲取先予，避免短期行为。以营销调研伦理规范为核心进行企业文化建设，形成重道德、讲信誉的氛围，把营销调研伦理规范渗透到企业的文化中去，把执行营销调研伦理规范作为企业的基本责任，推动企业营销调研道德风尚的形成和发展。

党的二十大报告指出，提高全社会文明程度，实施公民道德建设工程，弘扬中华传统美德，加强家庭家教家风建设，推动明大德、守公德、严私德，提高人民道德水准和文明素养，在全社会弘扬劳动精神、奋斗精神、奉献精神、创造精神、勤俭节约精神。对于受访者而言，要提升自身的道德水准，提供准确的信息，杜绝造假等行为；对于营销调研组织来讲，要立足自身岗位，弘扬文明新风，积极发挥道德模范的典型示范作用，敬业爱岗、崇德向善，永葆“闯”的精神、“创”的劲头、“干”的作风，在专业领域继续学习钻研精进，不但要有精湛的调研技术，更要有以德为先的高尚情操，尽力控制数据质量，实事求是，以实际行动为经济社会高质量发展贡献一份力量。

基本概念

营销调研　　调研目标　　调研计划　　调研报告
营销调研组织　　营销调研伦理

思考题

1. 为什么说营销调研具有不确定性？
2. 营销调研伦理对调研企业具有怎样的重要性？
3. 根据营销调研的主体不同，营销调研包括哪几种类型？

案例分析

海尔的海外扩张

2021年12月初，欧洲8万多用户参与“最值得购买的冰箱”投票活动，海尔冰箱成功入选。除此之外，德国、法国等地的某些电视节目、权威榜单也把海尔冰箱列为重点推荐对象。海尔冰箱为何能受到不同国家用户的青睐？答案是升级全球用户的健康饮食体验。

经过深入调研，海尔人发现俄罗斯用户除了基本的食品保鲜功能外，对冰箱还有大容积、自动化霜、低能耗、舒适易操作等需求，随即推出多门系列大冰箱。另外，俄罗斯用户身材高大，喜食牛羊鱼肉等，海尔冰箱在冷藏区特别设计了可以活动的隔板，并在冷冻区增加了抽屉的数量，用户打开冰箱门，食材一目了然。同时，俄罗斯用户喜欢喝汤，存放时习惯把汤锅放进冰箱里，海尔冰箱设计出折叠搁物架，让用户只要轻松一推，就能放进整个汤锅。不断创新的迭代产品深受用户喜爱。针对日本用户对生食的偏爱，海尔冰箱对储鲜场景的健康体验持续升级。通过搭载冷冻智能恒温科技，为生冷海鲜提供稳定的存储环境，保证品质、鲜味和口感。同时，针对日本2021年迅速发展的酒店式小公寓，海尔冰箱迭代超薄冰箱，保证存储空间的同时把尺寸、厚度压缩到极致。针对德国、法国等用户对红酒、肉食的偏好，对储鲜场景进一步升级，使冻肉囤放空间更大，红酒保持原始风味。

在俄罗斯高端市场，海尔冰箱市场份额最高；在日本，海尔超大型冰箱快速增长，在400L～450L分区中市场份额最高；在欧洲，海尔冰箱成为增速最快的品牌，多门冰箱稳居市场第一。海尔冰箱能够在海外市场取得如此佳绩，背后的逻辑离不开一“分”一“合”。“分”指的是根据调研针对不同地区的用户习惯打造不同的产品和储鲜场景，“合”指的是海尔冰箱的每个新储鲜场景、新产品的背后，都汇聚了来自全球的前沿科技。与“出海”同步，海尔智家的全球创新研发体系也在不断扩充。基于“10＋N”全球创新生态体系，海尔智家辐射多个创新中心和逾万人的专家社群，让海尔冰箱能够在全球各地实现和用户的零距离交流，并持续迭代产品和智慧生活解决方案。

资料来源：海尔冰箱：产品本土化、科技全球化．(2021－12－23)．https://baijiahao.baidu.com/s?id=1719903639408468057&wfr=spider&for=pc.

▶ **问题：**

海尔冰箱的成功对你有何启发？

第2章

确定营销调研方案

学习目标

- 理解制定调研目标的方法和意义。
- 掌握调研方案设计的内容，了解调研方案可行性分析的方法以及评价角度。
- 了解营销测试的概念、类型以及测试地点选择的影响因素。

引例

医疗设备市场调研是医疗设备采购计划评估的重要组成部分。传统市场调研方法包括院内召开市场调研会议、查询招标信息、咨询同行医院、参加医疗设备展会和厂家产品发布会等。但传统市场调研方法存在一些弊端，如采用人工方式通过网络、电话询问及面对面的方式收集拟购设备的市场信息，时间较长，市场调研范围具有局限性，收集的信息有限，调研结果亦不充分并且有较强的主观性。

某三级甲等妇幼医院新生儿病区采用医疗设备市场调研全过程动态管理系统进行危重新生儿以及超低出生体重儿用呼吸机的采购工作。首先，采购员通过市场调研系统发布需求信息：适用于儿童、婴幼儿、足月新生儿和早产儿；具有常频和高频振荡通气功能；具备无创通气模式；内部电池支持断电操作≥30 分钟；等等。在需求信息发布以后，潜在供应商可以登录系统注册并填报设备参数及价格。接着，采购员登录调研系统汇总供应商填报的信息，包括各供应商参与调研的呼吸机品牌、型号、报价、历史中标价、参数配置和功能介绍等，并生成调研报告。之后，由医院专家登录市场调研平台对呼吸机品牌、型号和价格等信息进行评价，最后采购员根据评价意见制定公开招标参数和拦标价并交由招标代理公司进行招标采购。

与传统调研方法相比，采用全过程动态管理系统将调研总时间由原来的一个月降低到 15 天，设定的拦标价也有所降低且更加客观。

资料来源：谢卫华，等. 医疗设备市场调研系统设计与实施. 中国数字医学，2020，15 (8)：29－31.

营销调研方案设计是营销调研的基础性工作。调研方案是指导整个调研工作的方案和蓝图，包括为处理或解决营销调研问题而收集、处理各种必需的信息资料的详细步骤和规划，是整个调研工作开展的依据。营销测试是在决策之前先对新产品或营销计划进行测试，在实施时需要根据不同的产品和计划选择不同的测试市场，是一种切实有效的调研方法。本章主要介绍营销调研方案的设计步骤以及营销测试的具体类型。

第 1 节　制定营销调研目标

营销调研过程包含几个相互独立又相互联系的阶段，其中制定调研目标是调研过程的第一个步骤。调研方法的选择、调研对象的确定以及调研组织的规划设计都要依据调研目标来进行。因此，调研目标是整个营销调研方案的核心，制定明确的调研目标有利于营销调研活动的有效开展。

一、确定调研问题

制定营销调研目标首先要确定所需要研究和解决的企业经营中的问题。只有对调研问题有清晰的认识和准确的界定，营销调研方案才能有效地实施。在实际调研过程中，调研问题往往涉及面很宽，问题也比较笼统，在任何一个问题上都存在许多可以进行调研的内容，侧重点可能多种多样。这时，需要调研人员对调研问题作出系统的陈述，这样有助于分析问题。调研问题可以是企业在经营管理中遇到的各种疑问，或是需要解决的问题。调研问题就是把营销人员的营销问题转化为具体要求。调研问题的确定可以帮助调研人员制定正确的调研目标。

延伸阅读

新产品开发需明确的问题

企业打算推出一种新产品，此时，企业需要明确以下问题：

- 市场对这种产品有需求吗？
- 公司是否具有足够的财力去设计、制造产品，并在早期阶段推动产品销售？
- 哪种设计方案更好？
- 在市场或细分市场中最佳价格水平是什么？
- 产品的单价和利润之间的关系如何？
- 产品的生命周期有多长？
- 竞争者是谁，现实的和潜在的竞争者实力如何？
- 采取哪种促销方式？其成本是多少？
- 新产品将对现有的产品线产生何种影响？

二、分析调研问题的背景

调研问题一般都具有一定的背景资料，了解这些背景资料有助于对问题和机会的把握及认识。

从国家视角看，就是建设中国式现代化，全面建成社会主义现代化强国。中国式现代化，是中国共产党领导的社会主义现代化，既有各国现代化的共同特征，更有基于自己国情的中国特色。中国式现代化是人口规模巨大的现代化，是全体人民共同富裕的现代化，是物质文明和精神文明相协调的现代化，是人与自然和谐共生的现代化，是走和平发展道路的现代化。

从企业视角看，主要包括以下三个方面。

第一，掌握与企业或所调研的产品和所属行业相关的各种历史资料和发展趋势。这些资料包括产品的销售量，相关竞争产品的市场份额、利润状况、技术水平等。根据对这些资料的分析，可以初步判断变化趋势所反映出的问题。

第二，分析企业的目标。目标可以分为企业目标和决策者的个人目标。组织目标可能比较抽象，如改善企业形象、增强企业竞争力等。决策者的个人目标是指通过调研，决策者想要达到的个人目的。例如，决策者希望调研结果支持某项决策或是统一领导层对某个问题的看法等。分析这些目标有助于在确定调研目标时对不同的目标进行协调。

第三，熟悉企业的各种资源和面临的制约因素。通过分析企业的各种资源和面临的制约因素，将调研目标确定在适当的范围内。其中，财务状况是需要重点关注的。如果有足够的费用支持，当然可以扩大调研范围，这样得到的调研成果可能更有价值。但企业的调研经费是有限的，如何利用有限的经费开展最有效的调研活动，是调研人员需要考虑的问题。

此外，根据产品类型和顾客对象的不同，调研人员还要了解不同的消费者的购买行为，不同时期的经济环境和不同地域的文化背景，以及进行调研应具备的技术条件等。

延伸阅读 传统品牌的年轻化转型

三、 制定调研目标

在对调研问题的背景资料进行分析之后，为了保证调研结果的实用性和正确性，必须制定具体的调研目标。调研目标是调研人员对调研问题的陈述，调研问题或假设一旦确立，调研目标就可以从问题定义中引申出来。一般来讲，企业提出一项营销调研要求时，会有各种各样的目的。有的企业想了解某种现象的原因，以便采取相应的对策；有的企业准备采取某种行动，但缺乏事实依据，不敢贸然行动，试图通过营销调研来判断行动的效果；还有的企业已经采取了某种行动，但不清楚效果如何，希望通过调研加以了解；等等。营销调研人员应当了解这些目的，否则，调研活动可能变得无效。

在某些情况下，调研目标和调研问题的表述类似。不过，调研目标必须阐明制定决策所需要的有关信息。要确认这些信息，就要求调研人员做充分、准确的准备工作，包括列示措辞准确的调查问题，以及解释实验中哪些行为将会被观察或记录，精确描述信息或信息来源。

延伸阅读　云南白药的2021

调研目标必须用文字表示，而且需要与企业的决策者进行交流。调研目标解释了为什么要进行营销调研，这需要调研人员和决策者达成一致。调研目标的个数不应该太多，适当的调研目标可以保证调研方案的高效性。

第2节　设计营销调研方案

在确定了调研目标之后，就要开始对整个调研过程进行设计，形成调研方案。调研人员需要对调研工作任务的各个方面进行整体考虑和安排，提出相应的实施方案，制定合理的工作程序。

调研方案设计过程中，需要将已经确定的调研问题转化为具体的调研内容并通过调研指标的方式表现出来，还需要对调研指标作出定义。调研问题的定义是概念性定义，调研指标的定义是操作性定义。例如，要研究工作态度对企业经济效益的影响，关于工作态度的内涵和本质的定义就属于概念性定义。在调研中，我们需要通过具体的调研指标，例如工人工作的数量、质量（合格品率、次品率）、出勤率等为工作态度下操作性的定义。这说明调研设计是一个由定性认识深入到定量认识的过程。调研设计能够体现调研人员对所研究的问题在定量方面认识的深度和广度。

调研方案设计中还会面临一些具体的选择问题。例如，研究一个问题，可以采取不同的抽样方式和不同的数据收集方法，可以使用概率抽样，也可以使用非概率抽样；可以采用入户调查、问卷调查，也可以利用实验法和观察法等。不同的抽样方式和不同的采集数据的方法在反映问题的数量特征方面是有差异的，在这些问题的选择上需要根据不同的调研目标和企业进行调研的目的综合考虑。

此外，在调研过程中，有许多因素影响调研结果的准确性，但是对于不同的问题和不同的调研方法，这些因素的影响程度是不一样的，在调研设计中需要对这些问题进行判断权衡。调研方案的设计对设计人员提出了很高的要求，不仅要求设计人员对调研技术方面的专业知识有足够的了解，而且要求调研人员拥有丰富的实践经验，能够根据实际情况选择最佳的方法组合。

一、调研方案的设计

（一）确定调研项目

明确了调研目标之后，下一步就要考虑为了达到调研目标需要调研哪些方面的内容，即确定调研项目。调研项目是调研目标的具体化，应该围绕调研目标来确定。

对于调研方案的设计者来说，确定调研项目是相当重要的一个环节。首先，调研项目的确定规定了问卷设计或访问提纲的范围；其次，调研项目的确定规定了调研对象和调研方法；最后，调研目标能否实现，在策划阶段只有通过调研人员所确定的调研项目来判断。调研项目是否全面、适当，在很大程度上将决定调研方案能否被企业接受、认可。

一个营销调研方案可能包括许多方面的调研项目，但项目过多会增加调研的工作量和统计量，也可能会使调研变得缺少针对性，不能解决主要问题。因此，调研项目的确定要根据项目的重要性、各个项目与调研目标是否合适、调研经费的多少及调研人员数量等情况进行统筹安排。

（二）选择调研的类型

营销调研根据营销问题的性质可以分为探索性调研、描述性调研和因果性调研。

在选择调研类型时，可以根据调研问题的不确定程度来确定。如图 2－1 所示，探索性调研主要用于决策制定的前期，在调研人员对问题的属性还不确定的情况下使用。描述性调研是在调研人员发现了某个问题，需要对这个问题进一步了解时使用。因果性调研则用于帮助调研人员更精确地确认问题。

	探索性调研	描述性调研	因果性调研
问题确认的程度	模糊问题	部分确认的问题	高度确认的问题
可能的情况	销量在下滑，我们不知道原因。	产品的消费者是哪些人？竞争对手有哪些？	采用新包装后是否会有更多的消费者购买更多的产品？
	人们是否会对我们的新产品感兴趣？	消费者对我们产品的哪些特性比较满意？	这两个广告哪个更有效？

图 2－1　营销调研的类型

一项具体的营销调研可能会涉及几种调研设计，以实现多个目标。在选择营销调研类型时，一般有以下几个原则：

（1）如果调研人员对调研问题的情况了解很少，可以从探索性调研开始一步步深入了解问题，直到最后解决问题。

（2）一般情况下，在进行了探索性调研之后，紧接着会进行描述性调研或因果性调研，但有时探索性调研也可能会在描述性调研和因果性调研之后进行。例如，当管理人员很难解释描述性调研和因果性调研的结果时，探索性调研就可以为理解这些调研结果提供更多的信息。

（3）并不是所有的营销调研都要从探索性调研开始，这取决于调研问题界定的准确程度以及调研人员对找到调研问题的确定程度。例如，一项想了解消费者满意度的调研就没有必要使用探索性调研。

（三）选择基础调研方法

根据调研目标、数据的现有来源以及获取数据的成本等，调研人员可以确定基础调研方法。基础调研方法包括：调查、案例研究、实验法、二手数据和观察法。

1. 调查

调查主要通过问卷的形式从抽样人群中收集信息，是获取原始数据最常用的方法。问卷的格式和问题是调查问卷的核心，需要调研人员根据调研目标精心准备。调研人员需要选择与被调查者的交流方式。根据不同的调查问题和调查内容来确定交流方式，可以选择通过电话、邮件、面对面、网络或其他媒介等方式进行交流。

可以根据不同的调研目标来选择被调查者。被调查者可以是一般的消费者、批发商、零售商，也可以是在产品相关领域具有丰富经验的专家。不同的调研类型也可能影响被调查者的选择。探索性调研通常通过询问个别知识丰富的被调查者或小型群体来进行。与此相反，描述性调研往往是在较短的时间内（10～20 分钟）向大量的被调查者询问一些简单的问题。不同的调研类型也可以选择不同的访问方法，例如，探索性调研可以选择焦点小组访谈、深度访谈等。

为了与被调查者进行有效的交流，调研人员需要经过培训，了解提问以及简单辨别被调查者态度的技巧，因为如果被调查者不配合，可能导致调研数据出现偏差。不同的调研方法将在后面的章节介绍。

2. 案例研究

调研人员可以通过对类似或相似的案例进行调研来帮助解决调研问题，案例研究包括调研历史案例和模拟案例。

（1）历史案例。调研历史案例可以通过密集分析几个目标案例得到有助于解决调研问题的相关资料。例如，了解市场中可能影响新产品销量的各种因素，了解这些因素之间是否存在某些联系，以及这些因素对销量可能产生多大的影响等。通过分析目标案例，调研人员可以获得以下信息：1）不同的业绩水平，例如，良好的市场和糟糕的市场的业绩水平；2）影响业绩变化的因素，例如，进入市场的竞争者；3）事件发生的顺序，例如，研发创新与扩张产能。

延伸阅读　华莱士的市场下沉战略

（2）模拟案例。模拟案例是通过对产品在市场环境中可能发生的各种情况，有针对性地进行模拟，以此获得相关数据或解决问题的方法。在计算机上模拟可以操纵的因素以及观察它们对于销量或满意度等方面的影响。模拟案例可以用来获得市场体系变化的动态过程的信息。营销调研模拟案例需要输入数据，这些数据与想要模拟的环境以及各环境变量之间的关系有关。

与其他数据来源相比，模拟案例的方法有一定的优势。与调查相比，模拟案例收集数据所需的时间较少，而且要分析的数据可能较少。模拟案例可以用于评估不同的营销调研战略，并且提供对不同战略的评价。另外，模拟案例可以用作组织成员的培训工具，可以使没有直接参与市场活动的个人体会到市场体系如何运作，以及如何制定相关决策。

模拟案例的局限性在于发展有效的模拟案例模型比较困难，并且随条件变化更新模型需要一定的时间和成本。如果调研组织对于要调研的市场现象或市场背景了解比较少，例如新市场，模拟案例的方法就不太可行。

3. 实验法

实验法是调研人员通过控制一个或多个自变量（比如产品特征、价格水平、广告投入等），并衡量这些自变量的变化对一个或多个有关因变量（如销售和产品偏好情况）产生的影响，由此得到相应的调研结果。

实验法的目标是消除影响市场变量的不确定性因素，以研究一个自变量变化时会引起的因变量的变化效果，因此实验法仅在其他变量被控制或去除的情况下才有用。然而，在真正的市场中各种因素都具有很大的不确定性，市场也很难被控制，因此实验法得出的调研结果在现实应用中有一定的局限性。

4. 二手数据

二手数据是在该调研项目之前，由其他人为了某种目的而收集并记录的有关数据。二手数据一般是历史性的，而且已经整理完毕，不需要任何应答者或调研对象。二手数据的优点在于和一手数据相比更容易获得，缺点是这些数据并不是为了满足调研人员的需求而专门设计的。这样，调研人员就需要知道数据与特定项目的相关程度。为了评估二手数据，调研人员需要了解这些数据的主题、调研对象、调研时间等是否符合目前调研项目的需求。

二手数据按照来源的不同可以分为内部二手数据和外部二手数据。

延伸阅读　“购买意向数据”助力出海企业精准锁定潜在客户

（1）内部二手数据。内部二手数据是源自企业内部的数据，或者是由公司最先记录的数据。多数公司的会计系统一般可以提供很多的信息资料，最常见的就是销售与成本数据，调研人员可以利用这些数据来进行更细致的分析。内部二手数据的来源还包括顾客意见、服务记录、保修单返回或其他记录等。调研人员可以根据不同的调研目标对这些信息进行整合。内部二手数据的最大优势就是获取成本低，可获得性很高。

（2）外部二手数据。外部二手数据是由机构实体而不是调研人员所在企业提供或记录的数据。例如政府、报纸和期刊、商业协会及其他组织都可以产生或提供这类信息。这类信息一般是以出版物的形式呈现，可以在公共图书馆、商业协会或政府相关部门查阅。如今，随着网络和计算机数据存储技术的迅速发展，获取外部数据更容易了。互联网也逐渐成为获取数据的一个主要渠道。

延伸阅读　二手数据的来源

5. 观察法

观察法是指调研人员通过观察被调查者、标杆企业或竞争对手现在的行为或过去的行为的结果，获得有助于企业决策的相关信息。观察法的主要优势是，它不依赖于调研人员的报告，而是直接记录有关行为，同时也减少了由于被调查者回忆而产生的误差。例如，某公司在电视机上安装了一种测量仪器，记录每个家庭成员收看的电视节目类型，这样就使被调查者不带任何偏见来参与调查。调研人员可以通过观察准确地记录人们的行为以及过程，但是难以确定行为背后的动机、态度以及被调查者相关的思想状况。

（四）确定调研对象和调研单位

调研对象是根据调研目的确定的调研总体或调研的范围，调研单位是构成调研对象的每一个单位，它是调研项目和指标的承担者或载体。调研对象和调研单位的确定实际上就是确定调研人员需要向谁提出问题，从哪里获取数据。比如对某市茶叶的消费情况进行调查，其对象就是该市所有喝茶的人。在确定调研对象时，应该注意以下几个问题：

（1）明确界定调研对象。由于市场多变，调研对象也比较复杂，必须以科学的理论为指导，严格界定调研对象的内涵，并明确它与其他有关现象的界限，以免调研实施时由于对象的界限不明确而产生差错。

（2）确定调研单位。调研单位的确定取决于调研目的和调研对象，如果调研目的和调研对象发生了变化，调研单位也应该变化。

（3）了解调研方式和调研单位的关系。不同的调研方式会产生不同的调研单位。如果采取普查方式，调查总体所包含的全部样本都是调研单位；如果采取重点调研方式，只有选定的少数重点样本是调研单位；如果采取抽样调研方式，则用各种抽样方法抽出的样本为调研单位。

（五）确定调研的时间规划

调研时间是指开展调研的具体时间和完成调研需要的时间。根据不同的调研主题、不同的调研方法，有不同的最佳调研时间。例如，对于入户调查，最好的调研时间是在晚上和双休日，这时家中有人的概率比较大，成功率较高。如果采用观察法掌握超市的客流情况，为了使样本具有更好的代表性，应选择不同的时间段。一天当中不同的时间范围内，客流量有很大差异；一周当中的工作日和休息日，客流量也有很大不同。只有对观察的时间段进行精心选择，才能获得科学合理的推断结果。另外，调研的方法和规模不同，调研工作的周期也不同。例如，邮寄调查的周期较长，电话调查的周期较短。大规模入户调查的周期通常也比较长。

在进行调研方案的设计时，调研时间一般用调研进度表来表示。制定调研进度表，一方面可以指导和把握计划的完成进度；另一方面可以控制调研成本，以达到用有限的经费获得最佳效果的目的。

（六）制定经费预算

营销调研的经费预算是调研设计中的重要内容。调研的费用通常与调研范围、调研规模、调研方法等相关。一般而言，一个营销调研项目的预算包括以下内容：（1）调研方案设计、策划费用；（2）抽样设计、实施费用；（3）问卷设计费、印刷装订费；（4）调研实施费用（包括调查费、差旅费、邮寄费、调研人员劳务费、礼物费以及其他相关费用）；（5）数据录入、审核费；（6）数据统计费；（7）报告撰写费；（8）办公用费（如会议费、专家咨询费等）；（9）其他相关费用。

（七）制订调研的组织计划

在调研策划阶段需要对调研整体的组织方案进行计划。例如，各工作环节配备相应的人员并设定工作目标、对调研质量进行控制和监督、对访问人员进行培训等。在制订调研组织计划的过程中需要处理好以下几点：调研中承担不同任务的人员之间的配合，如方案设计者、访问人员、汇总和处理资料的人员以及对资料进行分析统计的人员等；调研中人、财、物各方面因素的相互配合；调研过程中各个环节、部门之间的相互配合。注意到以上几点，会使组织的各个部分都能够有效地发挥作用。通常可以借助调研进度表来制订调研的组织计划，如表2-1所示。

表2-1　调研进度表

日期	相关内容	负责人	备注
	总体方案及抽样方案的论证		
	问卷初稿设计		
	问卷测试		
	问卷修正、印刷		
	访问员的挑选和培训工作		
	调研实施		
	电脑录入和统计处理工作		
	调研报告的撰写		
	报告打印，报告提交		

二、调研方案策划书的撰写

调研方案策划书是根据营销调研方案的设计，以书面形式提交的一份调研策划报告。它应该体现调研方案设计中的主要项目和关键内容，一般包括以下内容。

（1）调研背景：简要说明与调研项目相关的背景情况；

（2）调研目的；

（3）调研对象和调研单位；

（4）调研方法：如电话调查法、人员访问法、邮寄调查法等；

（5）调研时间和调研进度表：清楚地列出各项工作的开始以及持续时间；

（6）调研经费预算：调研中各支出项目的列表；

（7）调研成果及报告的提交形式：调研报告的主要内容等；

（8）附录：其他相关资料。

三、调研方案的可行性分析

调研方案的可行性分析是为选择合适的调研方案提供依据的一种综合性的系统分析方法，通过对调研方案的主要内容和需要提供的各种支持，从技术、经济、人员等方面进行研究和分析比较，并对调研方案的经济效益、社会影响等进行预测，从而提出该调研方案是否值得实施以及如何实施的意见。可行性分析应具有预见性、公正性、可靠性、科学性的特点。

可行性分析的方法主要包括逻辑分析法、经验判断法和试点调查法。

（一）逻辑分析法

逻辑分析法是对调研方案中的一些内容进行逻辑层面的检查，以考察这些内容是否符合逻辑和情理。例如，某婴儿奶粉生产商想调研消费者对品牌的忠诚度，这时选取的调研对象应该有针对性，应该针对某一地区家里有婴儿的父母进行调研，如果调研对象选择为某一地区的所有居民则不太符合逻辑，因为没有婴儿的家庭一般不会消费婴儿奶粉，对这部分家庭进行调研没有实际意义。又如，一项调研的调研对象为5～10岁的儿童，这种情况下选择的调研方式可以是面对面的访谈，如果采用自填式问卷或邮寄问卷的方法则不太恰当。

（二）经验判断法

经验判断法是指组织一些在营销调研方面具有丰富经验的人士，对整个调研设计方案进行初步的研究和判断，以此来检验调研方案的合理性和可行性。例如，某大型企业围绕自身的制度改革开展员工满意度调研，就比较适合采取抽样调查的方式而不是普查的方式；对水稻的主要种植地区的产量进行调研，就适合采取重点调研的方法。

总之，经验判断法可以节约人力和物力，在较短的时间内对调研方案作出迅速评价。但是经验判断法有一定的局限性，因为经验判断法主要是根据经验人士的主观判断得出结论，人的认识是有限的，并且外界的环境也在不断发展变化，这些因素的变化都会对经验人士判断的准确性产生一定的影响。

（三）试点调查法

试点调查法就是在小范围内选择部分调研单位进行试点调研，以对调研方案的实施进行检验，并根据试点调研的效果对整个调研方案在大范围内实施的可行性进行说明。试点调查的目的是使调研方案更加科学合理，主要包括：一是通过对调研方案进行实地检验，检查调研目标的设置是否恰当。在试点调查完毕后，及时提出具体意见，并且对原来的调研方案进行必要的修改和补充，使得调研方案更加科学、合理。二是通过试点调查，了解整个调研工作安排的合理性以及各方面的配合状况，对薄弱之处及时改进。

在运用试点调查法时应该注意以下几点：

（1）建立一支精干的调研队伍。调研团队的人员应该包括调研的相关负责人、调研方案的设计者以及调研骨干，这是保证试点调查工作顺利完成的先决条件。

（2）选择好调研对象。尽量选择代表性较强、规模较小的企业作为试点单位。如果有需要也可以先选择少数单位进行试点，进而扩大试点范围，最后全面铺开。

（3）调研方法和方式应该保持灵活性。可以不局限于事先确定的调研方法和方式，多准备几种，在试点调查过程中进行对比，从中选择合适的调研方法和方式。

（4）做好总结工作。试点调查结束后，及时做好总结，对试点调查过程中遇到的问题进行讨论，并对可能影响调研结果的各种因素进行分析。

四、调研方案的评价

调研人员需要客观地对调研方案从不同的角度进行综合评价。一般包括以下几个角度：

（1）调研方案是否体现了调研目的和要求。

（2）调研方案是否科学、完整，具有可操作性。

（3）调研方案设计能否保证调研质量。

（4）调研方案的实效检验结果如何。

第3节 实施营销测试

习近平总书记指出，供给和需求是市场经济内在关系的两个基本方面，是既对立又统一的辩证关系，二者你离不开我，我离不开你，相互依存、互为条件。没有需求，供给就无从实现，新的需求可以催生新的供给；没有供给，需求就无法满足，新的供给可以创造新的需求。

营销测试就是在作出重大决策之前，在现实的市场环境中对新产品或新的营销计划进行测试，协助企业做好关于生产和营销产品或服务的决策，以决定是否在某一区域内实施新的营销计划或推出新的产品。

营销测试的目的是评估新产品、产品扩张的市场容量和市场份额，以及评估新的营销方式。例如，一家更换了广告公司的企业，测试其媒体组合的调整或者广告投入的变化所带来的市场容量变化和市场份额变化等。

营销测试的主要优势在于：通过实际的购买行为以及消费者对于一种产品的接受度来测试新产品，十分有效。例如，北京某软件公司声称其开发的2015年版加油站管理软件以更先进的操作系统为运行平台，可以提高运行速度、增强系统安全性，但在进行营销测试时引起了争议，引发了一些客户的不满。原因在于这款管理软件虽然速度快、安全性高，但是要求操作人员具有较高水平的计算机知识，部分客户并不具备这些知识，而且一旦出现故障需要软件公司的维修人员亲临现场解决，难以保障维修的及时性。该公司经测试了解到这款软件并不如想象中那么受欢迎，对于客户的吸引力远远小于预期，因此该软件公司对这款产品进行调整，提升产品操作的便利性和运行的可靠性，以期达到良好效果。

一、营销测试的职能

营销测试有两个职能。首先，营销测试提供了对各种行动过程的结果进行评估的机会。可以对不同营销组合策略的效果进行评估。调研人员可以预测具体的营销变量，例如包装设计、价格或者赠券对销售量的影响，选择最佳的备选计划。营销测试不仅可以让调研人员评估销售量，而且能测试出新产品对公司生产线上的其他盈利产品的销量产生多大影响。例如，某公司的饼干业务已经成熟。公司有很多品牌，可以利用营销测试来确定这些品牌是否覆盖了适当的消费者细分市场。一种新饼干，可能从销售量来说是一个巨大的成功，但是营销测试显示，这种新饼干的购买者都是现有产品的忠实购买者，实际上就是从现有产品那里抢走了销售量。

延伸阅读　元气森林的降维游戏

其次，营销测试可以使得管理层在投入更多资源进行全国性的销售之前，就能发现产品或其营销计划中存在的问题并进行改正，及时帮助企业减少损失或达到更好的营销效果。采用营销测试的方法，假如测试的结果不能达到管理层的预期，那么广告投入、包装设计等还可以进行调整。

二、营销测试的类型

（一）标准营销测试

标准营销测试是在标准的环境下进行的市场分析，企业通过与零售商合作，将产品摆放在货架上显眼的位置，并且在店内开展促销活动或广告宣传，以此来收集销售数据和消费者对产品的态度等信息。

企业在进行标准营销测试时，通常会选择一个或几个具有代表性的区域，在这些区域进行产品的营销测试，测试结果将较好地预测在以后的大范围营销中可能出现的情况，企业可以根据这些测试结果来决定是否在更大的市场范围内推出产品或是否需要调整营销计划等。譬如，美国米勒公司瓶装淡啤的推出，就是先在费城等八个城市进行了长达半年的营销测试才在全美推广的。

标准营销测试的时间长短取决于产品的特性和消费者的购买习惯，如果产品属于缓慢而持久的销售模式，那么测试的周期就较长。另外，竞争压力也会影响测试时间的长短，如果市场中存在强有力的竞争者，可能需要更长的时间才能发现新产品是否有机会进入市场，这样使得测试的周期很长，费用也会相应增加。

标准营销测试的好处在于能真实地反映市场对于新产品和整个营销组合的接受程度，预测的结果最为准确。但是，这种营销测试方法周期长、花费大，而且将自己的产品和营销组合完全暴露给了竞争对手，很容易被别人模仿。因此，营销经费有限的中小企业和更新换代快、容易被模仿的产品，不适合采用这种营销测试方法。

（二）控制营销测试

控制营销测试是指企业在目标市场中选择一些地理位置合适的商店，付给这些商店一定的费用后将需要测试的产品摆放在特定的位置，并配合产品的上架在商店中进行一定的广告宣传和促销活动。由于产品的陈列和营销活动都在企业严格的控制之下，这种方法称为控制营销测试。

控制营销测试可以很好地反映消费者对产品的接受程度，对于那些受终端影响很大的快速消费品来说，是一种较为合适的、费用适当的营销测试方法。相对于标准营销测试来说，企业营销人员对于营销测试的掌控能力较强，产品和营销组合的曝光率不高，不容易被竞争对手察觉。

控制营销测试和标准营销测试很多时候难以区分。控制营销测试最大的特点是，它一般不会在测试市场的终端全面上市新产品，只会在卖场进行有限的终端促销活动和广告宣传，标准营销测试则会在测试市场执行所有的营销组合策略，包括电视广告、平面广告、终端促销等。

（三）模拟营销测试

模拟营销测试是近年来比较流行的一种营销测试方法，它是在实验室的环境中进行的营销测试。营销人员在主要购物区邀请一组目标消费者，先通过问卷调查了解他们的基本情况和消费习惯。随后，这组消费者被请到一个观察室里观看一组电视试播节目（也可以是平面广告等），这组节目中插入了企业为新产品所设计的广告。看完试播节目后，消费者将进入一个经过营销人员精心设计的实验室，又称为模拟商店，商店布置得和真实的商店一模一样。消费者拿着营销人员事先给的一定金额的代用券，在模拟商店中随心所欲地购买自己喜欢的商品，然后就可以离开测试现场了。通常在一段时间之后（时间长短主要取决于被测试产品的类别），营销人员会邀请被调查者参加座谈会，讨论产品的使用情况，有的甚至会邀请被调查者再次光临模拟商店购物。

这种营销测试方法更适用于快速消费品企业。模拟营销测试较之前两种营销测试方法花费小、执行和反馈迅速，而且非常隐蔽，不易被竞争对手察觉。不仅如此，营销人员可以观察到消费者在虚拟购物过程中的一举一动，掌握很多有价值的细节。在企业产品的包装和广告方案尚未成熟时，采用这种营销测试方法是最为理想的。

标准营销测试和控制营销测试这两种比较传统的方法得出的结果主要反映新产品在目标市场中的市场份额；模拟营销测试反映的则主要是新产品在目标消费者中的销售量，据此可预测新产品的投资回报率。

（四）新兴的营销测试方法——在线模拟营销测试

近年来，营销测试（特别是模拟营销测试）遇到了巨大的挑战。据统计，20 世纪 70 年代末营销人员平均每天可以在一个购物中心调查 30 个消费者，到了 90 年代末期平均每天在一个购物中心仅能调查 5 个消费者，这个数字还在不断减少。80％的消费者尽量避免与市场调查人员接触，1/3 的人提高了参加营销测试的收费。营销人员越来越难找到合适的被调查者了。

与此同时，互联网技术的发展使人们的生活习惯和消费习惯发生了极大的改变。在某些产品领域如美国非处方药市场，主要购买者（30～50 岁受过教育的已婚女性）中有 80%在购买前会通过互联网搜索相关信息，对于网络广告的回想度比电视广告高 1.4～5.3 倍。根据相关统计，1995 年只有 10%的企业营销计划中涉及网络营销，到了 2011 年，90%以上的企业营销计划都将网络营销列入其中，互联网不仅成为销售渠道，也可以作为营销测试的载体。

1995 年，大众汽车采用称为“信息加速”的方法，最先利用互联网、虚拟现实等渠道来测试公司新的“电车”概念。由于利用互联网和虚拟现实等方法能够大大节约企业营销测试的时间和费用，互联网模拟营销测试颇受青睐。一些提供模拟营销测试服务的公司，面对消费者结构和习惯的变化，从 20 世纪末开始大力开展利用互联网进行模拟营销测试的尝试。BASES 近年来提出了利用网络社区来进行模拟营销测试的“电子座谈小组”（E-Panel）的概念，并为此投入了 100 多万美元来推广。

对于这种新的营销测试手段，最大的疑问集中在电子座谈小组参与者的情况是否与实际消费者的情况一致。为了验证电子座谈小组的有效性，BASES 在长达三年的时间里，针对很多不同类别的快速消费品，将电子座谈小组参与者和购物区随机造访的消费者进行了 100 组平行比较。测试人员发现，随着互联网的普及，网络人群的人口统计特征已经越来越接近现实社会的人口统计特征了，互联网不再是年轻人的专属。

BASES 通常在相应的网络社区或邮件列表中找到新产品的目标消费者，然后通过网络社区和电子邮件邀请他们参加模拟营销测试，参加者将得到 5 美元的报酬。每位参加在线模拟营销测试的消费者将得到一个特殊的代码，以便未来厂商与其建立长期的联系并可以回访。

和传统的模拟营销测试步骤一样，被调查者先在线填写调查问卷，然后在线收看企业事先准备好的包含新产品宣传广告的营销资料。随后，被调查者进入一个虚拟的网络商店，使用网络代金券购买自己看中的产品，同样，一段时间后，企业会对被调查者进行回访或第二次模拟营销测试。

经过三年的实验和不断完善，目前，在线模拟营销测试的方法已经被咨询公司和企业接受并采纳，作为购物区模拟营销测试的一种补充方法或单独使用，如 BASES 的电子座谈小组的数据库已经突破 9 万人。根据相关机构的统计，在线模拟营销测试平均可以节约 20%左右的开支，而且由于网络虚拟商店取代了在购物区内布置模拟商店，也不需要将产品运到进行测试的地区，在线模拟营销测试平均为企业节约了一周的测试时间。

延伸阅读　解码 A/B 测试工具

在线模拟营销测试还有一个优势就是，被调查者的反应和回答比模拟营销测试要真实得多。大部分被调查者表示，面对计算机比面对一群小心翼翼的营销人员轻松多了。

三、营销测试的步骤

（一）确定测试目标

确定测试目标是营销测试中的第一步。典型的营销测试目标有：估计市场份额和销售量，描述购买者的特征，测量新产品的销售潜力。

（二）选择基本的测试方法

根据时间、预算与重要性，在标准营销测试、控制营销测试、模拟营销测试以及在线模拟营销测试中选择一种适合既定目标的测试方法。

（三）制订详细的测试计划

在确定测试目标与测试方法之后，就要制订详细的测试计划来明确具体该怎么做。新产品测试或分销决策测试需要保证提供适当的产品，用于测试的营销计划必须详细，要制订符合产品市场定位的广告计划、价格策略、媒体计划等。

（四）选择营销测试市场

要使营销测试取得预期效果，需要慎重选择营销测试的地点，充分考虑人口因素、竞争对手状况、媒体以及产品因素。

四、营销测试地点选择的影响因素

营销测试地点的选择，应考虑以下几个因素。

（一）人口规模、人口构成及其他特殊因素

营销测试地点的人口应该具有相当的规模，以保证测试结果可靠，但是人口规模也不能过大以至于不能很好地控制，大城市就不适合做营销测试的地点。除了人口规模以外，测试地点还应该注意人口的民族、收入、年龄、宗教、文化等方面不应该具有特殊性，应该能够代表产品的目标市场。例如，产品的目标市场如果是全国，那么进行营销测试时就不应该选择少数民族聚居地。

（二）竞争对手状况

应该选择竞争对手的市场份额、广告投入等正常的区域，测试地点的竞争对手过强或过弱都会影响营销测试的结果。例如，竞争对手在某一城市已经基本处于垄断地位，那么测试产品将很难进入该市场，但这并不代表测试产品也不能进入其他市场。

（三）媒体覆盖率与媒体隔离

营销测试的地点应该有比较成熟的地方媒体，以保证产品的广告宣传的覆盖范围，

但是媒体又不能是全国性的或是可以覆盖更大区域的，因为这会使不属于这一地区的消费者的行为对营销测试产生影响。

（四） 产品的保密性

营销测试把产品提前暴露给市场，竞争对手很可能提前下手，抢占市场。因此，进行营销测试的过程中要时刻注意竞争对手的行为，不要因为测试而影响产品全面上市的时机。

五、 营销测试的优缺点

（一） 优点

第一，营销测试为企业在真实的市场条件下合理估计产品销售潜力提供了工具。在营销测试结果的基础上，研究人员可以估算产品在某一市场的预期销售份额。

第二，营销测试能帮助企业识别产品缺陷，发现营销战略中的不足，并给企业提供机会纠正这些问题。在营销测试阶段纠正这些问题比产品全面进入市场之后再纠正更容易、成本更低。

（二） 缺点

第一，失败的风险：营销测试不可能得到绝对正确的结果。由于营销测试仅限于一定的地理区域，因此得出的结论不能真正预测全国市场或目标市场中不同消费者的行为，有许多例子证明基于营销测试结果的决策最后在市场中失败了。

第二，成本高昂：营销测试的成本高，一项测试通常需要 6 个月至 1 年甚至更长时间，花费较多。进行营销测试可能会将相关信息透露给竞争对手，竞争对手知道企业的研发动向，从而生产出相似甚至更好的产品率先投入市场，或制定更好的策略来谋求竞争优势。

因此，在决定是否进行营销测试时，要把其优点与缺点或其他消极因素结合起来考虑。

基本概念

调研目标	调研方案	调研项目	历史案例
模拟案例	调研对象	调研单位	营销测试

思考题

1. 什么是营销调研目标？如何制定调研目标？
2. 营销调研方案设计主要包括哪些内容？设计过程需要注意哪些问题？
3. 营销测试有哪些类型？影响营销测试地点选择的因素有哪些？

案例分析

可口可乐的营销失误

为了应对百事可乐的挑战，吸引更多年轻的消费者，1982年可口可乐开始实施代号为“堪萨斯计划”的划时代营销行动。超过2 000名调查员在10个城市调查顾客是否愿意接受一种全新的可乐。调查结果显示，仅10%左右的顾客对采用新配方的可口可乐表示不喜欢，超过50%的人认为可以接受并适应采用新配方的可口可乐。

为降低这一重大选择的风险，可口可乐又拿出400万美元进行了一次由13个城市的19.1万名消费者参加的口味大测试，在未标明品牌的饮料中，新可乐以61%：39%的压倒性优势战胜旧可乐。正是这次耗资巨大的口味测试促使可口可乐下决心推陈出新，应对百事可乐的挑战。

1985年4月23日，可口可乐在纽约市林肯中心举行了盛大的新闻发布会，时任首席执行官当众宣布，最好的饮料——可口可乐，将要变得更好：新可乐取代传统可乐上市。随后24小时，81%的美国人知道了可口可乐改变配方的消息，这个比例甚至高于阿波罗登月时的24小时内公众获悉率。

对于可口可乐而言，一场营销噩梦恰恰从4月23日上午的那个新闻发布会开始。仅以电话热线的统计为例，4月末，抗议电话的数量是每天上千个；到5月中旬，批评电话多达每天5 000个；6月，这类电话数量上升为8 000多个。相伴电话而来的，是数万封抗议信，大多数的美国人表达了同样的意见：可口可乐背叛了他们。

大惑不解的可口可乐市场调查部门紧急出击，新的市场调查结果显示，在5月30日前，还有53%的顾客声称喜欢新可乐，可到了6月，一半以上的人说他们不喜欢了，到7月，只剩下30%的人说喜欢新可乐了。

到1985年6月底，新可乐的销量仍不见起色，愤怒的情绪仍在美国蔓延，传媒还不停地煽风点火。焦头烂额的可口可乐决定恢复传统配方的生产，定名为Coca-Cola Classic（经典可口可乐），一场历时3年耗资巨大的事件以失败画上了句号。

资料来源：可口可乐百年来最大的营销失误之启示. https://www.docin.com/p-1115598766.html.

▶ **问题：**

请评价可口可乐采用的营销测试方法，并分析营销调研失败的原因。

2

PART TWO

| 第2篇 |

营销调研方法

第3章

开展实地定性调研

学习目标

- 掌握观察法的概念、特点及分类。
- 掌握深度访谈法的概念及特点。
- 理解焦点小组访谈法的概念及应用。
- 了解投射法的概念及形式。
- 了解德尔菲法的概念和实施步骤。

引例

党的十九届六中全会强调要立足新发展阶段、贯彻新发展理念、构建新发展格局、推动高质量发展，全面深化改革开放，促进共同富裕，推进科技自立自强。科技创新让中国品牌在全球市场真正站起来了。华为、小米和大疆等品牌在海外获得的优异成绩给中国硬件行业带来了标杆效应，吸引着越来越多的中国企业把视野放到国际市场中。

作为家用投影行业的领导品牌，极米科技在投影的画质、性能、亮度等方面持续创新，打造了从产品到服务的全链路极致体验，获得了市场的高度认可，并且也开始以发达国家市场作为起点布局全球业务。相比其他消费品，极米产品的单价不低，因此在开拓国外市场的时候，极米选择的是用户消费水平比较高的区域。这些区域的用户群体大多收入比较稳定，也更关注生活体验和生活品质。“在进入一个海外市场的时候，我们会对该市场进行充分的调研。这个市场的消费群体的习惯要跟极米的产品调性契合，人们对改善生活品质是有需求的，我们才愿意根据该市场做本地化布局。”极米科技某高管说道。在进入德国市场前，极米的调研团队会实地调研德国的消费者，研究他们喜欢什么类型的产品，喜欢什么价位的产品，喜欢在哪些地方购物。由于不同国家对电子产品品类有不同的标准，无论产品形态还是产品方案均须符合当地市场的管理规范，因而还需要根据不同国家的情况投入资金去做国际化产品的研发和市场适配。

这些调研都属于实地调研。

资料来源：极米科技：加速创新“家用”智能投影，持续发力海外市场．(2021-07-01). https://www.cls.cn/detail/781408.

党的二十大报告指出，全面建设社会主义现代化国家，是一项伟大而艰巨的事业，前途光明，任重道远。我们必须增强忧患意识，坚持底线思维，做到居安思危、未雨绸缪，准备经受风高浪急甚至惊涛骇浪的重大考验。这一国家发展逻辑，同样适用于企业。

实地调研是运用各种系统的、科学的方法，到现场收集、记录、整理相关的市场信息，了解商品或劳务在供需双方之间转移的状况和趋势，为市场预测和经常性决策提供正确可靠的信息。定性调研指的是调研结果往往不通过量化或数量分析，一般多用于因果性调研、探索性调研，它与定量调研相互补充、相辅相成，是营销调研中不可或缺的方法。实地定性调研能更好地了解被调查者的动机、态度与感觉，其调研成本相对于定量调研较低，但也可获得丰富的资料。

第1节　观察法

观察法是营销调研活动中使用最为频繁的调研方法，简单易行，结果直观可靠。本节介绍观察法的相关概念，以及如何有效准确地在营销调研中使用观察法，使其有效发挥作用。

一、观察法的概念及特点

观察法是指调研人员直接或利用仪器对所要研究的个人行为、活动、反应、感受以及现场事物等进行亲自检查、观测与记录，从而获得第一手资料的调查方法。它是营销调研活动中使用最为频繁，也是在实际操作中最容易被忽视的方法。

延伸阅读　观察法示例

观察法常用于调查街头消费者行为和店铺内顾客选购行为等。其具体做法有：调研人员到现场直接观察被调查者而不与被调查者接触，比如通过听觉听声音，通过视觉观察行为，通过触觉了解形态，利用仪器对被调查者的行为进行记录。通过一定的方法，观察事物发生变化后的痕迹，收集有关信息等。

观察法有以下主要特点：

首先，采用观察法时往往不会让被调查者知道自己正在被观察，观察者不与被调查者发生接触，而是直接观察或借助仪器把被调查者的实际情况记录下来，因此，被调查者的行为反应真实可靠。

其次，通过观察法，观察者可以获得较为深入、客观的资料。现场观察可以了解事件发生和发展的过程，还可以观察被调查者的各种细节，从而较为深入地了解事物的本质，具有较强的客观性。由于观察法会受到观察者个人的情感、知识与经验的影响，所以要求观察者坚持科学标准，实事求是，按照事物的本来样子进行记录，尽量避免因个人偏见或经验而产生记录偏差，以便正确认识事物。

最后，观察法有利于全面了解客观事物的真实面貌。通过观察法获得的资料是对在有限时间和空间内发生的事物以及新出现的市场现象没有遗漏地全部记录、全面反映，是多侧面、多角度、全方位地观察市场。

二、 观察法的分类及应用

在决定运用观察法进行调研后，要根据调研的目标和要求选择一种合适的观察方式。按照不同的标准，观察法可以分为不同的类型。

（一） 按观察的方式分类

按观察的方式可分为直接观察法和间接观察法。

1. 直接观察法

这一方法一般应用于对商店客流量、道路车流量、街头流行服饰以及特定刊物的阅读情形等的调查。

直接观察法大致分为两类：

（1）参与观察法。参与观察法是指观察者置身于观察活动之中进行观察，是企业获取信息的重要方式之一。譬如，佳能公司曾发现其产品在美国的市场份额逐步被蚕食，经过初步调查分析，认为主要原因在于美国经销商没能给予足够的支持，为此公司决定采取措施。不过，佳能公司并没有从庞大的消费者群体中去获取数据，而只是将三位经理派去美国，寻找问题所在。三位经理在美国待了六个星期，每天就像普通顾客那样进入商店，观察照相机是如何摆放的，店员是怎样对待顾客的。他们发现，经销商对佳能照相机的销售缺乏热情，杂货店和其他折扣店也并不是有效的销售渠道，甚至会对品牌产生不利影响。根据他们观察的结果，佳能公司决定在美国开设自己的销售分公司，最终扭转了市场份额下滑的势头。

延伸阅读　陪同消费者购物

（2）非参与观察法。非参与观察法是指观察者置身于调查群体之外，以旁观者的身份进行观察。在非参与观察中，观察者像新闻记者一样进行现场观察，不参加被调查者的任何活动。非参与观察一般适用于观察者无法或无须介入被调查者的情况，一般只用于试调研、探索性调研和简单观察。这种方法简便客观，但难以深入了解事情的真相。克服非参与观察法局限的关键在于：一要保持在自然状态下进行观察，观察者的观察活动不能影响和干扰被调查者的正常活动；二要持续观察一段时间，要对被调查者作较长时间的深入观察。

延伸阅读　麦当劳的奶昔改革

2. 间接观察法

这一方法是观察者利用专业的仪器设备或者采用一定的手段间接观察被调查者，以获得所需的资料。这种方法较客观，准确率也高，但成本较高，难以普及。间接观察法使用的仪器主要有以下几种：

（1）视线测定器（又称眼睛照相机）。视线测定器可以在一秒钟内拍摄人的 16 个视线动作，用于探测被调查者对于广告的反应。这种仪器虽然可以测出视线的停留位置和时间，却难以测试视线的移动情况。

（2）瞬间显露器。瞬间显露器可在短暂的时间内显示广告，利用它可以测量广告的各个构成要素所占用的时间。

延伸阅读　间接观察法示例

（3）自动记录器。自动记录器是指装在收音机、电视机上可自动把被调查者收视、收听的频道及时间记录下来的仪器。这种仪器在做关于广播、电视的视听率调查时应用比较普遍，可与计算中心相连，但成本较高，而且对被调查者要求严格。

间接观察法可以使用的仪器还包括行为观察仪、皮肤电流反射器、单面镜、记忆鼓等。

（二）按观察结果的标准化程度分类

按观察结果的标准化程度可分为控制观察和无控制观察。

1. 控制观察

控制观察是指观察者在观察过程中对观察对象、观察范围在某种程度上进行人为控制的观察。这种方式适用于因果性调查，根据观察目的预先规定观察范围，并在实施观察时使观察技术、观察手段、观察程序和记录方式标准化。例如，进行购买行为观察时，将消费者请入实验室观察其购买行为就属于控制观察。

2. 无控制观察

无控制观察是指观察者对观察目的、程序等不做严格规定，记录也可采取随意的方式，使观察对象处于完全自然的环境当中。这种方式比较灵活，适用于机会调查或探索性调查，或有深度的专题调查。例如，在普通购物场所观察消费者的购买行为就属于无控制观察。

（三）按获取资料的时间特征分类

按获取资料的时间特征可分为纵向观察、横向观察和纵横结合观察。

1. 纵向观察

纵向观察，又称时间序列观察，指在一定时间段内，连续观察同一现象或事物并进行一连串的记录，使之保持时序性。如第一次播放广告后记录一次产品的销售情况，第二次、第三次逐次播放后，分别再观察记录产品的销售情况，依此类推。这样可以测出广告的总体效果，还可以找到最佳广告次数。

2. 横向观察

横向观察，又称静态观察，指在某一特定时间段内观察同类现象或事物，取得横截面数据。例如，观察几家商店销售的同类商品，在同一时间段，几名调查员分别对不同商店的同类商品进行观察。

3. 纵横结合观察

纵横结合观察，即为保证观察结果更准确，把纵向观察和横向观察两种形式结合使用的方法。这种观察方式操作比较复杂，一般在有时间和精力的情况下才采用，但它更容易了解调查对象的真实情况。关于品牌、商标对顾客的影响力的调查，可使用此法。

（四）按观察的具体形式分类

按观察的具体形式可分为现场观察、实际痕迹观察和比较观察。

1. 现场观察

现场观察又可依具体情况分为以下三种：

（1）使用现场观察。指在用户的使用现场，了解用户使用本企业生产或经营的产品的情况，包括产品的用途、使用条件、顾客在使用时遇到的困难、顾客要求等，以发现问题并及时加以改进。

（2）销售现场观察。指调查者到商场、经销店、展销会、交易会等现场，亲自观察和记录顾客的购买情况、购买情绪、购买踊跃程度，同类产品竞争程度，新产品的设计以及各种产品的性能、样式、价格、包装等。

（3）供应厂家现场观察。指派人到原材料、配套件、协作件的生产企业，观察它们的生产条件、技术水平、工艺过程，以了解其所生产的产品能否满足要求，或到商业企业观察货源的准备情况。

2. 实际痕迹观察

实际痕迹观察指根据被调查者实际留下的痕迹进行调查。例如，一家广告公司为了进行电视广告收视率调查，经用户同意，在1 000个家庭的电视机上安装了电子记录器并将其与公司总部相连，当观众看电视时，就能把所看的电视频道、节目记录下来，然后对这些资料加以汇总、分析，就可以了解观众的喜好，从而确定广告播出的黄金时间。

3. 比较观察

比较观察指调查者对事物所做的对比观察。例如，某企业要了解何种包装的洗衣粉对消费者最有吸引力，于是把需要比较的各种包装（规格、容器、精美程度等）的洗衣粉放在同一商店内销售，现场观察消费者的购买行为，结果发现，小包洗衣粉最受欢迎，企业据此组织生产，销量大增。

三、观察法的优缺点

（一）观察法的优点

（1）调查结果直观、可靠。观察法直接记录调查的事实和被调查者的现场行为，收集的是基于事实的第一手资料，因此是直观可靠的。

（2）获取的信息比较客观。观察法基本上是调查者的单方面活动，一般不正面接触被调查者，不依赖语言交流，不会受到被调查者意愿和回答能力等的影响，在被调查者未意识到自己被观察的情况下得到的数据有利于排除语言交流或人际交往中可能发生的各种误差和干扰。

（3）可以避免由于访问员和问题询问方式所导致的误差。

（4）简便易行，灵活性强，可随时随地进行观察。

（二）观察法的缺点

（1）只能反映客观事实的发生经过，不能说明事实发生的原因和动机。

（2）只能观察公开的行为，一些私下的行为超出了可观察的范围。

（3）观察到的公开的行为并不能代表未来的行为。

（4）常需要大量调研人员到现场作长时间观察，调研时间较长，调研费用较高。因此，观察法会受到时间、空间和经费的限制，比较适用于小范围的微观营销调研。

（5）对调研人员的业务技术水平要求较高，如敏锐的观察力，良好的记忆力，必要的心理学、社会学知识及现代化设备的操作技能等。

四、观察法的应用范围和注意事项

（一）观察法的应用范围

1. 对消费者需求的观察

通过在商品销售现场、展销会、展览会等直接观察消费者喜爱的商品品牌、款式、规格、花色、包装、价格等，并进行记录分析，可以掌握大量真实的一手资料；也可借助行为观察仪，记录消费者进入现场后的目光、行走路线、表情以及购买行为等，使用仪器观察的资料不仅详尽、精确，还可避免人员观察的诸多不便。通过资料分析，可以掌握市场商品需求的趋势。

2. 对企业经营环境的观察

通过对各个企业经营环境的观察、对比，可以了解整个市场的经营状况。可以对各个企业的商品陈列、橱窗布置、接待顾客的服务态度、客流量等情况进行观察，从而获取比较真实全面的资料。

3. 对品牌的观察

观察法可用于调查消费者对某品牌产品的需求强度以及对其他品牌同类产品的替代强度。譬如，消费者在某商店购买某一品牌的产品，销售人员并不按其要求提供，却代之以其他品牌的同类产品，从而可以用消费者接受替代品的情况来确定某一品牌的替代强度。

4. 对商品生产数量和质量的观察

在生产现场和使用现场进行观察，了解产品生产过程和产品质量以及产品性能、操作技巧和维修等情况。了解农副产品的生产情况更应深入田间或动物饲养地，实地观察其生长情况，这样才能根据真实的一手资料作出正确的判断和决策。

5. 对广告效果的观察

各种广告媒体的效果，可以通过消费者对不同广告的注意程度、记忆和理解度、知名度和视听率来推断，还可以借助专业仪器记录人们收听、收看广播电视节目的时间和频率等。

（二）使用观察法时需注意的事项

第一，为了使观察结果可以反映某类事物的一般情况，具有代表性，应该设计好抽样方案。第二，在进行实际观察时，最好不让被调查者有所察觉，否则，无法了解被调查者的自然反应、行为和感受。第三，观察者在实际观察时必须实事求是、公正客观，不得带有主观偏见，更不能歪曲事实真相。第四，观察者的记录用纸和观察清单最好有一定的格式，便于尽可能详细地记录调查内容。第五，为了观察客观事物的发展变化过程且能进行动态对比研究，需要进行长期反复的观察。

五、观察法的实施过程

（一）制订计划

在正式观察之前，应制订一个观察计划，以保证调研活动有效、顺利地进行并取得满意的结果。计划大致包括：确定观察对象和范围、目的和任务、观察方法和手段、观察地点与时间；制定观察提纲和观察问卷、列明观察注意事项、选择和培训观察者、进行观察、撰写报告；经费的筹集与开支；观察资料整理和分析的方法。

（二）实施计划

有了比较明确的观察内容和观察计划后，就可以进入实际观察阶段。

首先，获准进入观察现场，这是观察可以进行的前提。获得准许是为了使调查合法化。为此，要准备一些证明材料，如身份证、工作证等，以表明自己的任务并证明自己的身份；同时，也需要与有关部门取得联系，获得支持。

其次，与观察对象建立友好关系，产生相互信任，这是观察顺利进行的必要条件，也是最关键、最困难的一步。一般可以通过以下方式达到这一目的：与被调查者共同生活、工作，尽可能参加他们的各种活动，与其建立友好关系；了解被调查者的习惯，深入他们的生活；帮助被调查者解决一些问题，获得他们的好感。

再次，运用各种方法进行观察，收集资料并做好观察的现场记录。

最后，离开观察现场。

（三）整理、记录资料

把观察得来的信息变成文字记录是实施观察中十分重要的一环。观察记录应与观察内容一致，记录方法有以下几种。

1. 同步记录

同步记录即在观察的同时做详尽的记录，这是信息丢失较少的一种记录方法。为了提高记录速度，可以采用速记方法。可以记下当场的个人印象、分析意见和推论，但要注意记录下的个人见解要与观察到的细节区分开来。也可录下口述，观察结束后，再根据录音整理成文字资料。

2. 事后追忆

同步记录常会引起被调查者的注意和反感，采用事后追忆的方法可以避免这种情况。追忆可采用记日记或单独事件记录的方式，将所观察到的事件，根据记忆顺序或事件分类记录下来。事后追忆是根据记忆补记所观察到的情况，因此应注意抓紧时间补记，否则随时间推移会遗忘。

3. 卡片记录

卡片记录即预先制作观察卡片或表格等记录工具，观察时及时在卡片上做记号。这种方法可以提高观察记录的速度和质量，而且有利于分类整理和对观察结果进行定量分析。

第2节　深度访谈法

有些调研人员希望能发现消费者行为背后的真正原因，而不仅仅局限于观察其表面的活动，于是就希望与被调查者进行充分接触，并在调研过程的开始阶段采用相对随意或宽泛的提问以探查被调查者的内心活动，这时可使用深度访谈法。

一、深度访谈法的概念及特点

深度访谈法是指受过严格训练的访谈员在一种无结构的、无预定程序的、直接的个人访问中，对受访者进行面对面的深入访谈，与受访者在轻松自然的气氛中围绕某一问题进行深入讨论，以揭示问题的隐藏动机。

延伸阅读　妮维雅的数字化之路

深度访谈法的主要特点在于它是无结构的、直接的、一对一的访谈。因深度访谈是无结构的访谈，随着访谈的逐渐展开，其走向依据受访者的回答而定，但访谈员要善于掌控访谈，使之不偏离主题。例如，一次深度访谈可能从探讨小食品开始，然后转向讨论对不同食品成分的看法，接下来又讨论小食品的社会性，等等。

深度访谈法的另一个特点是适合了解一些复杂和抽象的问题。这些问题往往三言两语说不清楚，只有通过自由交谈才可以谈得详尽。深度访谈是一对一的访谈，受访者有很多说话的机会，能够把自己的观点完全表达出来，对于诸如动机、意见、态度，正式研究之前确立研究假设的预备性研究，调查研究之后有关问题的深入探讨等，常常采用深度访谈法。

目前，深度访谈法在营销调研中的应用日益广泛，主要有以下三方面的因素：首先，它能全面地了解受访者的想法（例如经销商对某种新产品的判断）。其次，它可以详细地了解复杂的消费行为（例如选择家用轿车时的想法）。最后，它有利于访问专业人员或管理人员（例如广告人士对某产品广告的看法）。

二、深度访谈法的优缺点

（一）优点

（1）可以获得比较全面的资料。访谈形式轻松自由，没有对答案加以限制，可以获得研究者意想不到的资料。

（2）适合了解一些复杂和抽象的问题。

（3）有较多机会评价所得资料或答案的效度和信度。访谈员可以从受访者的行动、表情和语调上，观察他们的动机和态度，分辨他们的回答是真是假。

（4）访谈弹性大。可以重复询问，可以对问题作出解释，以保证受访者明白问题的含义，访谈员明白受访者回答的真正意思。

（二）缺点

（1）调研的结果在很大程度上取决于访谈员自身的素质和掌握的技巧。由于事先难以确定调研的程序结构，访谈员的素质又参差不齐，所以调研结果的质量也有高有低。

（2）深度访谈后的结果数据往往难以分析和解释，因此，需要专业的心理学家帮助解决这一问题。

（3）样本量小，偏差或误差较大。

（4）所花时间和经费较多，因而在一个调研项目中深度访谈的使用十分有限。

三、深度访谈法的应用范围

深度访谈法主要用于探索性研究，适合了解复杂、抽象的问题，这类问题往往不是三言两语可以说清楚的，常用于详细探究受访者的想法。它适用于对复杂行为，保密、敏感的话题，竞争对手、专业人员或高层领导，以及特殊商品等问题的研究。这些问题只有通过自由交谈、深入探讨，才能从中概括出所需信息。

具体来说，深度访谈适用于以下两个场合：（1）当访谈员想让所有受访者表达他们对相同主题的看法时，就像对高级经理人访谈中常见的情境；（2）当访谈员想让受访者对诸如投射测试等刺激作出反应时。

四、深度访谈法对访谈员的要求

在深度访谈中，访谈员具有非常重要的作用。一般的以问卷为数据收集工具的访谈只要求调研人员按照规定的程序进行即可，深度访谈在执行中如何进行访问、问什么问题，全部由访谈员掌握。在一般的访谈中，能否获得信息在很大程度上取决于受访者；在深度访谈中，能否获得信息主要取决于访谈员。因此，深度访谈对访谈员的要求很高，访谈员至少应做到以下几点：

（1）避免表现自己的优越感和高高在上的态度，要有风度和人情味，让受访者轻松接受访问。

（2）态度中立、客观，不在谈话中表露自己的内心。

（3）掌握谈话的方向和进度，能在话题出现偏移时不露痕迹地扭转回来。

（4）不要只接受简单的“是”或“不是”的回答，要能巧妙地探询受访者的真实想法。

深度访谈前，访谈员事先一般不拟定问卷或访谈的标准程序，但至少要有一个粗略的访谈提纲。为了获取更多有意义并能揭示问题内在原因的信息，访谈员的追问技巧十分关键。常用的追问技巧有以下几种：

（1）重复提问。用同样的措辞重复提问，可以引起受访者的注意并有效地引出答案。

（2）重复受访者的答案。通过重复受访者的答案，可能会刺激他们，使他们能继续思考，给出进一步的看法。

（3）利用停顿或沉默。适当的停顿或沉默，都可以暗示受访者进一步回答，但一定要掌握好停顿或沉默的时机。

（4）利用客观的或中性的评论。

（5）适当鼓励受访者，以引起其谈话的兴趣。

五、深度访谈法的实施过程

（一）准备阶段

1. 明确访谈主题

访谈员为保证访谈获得必要的信息，在访谈之前必须对访谈的主题有所思考、准备。如果访谈员对所要访谈的主题没有清楚的了解，就很难把握应该问什么样的问题，而且无法判断受访者的回答是否有用、是否偏离了主题、是否偏离了研究目的。

2. 选择访谈对象

选择合适的访谈对象是深度访谈成功的关键，应该选择那些对所要研究的问题有比较多的经验并且比较健谈的人。例如，在关于保健品调查的预备性深度访谈中，合适的访谈对象应该是那些近期购买并经常服用保健品的消费者，这样的消费者对保健品有较多的经验、体会和感受，与他们进行交谈才能获取必要的信息。访谈员在选择访谈对象时，一般采用判断抽样法，这样可以保证受访者的意见比较有代表性，不会偏离研究目的。

3. 选择访谈员

深度访谈要求访谈员掌握一定的访谈技巧，善于挖掘受访者内心的感受。好的访谈员对深度访谈的成功至关重要。

4. 预约访谈时间

由于深度访谈的时间一般较长，而且受访者常常是身居要职的人，所以最好进行电话预约，在受访者方便的时间进行访谈。

5. 准备访谈用品

访谈前，访谈员要准备好自身的证件用品、访谈记录用品（如录音机、摄像机等）。

（二）实施阶段

在上述准备工作就绪后，深度访谈就可以进入正式实施阶段，这一阶段的任务是与受访者交谈，以最大限度地获取所需资料。在这一阶段，访谈员应注意以下问题：

（1）接近受访者。接近受访者主要有两种方式，最常用的是正面接近，即开门见山介绍自己的身份，直接说明意图，之后就开始正式访谈。自我介绍是为了取得受访者的信任，介绍时首先出示有关证件，要落落大方、不卑不亢。如果遇到不太友善的受访者，访谈员一定要忍耐，不要因为别人的偏见和无礼而影响自己的情绪和态度，更不要与受访者争吵。还有一种方式是侧面接近，即先不公开身份，在某些共同的活动中接近受访者，如与受访者一起开会、学习、住宿、娱乐等，等到与受访者建立起一定的友谊后，再在一种自然和谐的气氛中说明来意，进行正式访谈。这种方式有利于消除对方的戒备心理，但是费时又费力。

（2）在访谈开始后，访谈员应详细介绍此次访谈的目的、意图，受访者的回答有何意义、具有何等的重要性等，应指出受访者的回答对其自身是没有任何不利影响的，并要尽量营造友好、轻松的氛围，让受访者无拘无束，充分发表自己的意见。

（3）访谈员应有一个防止偏离访谈目标的访谈提纲，但访谈不必严格按照提纲顺序进行，而是根据受访者回答的状况灵活调整访谈的方向。

（4）必要时或时间允许的情况下，可从受访者关心的话题开始，逐步缩小访谈范围，最后问及所要访谈的问题。

（5）在访谈中，访谈员应该始终保持中立的态度，使受访者感觉到访谈员不带有任何偏见，也不左右别人的观点和思想。

（6）在访谈过程中，访谈员应讲文明有礼貌，用语准确明了、贴切恰当，尽量避免使用生僻的专业术语，不能以审讯或命令的口吻提问，不能随便打断对方的回答，或表现出厌烦或无奈的情绪，更不能使用对方忌讳、反感的语言。

（7）在访谈过程中，当出现受访者对所提问题不理解或产生误解、对某一问题的答案有所顾虑或漫无边际闲谈的情况时，访谈员要礼貌且巧妙地加以引导。当受访者的回答含糊不清、过于笼统或残缺不全时，访谈员要适当追问，以使访谈顺利进行。

（8）在受访者回答问题或陈述观点时，访谈员要认真倾听。为表示认真倾听受访者的意见，就要表示出兴趣，而且这是一种鼓励多说的方法。进一步说，只有通过倾听才能建立理解，从这种理解中可以得到更深入的提问线索。

（三）结束阶段

结束阶段是整个深度访谈的最后一个环节，这个环节也很重要，不可忽视。

首先，访谈结束时，访谈员应该迅速检查一下访谈结果或访谈提纲，以免遗漏重要项目。

其次，访谈结束时，应再次征求受访者意见，了解他们是否还有什么想法、要求等，这样可能会掌握更多的情况和信息，而不要回答完提纲中的问题马上离去。

最后，要真诚感谢受访者对本次调查工作的支持与合作，同时将准备的礼物送给对方。

第 3 节　其他定性调研方法

实地定性调研方法很多，除了观察法和深度访谈法以外，本节主要介绍文案调查法、头脑风暴法、焦点小组访谈法、投射法、德尔菲法，这些方法各具特色，在不同的领域发挥独特的优势。

一、文案调查法

（一）文案调查法的含义、特点与作用

1. 含义

文案调查法又叫间接调查法，是指通过收集多种历史和现实的动态文献资料，从中摘取与市场调查主题有关的情报，对调查内容进行分析研究的调查方法。文案调查法是对二手资料的收集、整理、加工和分析，是一种高效的调研方法。

2. 特点

调查必须使用科学的方法，调查方法选择恰当与否，对调查结果影响很大。各种调查方法都有利有弊，只有了解各种方法，才能正确选择和使用。

文案调查法有以下几个特点：

（1）收集已经加工过的文献而不是原始资料。

（2）以收集文献信息为主。

（3）收集的资料包括动态和静态两个方面，偏重于从动态角度，收集反映市场变化趋势的历史及现实资料。

（4）不受时空限制，可以获得大量历史资料。

文案调查法在实际的运用中也存在着一定的局限性，具体表现在以下几个方面：

（1）由于较多地依赖历史资料，难以反映现实中正在发生的新情况。

（2）调查的项目多数为正在发生的问题或者即将发生的情况，收集的历史资料往往不能与调查目的很好地吻合，数据不能完全适用要解决的问题。

（3）由于文案调查法对现有资料的收集必须周详、广泛，要求调查人员具有广泛的理论知识、较深厚的专业知识和技能，否则将无法胜任。

由于存在以上局限性，运用文案调查法进行资料的分析研究时，首先要对资料的质量进行评估。

3. 作用

根据营销调研的实践经验，文案调查法常作为营销调研的首选方式。几乎所有的营销调研都始于收集现有的资料，只有当现有的资料不能解决实际问题时，才会进行实地调研。因此，文案调查法可以作为一种独立的调研方法使用，有助于确定问题、定义问题、拟定问题的研究框架、阐述适当的研究设计、回答特定的研究问题、更深刻地解释原始数据等。在人手少、时间紧的情况下，文献调查法还可以采取间接的方式，委托专业机构进行专题调查，然后综合整理。在信息产业日益发达的今天，这种方式的使用越来越普遍。

（二）文案调查法的资料来源

文案调查法的资料来源包括企业内部资料和企业外部资料。

1. 企业内部资料

这些资料主要是反映企业市场经济活动的记录，主要包括业务资料、统计资料、财务资料以及企业积累的其他资料等。

2. 企业外部资料

企业外部资料是文案调查法最主要的资料来源。这些资料是公共机构提供的已出版或未出版的资料。例如，统计部门、政府部门公布的资料及其官方网站发布的信息，其他市场调研机构提供的资料，从各种媒体、官方微博、微信订阅号、广告、博览会、展销会等获得的资料。

（三）文案调查法的类型

1. 参考文献筛选法

参考文献筛选法是从各类有关文献资料中，分析和筛选出与此次调查目的相关联的信息和资料的方法。在我国，最常用的是从印刷文献资料中筛选。印刷文献一般有统计年鉴、论文集、科研报告、专利文献、政府政策条例、内部资料等。此外，也常从一些数据库中筛选文献资料。此种方法主要是依据调查目的和要求，有针对性地去寻找有关文献，能提高文献资料查找的准确度。

2. 报刊剪辑分析法

报刊剪辑分析法是由调研人员从各种报刊、在线刊物以及微信、微博等新媒介上发表或转发的文章、报告中收集和分析情报信息的一种方法。市场信息总是瞬息万变的，这种变化在日常新闻报道中有所体现，只要平时用心观察，细心收集、分析，便能收集到很多对今后调研有用的信息，同时这也是信息的一种积累。

3. 情报联络网法

企业在一定范围内设立情报联络网，使资料收集工作可延伸至企业想要涉及的地区。互联网的普及使情报联络网法成为开展文案调查的有效方法。

二、头脑风暴法

（一）头脑风暴法的概念

头脑风暴法（brain storm）又称智力激励法、自由思考法，是美国BBDO广告公司经理奥斯本（A. F. Osborn）提出的。其基本原理是围绕某一问题召开专家会议，通过共同讨论进行信息交流和相互启发，激发专家们产生创造性思维的连锁反应，由此产生许多有创造性的设想，从而进行集体判断预测。此法经各国学者的实践，至今已发展出奥斯本智力激励法、默写式智力激励法、卡片式智力激励法等方法。

（二）头脑风暴法的操作程序

一次成功的头脑风暴的要点除了探讨方式、心态上的转变，无偏见的交流，关键在于满足程序上的要求。具体而言，其操作程序可归纳为以下几个阶段：

1. 准备阶段

负责人应事先对所要解决的问题进行一定的研究，弄清问题的实质，找到问题的关键，设定解决问题所要达到的目标。同时选定参加会议的人员，一般以5～10人为宜，不宜太多。然后将会议的时间、地点、所要解决的问题、可供参考的资料和设想、需要达到的目标等事宜一并提前通知参加者，让大家做好充分的准备。

2. 热身阶段

这个阶段的目的是创造一种自由、宽松、祥和的氛围，使大家放松，进入一种无拘无束的状态。主持人宣布开会后，先说明会议的规则，然后随便谈点有趣的话题，让大家的思维处于轻松和活跃的状态。如果所谈话题与会议主题有某种联系，人们便会轻松自如地导入会议主题，效果自然更好。

3. 明确问题阶段

主持人扼要地介绍有待解决的问题。介绍时须简洁、明确，不必过于周全，否则，过多的信息会限制参加者的思维，干扰他们的想象力。

4. 归纳、整理表述阶段

经过一段时间的讨论后，大家对问题已经有了较深的理解。主持人或书记员要记录大家的发言，并对发言记录进行整理。通过对记录的整理和归纳，找出富有创意的见解以及具有启发性的表述，供下一步畅谈时参考。

5. 畅谈阶段

畅谈是头脑风暴法的创意阶段。为了使大家能够畅所欲言，需要制定的规则是：第一，不要私下交谈，以免分散注意力；第二，不妨碍他人发言，不打断他人发言，不去评判他人的言论；第三，发表见解时要简单明了，一次发言只谈一种见解。主持人首先要向大家宣布这些规则，随后引导大家自由发言、自由想象、自由发挥，使彼此相互启发、相互补充，然后对会议发言记录进行整理。

6. 筛选阶段

会议结束后的一两天内，主持人应向与会者了解大家会后的新想法和新思路，以此补充会议记录。然后将大家的想法整理成若干方案，再根据设计的一般标准，诸如可识别性、创新性、可实施性等进行筛选。经过多次反复比较和优中择优，最后确定1～3个最佳方案。这些最佳方案往往是多种创意的优势组合，是大家集体智慧的结晶。

（三）头脑风暴法的原则

头脑风暴法应遵守如下原则：

（1）庭外判决原则（延迟评判原则）。对各种意见、方案的评判必须放到最后阶段，此前不能对别人的意见提出批评和评价。认真对待任何一种设想，不管其是否适当和可行。

（2）自由畅想原则。各抒己见，创造一种自由、活跃的气氛，激励参加者提出各种想法，使参加者思想放松，这是头脑风暴法的关键。

（3）以量求质原则。追求数量，意见越多，产生好意见的可能性越大，这是获得高质量创造性设想的条件。

（4）综合改善原则。探索取长补短和改进办法。除提出自己的意见外，鼓励参加者对他人已经提出的设想进行补充、改进和综合，强调相互启发、相互补充和相互完善，这是头脑风暴法能否成功的关键。

（5）求异创新原则。这是头脑风暴法的宗旨。

（6）限时限人原则。

（四）头脑风暴法的优缺点

优点：

（1）成本低，效率高。

（2）能提供较全面的预测方案。

缺点：

（1）易受权威和名誉的影响。

（2）易受表达能力的影响。
（3）易受个人自尊心的影响。
（4）易受多数人的影响。

三、焦点小组访谈法

（一）焦点小组访谈法的概念及应用

焦点小组访谈法，又称小组座谈法，由 7～12 名被调查者组成小组，在一名经过训练的主持人的引导下，针对某一特殊主题或概念以一种无预定程序的自然形式进行深入讨论，其目的是了解人们心中的想法和产生的原因。在小组讨论过程中，可借助仪器观察小组成员的表情及发言情形。

焦点小组访谈与人们日常工作中的座谈会和深度访谈类似，但又不完全相同，因为它虽然在交谈中无预定程序，但事先经过精心的组织安排，不是随意进行的聚会闲聊。

延伸阅读　红罐王老吉的市场调查

焦点小组访谈法可以应用于以下几个方面：了解被调查者对某类产品的认识、偏好和行为；获取对新产品概念的印象；研究广告创意、广告脚本的测试；研究产品的合理定价；了解被调查者对某项市场营销计划的初步反应等。

参与讨论的小组成员对小组讨论的结果有这样或那样的影响，因此小组成员应以具有相同特征者为佳，例如年龄、爱好、学历、职业等相同，以免造成沟通障碍，影响讨论气氛，并且他们的共同特征应与讨论主题相关。同时，焦点小组访谈的环境也相当重要，只有轻松的、非正式的气氛才能有效激发人们自由地、本能地发表评论。焦点小组访谈时间应限制在三小时之内，最好在一个半小时至两小时之间，时间过短不能进行深入的讨论，时间过长会影响小组成员的状态，时间的把握非常重要。

（二）焦点小组访谈法的类型

1. 试探型焦点小组访谈法

试探型焦点小组访谈法常用在营销调研的初始阶段，它有助于精确定义问题。例如，试探型焦点小组访谈法可用来确定在一个研究中应包括的问题，也可用来帮助建立测试的假设。

2. 临床型焦点小组访谈法

使用临床型焦点小组访谈法的原因是，一个人真正的动机和感觉是潜意识的，我们不能只把表面内容看作顾客必须谈的东西，研究必须探求那些潜意识中的东西。使用临床型焦点小组访谈法可以发现一个人真正的动机。这种方法要求主持人必须有很高超的技巧来说服参与者说出他们内在的想法和感觉。

3. 实验型焦点小组访谈法

实验型焦点小组访谈法能够使研究人员挖掘出真正的顾客，它为研究人员探测顾客对产品的情感结构提供了一个机会，研究人员可有效测出顾客使用产品时的满意与失望的情绪，对产品的夸奖与批评。

4. 雇佣型焦点小组访谈法

雇佣型焦点小组访谈法通过群体动力机制获得解决相关问题的信息。这种方法的特点是，小组成员自行讨论，并有主持人在场，规模相对较小，受到关注的小组能产生比每个参与者被分开面谈时更有价值的想法和主意。当一群对某一主题或产品感兴趣的人坐在一起讨论时，更能产生良好的效果。根据提出的建议，有经验的主持人可以促成小组成员间一定程度的互动和合作，有可能得到意想不到的想法。

（三）焦点小组访谈法的优缺点

1. 优点

（1）协同增效。让一群人在一起讨论，与询问单个人相比，前者能得到更广泛的信息、更深入的理解和看法。

（2）滚雪球效应。即在焦点小组访谈中，一个人的评论会启动参加者的一连串反应。

（3）刺激性。随着小组中对所谈论问题的兴奋水平的提高，参加者想要表达他们的观点和感情的愿望也会增强。

（4）安全感。因为参加者的感觉和小组中其他成员是类似的，所以参加者感到比较舒服，并愿意表达他们的观点和感情。

（5）自发性。由于没有要求参加者回答某个具体的问题，他们的回答可以是自发的、不遵循常规的，因而应该能够准确表达他们的看法。

（6）发现灵感。与一对一的访问相比，小组讨论更容易激发灵感，产生想法。

（7）专门化。因为多个被调查者要同时参与，所以雇用一个受过高级训练的主持人是合适的。

（8）科学监视。焦点小组访谈容许对数据的收集进行密切的监视，观察者可以亲自观看焦点小组访谈的召开情况，并将讨论过程录制下来用于后期分析。

（9）结构灵活。焦点小组访谈在覆盖的主题及深度方面是灵活的。

（10）速度快。由于同一时间能同时访问多个被调查者，因此数据收集和分析过程都是相对比较快的。

2. 缺点

（1）误用。焦点小组访谈法是探索性的，但是可能会被误用和滥用，将其结果当作结论来对待。

（2）错误判断。焦点小组访谈法的结果比其他数据收集方法的结果更容易被错误地判断。

（3）影响因素多。焦点小组访谈法特别容易受客户和调研者的偏差的影响；主持难度大，高素质的主持人很少，但调查质量十分依赖于主持人的素质。

（4）凌乱。回答的无结构性使得编码、分析和解释都很困难。焦点小组访谈法的数据是杂乱的。

（5）错误代表。焦点小组访谈法的结果对总体没有代表性，因此不能把焦点小组访谈法的结果当作制定决策的唯一依据。

（四）焦点小组访谈主持人的特征

在焦点小组访谈法中，主持人的重要作用体现在要从小组中获取最好的、最具有创新性的观点，而且在访谈结束时为主办者提供有价值的建议。

主持人应具备的特征包括：

- 被小组接受，容易和小组成员一起工作；
- 反应敏捷，善于发现并记录小组讨论中产生的新观点；
- 重视小组成员，让小组成员感觉到自己的观点是重要的，激发他们的创造热情；
- 有能力掌控小组讨论的中心，但不显得过分强势。

应当通过甄选选出主持人，而不是随意让一人担任，一个对主题没有兴趣或不了解主题的主持人将会错过小组讨论中产生的未预料到的好创意。

四、投射法

（一）投射法的概念

投射法来源于心理学，是通过一种无结构的非直接的询问形式，来鼓励被调查者把他们关心某问题的潜在动机反映出来，简言之，投射法的目的是探究隐藏在表面反应下的真实心理。在投射法中，并不要求被调查者描述自己的行为，而是要求他们解释其他人的行为。在解释其他人的行为时，被调查者就间接地将自己的内在情感投射到有关的情境之中。使用投射法的根本理由在于人们通常不愿意或不能表达深层的情感。

（二）投射法的形式

1. 文字联想法

文字联想法是给被调查者一连串的词语，每给一个词语，都让他们回答看到这个词语时首先浮现在脑海中的词语（称为反应词），并记录被调查者口头或非口头的反应行为，如犹豫不决等。为了掩盖研究的真正目的，在给出的词语中有一些是凑数的、没有测试价值的词语。例如，研究人员对销售员读出一系列工作任务，希望通过这种联想法揭示出他们对这些任务的真实感受。销售员的第一个想法大概是自发的答案，因为他没有足够的时间来思考对自己有利的答案。

对回答或反应的分析可计算以下几个变量：每个反应词出现的频数；在给出反应词之间停顿的时间长度；在合理的时间段内，对某一词语完全无反应的被调查者的数量等。

研究者常常把这些联想分为赞成的、不赞成的和中性的三类。一个被调查者的反应模式及反应的细节，可用来判断其对所研究问题的潜在态度或情感。

文字联想法可用于测试潜在的品牌名称。如酒水生产商希望推出一种无色轻度威士忌，它组织测试了很多品牌名字，如 Frost，Ultra，Verve，Master's Choice 等，最终显示的结果是被调查者对 Frost 一词特别偏爱。

该方法还可以用于测试被调查者的消费动机和偏好。

2. 句子完成法

句子完成法也是建立在自由联想的基础上，被调查者需要将呈现给他们的未完成的句子用最先想到的词或短语来填补完整。由于被调查者专注于问题的答案，其潜意识常常会不自觉地流露出来。需要注意的是，为了避免被调查者产生防备心理，在未完成的句子中一般不用第一或第二人称。

在分析和解释所获得的资料时，研究者需要具备专门的知识（如心理学专业知识），这样才能准确地解释答案的真正含义，例如对于“拥有一辆汽车是________”的回答，女性被调查者的回答是“拥有一辆汽车是很好的事”，男性被调查者回答则是“拥有一辆汽车是必须的”。据此可以推断，女性消费者认为拥有一辆汽车是很体面的事，男性消费者则把汽车看成一种必需品。这种资料对制定广告宣传策略、营销策略都很有意义。

3. 图画测验法

该方法是将一幅图画（一般是漫画）展示在被调查者面前。图画展示的是一个对话情境，其中有一方提问题，但另一方的回答是空白的，要求被调查者替图画中的另一方作答。

延伸阅读 罗夏墨迹测验

例如，图画内容可能展示的是在一家快餐店柜台前，售货员与顾客的对话情境。售货员向顾客问道：“您需要什么呢？”顾客的回答则留下了空白。请被调查者替顾客回答。被调查者可能反问：“您可以推荐一下什么较好吗？”如果答案如此，说明被调查者对快餐店的食品不太了解；如果被调查者的回答是某种食物，则说明被调查者对该类食物比较偏爱。

采用图画测验法时应注意图画的内容要尽量简略，特别是人物的面部表情，不应使它对被调查者的回答产生影响，而且应当提醒被调查者，要注意的是文字和所提出的问题而不是图画中的人或物。

图画测验法成本较高、所得的信息较少、不便于统计分析等，所以在实际调研中运用较少，一般只用作辅助性的调研手段。

4. 故事构建法

该方法与图画测验法类似，由研究者向被调查者展示一张（或多张）照片或图片，要求他们在看了照片或图片之后，根据自己的理解，虚构一个故事或者虚构出图片中人物的内心想法。例如，图片上可以展示一位家庭主妇，手提购物篮，面对罐头食品陈列架，让被调查者看了之后，谈谈家庭主妇在想什么。被调查者的回答可能是：“这位家庭主妇看到包装很漂亮的零食犹豫不决，因为没有尝试过不知道好不好吃，但是又想买来试一试。”那么可以认为这位被调查者喜欢吃零食，而且对包装、口味很讲究。被调查者的回答也可能是：“她看到产品正在促销，准备购买。”这说明这位被调查者可能比较注重价格因素。

5. 图片分类法

图片分类法是美国的广告公司 BBDO 开发的一种投射法。具体做法是向被调查者展示一些图片，内容是从商务经理到大学生的各种各样的人，让被调查者将这些人与品牌联系起来，即让他们判断什么样的人使用该品牌。BBDO 为美国通用电气公司使用图片分类法调研时发现，被调查者认为该品牌最吸引保守的、年龄大的商人。为了改变这样的形象，通用电气推出了“We bring good things to life”的广告语。BBDO 还利用图片分类法访问了啤酒目标市场的 100 名消费者（男性，21～49 岁，每周喝 6 次以上啤酒）。调研人员向每个被调查者展示 98 张图片，要求他们将每一张图片与啤酒品牌进行匹配。结果显示 80%的产品是给男性消费的，有些产品如 Cools 被匹配了一定的女性形象。

6. 第三人称法

第三人称法是一种最容易使用的方法，该方法和一般的询问方法相似，都是将问题直接提出来，但不同的是，该方法不是直接询问被调查者的感受或看法，而是让他们说出其他人的看法。例如，调研人员可能这样询问男性家长：“我们曾经和很多您这样的家长讨论过这种新型的学习机，很多人感觉不错，但是也有一部分人认为我们还应该改进。请考虑一下您的朋友或邻居，谈谈他们对这种学习机可能有什么看法。”调研人员就是让调研对象把自己的想法转移给邻居、朋友和同事等，他们可以同意，也可以不同意一个不知名的第三方的意见。

7. 类推法

使用类推法有助于揭示人们内在的情感。例如，人们想买一辆符合他们个性的车，通过购买可以表达他们的个性并由此获益。类推法的使用有时可以使调研人员发现被调查者的个性和潜在购买目标之间的联系。

举例来说，我们可能会被问，作为一个新款宝马车的车主，会有什么感觉。回答可能如下：

（1）我感觉很有魅力。

（2）我感觉还不太适合外出。

（3）我感觉我已经准备好开它去兜风了。

基于这样的分析，可以针对特定的顾客群体来开发广告主题。

人有情感和感觉，类推法的原理是通过情感来洞察人们是怎么理解结论和问题的。这种方法还可用于非人的对象上，我们把自己的情感转移到实体上，设想它会有怎样的感觉，并在遇到问题时是如何做的。

五、德尔菲法

（一）德尔菲法的概念

德尔菲法（Delphi method）是在 20 世纪 60 年代由美国兰德公司（Rand）首创和使用的一种特殊的调研方法，在西方非常流行。德尔菲是希腊的著名古迹，因阿波罗神殿而闻名。由于传说中的阿波罗有着非凡的预测未来的能力，故德尔菲成了预言家的代名词。

德尔菲法是指按照规定的程序，采用函询的方式，依靠分布在各地的专家背对背地作出判断分析，并对结果反复征询意见，使不同意见趋于一致，最后得出调查结果的方法。

（二）德尔菲法的实施步骤

1. 拟定意见征询表

意见征询表是专家回答问题的主要依据，也是使用德尔菲法进行调查的主要手段。调查机构根据委托方的要求，拟定需要调查了解的问题，制成意见征询表。拟定意见征询表应注意以下几点：问题要简单明确，数量不宜太多；问题的内容要尽量接近专家所熟悉的领域，以便充分利用专家的经验；要提供一些供专家作出判断时参考的比较齐全的背景资料。

2. 选择专家

专家的选择是否合适，直接关系到德尔菲法的成败。在选择专家时，要注意以下几个方面：根据调研问题的专业范围，选择业务精通、见多识广、熟悉市场情况、具有分析能力和预见能力的专家；专家人数的多少要视调研问题的大小和涉及面的宽窄而定，一般在 8～20 人；专家之间彼此不联系。

3. 反复征询专家意见

第一轮，将意见征询表和现有的背景材料寄给专家，要求专家明确回答意见征询表中的问题，并在规定时间内将答案寄回，调查人员对各个问题的结论进行归纳和统计。

第二轮，将第一轮汇总过的专家意见及新的调查要求寄回专家，要求专家在了解全局情况后提出自己的见解。在这个阶段，专家可以保留或修改自己的意见，对于和总体结论差异较大的专家，应请他们充分陈述理由。这样，可再次将专家寄回的资料进行统计，并提出新的要求。

如此经过几轮的反复征询，使专家意见逐步趋于一致。征询的次数和时间间隔不能一概而论，需视调查内容的复杂程度、专家意见的离散程度而定，通常征询次数为 3～5 轮，征询时间间隔为 7～10 天。随着互联网的发展，社交媒介、即时通信工具日趋普及，采用这类新媒介进行沟通，将大大提高沟通效率，缩短调查时间。

延伸阅读　德尔菲法示例

4. 得出调查结论

根据几次征询获得的全部资料和记录的反复修改的各方意见，调查人员得出最后的调查结论。

（三）德尔菲法的优缺点

德尔菲法简便灵活，对问题挖掘深入，但也存在一些不足之处，表3-1详细列出了德尔菲法的优缺点。

表3-1　德尔菲法的优缺点

优点	缺点
调查的组织和实施简便灵活。对组织工作要求不高，不需要太多的人力、物力、财力，也不需要组织大型的讨论会或人员众多的调查活动，对工作场所、工作时间也没有严格要求，比较灵活	缺乏客观标准，有一定的主观片面性。专家对调查问题的回答全凭自我判断，主观色彩较为浓厚，因而这种方法主要适用于缺乏历史资料或未来不确定因素较多的调查问题
便于征询对象独立思考、独立判断。使用意见征询表征询专家意见时专家采用匿名方式，专家之间没有联系，避免了专家之间互相干扰和影响，专家的回答是独立思考和独立判断的结果	调查时间较长。需经过多轮的反复征询，由于反馈次数较多，因而需要耗费较长时间，而且调查过程中可能发生有的专家因为个人原因而中途退出的情况，影响调查结果的科学性，甚至可能影响整个调查方案
有利于专家探索式地解决问题。专家之间是背对背地回答问题，单个专家对调查问题的回答必须依靠自己对问题的独立研究，探索调查问题内在的联系与规律性，寻求解决问题的方法	调查结论有可能趋于中位数和算术平均数。有的专家在得到调查组织者汇总后的反馈资料后，由于水平不高或对调查问题的回答不够认真，或不了解其他专家对调查问题得出看法的依据，因此可能作出趋于中位数或者算术平均数的回答，影响调查结论的准确性和科学性

为了克服德尔菲法的不足，可以采取以下措施：向专家说明德尔菲法的原理，让他们了解这种方法的特点；向专家提供尽可能详尽的与调研项目有关的背景材料；请专家对自己的判断结果给出最高值、一般值和最低值，并分别估计其概率，以保证整个判断的可靠性，减少征询次数；在第二轮反馈后，只给出专家意见的极差，而不反馈中位数或算术平均数，以免发生简单求同的现象。

基本概念

观察法　深度访谈法　文案调查法　头脑风暴法
焦点小组访谈法　投射法　德尔菲法

思考题

1. 什么是观察法？应该如何运用观察法获取资料？
2. 深度访谈法有哪些优点和缺点？访谈员应具备哪些素质？
3. 焦点小组访谈法的主持人应具备哪些特征？
4. 比较深度访谈法和焦点小组访谈法的异同。
5. 头脑风暴法的原则有哪些？
6. 什么是投射法？投射法的形式包括哪几种？
7. 简述德尔菲法的概念。它的优点和缺点有哪些？

第4章

选择调查数据的收集方法

学习目标

- 掌握电话调查法、邮寄调查法、留置调查法、人员访问法和网络调查法等数据收集方法。
- 理解选择调查方法时需要考虑的因素。
- 了解对访问人员的素质要求以及培训内容。

引例

2020年夏天，带着青春的梦想与希望，刚刚走出大学校园的A和两个志同道合的同窗好友决定放弃找工作，共同开始创业之旅。三个年轻人最先考虑的项目是校园快餐，在高校集中地区为大学生提供有别于食堂的餐饮外卖服务，取名“食神快餐”。这样的服务是否会吸引学生群体，如何确定学生喜欢的菜单等都是他们需要考虑的问题。为此，他们需要进行一次调研，内容包括：(1) 在外卖快餐方面，“食神快餐”与哪些企业竞争？(2)“食神快餐”的形象与竞争者有什么不同？(3) 周边大学生对外卖快餐的品种有哪些要求？(4) 周边大学生对外卖快餐价格的承受范围是多少？

接下来的问题就是：怎样去调查？调查多少人？调查范围有多大？

三个人初步估算了一下，周边几所高校学生大约有1万人。如果在学生午休和晚上休息时间采用直接发放问卷的方式，将会得到较为准确的数据。但是这样的方式需要雇用可靠的调查人员，对创业初期的他们而言这意味着较高的额外成本。这样做有必要吗？是否可以采用其他方式如电话访问、个人访问或小组讨论？

在营销调研中，收集原始数据的方法主要有三种：调查法、观察法和实验法。其中调查法在商业营销调研中使用最广泛。常用的调查法有电话调查法、邮寄调查法、留置调查法、人员访问法和网络调查法等。在调查法中，调研人员一般会提前设置几个和调研主题相关的问题，然后由访问人员向调研对象提问，从而得知调研对象的想法，例如他们的态度、意愿或者偏好等。本章主要介绍在调查法中几种常用的数据收集方法，以及在开展调查之前的准备工作。

第 1 节　电话调查法

电话调查法是指访问人员通过电话与调查对象进行交流并收集数据的方法。进行电话调查需要一个相对安静的环境，尽量减少外界的干扰。访问人员需要记录在电话沟通中被调查者的回答。随着计算机技术的发展，一些电话调查也开始使用计算机直接记录调查数据。

一、电话调查法的分类

（一）传统电话调查法

传统电话调查法使用的工具就是电话、提前印制的问卷和笔。整个调查需要访问人员逐题提问，并迅速记下被调查者的回答。

传统电话调查法的过程如下：

1. 收集、选择电话号码

电话调查法首先要确定被调查者，并且收集被调查者的电话号码。如果选定的被调查者是公司或其他团体组织，可以查阅当地的电话黄页来获取电话号码。访问人员也可以根据企业内部资料获得电话号码，例如对购买了该企业的某种商品的消费者进行调查，访问人员可以根据消费者在购买商品时留下的相关信息获得电话号码。也有些调研项目的被调查者是一个区域内随机选定的居民，这就需要访问人员随机选择电话号码。

2. 选择适当的调查时间

根据被调查者的不同，访问人员需要选择适当的时间进行调查。例如，对公司或团体组织进行调查，一般要选择工作时间，因为假期中公司的电话一般不会有人接听。如果被调查者是个人，电话需要打到居民家中，选择假期或晚上比较合适。

3. 实施调查

访问人员拨通了电话之后，首先要进行自我介绍，并把调查的目的、所需时间以及其他相关事项告知被调查者，以取得被调查者的信任。如果被调查者愿意配合，则访问人员可以根据预先设计的访问提纲向被调查者提问。在调查过程中会遇到以下情况：

（1）被调查者拒绝接受调查。这时访问人员需要重新拨号，寻找新的被调查者。

（2）被调查者由于各种原因不能立即接受调查。这时访问人员可以和被调查者另约时间。

（3）电话没有打通。这时访问人员可以另选时间拨打电话，但是事先要对拨打次数有一定的限制，达到了一定的限制，则放弃打不通的电话号码，以免浪费时间和精力。

传统电话调查法简单易行，在整个调查过程中访问人员可以直接控制调查的进行，但这种调查方法的效率比较低，较适用于小样本的调查项目。

（二）计算机辅助电话调查法

计算机辅助电话调查（CATI）法一般是在一个装有计算机辅助电话调查设备的地点进行。这个设备的系统包括：自动随机拨号系统、问卷设计系统、自动数据录入系统、简单统计系统和自动访问管理系统。

在进行调查时，访问人员戴上耳机坐在计算机前，在接到命令后，计算机将拨出电话号码，同时计算机屏幕上显示调查的问题，访问人员根据屏幕上的提示向被调查者提出问题，并通过键盘或鼠标将数据及时录入计算机。

与传统电话调查法相比，计算机辅助电话调查法中，计算机代替了传统的笔和纸，调查数据将直接输入计算机，很大程度上减少了问卷编码和录入的烦琐过程，减少了调查所需的人员数量和时间成本，同时也减少了数据在录入过程中可能出现的失误，在一定程度上保证了收集的数据的质量。

（三）全自动电话调查法

全自动电话调查（CATS）法完全由计算机操控，但又不是通过网络形式进行的调查。运用全自动电话调查系统，由计算机拨打电话号码，并在电话接通后自动播放一段预先录制的介绍本次调研项目的录音，调查过程中用播放录音代替访问人员逐字逐句地念出问题和备选答案，被调查者通过电话的拨号键选择答案，数据直接录入电脑。

全自动电话调查法的适应性很强，适用于多种类型的调查，可以在较短的时间内使用较低的费用快速收集大量的数据。虽然全自动电话调查法不能完全代替传统电话调查法，但它为调研人员提供了一种高效的选择。

二、电话调查法的优缺点

（一）优点

（1）节省经费和时间。电话调查法只需要访问人员在一个固定的地点拨打电话，节省了访问人员在采用入户访问等调查方法时产生的交通费用等，也减少了访问人员在不同地点之间往返的时间。

（2）更容易访问不易接触的对象。例如，一些调查需要访问社会地位、经济地位较高的人，这部分人工作比较忙，入户访问一般都会遭到拒绝，电话调查法时间比较灵活，更容易被这类人接受。

（3）可以得到相对更真实的回答。有些调查问题可能涉及个人问题，比如教育水平、分期付款等，有些被调查者在面对面的访问中回答这类问题时往往会感到不自然，回答也可能不够坦诚，在电话调查法中，被调查者的回答一般比较真实。

（4）易于控制质量。电话调查法中访问人员一般都是在一个集中的地点进行调查，监督员或其他调研人员可以及时纠正访问人员的不恰当操作。

（二）缺点

（1）抽样总体不完整。电话调查法需要被调查者为有电话并且能够通过电话沟通的群体，抽样总体就局限于这类群体。在电话普及率不高的地方，样本代表性较差，可能会影响调查结果的代表性。

（2）调查内容难以深入。电话调查时间不宜过长，问题不宜过于复杂，这使得调查的内容难以深入。

（3）调查成功率较低。影响电话调查的因素包括：随机拨打的号码是空号或错号；被调查者不方便接受调查；接听电话的人不是潜在的被调查者；等等。这些因素都会导致电话调查的成功率较低。

三、电话调查法的适用范围

电话调查法适用于调查问题不多、相对简单，但是调查时间紧迫，被调查者分布范围比较广的情况。例如，对于某突发性问题的消费者调查、企业调查和特殊群体的调查等。

第 2 节　邮寄调查法和留置调查法

邮寄调查法是指调研人员将设计好的问卷邮寄给被调查者，请他们填写完问卷之后再邮寄回调查机构的一种调查方法。

留置调查法是指调研人员将问卷当面交给被调查者，说明填写要求后由被调查者自行填写，最后调研人员再回收的一种调查方法。

一、邮寄调查法

（一）邮寄调查法的基本程序

1. 准备邮件及礼物

标准的邮寄内容通常包括：一份问卷、一封介绍信、一个贴好邮票的回邮信封和一份精美的礼物。其中，问卷是主要内容。

由于邮寄调查存在局限性，问卷设计时应该注意以下几个问题：

（1）尽量将问题设计成封闭式问题。封闭式问题的答案一般用几个字就可以概括，调研人员在设计问卷时尽量把该问题可能的答案全部列出来，让被调查者从中选择。

（2）避免设计开放式问题。例如，让被调查者填写对某产品的看法等，这类问题需要大量的写作。

（3）注明每一道题的作答方式。比如是单选还是多选，答案填写在何处等。

（4）避免设计跳跃式问题。

介绍信是向被调查者说明调研背景并告知被调查者回邮问卷的时间和细节等的信函。介绍信的内容一般包含以下几点：

（1）调研项目的背景和目的。让被调查者了解项目的背景和目的，容易使被调查者配合调查。

（2）选择当前的被调查者作为调查对象的原因。说明调查对象的选择原则，让被调查者了解自己为什么会成为调查对象。

（3）指明由谁完成问卷以及完成的时间。一定要明确指定完成问卷的人，并且提醒完成问卷的时间，以便及时回收问卷。

（4）告知被调查者如遇到问题与谁联系。

（5）提示被调查者如果问卷不及时寄回，会有催复的电话或邮件。

回邮的信封上要写好回邮的地址、邮编和联系人的姓名，并贴好邮票，方便被调查者寄回问卷。

2. 寄出问卷

邮寄内容可以一起寄出，也可以分开寄出。一种是将介绍信和其他内容分开寄出：首先寄出介绍信，向被调查者介绍调查项目，过一两天之后再寄出问卷及其他内容，这样会使被调查者有心理准备，更容易接受调查。另外一种是将礼物分开寄出，调研人员可以在收到回邮的问卷之后再将礼物寄出，这样做可以减少在礼物上的费用，但是也可能降低问卷的回收率。

3. 催复

邮件寄出后有些被调查者会立刻作答，并很快寄回问卷，有些被调查者可能没有立刻作答，将问卷放在一边后遗忘了。这时调研人员一般会考虑是否对没有寄回问卷的被调查者进行催复。

催复可以通过电话也可以通过邮件的方式，目的是让被调查者重新提起填写问卷的兴趣，并提示问卷的重要性。在催复的电话或邮件中，调研人员需要注意语气，不要表露出不悦或不耐烦。

（二）邮寄调查法的优点

（1）调查费用低。一般来说，邮寄调查法比人员访问法和电话调查法的费用都要低，因为邮寄调查节省了访问人员的劳务费、培训费和交通费等。

（2）调查范围广。从原则上讲，只要通邮的地方都可以使用邮寄调查法，因此可以调查一些边远地区或海外地区。

（3）保密性强。邮寄调查一般是匿名的，而且被调查者在回答时不用面对陌生的访问人员，因此被调查者更有安全感，信息保密性更强，特别适合敏感问题的调查。

（4）无访问人员偏差。在人员访问法和电话调查法中，访问人员的素质在很大程度上影响调查的质量，邮寄调查法避免了因访问人员而产生的偏差。

（三）邮寄调查法的缺点

（1）调查周期较长。邮寄调查法一般会花费大量的时间，时效性不强，不适合对时效性要求较高的调查项目。

（2）回收率低。邮寄调查法在几种调查方法中问卷回收率是最低的，因此，调研人员需要特别注意采取措施提高问卷回收率，同时要对低回收率造成的偏差进行处理。

（3）填写问卷的质量难以控制。被调查者填写的问卷可能是由别人代答的，也可能就个别问题询问过他人，这些都会影响数据的质量。

（4）受被调查者文化水平的限制。被调查者需要自己阅读问卷并理解题目，对于文化水平较低的被调查者很难开展邮寄调查。

（四）邮寄调查法的适用范围

邮寄调查法一般适用于对调查结果的时效性要求比较低的调查项目，同时调研人员需要对被调查者的地址和姓名比较清楚。在调查经费比较紧缺而调查的内容又比较多、比较敏感的情况下可以采用邮寄调查法。

延伸阅读　2013—2014 年度《中国经济生活大调查》

二、留置调查法

留置调查法是一种介于邮寄调查法和人员访问法之间的调查方法，综合了邮寄调查法保密性强的特点和人员访问法回收率高的优点。由于在留置调查法中被调查者也是自主完成问卷，所以邮寄问卷的设计要求也同样适用于留置调查法的问卷，并且调研人员在把问卷交给被调查者时，也要进行一些必要的说明，回收问卷时发现漏填、错填或填写不规范的问题要及时与被调查者沟通并解决。

延伸阅读　在线产品留置调查

（一）留置调查法的优点

（1）回收率高。问卷由调研人员当面送交给被调查者，说明填写要求和方法，容易使被调查者配合调查，并且能控制回收时间，提高回收率。

（2）可信度高。被调查者不受调研人员的影响，可以充分考虑问题，回答比较准确。

（二）留置调查法的缺点

（1）调查区域有限。不适合范围较大的市场调查。

（2）调查费用较高。留置调查法需要调研人员当面送交问卷，有时候还需要调研人员二次拜访回收问卷，增加了调查费用。

第3节　人员访问法

人员访问法，也称面谈调查法，是指访问人员通过面对面询问和观察被调查者而获取市场信息的方法。它是营销调研中最常用、最灵活的一种调查方法。根据调查地点的不同，人员访问法可以分为入户访问法、经理访问法和街头拦截访问法。

一、入户访问法

入户访问法是指访问人员根据抽样方案中的要求，到被抽中的家庭，按照事先规定的方法选择适当的被调查者，再依照问卷或调查提纲进行面对面直接访问的方法。

（一）入户访问法的基本过程

入户访问法一般可以分为六个步骤（如图4-1所示）。

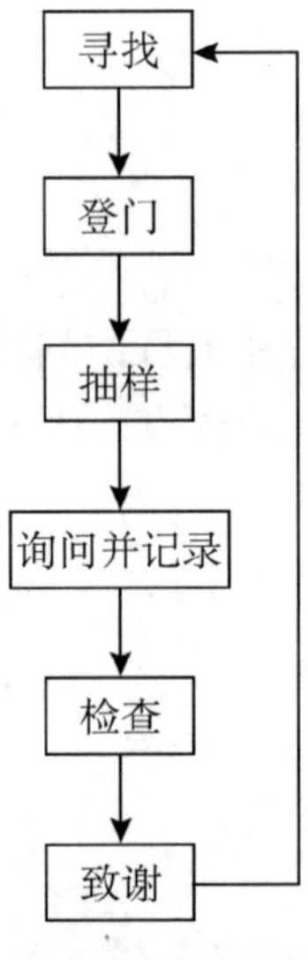

图4-1　入户访问法的基本过程

1. 寻找

访问人员首先要寻找被调查者的住处。为了准确地找到被调查者的住处，访问人员先要核对地址，保证地址正确。另外，可能会由于搬迁等原因不能找到被调查者，这时需要考虑使用替代样本。

2. 登门

找到被调查者的住处之后，访问人员要设法登门拜访。拜访时间一般选在晚上或周末。同时，访问人员要有足够的耐心，向被调查者介绍整个调研项目的目的和意义，以促使调查顺利进行。

3. 抽样

如果被访家庭同意进行访问，访问人员需要根据抽样要求从这个家的家庭成员中抽取被调查者。抽取的被调查者可能会要求由家中其他成员代为回答，这时为了保证数据的质量，访问人员一定要耐心解释，说服抽到的被调查者亲自参加调查。

4. 询问并记录

当被调查者表示接受访问时，访问人员应依照问卷的题目次序或是访问提纲进行询问并做相应的记录。一般来说，访问过程需要访问人员询问并记录，不希望被调查者自行填写问卷。

5. 检查

当被调查者回答完所有问题后，访问人员要当场检查一下所有的答案，看看有无遗漏或疑问，如果有问题，应当及时解决。

6. 致谢

访问结束后，访问人员要向被调查者及其家人表示感谢，并赠送礼物。

（二）入户访问法中访问对象的确定

采用入户访问法，需要确定到哪些家庭去访问。如果抽样方案中已经给出了具体的待访问家庭的地址和名单，访问人员必须按照方案中指定的家庭去访问。在许多情况下，抽样方案无法给出具体的待定名单，只是给出若干抽样点（如居委会或住宅小区的某一栋楼等）和如何抽取待访问家庭的规定。例如，在每个抽样点，按等距抽样法抽取五户家庭，规定起始点的确定方法和行走路线等。同时，抽样方案中还应给出当被抽中家庭家中无人或拒绝访问时的处理方法。比如，家中无人时应再访，三次均不成功可以放弃；对于拒绝访问的家庭，经耐心说服仍无效的可以放弃，改为访问与其距离最近的家庭。

在确定了访问家庭之后还要确定访问家庭中的哪一个成员，即确定被调查者。抽样方案中应该规定具体的抽取被调查者的方法。根据调研目的的不同，被调查者的确定方法也不同。如果调查内容涉及整个家庭，一般应访问户主或者家庭中有决定权的成员；如果调查内容主要涉及个人的行为或态度，一般按照抽样方案中的规定选择一位成员进行访问，例如访问家庭中所有的某一年龄段（如 60 岁以上）的成员。

（三）入户访问法的优点

（1）有效问卷回收率高。入户访问法使得访问人员可以和被调查者面对面交流，容易建立信任和合作关系，对于一些比较敏感的问题也比较容易询问，能够保证有效问卷的回收率。

（2）具有较高的真实性。访问人员可以在询问过程中观察被调查者的表情、姿态等非语言行为，以此来判断被调查者回答的真实性。

（3）访问人员容易控制问卷质量。在访问过程中，被调查者对问题的理解出现困难或偏差时，访问人员可以及时进行解释和纠正，同时，还可以避免被调查者有意或无意漏答题目的现象。

（四）入户访问法的缺点

（1）费用较高。入户访问法要求访问人员和被调查者一对一进行交流，需要付出大量的人力、物力和时间，费用较高。

（2）入户困难。许多居民的警惕性比较高，陌生人来访或许连门都不会开，访问人员也很难有解释的机会，经常被拒之门外。

（3）被调查者容易受到访问人员的影响。在交流过程中，访问人员的态度或语气难免对被调查者产生影响，从而影响问卷质量。

（4）访问过程不易监督控制。由于访问人员分别进行入户访问，检查监督人员很难对访问人员的工作过程进行监督控制。

二、经理访问法

经理访问法是一种特殊的入户访问法，是指对工业品用户进行的相当于入户访问的访问，包括对商务人员在他们的办公室进行的有关工业品或服务内容的访问。这是一种比较昂贵的访问类型，因为这类访问对访问人员的要求非常高，一般情况下，他们可能会就一个自己不太了解的话题进行访问，访问对象可能是这个话题的从业者或是专家，因此，这类访问的访问人员劳务费较高。

经理访问法需要注意以下几个问题：第一，需要确定产品的购买者或实际的决策者是谁。在小公司中，决策者一般比较容易确定，但在大公司中，确定哪些人对购买行为产生影响是一项成本很高的工作。第二，确定了关键人物之后，需要说服他们接受访问，并确定访问的时间。访问的过程并不像想象的那么困难，因为很多专业人士比较愿意谈论和他们工作相关的内容。第三，访问人员必须按照规定的时间到达指定地点，一般情况下访问人员需要等待一段时间，取消访问的情况也不罕见。

三、街头拦截访问法

街头拦截访问法是指访问人员在适当的地点（如商场、火车站等）拦住适当的被调查者进行的访问法。街头拦截访问法通常是在被调查者具有一定的特殊性或总体抽样框难以确定的情况下采用的。

（一）街头拦截访问法的基本过程

如图4-2所示，街头拦截访问法一般分为三个步骤。

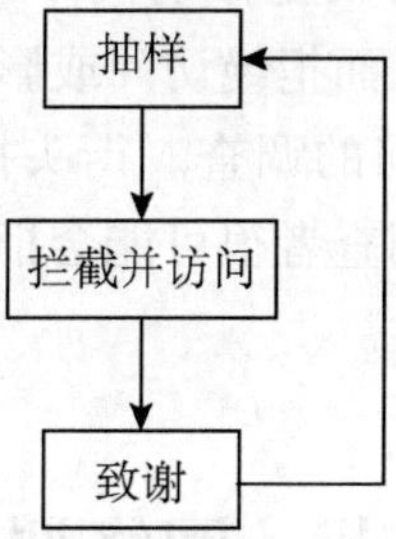

图 4-2　街头拦截访问法的基本过程

1. 抽样

访问人员按事先约定的要求对出现在拦截地点的人进行抽样。街头拦截访问的抽样方法通常是任意抽样或判断抽样，有时也可以采用等距抽样（它不是严格的等距随机抽样，抽样距离由调研人员事先主观确定好）。

2. 拦截并访问

访问人员上前拦住被抽到的被调查者，向他们表明身份，并介绍调查目的等，尽量取得他们的配合和支持。得到被调查者同意后，访问人员可以按照问卷要求进行访问。

3. 致谢

当所有的问题询问完毕后，访问人员要送上礼物并致谢。

街头拦截访问法和入户访问法的基本过程相似，但是有以下几点不同：入户访问法的被调查者是从事先确定的待访问家庭中抽取的，相对比较确定，街头拦截访问法的被调查者是在拦截地点抽取的，有一定的偶然性；入户访问法的访问地点在被调查者的家中，街头拦截访问法的访问地点是在户外。

（二）街头拦截访问法的优点

街头拦截访问法除了具有入户访问法的主要优点之外，还具有一些入户访问法不具有的优点：

（1）成本相对较低。街头拦截访问的访问时间和地点比较集中，对被调查者的要求也不那么严格，可以降低每个样本的访问费用。

（2）避免入户困难。入户困难是入户访问时访问人员的一大困扰，街头拦截访问不存在这一问题。

（3）便于对访问人员进行监控。街头拦截访问的时间和地点比较集中，便于指派监督人员在现场对访问人员的工作加以监督。

（三）街头拦截访问法的缺点

（1）访问环境不够舒适。街头拦截访问不像入户访问的访问环境那么舒适，街头嘈杂的状况可能对被调查者产生一定的影响。

（2）被调查者拒绝回答的可能性比较高。

（3）不适合较长的问卷调查。街头拦截访问中，被调查者一般是站着接受访问的，问卷过长会让被调查者感到厌倦，从而拒绝访问或影响访问质量。

（4）不适合复杂或不能公开提问的调查。街头拦截访问是在大庭广众之下进行的，如果问卷涉及不能公开的问题，被调查者很可能会拒绝访问。

（5）样本的选择有一定的偶然性。

第 4 节　网络调查法

互联网的迅速发展为企业进行营销调研提供了现代技术工具。世界开始进入信息时代，互联网逐渐成为继报刊、广播、电视等传统大众传媒之后的一种新型媒体，企业通过网络获取市场信息，才能了解快速变化的市场和消费者需求。

网络调查法最早出现在美国，美国本土的互联网一建成，调查就开始在网上进行了，刚开始的调查内容多是网站访问者的背景、动机、对网站的建议和看法、上网情况等。随着网络规模迅速扩大，网络调查的内容迅速扩展到人们生活的各个领域。在美国，网络调查在整个市场调查中所占的比例已经达到 15%。网络调查在我国起步相对较晚，但正快速发展。

一、网络调查法的类型

（一）E-mail 调查法

E-mail 调查法是指将调查问卷通过电子邮件的形式发送到电子邮箱中，被调查者完成后回复给调研机构的方法。E-mail 调查方式其实就是传统的邮寄调查法在互联网上的运用，因此具备传统邮寄调查法的部分优缺点。

和传统邮寄调查法相比，E-mail 调查法的特点在于：E-mail 问卷制作方便，分发迅速，E-mail 调查比传统邮寄调查周期要短；邮件发送到被调查者的私人电子邮箱，更容易被注意到。在朋友、同学等熟人中应用效果较好，但是，往往难以得到素不相识的被调查者的回应。这类邮件有时候会被当成垃圾邮件遭到拦截。

（二）网页调查法

网页调查法是指调研人员将问卷置于网页上，被调查者登录网页并对问卷进行回答的调查方法。这是最基本也是最常用的网络调查方法。具体的操作方法一般是在一些预期调查对象访问率高的网站上发布消息，解释该调查的性质并邀请他们参加。调研人员在网页上设置多项需要调查的内容，吸引被调查者主动访问网站。被调查者根据自己对调查内容的兴趣选择回答。这种调查方法取决于被调查者群体的态度，调查网页的访问率越高，反映调查对象总体意见的可能性越大。另外，通过 IP 控制调查样本，防止一个人多次回答问卷。

（三）网络会议法

网络会议法是指基于互联网将分散在不同地域的被调查者虚拟地组织起来，在调研人员的引导下讨论调查问题的方法。网络会议是以网络为媒介的多媒体会议平台，使用时可突破时间和地域的限制，通过互联网实现面对面的交流效果，譬如目前广泛使用的腾讯会议等。它可以利用互联网实现不同地点多个用户的数据共享。网络视频会议是网络会议的一种重要形式。具体操作方法是调研人员把设计好的调查内容以网页的形式公布在网站上，并在调查对象中征集与会者在约定的时间内进行网上视频座谈。这种调查方式可以用来对某项专题进行深入细致的讨论。

二、网络调查法的优点

（1）速度快。网络调查法省去了传统调查中印刷、邮寄和数据录入的过程，问卷的制作、发放及回收速度都得到了提高。调研人员可以在几个小时内完成问卷回收并统计结果及制作报表，这是传统的调查方法很难实现的。

（2）费用相对较低。在网络调查法中，印刷、邮寄、录入以及访问人员的劳务费用等都被节省下来，增加的调研项目相对有限。因此，在进行大规模调研时，跟邮寄调查法或电话调查法等相比，网络调查法的费用要低很多。

（3）便于跟踪。随着网上固定样本调研的出现，调研人员能够通过跟踪被调查者的态度、行为等进行纵向调研。已有的跟踪软件能够做到根据上一次的回答情况进行本次问卷的筛选，而且能填补漏选项目。

（4）简单易行。网络调查法的问卷可以很容易地放到网站上，或与调研内容相关的网站链接上。例如，一个人在某门户网站上浏览财经方面的新闻，点击财经新闻的链接，在进入正式网页之前，可以弹出一个页面就最近某个热点财经新闻进行调查。

（5）调查对象广泛，不易受到时间和地域的限制。现在的互联网已经全球化，因此调查对象也可以全球化。网络调查法基本上不会受到时间和地域的限制。

（6）良好的视觉效果。能够加载声音和图像的网络问卷是网络调查法独一无二的优点。在网络问卷中，可以制造一些视觉效果以吸引人们的注意，添加图像和超链接的功能可以用来展示产品和介绍服务，最新的技术甚至可以把声音加入问卷，这是传统的调查方法难以做到的。

三、网络调查法的缺点

（1）调查对象仅限于网民。在网络调查法中，参与调查的都是上网的人，但是这些人并不能代表所有人。根据中国互联网络信息中心（CNNIC）2022年9月发布的第50次《中国互联网络发展状况统计报告》，截至2022年6月，我国网民规模为10.51亿人，互联网在我国的普及率达74.4%，但是上网的人群中，男性多于女性，且多数为教育水平较高、年龄较轻者，职业也有一定的偏向性。从以上数据可以看出，网络调查的调查对象有一定的局限性。

（2）信息的安全性不高。目前的网络安全技术难以确保私人信息的安全性。出于安全考虑，许多网民不愿意接受网络调查。

（3）信息的真实性有限。网络是一个虚拟的世界，很多被调查者在填写问卷时有很大的随意性，信息往往不够真实，调研人员无法判断被调查者的真实身份，也很难确定问卷中数据的真实性。

（4）重复填写问卷。网络问卷一旦放到网上就是公开的，很多人都可以填写问卷。特别是在一些网络调查中，为了吸引人们的参与会提供礼物或其他回报，这会导致有些人为了奖励重复填写问卷。虽然有一些技术，例如 IP 限制技术，可以限制人们重复填写问卷，但是这些限制所起的作用有限。同一个人或同一类人重复填写问卷，会影响调查结果的准确性。

四、我国网络调查法的发展现状

1995 年 9 月开通的瀛海威时空网站，是我国最早利用互联网进行调查的机构。利用瀛海威市场调查中心，网民可以参与网上调查并随时查看调查结果，可以保存、打印调查结果，也可以查看指定网民的填答结果。

1998 年 10 月搜狐与北京零点调查公司在北京国际饭店联合举办了“搜狐-零点携手合作，调查业步入网络时代”的新闻发布会，这标志着国内专业调查公司开始使用网络调查法这种数据收集方式，中国调查业迈进网络时代。随后几年，其他公司也开始尝试使用网络调查法。

随着网民数量的增加，越来越多的研究者开始使用网络调查法。如 2014 年浙江大学图书馆组织的“浙江大学图书馆网络资源使用情况调查”是通过发放网络问卷的形式进行的，2016 年《中国消费者报》联合中国电子商务研究中心开展的“2016 年中国消费者网络消费问卷调查”是通过网络问卷的形式开展的，2018 年共青团中央维护青少年权益部、中国社会科学院社会学研究所及腾讯公司等联合发布的《中国青少年互联网使用及网络安全情况调研报告》中也部分采用了网络调查法。

在网络调查系统方面，国内一些调查公司和研究机构开发了专用平台，例如问卷星（2006 年上线）、问卷网（2013 年上线）、腾讯问卷（2014 年上线）以及见数（Credamo）（2019 年上线）等，这些平台既有包含网络问卷调查、在线考试、投票评选、测评打分、报名表单制作、数据分析等综合类型的产品布局，也有独立的针对调研问卷的设计、发放、回收和分析等纯粹的模式系统，所有操作都可以在线上完成，使用者可以自建空白问卷，也可以基于已有的问卷模板设计问卷，抑或线下设计 Excel 问卷再导入系统。这些系统大多不提供在线试用，具体的功能只能通过产品简介来了解，大部分产品的高级功能需要购买才能使用，比如“问卷星企业版”“问卷网高级版”。

延伸阅读　《北京 2022 冬奥会全面调查问卷》分析报告

第 5 节　调查前的准备工作

为了更好地进行调查，在调查之前通常要做一些准备工作。本节主要介绍如何选择调查数据收集方法以及如何进行访问人员的挑选与培训。

一、影响调查数据收集方法选择的因素

本章已经介绍了几种常用的调查数据的收集方法。在开始一项营销调研时，调研人员应该就调查方法进行讨论。选择数据收集方法是调研中很重要的一步，会影响数据的质量，而就算是最先进的分析工具也无法弥补数据的不足。每种数据收集方法都有优点和缺点（见表 4－1），调研人员应始终对数据收集的质量有一个预期目标。在经费、时间以及其他限制条件下，调研人员应尽量选择能够获得高质量数据的调查方法。

表 4－1　常用调查数据收集方法比较

方法	所需时间	优点	缺点
传统电话调查法	15 分钟	费用较为合理 容易控制访问过程	被调查者受限 调查内容较为浅显
计算机辅助电话调查法	15～20 分钟	减少了数据录入过程中可能出现的失误 数据即时输入	不适合需要实物展示或辅助器具的调查
全自动电话调查法	15 分钟	被调查者自行控制访问过程 调查报告迅速生成	对被调查者的要求较高，例如需要会使用电脑
邮寄调查法	5～15 分钟	调查范围广 保密性强	调查周期长 问卷回收率低
留置调查法	10～20 分钟	回收率高，可信度高 适合本地小范围调查	不适合全国性的调查
网络调查法	根据情况而定	不受时间和空间限制 收集数据迅速	被调查者受限 被调查者必须会使用电脑及网络
入户访问法	最多 1 小时	可以展示产品或服务 可以进行较为深入的访问 访问环境轻松，有效问卷回收率高 容易控制问卷质量	费用较高，需要大量的人力和时间 入户困难 被调查者容易受到访问人员的影响
经理访问法	根据业务性质决定	能够进行长时间的深入访问	访问的平均费用高 有时难以接触被抽中的被调查者
街头拦截访问法	5～15 分钟	访问的时间和地点比较集中，易于监督访问人员的工作 成本相对于入户访问来说较低	访问环境不够舒适，可能会影响被调查者作答 不适合复杂或不能公开的调查

（一）调研人员的资源和目标

1. 调查数据收集的时间

根据不同调研项目的调研目的和调查内容，要求的数据收集时间也不同。有的数据必须在短时间内收集，可能有很多原因，例如针对某项活动的前期调查，必须要求调查数据在活动开始前的几个星期或几个月内分析出结果，方便管理人员对活动过程进行调整。一般来说，如果调查时间比较短，可以选择速度较快的电话调查法。如果在调查过程中访问人员需要向被调查者展示产品或服务，可以选择入户访问法。网络调查法更为迅速和灵活，适用于多种情况，特别是当时间是调查考虑的首要因素时。邮寄调查法等更适合调查周期较长的调查项目。

2. 调研项目的预算

调研项目的预算也是调研人员考虑的主要问题，利用合理的费用得到质量最佳的数据是调研人员的目标。通常来说，在常用的调查方法中，费用最低的数据收集方法是邮寄调查法，但是由于问卷的回收率低，很少使用。网络调查法比较灵活，根据预算的多少，企业可以选择请专业的调研公司设计问卷并进行抽样设计，如果预算有限，一些网络调查公司允许企业自行设计问卷及抽样方案，这样可以有效地控制成本。使用网络调查法，企业必须明确数据的可用性。如果邮寄调查法和网络调查法都不适用，电话调查法也是成本较低的数据收集方法。

3. 对调查数据质量的期望

不同的调研目标和调研内容可能使调研人员对于数据质量有不同的期望。在一些调研项目中，调研人员期望得到较高质量、较为真实、较为具体的数据，例如对于某个产品销售数据的调查，调查结果可能被企业用来制定下一时期的宣传预算，因此需要有较高质量的数据。也有一些调研项目不需要调查数据很具体，只需要知道被调查者对于选项的大概偏好趋势就可以了，例如对于某项服务的满意度调查，调查人员只需要根据调查结果判断满意的人占多数还是少数，不满意的因素主要有哪几项等。

（二）被调查者的特征

1. 影响率

影响率是指符合调研人员对调查对象特征要求的人群占人口总数的比例。通常情况下，每一个调研项目都是针对具有某一特征的目标人群。例如，有些调研可能针对拥有私家车的人，或是针对20～30岁的人，等等。有些调研项目的影响率可能很低，例如，一家化妆品公司针对过去6个月内做过整容手术的女性的调查，一家药品公司针对患有某种疾病的60岁以上的人的调查。当影响率比较低时，调研人员在选择数据收集方法时需要采取一些措施。例如，在上述调查中，挨家挨户上门寻找合适的调研对象是不太现实的，可以方便、经济地筛选出目标调查对象的数据收集方法才是合适的，因此可以采用网络调查法、电话调查法和街头拦截访问法等。

2. 参与调查的意愿与能力

被调查者是调查的主体，调查的顺利进行需要被调查者的配合。对不同地域或不同文化背景的人进行调查时可能会遇到一些特殊情况。例如，某些国家和地区的居民不习惯让陌生人进入家中，在这些国家或地区网络调查法和电话调查法比入户访问法更容易实现；在一些偏远地区，电话不够普及，电话调查法很难实行。

（三）调研人员所提问题的特征

1. 问题的顺序不固定

有些问卷设计中，回答问题的顺序可能不是固定的，根据不同的回答可能会跳过某个问题或再多回答某些问题，这时填写问卷具有一定的复杂性。在用这些问卷进行调查时，访问人员可以控制调查过程的调查方法更为适用，例如面谈调查法。

2. 问题较多或较为深入

在一些调查中，调研人员需要掌握每位被调查者的大量信息，因此可能会使得问卷的问题较多或较为深入。在调查问题较多时，比较适用入户访问法等，使访问人员和被调查者有足够的时间在较为舒适的环境中交流，街头拦截访问法则不适用。如果问卷的问题较为深入，同样需要选择入户访问法。

3. 调查内容的敏感度

有些调查的内容涉及比较敏感的信息，例如个人收入、家庭经济状况等。这时候访问人员需要在一个舒适且相对私密的地点对被调查者进行访问，可以选择留置调查法和邮寄调查法，街头拦截访问法则不太适用。

二、访问人员的挑选与培训

在营销调研实施的过程中，访问人员作为信息的收集者，直接影响调研的质量。因此，访问人员的培训是实施调查前重要的准备工作。在营销调研发达的国家，对访问人员的要求比较高、比较严格，访问人员要经过一系列考试，满足条件的发上岗证书。优秀的访问人员是经过多次培训和访问实践后挑选出来的，需要具备专业、真诚等特质。

访问人员培训的内容应根据调研目的和受训人员的具体情况而有所不同。除了需要进行有关思想道德、性格修养、规章制度等方面的培训，还必须进行有关营销调研业务的培训。

延伸阅读　中国市场调查与预测行业的人才制约

（一）访问人员的挑选

访问人员是调查的具体执行者，他们的素质、观念、条件、责任心等在很大程度上影响调查质量、调查结果的准确性和客观性，因此，访问人员的挑选是一项重要的工作。一般来说，访问人员应该满足以下要求。

1. 职业要求

（1）强烈的事业心和责任感。市场调查是一项重要又辛苦的工作，访问人员要接触社会的各个方面，工作量大，繁杂琐碎，带有明显的服务性质，独立工作的可能性较大，这些都要求访问人员具有强烈的事业心和责任感。

（2）良好的工作态度、严谨细致的作风。访问人员必须踏实、认真、肯干、实事求是，还要严谨细致、一丝不苟，不能弄虚作假、马马虎虎。这是保证市场信息真实、可靠、精确、全面的必要条件。

2. 知识要求

（1）一定的文化水平。访问人员一般要求具有高中以上学历，具备较高的文化素质，能看懂并正确理解问卷，能够正确记录被调查者的回答。

（2）相关专业知识。访问人员需要对市场调查等相关专业知识有所了解。

3. 能力要求

（1）交流能力。访问人员的工作是与被调查者进行交流，因此，优秀的访问人员应该善于向他人做有效询问，又能仔细倾听，正确领会和理解他人的回应。一般希望访问人员善于交际、性格外向，愿意并喜欢与他人接触，但是也不能过于活跃。

（2）观察能力。在面谈调查法中，访问人员和被调查者进行面对面的交流，这就需要访问人员具有一定的观察能力，能从被调查者的神态或动作中推测被调查者的内心活动。例如，访问进行中，如果被调查者不停地看表，访问人员就应适当安抚被调查者的情绪，告知对方访问还需要多长时间。

4. 体力要求

市场调查是一项辛苦的工作，访问人员要能够适应市场调查工作的强度，有完成任务所需的体力和耐力。

此外，访问人员中一般女性较多，因为女性更易于让被调查者放松戒备，接受调查，访问成功率高。

（二）访问人员的培训

1. 培训方法

（1）集中讲授。集中讲授主要用于培训新参加调查的访问人员，集中讲授市场调查的基础理论和知识、市场调查的经验和方法并介绍相关的背景资料。

（2）个别指导。个别指导是由在实际工作中有丰富经验的工作人员对访问人员进行的指导。担任指导的工作人员应结合实际调查任务，对访问人员在市场调查、收集整理资料以及访问的技巧与艺术等方面给予指导。

（3）模拟培训。模拟培训可以让接受培训的访问人员在较为真实的环境下进行训练。角色扮演是一种模拟培训的方法，由受训人员和有经验的调研人员分别担任不同的角色，模拟调查中可能遇到的各种问题。案例分析也是一种模拟培训的方法，通过分析各种实际案例或模拟案例，可以培养受训人员处理各种情况的能力。

（4）实习培训。经过一定基础培训的受训人员可以在真实的市场调查中实习，在实习中培养相关的能力。监督人员需要重点监督实习访问人员的访问过程，以及回收的问卷是否合乎要求。

2. 培训内容

（1）思想道德方面的教育。1）实事求是，绝不弄虚作假。访问人员要有实事求是的工作作风，坚持客观公正的原则，按照调查的流程开展工作。2）诚实守信，保守秘密。访问人员不能向其他人透露被调查者的个人信息。3）谦虚谨慎，礼貌待人。遇到个别不友好、不礼貌的被调查者，访问人员仍要以礼相待。

（2）性格修养方面的培养。1）耐心细致，不急不躁。在调查过程中，许多被调查者由于主观或客观的原因拒绝接受访问，访问人员需要沉着冷静地分析原因，耐心说服，提出有针对性的措施，尽量争取被调查者的合作。2）克服畏难心理，遇到挫折不气馁。调查中会遇到许多事前没有预料到的情况和问题，访问人员要克服畏难心理，遇到困难不气馁，想方设法克服困难，完成调查。3）愿意与人交流，愿意深入实际了解社会。

（3）市场调查业务方面的训练。1）总体方案介绍。将总体的调研方案向访问人员做简单介绍，使其对调研的总体情况有所了解，以便更好地完成调查工作。2）问卷的解释和试填写。对问卷设计中一些特殊的情况（如跳答等）进行解释，针对问卷中不同类型的题目，规范作答方式，并要求访问人员试填写，对暴露出的问题进行纠正。3）对访问人员的要求。明确提出对于访问人员的具体要求。4）调查实施的一般技巧，包括最初接触的技巧、提问的技巧、追问的技巧、记录的技巧、结束的技巧等。5）现场可能遇到的问题及处理方法。帮助访问人员分析调查中可能遇到的各种情况和问题，并有针对性地提出处理方法，使访问人员有心理准备，不至于到现场遇到问题时手忙脚乱、不知所措，影响调查质量。6）解答访问人员不清楚的问题。

3. 调查实施的技巧

（1）最初接触的技巧。1）访问人员的仪表。为了取得被调查者的合作，访问人员的仪表很重要。访问人员在开始访问前应注意自己的发型是否整齐，衣着是否整洁大方等。2）选择合适的访问时间。不同的调查方法适合不同的时间，选择合适的访问时间有助于被调查者配合调查。3）自信、准确地自我介绍。自我介绍是被调查者对访问人员的第一印象，是能否顺利进行调查的一个重要环节，要有一定的规范。自我介绍一般要简短，要包括所有必要的内容，比如访问人员的姓名、组织调查的机构名称、调查的目的和内容、数据的用途、对数据安全性的保证、赠送的礼物等。4）应对拒访。拒绝访问是市场调查中经常遇到的情况，也是调研人员希望努力解决的问题。多数情况下，被调查者如果拒绝访问，通常会找各种借口，访问人员要想降低拒绝访问的可能性，就要熟悉被调查者可能提出的各种借口，并有相应的对策。例如，被调查者以“没有时间”为借口，访问人员应主动提出更方便的时间。如果被调查者以“不感兴趣”为借口，访问人员应该向被调查者解释调研项目的重要性。表 4－2 列出了拒绝访问的主观和客观原因。

表 4-2　拒绝访问的主观和客观原因

	主观原因	客观原因
开始时拒绝访问	反感接受访问 对访问人员不信任	家中有客人 有事情需要处理 身体不舒服
中途拒绝访问	问题不好答或不方便回答 问卷较长，对问卷感到厌烦	遇到突发的紧急事情需要处理

（2）提问的技巧。访问人员需要对问卷十分熟悉；严格按照问题在问卷中的顺序提问；按照问卷中的措辞来提问，不能自行修改问卷中问题的问法；提问时表达清晰，语速适中；对方不理解的问题需要重新提问；问卷中的每个相关问题都要问，不要遗漏；按照指导语提问和跳答，避免随意性；在调查过程中因不可预料的原因出现中断且中断时间过长时，应该考虑结束此次调查。

（3）追问的技巧。追问的目的是鼓励被调查者进一步说明或解释其答案。追问不应该存在任何误导倾向。常用的追问技巧包括：1）重复问题。用同样的措辞重复问题，能够有效引出答案。2）重复被调查者的回答。通过逐字重复被调查者的回答，可以刺激被调查者给出进一步的信息。3）使用暂时停顿或沉默式追问。期待性的停顿或眼神以及沉默都可以暗示被调查者提供更完整的回答。4）鼓励或打消被调查者的疑虑。如果被调查者表现出疑虑，访问人员应注意打消被调查者的疑虑，可以说“答案不分对错，我们只想知道您的想法”等。5）引导被调查者作出说明。访问人员可以通过提问提高被调查者配合和给出完整答案的积极性，比如，“我不是很理解您的意思，您能不能说得详细一些?”“还有其他原因吗?”“还有别的吗?”“您为什么有这样的感觉?”等等。

延伸阅读　追问的技巧

（4）记录的技巧。在访问期间要随时记录回答而不要等到过后补记，以减少差错；使用被调查者的语言，即按照被调查者的原话进行记录；不要对被调查者的回答进行归纳或解释；边记录边重复所记录的内容。

（5）结束的技巧。即将结束调查前，调查人员需要迅速检查问卷，看是否有遗漏，确保问卷上的所有问题都已提问；对被调查者表示感谢，并送上礼物；告知被调查者可能回访，希望再次给予合作。

基本概念

电话调查法　　CATI　　邮寄调查法　　留置调查法
入户访问法　　街头拦截访问法　　网络调查法

思考题

1. 什么是电话调查法？电话调查法都有哪些分类？

2. 邮寄调查法和留置调查法分别有哪些优点和缺点？分别适用于哪些调研项目？
3. 人员访问法包括哪些调查方法？这些调查方法有什么共同点和不同点？
4. 网络调查法有哪些优点和缺点？
5. 选择调查数据的收集方法需要考虑哪些因素？
6. 访问人员的培训包括哪些内容？

案例分析

卓越调研中心的一项市场调研

毛瑞斯（Maurice）在花卉修整行业打拼多年以后，又投资建立了一家新企业——绿雕塑作坊（HT）。他的起步很稳健，对于前两年的经营结果很满意。

要保住以往的成果，毛瑞斯面临一些挑战。在一个有6万人的社区里，很多人只是把他的企业当作一家花店，产品差异化处于艰难摸索阶段。幸运的是，作为花卉栽培者和装饰者，他的名声不错，使他得以推销和销售树木造型设计。让客户和公众相信将一棵枝叶短小的植物修剪和设计成动物或其他造型是一件很高雅的事并不容易。他相信辛勤的劳动和过去两年的无数个不眠之夜是值得的：在过去的6个月里，对"绿雕塑"的需求一直在稳步提高。

如今，他考虑将业务扩展到更大的地区。这需要他扩大作坊规模，雇用更多的员工。此时缺少的是支持他这一决定的调研。毛瑞斯的一个好朋友建议他联系当地大学的卓越调研中心（CME）。CME收费低，通常由学生提供营销调研服务，CME与很多小企业合作过。

营销学教授劳顿（London）与5个学生过来会见毛瑞斯并了解他的业务。毛瑞斯向这些调研者讲述了公司的历史，分享了他对预期扩张的看法。这次会见使调研团队产生以下想法。首先，调研团队认为了解消费者对HT的认知和对它扩张的可能反应是很重要的。其次，团队认为定义HT的目标市场（比如，批发商和零售顾客）是一个关键问题。最后，需要对消费者和花商的人口统计特征有透彻的了解。双方同意让CME代表毛瑞斯和绿雕塑作坊进行调研。

CME团队拟定了一份针对中高收入家庭的问卷。这份问卷的目的是要确定消费者的人口统计特征，比如受教育程度、婚姻状况、职业、收入水平、年龄以及潜在顾客的住所。还要对本地花商进行了调查，以确定HT开展批发业务的可行性。调查样本包括80位消费者和20位花商。所有数据都是通过设计好的问卷收集的。所有信息都通过电话调查得到。

大约2个月后，劳顿和他的学生向毛瑞斯提交了一份书面报告，其中包括多条建议，如调查对象是如何知道绿雕塑作坊的，对绿雕塑作坊的了解，对绿雕塑作坊的经营建议等。

资料来源：市场调查与预测相关案例. http://www.lianfasan.com/xiao-shou-ying-xiao/8983468.html.

▶ **问题：**

本案例涉及哪些调查数据收集方法？

第5章 制订营销测量方案

学习目标

- 理解测量的基本概念。
- 了解测量的基本尺度及应用。
- 掌握营销调研常用量表。
- 掌握信度和效度之间的关系。

引例

电商主播作为直播营销模式的核心，对消费者在线购买意愿具有重要的影响。韩箫亦和许正良（2021）研究了电商主播属性对消费者在线购买意愿的影响，并提出了相应的营销对策。该研究采用扎根理论的研究方法构建电商主播属性及其对消费者在线购买意愿影响机理的理论模型。为了更好地实现访谈目标，该研究采用深度访谈法和焦点小组访谈法相结合的方式。共50人接受了深度访谈，每次访谈约为40分钟。焦点小组访谈实施了6组（每组3人），每次访谈40分钟，成员之间相互访问、相互记录，一共获得了18份小组访谈记录。

访谈结束后，进行了如下数据整理和分析工作：经受访者同意，对访谈内容进行录音存档，完成访谈记录整理；随机选择52份访谈记录进行编码分析及模型构建，余下的访谈记录留作理论饱和度检验之用；整理受访者所汇集的数据，通过开放式编码、主轴式编码、选择式编码，最终形成新的实质理论框架；分析结果，得出结论。

根据编码分析，该研究认为电商主播属性包括魅力属性、推荐属性、展示属性和互动属性四个维度，根据扎根理论分析的结果，将消费者内在状态划分为兴奋感、价值感和信任感三个维度。该研究得出电商主播的魅力属性、推荐属性、展示属性和互动属性影响消费者内在状态中的兴奋感、价值感和信任感，而消费者内在状态中的兴奋感、价值感和信任感又会影响消费者的在线购买意愿。该研究证明了电商主播属性对消费者内在状态以及消费者内在状态对其在线购买意愿的影响。

毛泽东同志说过："凡是忧愁没有办法的时候，就去调查研究，一经调查研究，办法就出来了，问题就解决了。"调查研究就是为了更好地制定、实施、优化政策，更好地把工作做细、做深、做得有效果。

制订营销测量方案是营销调研中一个重要的环节。合理的量表设计、精心编制的抽样计划、训练有素的访问人员、科学的数据分析技术都十分重要。只有这样才能收集比较完整和准确的数据，并对数据信息的挖掘和分析有很好的促进作用。

第1节　测量的基本概念

测量是指调研者根据特定的规则，对研究对象的某些特征分派数字或其他符号的过程。需要注意的是，所测量的不是物体本身，而是它的某些特征。例如，不能测量桌子，只能测量它的宽度、高度、重量、颜色或其他特征。另外，科学的测量不是随意地将数字或符号分派给研究对象，而是按照特定的规则进行。

测量是一个从抽象到具体的过程。测量的基本步骤有四步：一是概念操作化；二是分派指标；三是实施测量；四是信度与效度的评估。

一、 概念操作化

概念操作化是指将数字或符号所指代的内涵用可测量的事实或行为表达出来，从而对某一概念达成共识的过程。概念操作化的实质是将抽象的概念回归到经验事实与现象中。对于具体的属性，例如高度，容易达成比较清晰的共识；对于一些抽象的概念，例如产品质量，可能存在多种理解。有人认为质量好就是指做工精细，有人认为是指服务态度好，有人认为是指价格昂贵，有人认为是指品牌好，等等。因此，在进行测量之前，一定要清楚测量什么，要在对概念的内涵达成共识的基础上，确定概念包括哪几个主要方面（也称维度）。

延伸阅读

消费行为的概念操作化

1. 对概念进行界定

消费行为指消费者对产品的购买和使用以及对产品的处置（如对喝完的奶茶包装的处理、对未喝完的饮料进行储存）。

2. 确定维度

在查阅相关文献的基础上结合专家访谈确定三个维度：消费观念、对品牌的忠诚度、购买以及使用行为。

3. 确定最终测量的问题

在每个维度上确定要测量的问题，这些问题表现为多种形式。也就是说，确定在消费观念方面应当提哪些问题，在对品牌的忠诚度方面应当提哪些问题，在购买以及使用行为方面应当提哪些问题。

消费观念方面提以下几个问题：对产品的感觉，是否购买品牌产品，购买该产品的预期支出。

对品牌的忠诚度方面提以下几个问题：对该品牌的特定偏好，对该品牌的重复购买，品牌转换的情况。

购买以及使用行为方面提以下几个问题：购买次数、消费量、消费场所、购买地点、消费情景、重复购买的次数。

二、 分派指标

分派指标是指通过对指标分派数字或者其他符号，从而确定测量规则的过程。对于许多抽象的概念，例如某品牌的知名度、顾客忠诚度是无法直接观察测量的，要用一系列可以测量的指标来反映。例如，在营销调研中，对于某品牌的知名度，我们可以用“消费者中知道该品牌的人数所占的百分比”进行测量。

例 5－1

消费量和购买地点的测量指标

您平均每天喝几瓶饮料？（单选）

1. 不喝　2. 一瓶　3. 两瓶　4. 三瓶　5. 三瓶以上

如果购买饮料，您会选择去哪里购买？

1. 大型商场　2. 连锁超市　3. 小商店　4. 报刊亭　5. 其他地方

三、 实施测量

实施测量是指按照已确定的规则对测量对象进行测量，收集信息，并用数字或符号记录测量结果的过程。例如，顾客对产品的评价信息通过调查问卷收集，对购买行为信息通过口头报告和日志收集。

四、 信度与效度的评估

信度与效度的评估是对测量结果的精度和准确度的评估，旨在保证测量结果能很好地反映所测属性的真实情况。评价信度的方法包括重测信度、复本信度和内部一致性信度。效度可以通过内容效度、效标关联效度和结构效度来评价。在评估信度和效度之前，需要对测量的准确性有一定的了解，因为它是评估量表的基础。

第 2 节　测量的基本尺度

测量尺度也称测量的等级或测量的层次，指的是赋予测量对象的数字和其他符号的含义及其所允许的数学运算，可分为定类、定序、定距和定比四种基本的测量尺度。

一、 定类尺度

定类尺度（nominal scale）本质上是一种分类体系，即将测量对象的不同属性或特征加以区分，标以不同的数字或符号。在市场调查中，对诸如消费者的性别、职业、婚姻状况等的测量，都是常见的定类尺度的测量。它们分别将消费者分成男性、女性，干部、教师、商人、专业技术人员，未婚者、已婚者、离婚者等各种不同的群体或类别，每一个消费者属于或者不属于其中的某个类别。

定类尺度设计时应注意尺度的互斥性、穷尽性和完备性，即所分的类别既要相互排斥、互不重叠，又要将各种可能的情况都包括进去。这样，所测量的每一个调查对象都会在分类体系中属于并且只属于一个类别。例如将性别分成男性和女性两类。

定类尺度是营销调研中使用率最高的，也是四种测量尺度中测量等级最低的，其他三类尺度都包含定类尺度的分类功能。

二、 定序尺度

定序尺度（ordinal scale）也称等级尺度或排序尺度，其数字和符号不仅代表类别，而且反映事物或现象在等级高低、规模大小或先后顺序上的差异。定序尺度能够表示一个测量对象具有的某种特征比另一个测量对象更多还是更少，但没有表明相差多少。排在前面的测量对象与后面的相比有更多的某种特性，但到底相差多少是未知的。在营销调研中，调研人员可以用定序尺度对态度、观点、感受和偏好进行排序。

必须注意的是，这一尺度的间距不能准确代表其测量的特征量相差多少。因此，普通的加、减、乘、除都不能用于定序尺度，众数、中位数用来测量中心趋势，百分数或四分位数用来测量离散程度。

三、 定距尺度

定距尺度（interval scale）也称等距尺度或区间尺度。定距尺度除了包含定序尺度的所有信息外，还能够确定不同等级的间隔距离和数量差别。日常生活中常见的例子有温度、成绩等。营销调研中用评价量表获得的分值可以看作是定距数据。

定距尺度的零点以及测量单位都是人为设定的。因为没有自然零点，例如在冬天，我们可以测得北京的气温是 0℃，但这并不代表北京没有温度，而只是代表北京的气温达到了在标准大气压下水结冰的温度。从测量的角度看，此时的 0 只不过是一个特定的数字而已，它是人为决定的。定距变量可以进行加减运算，但乘除没有意义。对于定距变量，除了计算其众数、中位数、平均数外，还可以计算算术平均数、标准差、简单相关系数等营销调研中常用的统计量。那些可用于定类数据和定序数据的统计分析方法也可以用于定距数据。

在实际调研中，有时定序尺度和定距尺度的区分并不是绝对的。一个定序变量可以传递部分有关距离的信息，因此在统计分析时，可能会把它近似地看成定距变量。

四、 定比尺度

定比尺度（ratio scale）也称等比尺度或比例尺度。它不仅具备前面三种尺度的所有功能，而且有自然零点，可以进行加减乘除运算。如收入、年龄、出生率、性别比等都是定比尺度。对于定比变量，计算比值是有意义的。身高、体重、年龄、销售额、购买频率等都是以定比尺度测量的变量。不过，对态度、观点、感受和偏好等方面的测量，定比尺度就非常困难。绝对零点的存在意味着定比尺度可以进行所有的算术运算，还可以计算几何平均数、调和平均数。

选择恰当的测量尺度对于营销测量相当重要。表5-1是四种测量尺度的比较。

表5-1　四种测量尺度的比较

测量尺度	测量描述	变量举例	描述性统计
定类	用数字识别对象的类别，判断属于/不属于	归类，如男性/女性、用户/非用户	频数、百分比、众数
定序	除识别类别外，数字还用于确定顺序，判断位置	排序，如对酒店或银行的偏好排序	频数、百分比、众数、中位数
定距	除归类和排序外，数字还用于判断距离，判断间距的相等性	考察态度、观点，如对某品牌的认知水平	频数、百分比、众数、中位数、算术平均数
定比	综合上面三种特性，再加上绝对零点，判断比例的相等性	进行精确测量，如销售收入、市场份额、成本、年龄	频数、百分比、众数、中位数、算术平均数、几何平均数、调和平均数

例5-2

消费者对洗发水的偏好

表5-2以某个消费者对洗发水品牌的偏好和购买量为例，给出了各种测量尺度的虚拟例子。表中第2列的编号是定类变量，用来识别不同的品牌（例如1代表力士洗发水，3代表海飞丝洗发水，6代表舒蕾洗发水），数字的大小并不代表洗发水的优劣；偏好排序（表中第3列）是定序变量，表示调查对象对不同品牌的偏好顺序，其中潘婷是最受欢迎的品牌，其次是力士，对清扬的偏好排在最后；第4列的偏好等级用的是定距尺度，其中偏好排序列前两位的品牌的得分相同，都是7分，排最后的品牌最低，只有3分，表明对力士和潘婷的偏好程度其实相差很小；最后一列的购买量是定比变量，从中可以看出对潘婷的购买量最大，为力士的近1.7倍、飘柔的5倍。

表 5-2　主要测量尺度的例子

品牌名称	定类尺度编号	定序尺度偏好排序	定距尺度偏好等级（1～7）	定比尺度购买量（瓶）
力士	1	2	7	3
潘婷	2	1	7	5
海飞丝	3	4	4	0
飘柔	4	3	6	1
清扬	5	6	3	0
舒蕾	6	5	4	0

第 3 节　营销调研常用量表

量表是一个纽带，连接调研目标与测量对象；量表是一个有效的工具，使得调研人员能够量化无法直接观测的数据信息。调研的目的只有转化为具体的问题和测量指标，才能从被调查者那里收集到所需的数据和信息，因而量表在营销调研中起着重要的作用。如果量表设计得不合理，那么精心编制的抽样计划、训练有素的访问人员、科学的数据分析技术将很难充分发挥作用。不恰当的量表设计会导致信息收集的缺失和测量的不准确，最终导致资源的浪费。

一、量表的定义和特征

量表是一种测量工具，它是用来对主观的或抽象的概念进行定量测量的程序，对事物的特征变量根据特定的规则分派不同的数字或符号，因此形成了不同测量水平的测量量表，又称为测量尺度。量表相当于一把尺子，用于精确度量一个抽象的或综合性较强的概念，如态度和观念（如生育态度、种族偏见、政治倾向）的强烈程度及差异。

量表分为一维量表和多维量表。一维量表用于测量被调查者或者测量对象的单一特性。例如，我们设计一种量表来测量消费者对价格的敏感性，虽然我们会设计几个题项来测量，但这些题项实现的是同一个功能。多维量表是指某个被调查或者测量对象需要用多个维度来测量。例如，大众汽车通过富裕程度、价格敏感性、对汽车的欣赏水平三个维度来分析消费者。

量表比单一指标或单项问题能获得更多、更真实、更准确的信息，能通过间接的、定量的方式衡量那些不能直接观察和测量的社会现象。

量表的点数是调查问卷设计中一个重要的考虑因素。研究结果表明，点数多的量表一般优于点数少的量表，量表的测量信度随点数的增加而提高，辨别力也随之增强。点数在 2～7 之间的量表的信度变化比较显著，但是点数较低的量表的测量差异不明显，因此我们一般会选择 5～7 点的量表。当量表点数过高，尤其是在 12 点以上时，测量的信度会下降，同时会使受访者的态度变化测量发生偏倚。因此，量表点数在 5～11 点是比较理想的，我们通常见到的多为 5 点量表、7 点量表以及 9 点量表。

二、 量表的常见形式

营销调研中常见的量表形式可分为比较量表和非比较量表。如图 5－1 所示，比较量表有配对比较量表、等级顺序量表、常量和量表，非比较量表有连续评分量表和分项评分量表，后者又包括李克特量表、语义差异量表和瑟斯顿量表。

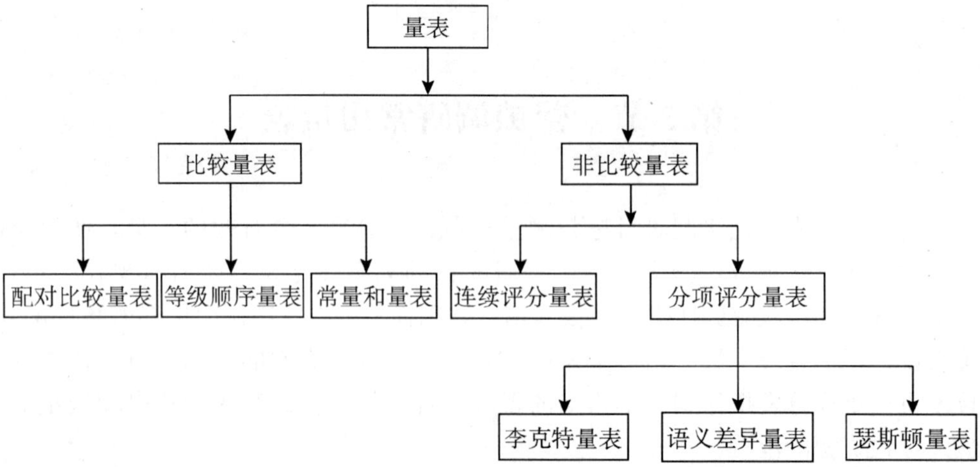

图 5－1　量表分类图

（一） 配对比较量表

在配对比较量表（paired comparison scale）中，被调查者被要求对一系列测量对象进行两两比较，在两个比较对象中作出选择。“1”表示被调查者认为这一项目更重要，“0”表示被调查者认为另一个项目更重要。将各行取值进行加总，得到比较得分。

配对比较量表有以下优点。首先，对被调查者来说，从两个测量对象中选出一个肯定比从一大组测量对象中选出一个更容易；其次，配对比较量表也可以避免等级顺序量表的顺序误差。但是，因为一般要对所有的配对进行比较，所以对于有 n 个对象的情况，要进行 $n(n-1)/2$ 次配对比较。因此，测量对象的个数不宜太多，以免被调查者厌烦而影响应答质量。

例 5－3

配对比较量表的应用

如果某电脑经销商想了解几个电脑品牌在消费者心目中的地位，就可以采用配对比较量表。如果将 A 品牌和 B，C，D 三种品牌的电脑进行比较，即可将 A 品牌与这三个品牌组合成 3 对，要求被调查者成对比较，并指出哪一个品牌较好。假设本次调查的样本量为100，A与B的比较中回答A佳，则在A较B佳栏目（表中第3行第2列）下记录1，如果共有20人这样认为，则频数为20。全部电脑品牌比较后所得结果见表5-3。

表5-3　品牌比较的人数分布

	A	B	C	D
A	—	80	70	40
B	20	—	30	15
C	30	70	—	35
D	60	85	65	—

为了进一步分析，可将频数转化为比率，见表5-4。

表5-4　品牌比较的比率

	A	B	C	D
A	0.50	0.80	0.70	0.40
B	0.20	0.50	0.30	0.15
C	0.30	0.70	0.50	0.35
D	0.60	0.85	0.65	0.50
合计	1.60	2.85	2.15	1.40

表5-4中，各品牌与自身比较的比率均是0.5，将每列的比率相加，就可得到被调查者对各个品牌的态度值。四个电脑品牌的态度值相比，显然B品牌最受欢迎。调查所得的结果是：

B(2.85)＞C(2.15)＞A(1.60)＞D(1.40)

配对比较量表适用于商品品牌（或规格、花色等）不多，且消费者对各个品牌的商品比较了解的情况。

（二）等级顺序量表

等级顺序量表将许多测量对象同时展示给被调查者，要求他们根据某个标准将这些测量对象排序或分成等级。这种测量方法不仅能区分不同的类别，而且能排出等级或顺序，如胖瘦、大小、高矮、名次等。等级顺序量表反映事物类别的差不必相同，不具有等距性。排序的测量对象不能太多，否则易出现错误或遗漏。

例5-4

足球俱乐部的等级顺序量表

对表5-5中的足球俱乐部按照偏好的顺序进行排列，选出您最喜欢的球队并填写1，然后找出第二喜欢的球队并填写2，继续这一步骤直到您将所有球队按偏好的顺序进行了排列，任何两个球队不应该得到相同的排序数。偏好的标准由您决定，尽量保持一致，答案没有正确或错误之分。

表5-5 足球俱乐部的等级顺序量表

足球俱乐部名称	等级顺序
1. 巴塞罗那足球俱乐部	2
2. 皇家马德里足球俱乐部	6
3. AC米兰足球俱乐部	5
4. 切尔西足球俱乐部	4
5. 曼联足球俱乐部	3
6. 拜仁慕尼黑足球俱乐部	7
7. 阿森纳足球俱乐部	1
8. 国际米兰足球俱乐部	8
9. 利物浦足球俱乐部	9
10. 热刺足球俱乐部	10

（三）常量和量表

常量和量表（constant sum scale）也叫数值分配量表，要求被调查者在固定数值范围内（10～100）对测量对象依次分配一定的数值，从而作出不同的评价。

例5-5

用常量和量表对三个品牌进行调查

对三个品牌受消费者喜爱的程度进行调查，要求消费者按喜爱程度对三个品牌打分，每个评价项目总分为100分。三个消费者的打分结果如表5-6所示。

表5-6 消费者的打分结果

消费者	品牌			
	A	B	C	合计
1	70	20	10	100
2	50	30	20	100
3	30	40	30	100
总计	150	90	60	

从各品牌的总得分可以看出，A品牌得分最高，为150分，说明A品牌是这三个消费者最喜欢的品牌。如果调查了100个消费者，需要把100个人给出的分数值相加后再除以100，从而得到该品牌的最后得分。

（四）连续评分量表

连续评分量表（continuous rating scale）也称为图示评分量表，要求被调查者在一条直线的适当位置作出标记，为研究对象打分，这条直线从一个极端到另一个极端，被调查者未被局限于从调研人员事先设定好的分数中选择。评分分数可以是数字或用文字描述，例5-6展示了评价家乐福超市的连续评分量表。连续评分量表评分麻烦且不可靠，在营销调研中用的较少，但随着计算机和相关技术的快速发展，量表值可由相关软件计算完成，连续评分量表具有一定的应用前景。

例5-6

评价家乐福超市的连续评分量表

1. 请您为家乐福超市人员的服务态度打分。

态度很差　　态度很好

0　10　20　30　40　50　60　70　80　90　100

2. 请您为家乐福超市的购物环境打分。

环境很差　　环境很好

0　10　20　30　40　50　60　70　80　90　100

3. 请您为家乐福超市的商品布置打分。

布置很零乱　　布置有特色

0　10　20　30　40　50　60　70　80　90　100

（五）李克特量表

李克特量表（Likert scale）是由李克特根据一般的量表方法发展而来的，该量表被许多调研组织采用并改进。李克特量表是营销调研、社会研究中广泛使用的一种量表。李克特量表要求被调查者对有关测量对象的每一个陈述语句表示同意或不同意。一般每个量表项目有5个反应类别，即5点量表，从强烈反对到强烈赞成，数值可以是－2～2，或者是1～5，随着研究的不断深入，又出现了7点量表和9点量表等形式。进行具体分析时，既可以逐项进行，也可以对项目求和计算总评分。

1. 李克特量表的特征

（1）由一套态度项目构成，根据被调查者同意与不同意的程度给出分数，所有项目分数的总和即为个人的态度分数，这个分数的高低即代表个人同意或不同意的程度。

（2）因素量表含不同的构面即为多元量表，李克特量表也属于因素量表。

2. 李克特量表的制作过程

（1）收集50～100个与测量主题有关的陈述语句，各种陈述或说法应当比较分散，以覆盖所研究的问题。

（2）对每个陈述语句设定项目选项，对每个选项赋一个分值。有些说法是正向表述的，有些是负向表述的。在计算累加的态度总分时，需要对负向说法的得分作逆向处理。

（3）选择部分被调查者对全部项目进行预测试，根据被调查者给出的各个项目的分数计算代数和，得到个人态度总分，并依据总分高低将被调查者排序。预测试人数最好在20人以上。

（4）将调查中得分最高的25%的人与得分最低的25%的人进行比较，然后计算出每道题的分辨力系数。分辨力系数是绝对数，取值越小说明题目的分辨力越低，应考虑剔除。（在实际应用中，需要根据具体情况进行分析和判断。）

分辨力系数＝|（得分最高的 25%的人在这一问题上的平均分－得分最低的 25%的人在这一问题上的平均分）|/得分均值

（5）对量表进行信度和效度分析。根据分析的结果，去除影响信度和效度的陈述或说法，从而得到有较高信度和效度的李克特量表。

国内外有关绿色消费的研究越来越多，例 5－7 就是测量绿色购买情感的李克特量表。

例 5－7

关于绿色购买情感的李克特量表

表 5－7 为李克特 7 点量表示例。

表 5－7　绿色购买情感的李克特量表

测量题项		完全不真实	不真实	比较不真实	中立	比较真实	真实	完全真实
厌恶感	看到他人购买了非节能环保的白色家电							
NE1	我会感到很厌恶	1	2	3	4	5	6	7
NE2	我会感到很鄙视	1	2	3	4	5	6	7
NE3	我会感到很气愤	1	2	3	4	5	6	7
愧疚感	如果我购买了非节能环保的白色家电							
NE4	我会感到很羞耻	1	2	3	4	5	6	7
NE5	我会感到很内疚	1	2	3	4	5	6	7
NE6	我会感到很痛心	1	2	3	4	5	6	7
赞赏感	看到他人购买了节能环保的白色家电							
PE1	我会感到很赞许	1	2	3	4	5	6	7
PE2	我会感到很欣赏	1	2	3	4	5	6	7
PE3	我会感到很敬重	1	2	3	4	5	6	7
自豪感	如果我购买了节能环保的白色家电							
PE4	我会感到很欣慰	1	2	3	4	5	6	7
PE5	我会感到很开心	1	2	3	4	5	6	7
PE6	我会感到很自豪	1	2	3	4	5	6	7

注：表格中 NE（negative emotion）代表消极情绪，PE（positive emotion）代表积极情绪。

资料来源：王建明，吴龙昌．绿色购买的情感-行为双因素模型：假设和检验．管理科学，2015，28（6）：80－94.

（六）语义差异量表

语义差异量表（semantic differential scale）又叫语义分化量表，是一种测量态度的技术。它于 20 世纪 50 年代后发展起来，是一次性集中测量被调查者所理解的某个单词或概念的含义的手段。针对词或概念设计出由一系列双向形容词构成的量表，请被调查者根据对词或概念的感受和理解，在量表上选择代表相应评价等级的位置。

语义差异量表是由两个意思相反的形容词构成的一组双极标度，以测量人们对产品、品牌、企业或观念等的评价。在意思想反的两个形容词中间，又分为不同级别，一般有 5 级、7 级、9 级或 11 级等。

1. 语义差异量表的使用方法

（1）确定所测量的词或概念的维度供被调查者评价。

（2）界定两个意思相反的术语代表每一个维度的两极。（为防止回答偏差，最好将彼此有关系的项目的位置加以调整。）

（3）制作语义差异的计分表。可以对语义差异量表中的不同项目根据被调查者的回答进行打分。结果数据可用来分析不同测量对象、不同被调查者的相同点和不同点。还可将各项目的得分加总，用以比较对不同测量对象整体形象的偏好等级。

（4）通过语义差异量表，可以对相互比较的两组（多组）品牌或测量对象进行分析。在分析过程中，一般通过比较不同评价项目的平均值折线或总分来体现被调查者评价的差异。

2. 语义差异量表的分析方法

（1）总分分析法。总分分析法是对各评价等级赋值，然后把每一个被调查者所选择的评价分数加总，其总分就是被调查者对测量对象的总体评价。

（2）图上分析法。图上分析法是在对各评价等级赋值后，把所有被调查者对每一个评价项目的打分加总，然后计算平均值，并把各评价项目的平均值用折线连接起来，根据图中的折线对测量对象进行分析。

例 5－8 展示了消费者评价某个品牌饮料的语义差异量表。

例 5－8

消费者评价某个品牌饮料的语义差异量表

请从以下几个方面对饮料进行评价，在最能代表您的评价等级的位置上做标记。

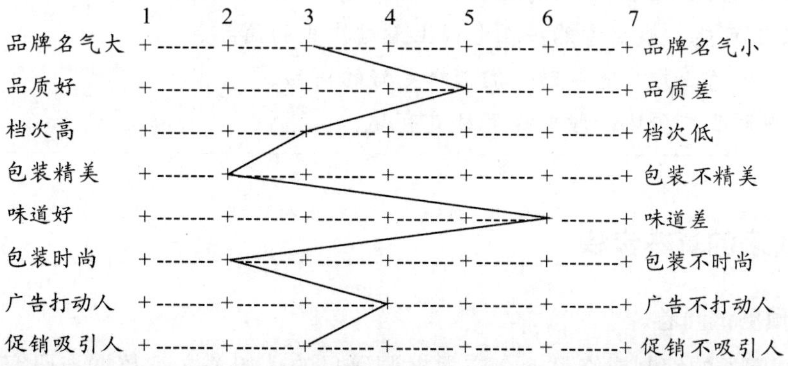

（七）瑟斯顿量表

瑟斯顿量表（Thurstone scale）全称为瑟斯顿态度量表（Thurstone attitude scale）。瑟斯顿量表通过被调查者在若干（一般 9～15 条）与态度相关的语句中选择是否同意的方式，获得被调查者关于主题的看法。每条语句根据其类别都有一个分值，要求被调查者指出他同意的陈述，根据被调查者所同意的陈述或意见的分值，通过计算分值的平均数得到被调查者的态度分数。分数越高，说明被调查者对某一问题持有的态度越趋于正面；分数越低，说明持有的态度越趋于负面。瑟斯顿量表应用较少。

瑟斯顿量表的制作过程如下：

（1）由调查者提出若干指标项目。

（2）将这些指标项目提供给一组评定人员，通常为 10～20 人，要求他们对每个项目测量变量的强度进行评判（即赋值，譬如 1～13 分），对最弱的赋值 1 分，对最强的赋值 13 分，对强度中等的赋予中间值，依此类推，每个项目赋予一个分值。

（3）根据评定人员给每个项目的分数计算平均数和标准差，平均数反映了评定人员对某语句态度的集中程度，标准差则反映了态度的离散程度，从而选出得到共识的项目，并剔除没有得到共识的项目。

（4）在得到共识的项目中，选择代表 1～13 分（一个或者多个）的项目。在真正调查时向被调查者提出，要求他们回答。

例 5－9

测量电视商业广告态度的瑟斯顿量表

（1）所有的电视商业广告都应该被法律禁止。

（2）看电视商业广告完全是浪费时间。

（3）大部分电视商业广告是非常差的。

（4）电视商业广告是非常差的。

（5）电视商业广告并不过分干扰欣赏电视节目。

（6）对大多数电视商业广告，我无所谓好恶。

（7）我有时喜欢看电视商业广告。

（8）大多数电视商业广告挺有趣的。

（9）只要有可能，我愿意购买在电视上看过广告的商品。

（10）大多数商业广告能帮助人们选择更好的商品。

（11）电视商业广告比一般电视节目更有趣。

三、设计量表的基本步骤

1. 编制预测试问卷

在预测试问卷的编制或修订上，应根据调研目的、相关文献数据与研究结构等综合考虑，如果有类似的问卷，可根据调研的实际情况加以修订、增删；如果是重新编制问卷，问卷内容应依据研究结构编制。在编制量表时，应注意以下几点：

（1）在多数情况下，5点量表比较常用。

（2）3点量表限制了温和意见与强烈意见的表达，5点量表正好可以表示温和意见与强烈意见之间的区别。7点量表、9点量表可以更为细致地区分态度差异，但存在一定的填答障碍，具体选择时需要根据调研主题的特点进行判断。由于人口变量的异质性，对于没有足够辨别力的人，使用7点量表法会导致信度降低；对于具有足够辨别力的人，使用5点量表又有受限的不适感。以上问题到目前为止还没有一个很好的解决办法，但是通过预测试，可以发现这些问题的存在。

（3）量表的点数越多，选答分布的范围就越广，变异数也会越大，这种情形在统计检验上会具有很好的区别力，然而，这种选答很广的分布缺乏可信度，故意义不大，而且较大的选答变异系数也表示有较大的抽样误差，就检验而言，这会造成严重的误导。

2. 实施预测试

预测试问卷编制完成后，应实施预测试。预测试对象的性质应与将来填写正式问卷的被调查者相同，如研究对象为中学生，则预测试中的被调查者也应为中学生。预测试对象人数根据题项数目的不同而有所区别，当题项数为40题以下时，预测试对象最好在120～200人之间，题项数越多需要的预测试对象越多。如果样本特殊，预测试人数可酌情减少。

预测试时，样本数的选取应考虑问卷量表是否进行因素分析。因为进行因素分析时，以较大样本分析所呈现的因素组型，比用较小样本所呈现的因素组型要稳定。量表的题项数越多及预期要有较多的因素层面的话，进行因素分析时，应包括越多的被调查者。有关学者建议，进行因素分析时，量表题项数与参加预测试的人数比例约为1∶1最合适。

3. 整理问卷与编号

问卷回收后，应一份一份地检查筛选，对于数据不全或不诚实填答的问卷，应考虑剔除；对于填答时皆填同一个答案的问卷，是否剔除，研究者应考虑问卷题项本身的内容与描述，审慎判断。筛选完的问卷应编号，以便将来核对数据之用，之后给各变量、各题项分配不同的代码，并依问卷内容有序地录入计算机。SPSS可以读取Excel、Access等数据文件，研究者可依自己的习惯，挑选一种自己最熟悉的应用软件，以快速、有效的方式将数据录入计算机。（研究者最好选用一种Office软件输入数据或直接在SPSS数据窗口编辑区录入数据。）

4. 进行项目分析

项目分析即求出每一个题项的临界比率（critical ration），简称CR值，其求法是将所有被调查者在预测试量表的得分总和从高到低排列，得分前25%～33%者为高分组，得分后25%～33%者为低分组，求出高低两组被调查者每题得分平均数的差异的显著性水平，即得到该题项的CR值（多数数据分析中时，以得分前27%者为高分组，得分后27%者为低分组）。如果题项的CR值达到显著性水准（<0.05或<0.01），即表示这个

题项能鉴别不同被调查者的反应程度。

5. 进行因素分析

项目分析完成后，为检验量表的结构，应进行因素分析。因素分析的目的是找出量表潜在的结构，减少题项的数目，使之变为一组个数较少而彼此相关性较高的变量。这种因素分析是一种探索性因素分析。

6. 进行信度和效度分析

因素分析完成后，应进行量表各层面与总量表的信度检验和效度分析。信度就是量表的可靠性或稳定性，效度是测量的有效性。

7. 确定最终量表

在完成上述步骤的基础上确定最终量表。最后定稿的正式量表题项数应该为多少最为适宜，并无绝对的标准。

例 5－10

消费者伦理感知对观看互联网医疗广告后的购买意愿的影响研究

在突发公共卫生事件的影响下，居家学习工作更需借助互联网进行，互联网云服务、网络医疗服务越来越受欢迎。传统医疗机构逐步向 B2C 转型，不断完善线上线下医疗服务，人们足不出户就可以享受网络医疗问诊、医疗服务咨询、医疗产品购买等服务。互联网医疗广告已成为有效的营销传播方式之一，作为消费者接触医疗机构和医疗产品的一个途径，互联网医疗广告会使消费者产生不同层面的道德感受和伦理认知，而消费者对医疗广告的伦理感知在一定程度上会影响消费者的购买意愿。为研究消费者伦理感知对观看互联网医疗广告后的购买意愿的影响，杨先顺和张良悦（2021）开展了一项研究。

该研究借鉴以往成熟量表并作出增删或修改形成问卷。第一部分测量消费者对互联网医疗机构的伦理感知，第二部分测量消费者对医疗机构的支持程度，第三部分测量消费者在观看互联网医疗广告后的购买意愿。问卷总体具有良好的内部一致性及效度。在进行探索性因子分析中，量表各部分旋转后因子荷载情况见表 5－8。

表 5－8　因子荷载矩阵

变量	题项	因子 1	因子 2	因子 3	因子 4	因子 5	因子 6	方差解释率	累计方差解释率
感知安全性	医疗广告发布网站是安全的浏览平台	0.07	0.92	0.08	0.08	0.01	－0.02	14.66%	14.66%
	医疗广告发布网站提供安全的支付方式	0.11	0.94	0.06	0.10	0.04	0.11		
	医疗广告发布网站有确保网站安全的基本特征	0.08	0.89	0.12	0.18	－0.00	0.15		

续表

变量	题项	因子1	因子2	因子3	因子4	因子5	因子6	方差解释率	累计方差解释率
感知隐私性	医疗广告发布网站清楚地解释了如何使用用户信息	0.08	0.12	0.10	0.89	0.02	0.06	14.37%	29.03%
	医疗广告发布网站不会擅自使用消费者个人信息	0.05	0.11	0.09	0.90	0.02	0.20		
	医疗广告发布网站清楚地写出隐私政策	0.12	0.12	0.15	0.90	0.01	0.10		
感知诚信性	医疗广告没有夸大产品的好处和特色	0.02	0.11	0.90	0.13	−0.01	0.13	14.59%	43.62%
	医疗广告没有说服经验不足的顾客购买其产品	0.01	0.05	0.93	0.13	0.02	0.15		
	医疗广告没有试图说服消费者购买不需要的产品	0.05	0.09	0.90	0.08	0.03	0.13		
感知履行性	医疗广告中展示的价格是购买时的实际价格	0.10	0.12	0.21	0.14	0.10	0.87	9.59%	53.21%
	医疗广告中的商家履行广告承诺	0.05	0.09	0.19	0.19	0.12	0.88		
普遍支持度	我在购买医疗广告产品时会考虑其发布网站的伦理名誉	0.82	0.09	0.01	0.07	0.04	−0.01	16.83%	70.04%
	我更愿意购买不违反伦理的医疗广告发布网站发布的产品	0.88	0.05	0.03	0.02	−0.04	0.14		
	我更愿意在社会评价好的医疗机构消费	0.88	0.04	0.01	0.09	−0.04	0.07		
	我不愿意在有过不道德行为的医疗机构消费	0.86	0.09	0.04	0.07	−0.06	−0.02		
购买意愿	未来有需求，我会经常关注医疗广告产品等	−0.05	−0.01	0.02	0.04	0.92	0.10	13.83%	83.87%
	未来有需求，我会购买医疗机构的产品	0.03	0.04	0.05	0.05	0.90	0.10		
	我愿意将医疗广告的产品推荐给其他人	−0.07	0.02	−0.03	−0.03	0.90	0.01		

资料来源：杨先顺，张良悦. 消费者伦理感知对互联网医疗广告购买意愿影响研究. 新闻与传播评论，2021，74（5）：71-81.

第 4 节　信度与效度评估

理想的营销调研能够提供精确、清晰、及时的数据。由于概念的界定、指标的分派和实际测量的误差，测量值和真实值往往有一定的误差，即测量误差。我们以 M 表示测量值，A 表示真实值，E 表示误差，则它们之间的关系可用下式表示：

$$M=A+E$$

误差分为系统性误差和随机性误差。系统性误差是由于概念操作化过程中的偏差所造成的持续性误差，常导致测量结果普遍偏高或偏低。随机性误差也会影响测量结果，但从本质上讲是暂时的，并不是有规律地产生的。

为了保证测量的准确性，很好地反映所测属性的真实水平，通常要进行信度和效度评估，信度与效度的类型见图 5-2。

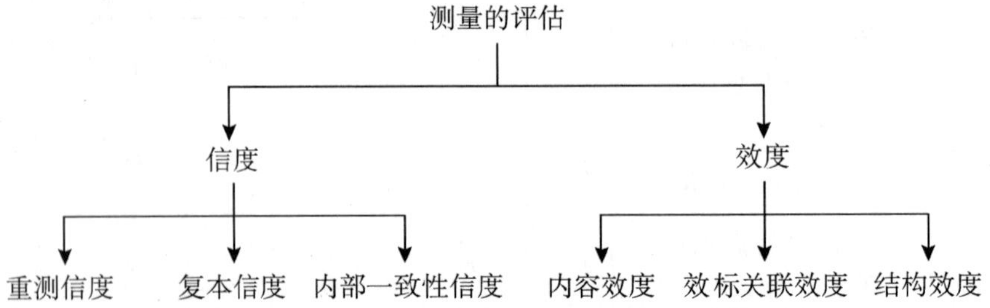

图 5-2　信度与效度的类型

一、信度

信度指的是测量数据的可靠性，主要指实际测量的内容与应当测量的内容之间的一致性和稳定性。信度系数是描述信度的数量指标，以相关系数来表示。信度可用不同时间重复测量的结果或不同测量方法所给出的结果之间的一致性来衡量，具体包括重测信度、复本信度、内部一致性信度，对应的测量的方法是重测法、复本法和分半法。

（一）重测信度

1. 定义

重测信度是在类似的条件下，在不同的时间先后测量两次，根据两次测量结果计算两次测量值之间的相似程度，相关系数越高表示重测信度越高。重测法是一种最常用、最普遍的信度评估方法。用重测法评估信度要注意，它对时间间隔非常敏感，即在两次测量之间发生的事件、活动，会使后一次测量的结果在客观上发生改变，使两次的相关系数不能准确地反映两次测量的实际情况。一般来说，重测法最好与其他方法结合使用。

重测法示意图见图 5-3。

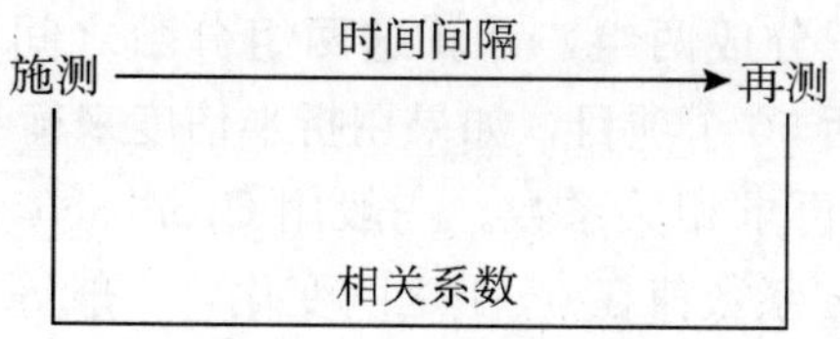

图 5-3　重测法示意图

2. 使用的前提条件

（1）测量所测的特质必须是稳定的，即被试的特征和属性在两次测量之间没有发生变化。

（2）把握适当的时间间隔。

（3）两次施测期间没有发生能够改变后一次测量结果的事件、活动。

（二）复本信度

1. 定义

复本信度采取的是另一种思路：通过构建两个等价的量表形式，对同一个调查对象进行测量，对得到的测量结果进行相关分析以评估信度。这种方法克服了重测信度的缺点，但它要求两个量表完全等价，这是一件非常困难的事。

复本法示意图见图 5-4。

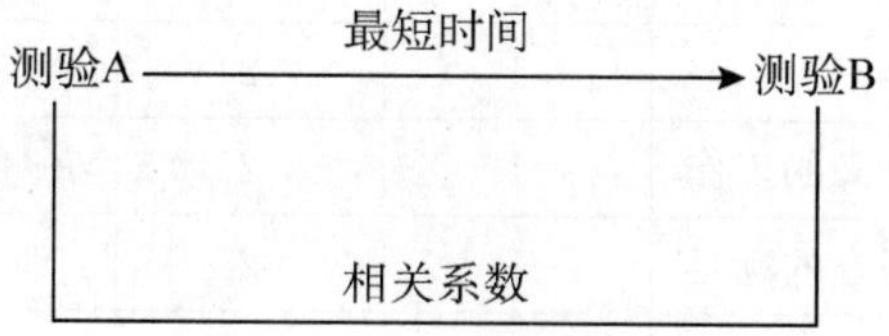

图 5-4　复本法示意图

2. 使用的前提条件

（1）施测所用的两个量表必须是真正等价的量表。1）两个量表测量的是同一种心理特性。2）两个量表具有相同的内容和形式。3）两个量表的题目不应重复。4）两个量表题目数量相等，难度和区分度大体相同。5）两个量表的分数分布（平均数和标准差）大致相等。6）复本编好后，应再测一次，以确保两个量表的等价。

（2）被试有条件接受两次测量。

（三）内部一致性信度

1. 定义

内部一致性信度指的是测验内容的一致性或测验内部所有题目的一致性（项目同质性）程度，又称同质性信度。

2. 计算方法

内部一致性信度最常用的计算方法是分半法。分半法是指将测量对象在测量结果中按测量项目的序号（奇偶）分成两组，计算这两组分数之间的相关系数，即折半信度。例如，一个忠诚度测量包括50个项目，如果用折半信度来衡量其内在的一致性，则需要把50个项目分为两部分，再求相关系数。一般用Cronbach's Alpha系数进行内部一致性分析。Cronbach's Alpha系数值在0～1之间变化，一般等于或小于0.6时，就说明内部一致性信度差。

以工作倦怠感问卷为例分析信度，表5-9为第一位预测试对象圈选实例。

表5-9 第一位预测试对象圈选实例

	十分不同意	不同意	未定	同意	十分同意
1. 对工作有挫折感	1	2	③	4	5
2. 觉得自己不被了解	1	②	3	4	5
3. 工作让我情绪疲惫	1	2	3	4	⑤
4. 我觉得我过于努力工作	1	2	③	4	5
5. 面对工作时，有力不从心的感觉	1	2	③	4	5
6. 工作时感到心灰意冷	1	②	3	4	5
7. 觉得自己工作的方式不恰当	1	②	3	4	5
8. 想暂时休息一阵子或另调其他岗位	1	②	3	4	5
9. 只要努力就能得到好的结果	1	2	3	④	5
10. 我认可这份工作的价值	1	2	3	④	5
11. 我认为这是一份相当有意义的工作	1	2	3	④	5
12. 我可以从工作中获得心理上的满足	1	2	3	④	5
13. 我有自己的工作目标和理想	1	2	3	④	5
14. 我在工作时精力充沛	1	2	③	4	5
15. 我乐于学习工作中的新知识	1	2	3	④	5
16. 我能够冷静地处理情绪上的问题	1	2	3	4	⑤
17. 从事这份工作后，我对人变得更冷淡	1	②	3	4	5
18. 对某些同事遇到的事我并不关心	1	②	3	4	5
19. 同事将他们遇到的问题归咎于我	1	②	3	4	5
20. 我担心这份工作会使我逐渐失去耐性	1	2	③	4	5
21. 面对众人，我会有很大的压力	1	②	3	4	5
22. 常盼望有假期，可以不用上班	1	2	③	4	5

下面是针对100位预测试对象的实际填答情况开展的信度分析。100位预测试对象的实际填答情况，请见本章末的附录。

将题项分成四个因素层面，分别为：

(1) 因素层面一：A1，A2，A3，A4，A5，A6，A7，A8，A9，共9题。

(2) 因素层面二：A10，A11，A12，A13，A14，A15，共6题。

(3) 因素层面三：A16，A17，A18，A19，共4题。

(4) 因素层面四：A20，A21，A22，共3题。

求各因素层面及总量表之间的内部一致性信度。

按图5-5所示点击"Reliability Analysis"(信度分析)。

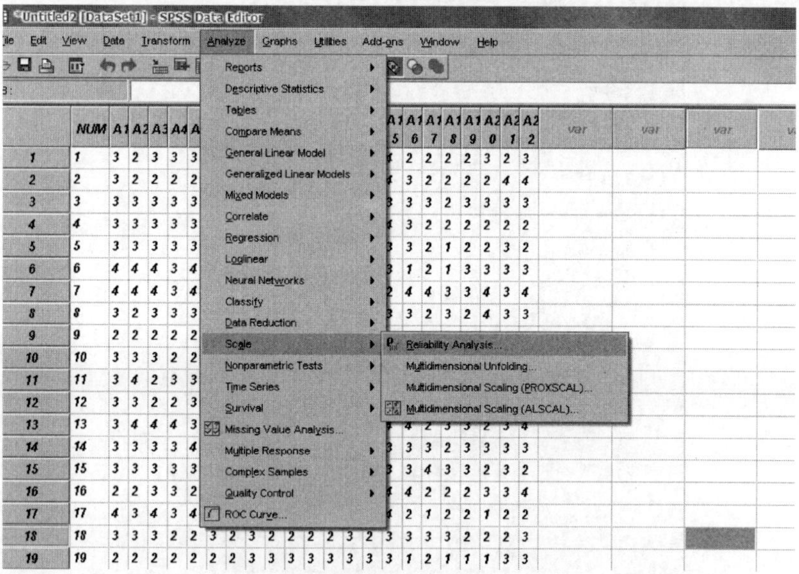

图5-5　点击"Reliability Analysis"(信度分析)

操作1(见图5-6)：

将第一个层面的题项选入右边"Items"(项目)框内，例题中的第一个层面为A1，A2，A3，A4，A5，A6，A7，A8，A9。在"Model"的方框中选取"Alpha"(内部一致性Alpha系数检验)。

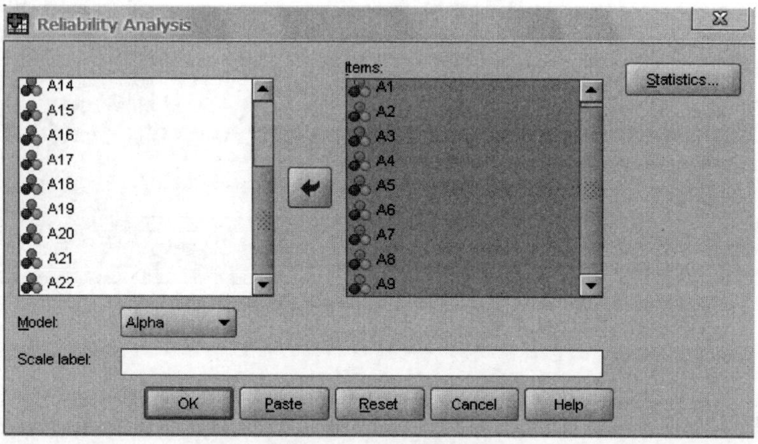

图5-6　操作1图示

操作 2（见图 5－7 和图 5－8）：

如图 5－6 所示，按“Statistics”（统计量）钮，出现“Reliability Analysis：Statistics”（信度分析：统计量）的对话窗口（见图 5－7）。在“Descriptives for”（描述统计对象）框中选取“Scale if item deleted”（删除项目后之量尺摘要），按“Continue”（继续）钮，回到“Reliability Analysis”（信度分析）对话窗口。按“OK”钮，“OUTPUT SPSS Viewer”结果窗口会出现第一个层面的信度检验结果（见图 5－8）。

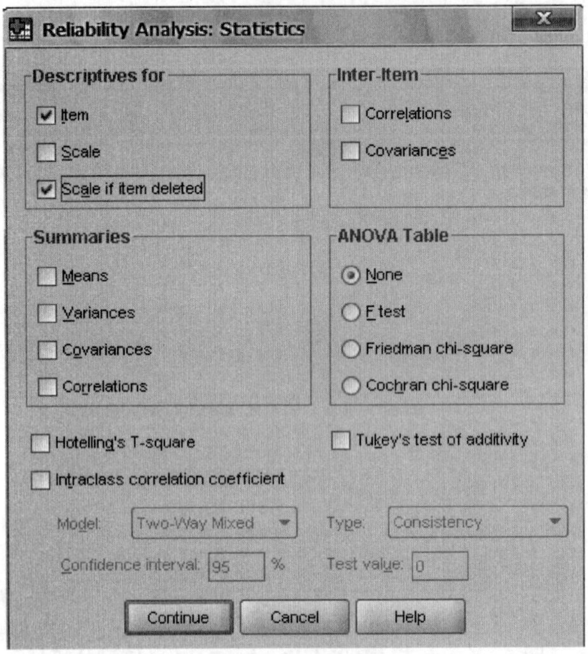

图 5－7　操作 2 图示

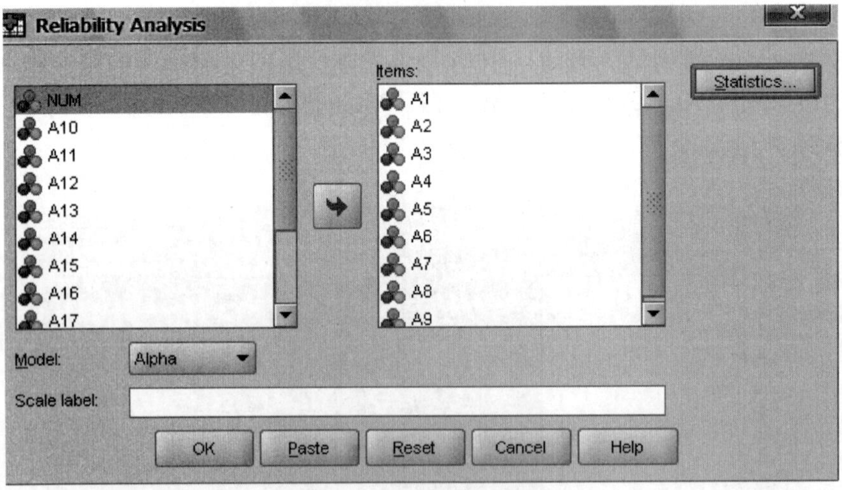

图 5－8　操作 2 结果图示

操作 3：

回到数据文件窗口，重复前述步骤，分析第二层面（A10，A11，A12，A13，A14，A15）、第三层面（A16，A17，A18，A19）、第四层面（A20，A21，A22）的信度检验结果，操作方法相同。

以下数据为每个层面的分析结果。

第一层面的分析结果见表 5－10。

表 5－10　第一层面的分析结果

可靠性统计量

Cronbach's Alpha	项数
0.852	9

项统计量

	均值	标准偏差	N
A1	2.7200	0.71181	100
A2	2.8600	0.93225	100
A3	2.9300	0.89052	100
A4	2.7800	0.87132	100
A5	2.9000	0.75879	100
A6	2.8500	0.83333	100
A7	2.9400	0.93008	100
A8	2.9400	0.89691	100
A9	2.7200	0.82975	100

第二层面的分析结果见表 5－11。

表 5－11　第二层面的分析结果

可靠性统计量

Cronbach's Alpha	项数
0.813	6

项统计量

	均值	标准偏差	N
A10	3.0808	0.77823	100
A11	2.8687	0.86480	100
A12	2.8384	0.86552	100
A13	3.0202	0.97917	100
A14	2.8182	0.92982	100
A15	3.1919	0.93325	100

第三层面的分析结果见表 5－12。

表 5-12　第三层面的分析结果

可靠性统计量

Cronbach's Alpha	项数
0.695	4

项统计量

	均值	标准偏差	*N*
A16	2.8800	0.84423	100
A17	2.6700	0.85345	100
A18	2.6600	0.78135	100
A19	2.6700	0.69711	100

第四层面的分析结果见表 5-13。

表 5-13　第四层面的分析结果

可靠性统计量

Cronbach's Alpha	项数
0.413	3

项统计量

	均值	标准偏差	*N*
A20	2.8000	0.88763	100
A21	2.7200	0.71181	100
A22	2.9400	0.83871	100

总量表的分析结果见表 5-14。

表 5-14　总量表的分析结果

可靠性统计量

Cronbach's Alpha	项数
0.897	22

结果说明：

从以上分析结果可以发现四个分量表的 Alpha 系数分别为 0.852，0.813，0.695，0.413，总量表的 Alpha 系数为 0.897。以四个分量表来看，除表 5-13 中的分量表的信度稍低外，其余三个分量表的 Alpha 系数在 0.600 以上，此外，总量表的 Alpha 系数为 0.897，说明此量表的信度颇佳。

对此例题而言，要提高表 5-13 中的分量表四的信度，除对题项内容进行修饰外，如时间允许，可增删题项，再挑选新的被试者预测试一次。如果时间不允许，在调研报告中应加以说明，以作为未来调研的参考。

在提高测量的信度方面并无捷径，只有坚持科学严谨的工作作风和实事求是的科学态度，尽可能采用科学的测量指标与方法，选择合适的测量工具并进行必要的预测试，以及开展必要的人员培训和良好的现场监督与指导等，才能获得比较可信的测量结果。

二、效度

效度指的是测量的准确程度或有效程度，理想的效度要求没有测量误差。信度好是效度好的必要条件，但不是充分条件，即有效的测量必须是可信的，但可信的测量不一定有效。当一项测量所测的是它希望测量的事物时，我们就说它是一项有效的测量，反之就认为测量不具有效度。

测量的效度具有三种不同的类型，即内容效度、效标关联效度和结构效度，它们分别从不同的方面反映测量的准确程度。人们在评价各种测量的效度时，也往往用这三种类型的效度作为标准。

（一）内容效度

内容效度是指测量所选择的项目是否符合测量目的和要求。判断内容效度不是一件简单的事情，首先，评价者需要知道所测量的概念是如何定义的。其次，评价者需要知道这种测量所收集的信息是否和该概念密切相关。最后，评价者才能作出这一测量是否具有内容效度的结论。

调研者可以通过下列步骤来尽可能提高内容效度：对所要测量的概念或者对象进行仔细准确的界定；竭力收集相关文献资料以及举行小组访谈，尽量列出可能包括的内容；召开座谈会，研讨量表中应该包括哪些内容；对量表进行预测试，也可以通过开放式问题来了解可能包括的其他内容。

（二）效标关联效度

效标关联效度又称实证效度、经验效度、准则关联效度，是指测量对个体的效标行为表现估计的有效程度。例如，可以通过调查，询问消费者在今后一段时间内购买某种产品的意愿，然后收集其实际购买数据。将预测的购买行为与实际的购买行为相比较，就可以评价所测量的购买意愿对实际购买行为的效标关联效度。效标关联效度包括两种类型：预测效度和同时效度。

预测效度是指一个准则变量的未来值可以通过当前量表来预测的程度。预测效度的效标资料需要过一段时间才可收集到。此种效度对人员的选拔和安置工作非常重要。常用的效标是专业训练的成绩、实际工作的表现等。

同时效度关注的是预测变量和准则变量之间的关系，两者均在同一个时点上评估。同时效度的效标资料与测验分数是同时收集的。例如大学入学考试可以用中学成绩作效标。同时效度常用的效标有在校的学业成绩、教师的评定等级、临床检查等。

（三） 结构效度

结构效度是指测验对理论构想或特质的测量程度。确认结构效度要求对被测构想有清晰的定义，对该结构与其他结构之间的关系有合理的假设。

评价结构效度有两种统计方法：收敛效度和区别效度。收敛效度是指用来测量同一架构的不同测量工具之间的相关程度。区别效度是指利用相同的测量方法测定不同的特征或者概念，区别不同的特征或者概念的程度。

三、 信度和效度之间的关系

信度与效度是一种相对量而不是绝对量，它们都表示一种程度。对于同一个对象，人们常常采取不同的测量方法、不同的测量准则，这样就会对信度与效度产生不同的影响。

信度是效度的必要条件，如果一个测量值是不可信的，它不可能是有效的；但是信度不是效度的充分条件，即使随机误差为零，也可能存在系统误差，测量值虽然具有很好的一致性和稳定性，但仍然可能偏离真实值。图 5－9 直观地显示了信度与效度的关系。

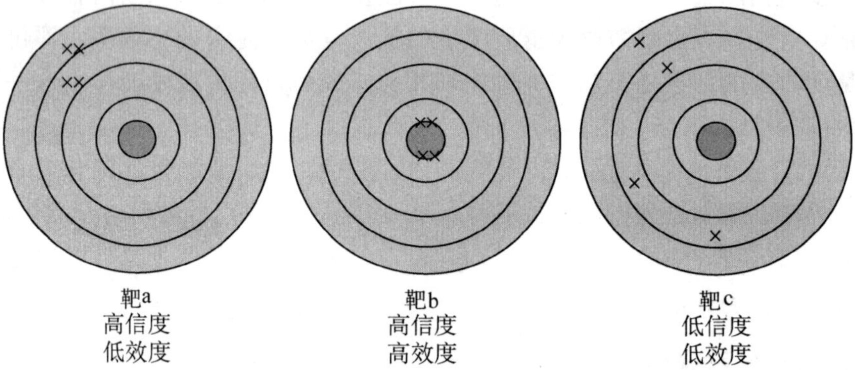

图 5－9　信度与效度的关系

靶 a 的结果显示随机误差小，但系统误差大，因此具有高信度和低效度；靶 b 的结果显示随机误差和系统误差都小，因此具有高信度和高效度；靶 c 的结果显示随机误差和系统误差都大，因此信度和效度都低。我们可以这样概括两者的关系：

（1）信度低，效度不可能高。因为如果测量的数据不准确，不能有效地说明研究对象。

（2）信度高，效度未必高。例如，如果我们准确地测量某人的经济收入，也未必能够说明他的消费水平。

（3）效度低，信度很可能高。例如，即使一项研究未能说明人口流动的原因，但它可能很精确和很可靠地调查了各个时期各种类型的人口流动数量。

（4）效度高，信度必然高。

基本概念

测量	概念操作化	分派指标	测量尺度
定类尺度	定序尺度	定距尺度	定比尺度
量表	误差	随机性误差	系统性误差
信度	效度		

思考题

1. 什么是测量？测量的基本步骤包括哪些内容？
2. 各种测量尺度的优势和不足分别是什么？
3. 设计量表的基本步骤包括哪些内容？
4. 评价测量的有效程度的标准有哪些？
5. 信度与效度之间是什么关系？

附录

100 位预测试对象的实际填答情况

第6章

设计数据的收集模式

学习目标

- 掌握问卷的基本结构和问题设计技巧。
- 理解问卷编码的概念。
- 了解计算机辅助问卷设计的优点。
- 了解问卷预测试的作用。

引例

某啤酒公司的总经理考虑改进啤酒包装，拟采用250ml的小瓶、4～6瓶组合包装出售的策略。这样做的目的，一是方便顾客，因为小瓶容量小，适合单人饮用，不需另用杯子，也不会造成浪费；二是希望对更多的人具有吸引力，使小瓶装啤酒进入一些大瓶装啤酒不能进入的社交场合；三是方便顾客购买并促进销售。这种包装的啤酒在国外早已流行，但目前在我国是不是一个合适的推出时机呢？在正式作出采用新包装的决策之前，必须获得下面问题的答案：新包装的目标市场是什么？是否有足够的市场？顾客一般在什么时候饮用？顾客希望在哪类商店买到？

调研的目的包括以下几个方面：

- 测量消费者接受小瓶组合包装啤酒的可能性；
- 识别小瓶组合包装啤酒的潜在购买者和使用者；
- 识别小瓶组合包装啤酒的使用场合；
- 判断顾客希望在什么类型的商店买到这种啤酒；
- 判断潜在市场的大小。

样本是18岁以上饮用啤酒的人。信息收集将通过在百货公司等地点拦截顾客并以面谈访问方式进行，这样做可以向被调查者出示新包装啤酒的图片和样品。

那么，该公司的相关人员应该如何设计数据的收集模式来获得准确有用的信息呢？

问卷是国际通行的一种收集数据的作业模式和工具，广泛应用于各个领域，如社会调查、经济调查、市场营销调查等。问卷设计是市场调查的关键环节，对整个调查项目的质量有很大的影响。不同类型的调查项目，对问卷的要求差别很大，不存在某种特定的问卷模式能够适合所有类型的调查。问卷设计涉及的知识非常广泛，结合了科学性和艺术性，因而设计出一份高质量的问卷并不是一件容易的事，需要掌握很多技巧。

第1节　问卷的拟定与构成

问卷，又称调查表或询问表，是一种数据收集工具。它是调查者根据调查目的与要求设计的，由一系列问题、备选答案、说明以及代码、表格等组成，以书面形式了解被调查者的反应和看法，并以此获得资料和信息的载体。在数据收集过程中，调查问卷起着核心作用，也是影响数据质量的主要因素。

一、问卷的特点和作用

（一）问卷的特点

问卷设计应了解问卷设计目标，明确问卷在哪种访问方式下使用，选择问卷的形式，设计问题、问句结构、问句总体的组合等，最终形成科学合理、容易让调查者和被调查者接受的、符合调查要求的、能有效获取所需信息资料的调查表。问卷具有如下特点：

（1）主题突出，问题相互关联。整个问卷要始终围绕同一个主题目标，可以将主题分为不同的细目类别，问题要具体、清楚、有针对性，保证问题之间既不重复，又相互关联。

（2）措辞规范准确，易于被调查者接受。问卷设计要考虑被调查者的感受，要尊重被调查者的社会文化特征，采用过滤性问题设计，使其感到问题提法有礼貌，同时问题排列要符合被调查者的思维习惯，使被调查者容易接受和配合。

（3）问题形式多样，容易理解和作答。尽量设计不同类型的问题，最好是大多数问题采用封闭式答案设计，列出完备的可能答案，尽可能让被调查者少写字，容易读懂，容易回答。

（4）易于统计整理和分析。问卷中的问题都使用可测量的尺度，使定性或定类的问题可以进行定量分析；科学编码，使得问卷既可获取丰富的信息资料，又方便下一步的统计整理和分析。

（二）问卷的作用

一般来说，问卷主要有以下几个作用。

（1）实施方便，提高调查精度。问卷提供了标准化和统一的数据收集程序，一份好的问卷将所需的信息转化为被调查者可以并且愿意回答的一系列具体问题，每一个被调查者看到或听到的文字和问题都是相同的。只要被调查者有一定的文化水平和语言表达能力，就能完成问卷，简单方便。这种方法还可以避免人员访问法、电话调查法中由于记录不完整等造成的信息不准确，能有效减少回答误差，提高调查精度。

（2）节省时间，提高调查效率。由于问卷将大多数问题都以选择题形式给出，调查人员只需稍作解释，说明意图，被调查者就可以填写，一般无须用文字作答，因此被调查者能在较短的时间内回答更多的问题，也不需要访问人员做大量记录，节省了时间，提高了效率。

（3）便于调查结果的分析和处理。问卷将调查内容系统化、标准化，方便计算机汇总和归类。它还能将人们的态度、观点、看法等定性认识转化为定量研究，利于进行相关分析、回归分析和聚类分析等。

二、问卷的类型和基本结构

（一）问卷的类型

根据不同的分类标准，调查问卷可以分为不同的类型。

（1）根据填写者的不同，问卷可分为自填式问卷和访问式问卷。自填式问卷是由调查员将问卷发送（或邮寄）给被调查者，被调查者自己阅读并按其意愿单独完成填写的问卷。访问式问卷是由调查人员逐一提问，被调查者逐一回答，由调查人员填写的问卷。

（2）根据研究课题性质和目的的不同，问卷可分为结构型问卷和无结构型问卷。结构型问卷是指问题的设置和安排具有结构化的形式，不能随意变动，被调查者要按问卷上问题的先后顺序作答，只有先回答了问题A，才能继续回答下一个问题B。无结构型问卷是指问题的安排没有严格的结构形式，前后问题之间没有承接关系，可以交换顺序和改变提问的方式，被调查者可以根据自己的意愿自由作答。无结构型问卷并不是完全没有结构，只是结构相对松散。

（3）根据调查者与被调查者之间接触方式的不同，问卷可分为直接接触问卷和间接接触问卷。直接接触问卷是指调查者和被调查者当面接触进行填写的问卷。间接接触问卷是指调查者和被调查者通过通信工具、网络等间接方式或借助一定的媒介进行填写的问卷。

（4）根据市场调查方法的不同，问卷可分为访问调查问卷、座谈会调查问卷、邮寄调查问卷、电话调查问卷、网上调查问卷等。

（5）根据发放方式的不同，问卷可分为邮寄问卷、当面发放问卷、电子邮件问卷等。

不同类型的问卷在调查对象、调查范围和调查费用等方面存在差别，部分调查问卷的对比见表6-1。

表6-1　部分调查问卷的对比

对比项目	网上调查问卷	电子邮件问卷	当面发放问卷	访问调查问卷	电话调查问卷	邮寄调查问卷
调查对象	不可控制	可控制	可控制	可控制	可控制	可控制
调查范围	不确定	可控制	较小	较小	较大	较大
调查费用	较低	较低	高	较高	低	低
调查时间	较少	较少	多	较多	少	少
人力投入	较低	较低	高	较高	低	低
回答质量	较低	低	较高	较高	高	低
影响因素	不明确	不明确	明确	明确	明确	不明确
回复率	较低	较低	较高	较高	高	低

（二）问卷的基本结构

一般来说，问卷主要包括以下五个部分的内容。

1. 开头部分

开头部分相当于一份问卷的前言，主要说明调查的目的、意义及相关事项，使被调查者能消除顾虑，引起兴趣，给予支持和合作。开头部分一般包括：标题、问候语、填写说明、问卷编号等。

（1）标题。问卷的标题概括说明调查的主题，使被调查者对所要回答的问题有一个大致的了解。标题应该简明扼要，易于引起被调查者的兴趣。例如，“新蕾杂志读者调查表”“力士沐浴露使用情况调查”等，不能只采用“问卷调查”这样笼统的标题。

（2）问候语。问候语是为了引起被调查者的重视，打消他们不必要的顾虑，使他们积极主动地配合调查工作。问候语要礼貌诚恳，措辞要准确得体，简要交代调查者的身份及保密事项，在结尾处对被调查者的参与配合表示感谢。

例6-1

“公民社会公德意识问卷”中的问候语

________女士/小姐/先生：

您好！我们是××市场调查公司的调查人员。我们正在进行一项关于公民社会公德意识方面的调查，目的是要了解人们对当前公民社会公德意识的看法和意见，您的回答无所谓对错，只要真实地反映了您的看法就达到了本次调查的目的。同时，我们对您的回答完全保密，希望您能积极参与。调查要耽搁您一些时间，请您谅解。谢谢您的支持和合作！

资料来源：http://www.tobaccochina.com/management/industry/management/20039/200393000_193573.shtml.

（3）填写说明。用文字说明问卷的填写方法，规范填写方式，帮助被调查者对问卷进行回答。这部分内容包括填写问卷的要求、调查项目的含义、调查时间和被调查者应注意的事项以及问卷返回调查人员手中的方式等。填写说明可以集中放在问卷的前面，也可像考试题一样分散放在各有关问题的前面。对于自填式问卷，填写说明一定要详细清楚，格式位置要醒目，否则即使被调查者理解了题意，也有可能填写错误，导致偏差或误差。

例6-2

“××化妆品使用前后调查问卷”的填表说明

（1）本调查分使用前问卷与使用后问卷，使用前问卷请务必在××化妆品使用前填写，使用后问卷请在××化妆品使用后再填写，问题中遇到“□”，请您在认为最合适的地方打钩，若遇到“________”，请在上面写出您的意见。

（2）试用品请务必连续使用一周以上。

（3）调查问卷请于________月________日以前填完交回。

（4）问卷编号。对问卷进行编号是为了方便后续处理，如检查错误、归类整理、进行统计处理和分析等。

2. 甄别部分

甄别即过滤，这部分是对被调查者进行甄别，筛选掉不符合要求的被调查者或者不必要问的部分，然后针对特定的被调查者进行调查。甄别条件包括常规甄别条件和特殊甄别条件。常规甄别条件是指所有项目都必须有的甄别条件。一般来说有七类人是不能作为调查对象的：

- 在有关媒介机构（广告公司、营销调研公司、报社、杂志社、电台、电视台）工作的人，避免行业内的专业知识影响调查结果，避免保密信息的泄露；
- 在与研究项目有关的专业机构工作的人；
- 在一定时期内接受过类似调查的人，避免上一次的调查影响本次调查的结果；
- 曾听说过同样调查的人；
- 非本地居民/非家庭常住户；
- 间接的被调查者，会由于信息传递而导致访问偏差；
- 因身体有残疾而不适合作为被调查者的人。

特殊甄别条件是某项目特殊需要的甄别条件，比如年龄、是否购买过某产品等。

3. 主体部分

主体部分包括各种问题和答案，是调查问卷中最重要的部分。所有要调查的相关内容都可以转化为经过精心设计的问题和答案，在问卷中按逻辑顺序排列。主体部分设计的好坏，直接影响整个调查项目任务的完成和目标的实现。调查问卷主体部分问题的类别见表 6－2。

表 6－2 调查问卷主体部分问题的类别

类别	含义
事实性问题	对被调查者个人的实际情况的调查
行为性问题	对被调查者的行为特征或被调查者了解的其他人行为的调查
动机性问题	对被调查者本人的某种行为动机或由此反映出来的其他人的行为动机的调查
态度性问题	对被调查者对某一问题或事物的态度、意见、感觉和偏好等的调查

4. 背景资料部分

背景资料通常放在主体部分之后。被调查者往往对这部分问题比较敏感，因为涉及隐私，如年龄、受教育程度、职业、收入等。但是这些问题与研究目的密切相关，必不可少。背景资料可根据调查主题的不同设计不同的内容。

背景资料体现了三个方面的目的。首先，背景资料提供的数据能检查有代表性的样本，从而对总体提供粗略的描述。其次，通过小样本的分析，可以得出具有不同特点的小样本在回答问题上的差异，如不同年龄、不同受教育程度的被调查者对同一问题的反应。最后，可以获得识别调查对象的资料，例如，被调查者的住址和电话号码等。

例6-3

某电视台收视率调查的背景资料

请在符合您情况的选项中画√：

性别：□男 □女

年龄：□20岁及以下 □21～30岁 □31～40岁 □41～50岁 □51岁及以上

职业：□行政管理 □经济管理 □技术行业 □服务行业 □学生 □其他

家庭人口数：□1人 □2人 □3人 □4人及以上

住址：________省________市（县）________区（乡）________街（村）

---

5. 结束语

结束语放在问卷的最后，可以是几句简短的对被调查者表示感谢的话，也可稍长一些，设置一些开放式问题，询问被调查者的意见或感受，为以后的调查工作提供更好的建议。结束语部分必须填好调查者的姓名或编号、访问日期、时间、对被调查者回答的评价等。

一份正式调查问卷的开头部分、主体部分、背景资料部分，在结构上要合理，主体部分应占整个问卷的2/3或4/5，开头部分和背景资料部分只占很小的比例即可。

三、问卷拟定的原则和程序

在营销调研中，调查内容包括各个方面，每个调查项目都有各自的特点，相对应的问卷拟定也要有各自的侧重点。但多数问卷拟定的原则和程序是相同的。

（一）问卷拟定的原则

拟定一份有效、高质量的问卷，要将所要调查的问题明确地向被调查者展示，以获得真实、准确的答案，同时还要使被调查者乐于回答。问卷拟定要求在一定的成本下获取误差最小的有效数据，为此，问卷拟定必须遵循一定的原则。

1. 目的性原则

问卷设计出来，一定要达到某种预期的效果。为了获得准确有用的信息资料，问卷中所有问题都要围绕调查主题设计。这是问卷拟定最重要的原则。这就要求在问卷拟定时重点突出，避免可有可无的问题。

2. 可接受性原则

问卷最终会到达被调查者手中，要想获得被调查者的合作，一个重要的方面是，问卷对他们而言要易于接受。设计者在设计问卷时要全面充分地考虑被调查者的感受，要结合专业知识和一定的艺术技巧以及心理学知识。最好在问卷说明中将调查目的明确告诉被调查者，使其了解调查项目的意义，并认识到其回答对整个调查结果的重要性。应使用简洁易懂的语句，便于被调查者理解。尽量避免列入可能令被调查者难堪或反感的问题。

3. 顺序性原则

问卷拟定讲究顺序恰当，条理清楚，利于被调查者作答，提高问卷调查的效率。一般地，容易回答的问题放在问卷的前面，较难回答的问题放在问卷的中间，敏感性问题放在问卷的最后，个人的背景资料则放在问卷的末尾。问题之间按逻辑顺序排列，还可按时间顺序、类别顺序合理排列。

4. 简明性原则

问句要尽量短而明确，少用长而复杂的语句。问句太长的话，被调查者容易烦躁反感，且不易抓住问题的重点。问卷设计的内容也要简明准确，不要列入没有意义或者无关紧要的问题，同一问题绝不能重复出现，要以最少的问题获得最完整的必要的信息资料。调查时间要短，问题和整个问卷都不宜过长，否则会招致被调查者的反感。

5. 匹配性原则

匹配性原则是指问卷的整个形式要与整体目的一致。各个问题之间、各数据之间都要相互匹配，不能出现与整体不相符的地方，更不能出现相互矛盾的情况。

（二） 问卷拟定的程序

在问卷拟定过程中，每一个步骤都要注意细节，否则就会产生误差。问卷拟定的程序总体上可以分为四个阶段：准备阶段、初步设计阶段、测试与修改阶段、完成付印阶段。

1. 准备阶段

这一阶段要根据调查问卷的需要，确定调查主题和调查项目，列出调查所需的所有资料，确定主要资料、次要资料、必备资料。确定调查方式及方法，将可要可不要的资料排除，收集必备资料，初步分析被调查者的各种特征，如社会特征、文化特征、心理特征等，以此作为拟定问卷的基础。确定调查结果的整理、统计和分析方法。

2. 初步设计阶段

在准备阶段的基础上，根据收集来的初步资料，按照问卷拟定的原则设计问卷初稿。这一阶段主要确定问卷的结构，设计问题与答案，并按照调查目标主次进行排序，最后整理问卷的版面形式。需要注意的是，在初步设计阶段，要确定每项资料采用的提问方式，尽可能详细列出各种问题，考虑这些问题是否有必要，能否得到答案，然后对这些问题进行检查、筛选、编排。另外，还要考虑问卷是否需要向被调查者说明调查目的、要求和注意事项等。设计者在进行问卷初步设计时，要仔细研究，反复推敲。

3. 测试与修改阶段

一般来说，设计出来的问卷都会存在一些问题。初步设计出来的问卷，有必要在小范围内进行测试。这样可以检查问卷初稿中存在的问题，如语句不通顺，问题和选项的多余或遗漏，问题的顺序安排不合理，被调查者回答的时间过长，被调查者不愿意回答和不能够回答所有问题等。发现问题，应做必要的修改，使问卷更加完善。可以在对第一次测试结果进行审定后再进行多次测试。

4. 完成付印阶段

前面三个阶段的工作完成以后，就可以将最后定稿的问卷按照调查工作的需要打印，制成正式问卷。

问卷拟定的程序如图6-1所示。

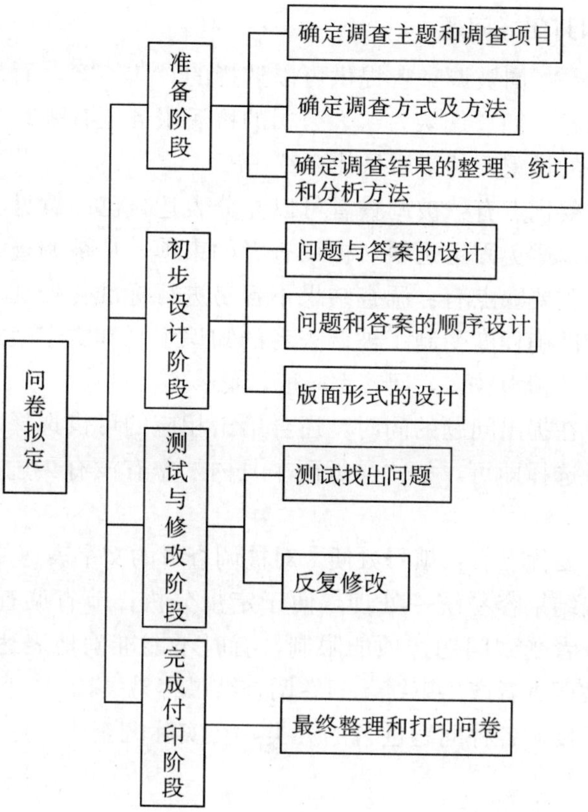

图6-1　问卷拟定的程序

四、问卷的问题设计技巧

（一）问题的类型和询问方式

在设计问卷时，要对所有问题有一个全面清楚的了解，并能够根据调查目的和具体情况灵活选择适合的询问方式。

1. 直接性问题、间接性问题和假设性问题

直接性问题是指通过直接的提问方式就可以得到答案的问题，通常会给被调查者一个明确的范围，如“您的性别：男/女”“您现在用的牙膏是什么牌子?”这类问题可以获得明确的答案，易于统计分析。

间接性问题是指那些不方便、不宜直接回答的问题。问卷调查中常常会遇到这样的情况，被调查者有时会对所需回答的问题产生顾虑，他们不敢或者不愿意真实地表达意见，这时，若采用间接性问题，让被调查者对已有意见进行评价，就能很好地消除这些障碍，使被调查者能把自己的意见不加掩饰地表达出来。

假设性问题是指通过假设某一情景或者某种现象向被调查者提出的问题。例如："假设您有朋友要举办一场婚礼，您会不会向他/她推荐××婚庆公司？"

2. 开放式问题和封闭式问题

开放式问题是指并不向被调查者提供可以选择的具体答案，而是由被调查者根据自身情况自由作答的问题，如"您认为××公司的售后服务还有哪些方面需要改进？""您觉得大学生应该具备的最重要的素质是什么？"等。

开放式问题的主要优点有：被调查者可以充分表达自己的意见和看法；能够调动被调查者的积极性；可以避免固定选项对被调查者的束缚；从被调查者的回答中可以检查其是否误解了问题。主要缺点有：调查结果不容易进行标准化处理，不能深入进行定量分析；调查的质量和准确程度受制于被调查者的知识水平和文字表达能力；被调查者在回答问题时花费时间和精力较多，回答率一般较低。

封闭式问题是指在提出问题的同时，还会给出相应的可供选择的选项，被调查者只要根据实际情况进行选择即可，如"最近两个月内，您有没有买过某品牌产品？□有 □没有"。

封闭式问题的主要优点有：填写方便，对被调查者的文字表达能力没有特别的要求；标准化程度高，调查结果容易统一处理，便于定量分析；节省调查时间，回答率较高。主要缺点有：被调查者受到问题选项的限制，有时不能准确地表达自己的意见和看法；给出的选项可能对被调查者产生束缚，问卷调查结果容易失真。

以上是从不同角度对各种问题进行的分类，在实际调查中，这几种类型的问题常常结合使用。

（二）问题的答案设计

无论哪种类型的问题，都需要事先对问题的答案进行设计，不同的情况可以采用不同的答案设计形式。

1. 二项选择法

二项选择法又称真伪法或者二分法，是指问题仅有两个答案可以选择，"有"或"无"，"是"或"否"，两个答案一定是对立的、互斥的，被调查者只能二选一，没有其他选择。这种方法便于理解，能让被调查者迅速作出回答，便于统计处理和分析，但被调查者不能进一步表达意见和看法，因而这种方法调查了解的情况不够深入，只适用于询问较为简单的事实性问题，如"您上周是否打过长途电话？□是 □否"。

2. 多项式选择法

多项式选择法是指对所提出的问题给出两个以上的答案，被调查者可以从中选择一个或者多个。答案的设计不一定完全考虑被调查者所有的看法，因此一般选项的最后会设一个“其他”项，让被调查者表达自己的看法。这种方法的优势在于答案有一定的范围，没有二项选择法的强制和限制，且易于统计处理。但是，设计者在设计答案选项时，可能出现重复或者遗漏。被调查者常常偏向于选择第一个选项，使调查结果发生偏差。另外，选项太多，容易使被调查者厌烦。

3. 顺位法

顺位法是指列出若干项目，由被调查者根据自己对事物的认知程度对答案选项进行排序。可能是对全部答案进行排序，也可能只对其中一部分答案进行排序。顺位法便于被调查者对其意见、动机、感觉等做衡量和比较性的表达，也便于对结果进行统计。若调查项目过多，则容易分散被调查者的注意力，此时不适合使用顺位法。

您在购买此种牌子的汽车时，考虑的因素：

A. 价格合理　　B. 品牌知名度高　　C. 质量好　　D. 售后服务好

E. 外形美观　　F. 维修方便　　G. 安全　　H. 经济省油

按最重要到最不重要排序：________

4. 过滤法

过滤法又称漏斗法，是指为了避免访问某些不符合调查要求的被调查者，在问题前设置一个过滤问题，将被调查者进行分类，分别进行访问以得到想要的信息。

①您在××超市购物吗？□是　□否

（回答“是”的继续回答问题②，回答“否”的跳到问题③）

②您常去的是哪个分店？________

③您听说过××超市吗？________

（三）问题语句的组织原则

问题是问卷的核心，是获取数据和调查所需信息的纽带，因此，设计者必须重视问题语句的组织对最后所得数据结果的影响，在组织问题语句时必须考虑以下几个原则。

1. 避免复杂，用词简单、清晰

问卷中使用的词必须是被调查者能够准确理解的，尽量不要用专业名词或者晦涩的词，以确保问卷易于理解。此外，使用的词必须意思明确，不能产生歧义，不能用语义含糊的词。

例6-4

一家汽车企业的问卷问题设计

汽车企业需要及时准确地了解消费者对上市车型的评价及需求，此时可以采用问卷调研。问卷的问题设计应避免指标描述过于专业不易理解、打分标准不一致、数据效度低等问题。为了缩减成本且高效完成调研，在问卷设计上进行优化是重中之重。在问卷设计过程中，要收集并使用消费者常常评价的语句以及关键词，以引起共鸣，从而获得消费者准确有效的综合评价。

问卷原问题：

1. 您对××产品的内饰设计是否满意（请您用1～10分打分）？

2. 您对××产品的内饰设计如何评价（请您用1～10分打分）？

此时的“内饰设计”可能需要用户首先理解后才能根据自己的感受来打分，并且每个消费者的打分标准也不一致，导致样本的有效性降低。针对这个问题，应直接给出形容内饰的关键词语组合，这样才容易获得最接近消费者真实想法的回答。

修改后的问卷问题：

1. 您对××产品的内饰设计感觉如何？请从以下选项选择。

A. 内饰豪华精致　　B. 内饰平凡普通　　C. 内饰古老单调

2. 您觉得××产品的内饰设计是否足够豪华精致？请从以下选项选择。

A. 豪华又精致　　B. 豪华但不够精致

C. 精致但不够豪华　　D. 既不豪华也不精致

优化后的问卷问题既可以使消费者容易理解，又大大减少了无效样本数量。问题的题干和选项使用消费者常用的词语与表达形式可以更加准确地获得消费者对产品的真实态度。

资料来源：杨靖，张帆，贺畅，等．基于NLP文本分析和因子分析模型的调研问卷优化．现代商业，2021（8）：99-104.

---

2. 避免诱导性和有偏见的问题

诱导性的问题往往向被调查者暗示了一个特定的答案，或者强烈地建议被调查者在某一问题上应该采取什么立场。有偏见的问题通常带有感情上的偏见，暗示了一种赞成或不赞成的期望。这类问题都会导致调查结果产生测量误差。例如：

- 大多数人都认为广告使得商品的价格提高了，您认为呢？________
- 您通常如何支配业余时间，是看电视还是做些别的？________
- 很多人由于改进后的免烫衣物的出现而越来越少使用干洗设施。您认为过去四年里免烫衣物对你使用干洗设施造成影响了吗？

□使用得更少　　□没有变化　　□使用得更多

3. 避免否定式问题

采用否定式的问题，语气上带有诱导性，语意上不易直接快速理解。被调查者在回答这类问题时，往往会试图猜测问题背后的目的，这样就容易扭曲被调查者的回答。

4. 避免不清晰的假设

设计问题时，不要让被调查者的回答依赖于不清晰的假设。在被调查者对所假设的事物没有清楚认知的情况下，不同的被调查者会自行做不同的假设，这样调查就得不到准确有用的信息。例如：

如果在儿童麦片中减少糖的含量，您会购买这种儿童麦片吗？

这个问题的假设并不清晰，因为它没有告诉被调查者，减少糖的含量后到底会产生什么结果，是好还是坏。不同的被调查者在回答这个问题时，依据的假设标准就不一样，最后的结果必定会跟实际情况有很大偏差。

5. 避免根据估计来回答的问题

若让被调查者根据估计和推测来回答问题，得到的结果往往是偏离真实情况的。比如“您平均每月在绿色食品上的花费是多少”，被调查者在回答这个问题时，肯定不能给出一个准确的数据，这样的问题就不能达到调查的目的。调查人员在编写关于过去行为或事件的问题时，应该尽量减少被调查者的记忆负担，不用大概、大约等词。

6. 避免双重问题

双重问题就是一个问题中实际上包含两个方面的问题。当一个问题中包含了多个问题时，就可能使结果难以解释。例如：

您认为旅馆提供的服务好且高效吗？□是　　□否

服务好吗？服务高效吗？两个问题合成一个问题，会造成记录和分析答案时模糊不清。

第2节　问卷的预编码

问卷收回后，需要对每个问题的答案进行整理、汇总及分析。为了充分利用问卷中的调查数据，提高问卷的录入效率及分析效果，需要对问卷中的数据进行科学的编码。问卷编码工作是问卷调查中不可缺少的流程，也成为数据整理汇总阶段重要而基本的环节。

一、编码的概念、作用和分类

（一）编码的概念

编码就是对问卷的问题和答案给出一个电脑能够识别的统一的数字代码的过程。

在同一道题目中，每个编码仅代表一个观点，将其以数字形式输入电脑，将不能直接统计计算的文字转变成可直接计算的数字，将大量文字信息压缩成一份数据报告，使信息更清晰和直观，以便对数据进行分组和后期分析。编码是信息转换的重要手段之一，一般采用数字代码系统。

（二）编码的作用

首先，编码减少了数据录入和分析的工作量，节省了费用和时间，提高了工作效率。编码把文字等复杂信息转化成简单的数字，录入简单，且方便利用计算机快速地进行分析。

其次，编码是实现计算机处理的桥梁。它将定性数据转化为定量数据，把整个问卷的信息转化为标准的数据库，进而可以利用统计软件，采用统计分析方法进行定量分析。

最后，编码可以减少误差。定量数据操作简单，且不易丢失重要信息。在编码过程中，利用编码修正回答误差，替代缺失值，能减少调查误差。

（三）编码的分类

（1）根据问卷结构的不同，可分为结构式问卷编码和非结构式问卷编码。

（2）根据问卷中问题类型的不同，可分为封闭式问题编码、开放式问题编码、半开放半封闭式问题编码。

（3）根据编码设计的时间和方法的不同，可分为事前编码和事后编码。

事前编码即预编码，主要针对答案类别事先已知的问题，在问卷设计的同时设计编码表。如在封闭式问题中，研究者通常可以事先决定所要分析的答案范围及如何区隔问题的答案，并将这些研究所需的答案分配号码印在问卷上。这种编码设计简单易行，但有可能由于问卷选项的设计缺少重要选项，或者设置多余选项，从而影响数据质量。

事后编码主要针对那些答案类别无法确定的问题，如文字型的开放式问题，要在数据收集完成之后，根据被调查者的回答设计出编码表，这种编码表的分类相对准确有效，但比较复杂，需要耗费大量的时间和精力。事后编码的详细内容将在第 10 章介绍。

二、问卷预编码的设计方法

在调查问卷开始拟定时，预编码设计工作就已经开始了。预编码要求事先已知问题的答案类别，主要应用于结构式问卷中的封闭式问题和数字型开放式问题中。

（一）封闭式问题的编码设计方法

封闭式问题的答案范围研究者事先是知道的，设计者在设计问题时可以列出所有答案，并用英文字母或者阿拉伯数字进行编号，被调查者回答问题时只要选择相应的编号就可以了。封闭式问题又包括单选题、多选题及排序题，这三种题型的编码各不相同。

1. 单选题编码

单选题的答案只有一个，编码设计中只占一位。设计问卷时，在问题后统一位置留出相应的位数用于编码，位置的编排应该统一醒目。若某项目没有回答，应编上专门表示没有回答的码，不能漏码，也不能与其他答案编码重复。

● 您最喜欢的燕麦品牌是什么？（请在选项前的□里画√）

□ 品牌 A………………1

□ 品牌 B………………2

□ 品牌 C………………3

□ 其他…………………4

● 请问您的婚姻状况是怎样的？

□（01）未婚

□（02）已婚

□（03）离婚

□（04）分居

□（05）丧偶（寡居）

□（06）同居

□（98）拒答

上一题中的数字1，2，3，4和本题中的01，02，…，06，98都是答案的编码。

2. 多选题编码

多选题的选项数不确定，适合采用多选二分法进行编码，即每个选项分别有0和1两种选择，选中的为1，未选的为0。在多项选择中，编码可以由0和选项序号组成，即选中的码值为答案的序号，没选中的那一项的码值由0代表。

（1）对于没有“其他”选项的封闭式多选题，编码的位数即是选项个数，未选的码值为0，选中的码值为选项的序号。

（2）对于有“其他”选项的多选题，“其他”选项放在所有选项的最后，供读者填写，未选择“其他”选项的留空即可。

● 您认为一名优秀的大学生应具备的最重要的三项素质是：________（选3项）

□1. 学习成绩好

□2. 思想品德好

□3. 交际能力强

□4. 动手能力强

□5. 心理素质好

□6. 有创新能力

□7. 专业基础扎实

若选择1，2，3，答案编码为1230000

若选择3，4，5，答案编码为0034500

3. 排序题编码

排序题要求被调查者选出最重要的几项，并按照重要程度排序，编码操作与多选题类似。排序题也有两种形式：一种形式是对所有选项进行排序，这种情况下，编码所占的位数为全部选项的数目，最后的编码即为选项序号的排列；另一种形式是从所有选项中选出几项进行排序，这种情况下，编码所占的位数为所选选项的数目，按序号排列。

● 请您根据信任程度由高到低对下列广告排序：________________

□1. 电视广告

□2. 报纸广告

□3. 广播广告

□4. 杂志广告

□5. 路牌广告

答案编码可以为12345，52341，31254，……

若上述问题改为，选择其中三项进行排序，则答案编码可以为123，253，452，……

（二）数字型开放式问题的编码设计方法

对于直接回答数字的问题，编码可直接用该数字表示。例如，在询问被调查者的具体年龄时，若要求调查对象为18～40岁之间，则年龄问题的答案编码取值范围也在18～40之间。

对数字型问题设计编码时，可以根据取值范围，核对该问题的回答有无明显错误，是否合乎逻辑。另外，要根据问卷的填写要求，统一规定答案编码的格式，便于对数据进行对比分析。

（三）品牌表的编码设计

品牌表是记录产品品牌的统计表。它是一种编码表，在涉及有关产品品牌的问题时有助于被调查者回答及调查人员提问和记录。品牌表中给出所有可能答案选项的代码，调查人员可以直接编码。

● 请列举您最喜爱的三个香水品牌：__________________（编码表如下）

品牌	编码
香奈儿	01
兰蔻	02
雅诗兰黛	03
迪奥	04
伊丽莎白·雅顿	05
⋮	⋮

三、问卷编码的原则

编码工作有相同的原则，从这些原则可以看出编码做得好坏，也可以看出问卷设计是否科学合理。

1. 编码的统一性和标准化

无论是封闭式问题还是半开放式问题，若存在几个问题选项或答案内容相同、相近的情况，可以将这几道题采用统一的编码表。这样做既易于控制编码，又能给后期的数据处理分析带来方便。在满足分析目的的前提下，编码设计应尽量标准化。

2. 编码的合理性

编码应充分反映调查项目之间的内在逻辑联系，还要遵循数字的使用规则，如能用自然数绝不用小数，能用正数绝不用负数，能用绝对值小的整数绝不用绝对值大的整数。

3. 编码的广泛性和概括性

最终的编码表应当全面涵盖问题设计时所要收集的各个方面的信息，要使得每个答案都可以在最终的编码表上找到对应条目。在确定最终的编码表时，可以通过经验判断编码表是否包含了各个角度的回答。

4. 编码的唯一性和排斥性

不同的编码值不能表示相同的内容或重叠交叉的内容。每个答案只能有唯一的编码条目与之对应，不应出现同一个答案对应两个或以上编码条目的情况。

5. 编码的维护性

对于确定的编码表，在正式开展调查前应在小范围内对编码表进行测试，以便修正，并使编码人员充分理解编码表。在设计阶段很可能没有考虑周全，或者调查中会有其他情况发生，在实际操作中要及时修改编码表，在设计编码表时应留有余地。

6. 严格界定回答问题的角度

对于同一个问题，不同的人可能从不同的方面或角度考虑，每一个方面又会有多种观点和事实。如对于“您现在的职业是什么”这个问题，有可能得到所属行业的回答，如农业、制造业、商业等，还有可能得到关于职业的回答，如农民、工人、商人等。如果这些答案都出现在同一道问题中，会给编码工作造成麻烦。在这种情况下，编码就不能满足唯一性的要求。此类问题是编码人员无法解决的，要避免这种情况的出现，应尽量在正式问卷确定之前根据调查目的调整提问方式。如果调查目的是了解一个问题的多个方面的属性，可以将一个问题分为多个问题。

第 3 节　计算机辅助问卷设计

随着计算机网络在人们日常生活中的普及，通过计算机网络进行大范围高密度的问卷调查成为可能，以个人计算机为基础的问卷设计在调研活动中得到了广泛使用，已经成为一个新的发展领域。

调查者通过计算机辅助问卷设计软件来设计和传播问卷，有时还能回收和分析数据。一些公司正着手开发计算机软件进行问卷的文字处理到最终定稿等一系列工作。利用计算机设计程序，可以预先设计问题的格式，确定针对所有问题的态度度量并进行成对的比较。

一、 计算机辅助问卷设计系统的功能

大多数专用的个人计算机软件能够与统计软件如 SPSS 进行交互。调查者通过软件将问卷上传到互联网，被调查者就可以在网上答题了，数据随后就可以传回并进行分析。

计算机辅助问卷设计系统有几个突出的优点：它比传统的文字处理软件更方便、快捷和友好，且功能强大。除了简化问卷设计过程外，许多软件可以将问卷传到互联网上，被调查者在网上答题，这些软件程序可以通过自带的数据分析程序自动检索调查结果，也可以将原始数据输入其他软件如 SPSS 做进一步的数据分析。

计算机辅助问卷设计系统具有三个典型的功能：创建调查、创建数据文件、分析数据和提供报告。

（一）创建调查

在典型的问卷设计程序中，设计者通常要考虑问题的形式、回答的种类、是否可选择多个答案、是否可以运用跳转模式、如何编码等。创建调查功能有时表现为菜单形式，或就问卷各部分的提问形式询问设计者的意见。

“网络调查者”是专门设计用来创建和管理网络调研的营销调研发起载体或平台，当被调查者同意时，可以建立数据文件来记录答案，当调查问卷传到网上时，“网络调查者”的主机会自动开始建立数据文件。如果被调查者更改答案，数据库也会随之更改数据；如果调查数据已经被记录，调查者还可以选择是否保留以前的结果；当调查正在进行时，如果有新的选项或者其他要素需要加到问卷中，可以使用“网络调查者”更改和重新上传。

（1）问题列表。使用者设计问题，问题形式可以选择封闭式、开放式或者量表式。设计者可以在“网络调查者”的问题类型菜单中选择问题形式。点击“选择”键，就从列表中选择了这种结构。

（2）题库。“网络调查者”包含了一个用大量问题构成的题库，可以从中选择已有的问题，也可以将原来使用的问题存入题库。

（3）细节。可以定义调查的标题、介绍部分（包括调查说明）、结尾部分。

（4）调查界面。可以从界面模板库中选择背景颜色和调查的图形界面，也可以创建自己的调查模板来适应调查站点的设计风格。

（5）预览。调查者可以使用“网络调查者”在设计问卷的过程中预览问卷，检查、修正问题内容和背景设计。

（6）上传。当调查问卷制作完成后，点击“上传”，程序将创建 HTML 格式文件，并将其传到网页上，建立数据库，收集调查结果。

（7）发送通知。“网络调查者”的发送电子邮件软件功能是一种创建跟踪电子邮件调查邀请的工具。

（二）创建数据文件

当被调查者回答时，许多计算机辅助问卷设计程序可以创建数据文件。在一些软件中，进行电话调查时，可以创建 CATI 数据文件记录调查结果；在另一些软件中，可以简化传统的数据录入模式，或允许调研人员方便地查阅问卷。

“网络调查者”的数据汇总过程很简单，每一个被调查者完成问卷并点击“提交”后，经过编码的数据被传给网站。调查进行时，调查者可以随时下载数据，分析实时效果。

（三）分析数据和提供报告

大多数问卷设计软件兼有分析数据、制作图表及提供最终报告的功能。有些软件有简单的制表功能，有些软件有数据分析功能。

“网络调查者”可以将每一个问题的答案制作成图表，使用者可以将图表直接输入 Word、PowerPoint 和其他软件来创建结果报告。“网络调查者”也有一些特殊的功能，包括根据特殊的答案筛选结果，根据不同的问题交叉制表，在“原始数据”窗口中编辑原始数据。

二、计算机辅助问卷设计的过程

（一）设计问卷问题

这一阶段与一般的问卷问题设计没有多大差异。需要注意的是，利用计算机技术辅助设计问卷时，提问的方式要简单易懂，对专业名词可以给出简单的示例以帮助被调查者理解问题的含义。

（二）设计数据库

设计数据库是指将设计问卷中形成的问题系列，按照数据库的设计要求，形成存储在计算机数据库系统中的问题结构的过程。这一阶段主要完成的工作有：问题编码，问题表结构设计，答案表设计，数据规则设计，数据视图、过程、触发器设计，数据接口设计等。设计数据库过程中主要考虑的问题有：数据完整性、有效性，数据冗余处理，数据库存储空间，数据库访问速度，数据复用性，数据转换等。

（三）设计网络问卷整体布局

这一阶段要通过计算机程序的设计、编码和测试，将第一阶段设计好的所有问题结构通过网页页面形式呈现出来，主要进行客户端界面设计和后台处理程序设计。

客户端界面设计是指针对数据库中存储的问题结构，将问卷设计过程中形成的问卷表现形式再现为网页形式的过程。客户端界面设计要注意的问题有：界面的易用性和功能的完整性，数据合法性、完整性、有效性的初步验证，问题表现形式的合理性等。后台处理程序设计是指针对数据结构，被调查者回答数据的安全性、合法性、有效性、完整性的检验和存储，以及对不同的数据查询、管理请求进行操作的计算机程序集合的设计过程。

（四）测试和试调查

测试是指对问卷的客户端界面程序和后台处理程序的测试、修改和完善的过程，包括对功能、实用性和易用性的测试和修改。试调查主要是指对经过测试后的客户端界面程序和后台处理程序在较大范围的测试和完善。测试和试调查阶段要注意的主要问题有：数据接口、数据处理和处理流程、操作流程等设计的合理性和人性化。

三、计算机辅助问卷设计的优点

（一）设计便利，节省时间

这种问卷设计很方便。有多种样题题型供设计者选择，也可以自定义设计，方便省事。每个被调查者完成一份问卷后，数据的统计结果可以立即用图表显示出来，图表的类型丰富，常见的有饼图、柱状图、折线图等。统计结果还可以下载，使分析更容易。

（二）外观生动，有吸引力

利用计算机技术辅助设计的问卷表现形式丰富，设计人员可以给问卷加背景，修改文字颜色，还可以加入音乐、视频、动画，使受访者在回答问题时有足够的好奇心、耐心，最终完成问卷的填写。

（三）更人性化

在对开放式问题进行设计时，利用计算机技术可设置开放式对话框，并设计成在线文本框或者滚动式文本框，可以让被调查者自由发挥作答而不受版面的影响。另外，还可以设置弹出式对话框向被调查者作诸如隐私声明的提示。最后，还可以在问卷的结尾一页放置给用户的感谢信，这样在被调查者点击“提交”按钮时，就会有一个简短的致谢信出现在屏幕上。

在国际调研界，问卷设计频频使用计算机辅助技术，一些公司专门着手开发计算机软件，把问卷从文字处理到最终定稿都交给程序来完成。

类似的有特殊功能的计算机软件还可用于统计分析，计算机不但在快捷生成问卷方面具有重要的意义，在后续处理方面也具有特殊的优势。设计问句、确定问卷结构和进行问卷的预测试，这些问卷设计过程中标准化程度较高的工作可以让计算机程序来执行，调查者可以从烦琐的工作中解脱出来，完成更具有决定意义的决策工作。是人设计还是软件设计，使用何种软件设计，将会随着技术的发展形成更为合理的分工。

要说明的是，从设计思维到对设计结果的评估和改善，人是任何一种智能软件都无法代替的。

第 4 节　问卷的预测试

问卷的初稿设计完成时，通常存在很多问题，如题目之间相互矛盾、重复，语句意思含糊不清，问卷太长等，必须通过预测试找出需要改进的地方。

一、问卷预测试的概念和作用

问卷预测试就是在问卷正式使用之前进行测试，以发现问卷中的错误或者不足之处。

问卷预测试可能以标准被调查者为对象，也可能以那些对调查问卷的作答感到有极大困难的被调查者为对象。

问卷预测试的主要目的是发现调查问卷中遗留的问题。另外，问卷预测试也可以用来测试采访的时间，测试出来的时间信息可以当作制定预算的依据。也就是说，它可能向调查人员暗示调查问卷需要缩短以满足采访预算。最后，问卷预测试还可以用来识别没有用的问题。问卷中可能存在这样的问题，几乎所有被调查者对这个问题的答案都是相同的，这种问题不能区分被调查者的意见和看法，是没有实际意义的。

问卷预测试的结果应当用来修改调查问卷，如果调查问卷做了较多的修改，就有必要再进行一次预测试。

二、 问卷预测试的方法

问卷预测试的具体方法包括非正式测试、试点调查测试、认知测试、焦点座谈及分裂样本测试。

（一） 非正式测试

非正式测试可以是对整份问卷的测试，也可以是仅对部分问题的测试，其样本量一般为 20～100 个。当测试的主要目的是发现问卷的措辞或者问题设计方面的问题时，所需的样本可以少一些。若测试的目的是从被调查者的回答结果中确定最终答案的选项，则需要较多的样本。

非正式测试并不与被调查者进行讨论，被调查者只管完成问卷的填写，从而真实反映数据收集过程中可能发生的情况。非正式测试没有进行深入的调查，仅能发现问卷可能存在的问题，不能解释原因以及如何纠正。

（二） 试点调查测试

为了观察包括问卷管理在内的调查过程的各个阶段，需要进行试点调查测试。试点调查测试是对正式调查的一次预演，是从头到尾进行一次小规模的调查演习，包括数据处理和分析。试点调查测试使调查人员能够了解问卷在调查的其他阶段（如数据收集、处理、审核、插补、估计及数据分析等）的实际情况。

（三） 认知测试

认知测试是为了研究被调查者回答问题的过程而设计的，有助于评估问题的有效性，并识别计量误差的潜在来源。认知测试包括以下几种：

1. 及时性的认知访谈

及时性的认知访谈要求被调查者在回答问题时边想边说，一边思索，一边自言自语地说出他的感受，对每个问题都进行评论，并解释是如何选择最终答案的。这种方法着重了解被调查者在接触调查问卷时对每个问题瞬间的即时反应和认知评价。

2. 回顾性的认知访谈

回顾性的认知访谈是在被调查者完成问卷后进行的。调查者可以要求被调查者解释自己的思考过程，包括怎样选择及为什么选择这些答案，对给出的这些答案的信心如何，也包括被调查者怎样理解有关术语和概念。通过这种回顾性的认知访谈，调查者可以深入了解被调查者在回答问题背后的思考过程，了解调查问卷潜在的深层次问题。

3. 观察被调查者

在一个特定的调查环境中，认知测试还提供了观察被调查者回答问题时思考过程的途径，包括观察被调查者完成问卷的情况。通过观察，可以得知被调查者完成问卷时的行为信息，如被调查者答题的顺序、对回答所作的修改或更正、完成问卷各部分所需的时间等。

（四）焦点座谈

焦点座谈是指从所研究总体中选出若干个体对所选主题进行非正式讨论。焦点座谈使被调查者或数据用户的观点有机会被纳入问卷设计过程。在测试问卷时，焦点座谈可用来评估被调查者对问题和指南中所用语言和措辞的理解程度，并评估可供选择的问题的措辞和形式。焦点座谈通常以要求参与者阐述他们对问卷的总体评价开始，再讨论与问卷有关的特殊问题。座谈主持人可以对问卷的问题进行逐条审议，也可以集中于所关心的特定问题。

（五）分裂样本测试

当有两个或者两个以上版本的问卷初稿不知道怎么取舍时，可以进行分裂样本测试。分裂样本测试包括与数据收集过程相联系的样本试验设计。最简单的分裂样本测试是将总样本分成两部分，一部分使用问卷的一个版本，另一部分使用问卷的另一个版本。

分裂样本测试能比较一个或者多个问题，甚至可以比较整份问卷。除了比较不同的问题，分裂样本测试还能比较不同的数据收集方法，以确定哪一种方法更好。在分析样本之间的差异时，要求样本设计是随机的且保证有一定的样本量。

三、问卷预测试的注意事项

大多数问卷在进行实地操作之前，至少需要一次预测试和复查。在预测试时，应注意以下几点：

（1）问卷能否引起被调查者的兴趣。

（2）问卷问题的意思是否清晰明了。

（3）问题是否易于作答。

（4）各个问题之间是否存在逻辑关系，问题顺序是否正确。

（5）问卷问题分支路线的指示是否清晰。

（6）问卷的长度和布局是否合理。

一般而言，问卷应该按照最终调研所要采用的方法进行预测试，并且严格管理和执行，使预测试和被调查者最终所接受的调查具有相同的环境和内容。

预测试应由正式的调查人员负责，有经验的调查人员会探测被调查者感到困惑的领域，并且探测这一困惑的本质。调查人员要注意避免使用并不是所有被调查者都能理解的词汇，注意测试问题的顺序以及意料之外的困难。

预测试中的调查样本应和总体样本具有相似性且有一定的代表性。预测试中使用的样本大小视目标总体而定，目标总体的差异越大，所需的预测试样本越大。问卷的复杂程度越高，所需的预测试样本越大。

可以在预测试中使用开放式问题，以确定合适的题型，确定哪些问题可以在最终问卷中设计成多选题。然后必须进行新的预测试，来发现是否存在新的问题。如果新的预测试结果表明变化较小，问卷可定稿。

基本概念

问卷　　问卷基本结构　　问卷预编码　　问卷预测试

思考题

1. 设计问卷问题时有哪些技巧？
2. 问卷预编码有哪些设计方法？
3. 简述问卷预测试的作用。

案例分析

啤酒公司的调查问卷初稿

亲爱的女士、先生：

您好！

我是××市场调查公司的员工，我们正在进行有关啤酒市场的调查，可以占用您几分钟时间问您几个问题吗？您所提供的信息对我们这次调查的结果相当重要。

1. 您已经18岁了吗？（视情况提问）

是（　）　否（　）

2. 您喝酒吗？

是（　）　否（　）

3. 您喝什么酒？

白酒（　）　葡萄酒（　）　香槟（　）　啤酒（　）（到问题5）

其他（　）

4. 您喝啤酒吗？

是（　）　否（　）（询问结束）

5. 您认为啤酒适合在正式场合还是在非正式场合喝？

正式场合（　）　非正式场合（　）　两者都行（　）

6. 您多长时间喝一次啤酒？

天天喝（　）　一星期一次（　）　半个月一次（　）

一个月一次（　）　一年几次（　）

7. 您在什么场合喝啤酒？

日常进餐（　　）　特别节日（　　）　来客人时（　　）　周末假日（　　）
聚会（　　）　郊游（　　）　轻松愉快时（　　）　其他（　　）

8. 您知道酒类用多个小瓶组合包装出售吗？

是（　　）　否（　　）

9. 您认为将250ml的啤酒6瓶一组包装在一起销售好吗？

好主意（　　）　不好（　　）　无所谓（　　）

10. 为什么？

11. 您喝过××啤酒吗？

是（　　）　否（　　）

注：某啤酒公司现正准备改进啤酒包装，采用小瓶（250ml）6瓶一组的组合包装在市场上推出（出示照片）。

12. 如果组合包装中的单瓶价格不比单瓶装增加的话，您愿意购买这种包装的啤酒吗？

愿意（　　）（到问题14）　可能（　　）　不愿意（　　）　不知道（　　）

13. 为什么？

14. 您会在哪些场合使用这种小瓶装啤酒？

正常进餐（　　）　特别节日（　　）　小型聚会（　　）　周末（　　）
大型聚会（　　）　野餐（　　）　休息放松（　　）　体育运动后（　　）
其他（　　）

15. 您希望在哪类商店买到这种组合包装的啤酒？

食品商店（　　）　专门商店（　　）　百货公司（　　）　连锁超市（　　）
其他（　　）

16. 您觉得这种包装的啤酒应该与哪些酒类摆在一起？

白酒（　　）　香槟（　　）　葡萄酒（　　）
其他啤酒（　　）　饮料（　　）　其他（　　）

谢谢您的合作！

▶ 问题：

1. 此问卷初稿的设计是否符合研究目标？
2. 可否用其他问题来了解顾客的态度和购买意向，可用什么方法得到更有用的信息？
3. 对于问卷中的内容，还有哪些需要修改的地方？

第7章

制订抽样计划

学习目标

- 理解样本与抽样的基本概念。
- 掌握随机抽样和非随机抽样的方法。
- 掌握抽样设计的步骤。
- 了解样本规模的确定。

引例

A公司是四川成都一家管理和服务水平均为优秀的健康保健保险公司，为成都市民提供多种健康保险产品。今年是公司开展树立品牌形象活动的第二年，公司打算推出350万元的促销产品，在成都市用户中提高知名度，树立产品的正面形象。之所以实施这一策略，是因为公司发现，公司提供的多种多样的健康保险产品在市面上已越来越普遍，公司希望将来有越来越多的使用者能选择自己的产品。

在开展树立品牌形象活动的第一年，公司花费了300万元广告费树立公司形象和扩大产品的品牌知名度。为了解本次活动的成效，公司选择了100名顾客作为随机客户样本进行电话跟踪调查，并且在活动前后分别进行了预测试和事后测试。调查的目的是测定公司的知名度以及公司的形象。采用抽样调查的方式大大节省了公司的成本，同时获取了有效的反馈。

为制定相应的营销策略，营销调研需要对考察的整体对象的特征作出判断，但是由于人力、资金和时间等因素的限制，调查人员难以或不可能考察所有的相关对象，只能借助统计学中的抽样理论进行抽样调查。抽样调查一般是指从总体样本中抽取一定数量的样本进行调查，以此获取数据，进而对整体作出估计和推断。

抽样调查降低了信息的获取成本，但如何保证结果的正确性呢？科学的抽样设计十分关键，那么应抽取什么样本，抽取多少样本，怎么抽取样本呢？

第1节　样本与抽样的基本概念

在市场调查中，抽样调查是一种广泛使用的方法。抽样调查是从调查对象的总体中抽取一定数量具有代表性的个体进行调查，这样可以大大减少工作量。将得到的调查资料采用统计方法加以分析、处理和计算后，可以得到与普查相近的结果。

一、总体和样本

总体是具有某些同质特征或共性的所有元素的集合，也就是调查对象的全体。总体中的每一个元素称为个体。当我们研究北京市碳酸饮料的消费情况时，所有该市现实的或潜在的购买碳酸饮料的人就构成了一个总体，该总体内每个人均为一个个体。总体的限定是人为的，可以是一群人，一类团体、企业、情境或活动等。在一项具体的调查项目中，调查对象必须是明确的而不能是模糊的，因此在抽样调查中，总体也应该是确定的。

样本是由从总体中按一定原则和程序抽出的部分个体所组成的集合，是总体的一部分。每个被抽中进入样本的单位称为入样单位。样本中包含的入样单位的个数称为样本量。抽样调查中，调查的实施是针对样本而言的。

二、抽样与抽样调查

营销调研的方式分为全面调查和非全面调查两种。全面调查方式中，调查总体的每一个单位都是调查单位；非全面调查方式中，只有选定的单位才是调查单位。这些调查单位构成调查样本。由于能力所限，营销调研一般采用非全面调查方式。这就需要从为数众多的调查对象中选取一部分作为调查样本，通过对样本的调查研究，得出关于总体的基本结论。

从总体中抽取样本的过程就是抽样。抽样调查实际上是一种专门组织的非全面调查。它是按照一定的方式，从调查总体中抽取部分样本进行调查，用所得的结果说明总体的情况的调查方法。抽样调查是现代市场调查的重要组织形式，是国际上公认和普遍采用的科学的调查手段。抽样调查的理论原理是概率论，概率论中诸如中心极限定理等一系列理论为抽样调查提供了科学依据。

抽样调查有以下特点：

（1）节约人力、物力和财力。例如，调查某校学生对新的教学管理规定的意见，若对总体进行调查，共需进行15 000次调查（该校共有15 000名学生），采取抽样调查，仅需进行2 000多次调查就可以了。

（2）更节省时间，收效更快。由于抽样调查仅对总体中的少量样本进行调查，故能十分迅速地得出调查结论。例如，美国每次进行民意测验都会抽取一定数量的受访者，很快便可得出各项民意调查结果。

（3）具有较高的准确性。抽样调查是建立在统计基础上的科学方法，并由专门人员调查，可确保所获取的信息资料的可靠性和准确性。

尽管抽样调查具有上述优点，但它也存在局限性。由于抽样调查结果是从抽取的样本中获取的信息资料推断出来的，不可避免地会存在抽样误差。另外，如果抽取的样本数量不足，会影响调查结果的准确性；如果抽取的样本与总体存在较大差距，也会影响调查结果的准确性。

三、重复抽样和不重复抽样

重复抽样又称回置抽样，是指任何一个样本单位被抽出进行登记以后，再放回去参加下一次的抽取，总数始终不变。

不重复抽样又称不回置抽样，是指各样本单位被抽出进行登记，不再放回去参加第二次抽取。被抽中的样本不会再有第二次被抽取的可能性。

四、抽样框

抽样的前提是确定抽样范围，抽样框是涵盖总体的一个详细名单，又称抽样框架、抽样结构。在抽样框内是一些单位名录，称为抽样单位，在抽样框中可以将每个单位编上一个号码，由此可以按一定的随机程序进行抽样。样本就是在抽样框中基于抽样单位抽取的。在抽样后，调查人员也可以根据抽样框中所提供的信息找到被选中的入样单位，从而实施调查。

抽样框可以有多种形式，常用的有工商企业名录、居民户口簿、电话簿、人员名册等。不管是什么形式，抽样框中的单位必须是有序的，便于编号。在没有现成的名单的情况下，抽样框可由调查人员自己编制。高质量的抽样框应当提供被调查单位更多的信息，并且没有重复和遗漏。例如，以北京的女性为抽样单位，则北京市适龄女性的户口簿可构成一个抽样框，样本便是在抽样框中抽取的。

通常有三种抽样框。

1. 具体抽样框

具体抽样框，即每一个个体的名字皆列表成册，可以直接按名册中名字抽取样本。

2. 抽象抽样框

抽象抽样框，即没有直接或具体的名册，只要符合调查条件，个体就有被抽取的可能。例如，在某商厦化妆品柜台前进行消费者抽样，尽管没有抽样名册，但抽样框是显而易见的。

3. 阶段式抽样框

阶段式抽样框，即随抽样时空阶段的不同而改变的抽样框。抽样单位可以是个体，也可以是一个同质的群体。例如，北京市的适龄女性可作为一个抽样单位，某企业的女性员工也可以是一个抽样单位。

五、大样本和小样本

大样本和小样本是根据市场调查中所抽选的样本数量不同而划分的。一般当样本数大于等于30时，称为大样本；当样本数小于30时，称为小样本。但这种划分不是绝对的，由于不同的研究需要，大样本和小样本的界定是不一样的。

在市场调查中，只有抽样方法选择适当，样本数足够大，抽样结果才具有一定的代表性，这是由大数定律决定的。大数定律是统计研究中的重要定律，也是对复杂总体进行抽样时应遵循的法则。

第2节　随机抽样和非随机抽样

调查样本的抽取方法分为随机抽样（probability sampling）和非随机抽样（non-probability sampling）两类。随机抽样是指在目标总体中不按任何规则抽取一定数量的个体作为样本。在随机抽样的条件下，每一个个体都有一定的概率被抽中，样本具有较好的代表性。随机抽样可以估计抽样误差，但要求严格，必须取得调查总体的全部资料，实施起来有一定的困难。非随机抽样是指在目标总体中按某种规则抽取一定数量的个体作为样本。总体中每一个个体不具有被平等抽取的机会，是根据一定的主观标准抽取样本的抽样技术，有很大的随意性，样本的代表性差，难以估计抽样误差，但实施起来方便快捷。抽样方法的选择要根据调研目的和要求确定，还要考虑调查对象的特点。抽样方法的分类见图7-1。

- 抽样方法
  - 随机抽样
    - 简单随机抽样
    - 等距抽样
    - 分层抽样
      - 等比例分层抽样
      - 非等比例分层抽样
    - 整群抽样
  - 非随机抽样
    - 方便抽样
    - 判断抽样
    - 配额抽样
    - 滚雪球抽样

图7-1　抽样方法的分类

一、随机抽样

随机抽样包括简单随机抽样、等距抽样、分层抽样和整群抽样等。

（一）简单随机抽样

简单随机抽样，又称纯随机抽样，是经典的抽样理论所讨论的抽样方式，是所有抽样中最简单、最基本，贯彻随机原则最好的抽样方式。它是按照随机原则直接从总体的 N 个单位中抽取 n 个作为样本。在抽样方法上，无论采用重复抽样还是不重复抽样，都要求每个单位具有相同的被抽取的机会，对总体不进行任何分组、排队等，完全随机地抽取样本。

进行简单随机抽样之前，要求确定总体的范围，并对总体中的各个单位进行编号，形成明确的抽样框，然后采用抽签的方式或根据随机数表来抽取必要的单位构成样本。

简单随机抽样的意义在于：(1) 这种抽样方式简单直观，当总体名单完整时，可直接从中随机抽取样本；(2) 由于抽取概率相同，计算抽样误差及对总体指标进行推断时比较方便，在理论上最符合随机原则；(3) 简单随机抽样的抽样误差容易得到理论上的论证，因此它既是其他复杂的抽样设计的基础，又是衡量其他抽样方式效果好坏的标准及依据。在实际调查中，获得完整的总体非常困难。同时，简单抽样得到的样本较为分散，调查成本较高。简单随机抽样适合总体单位数不是很大，样本分布比较均匀的情况。

简单随机抽样包括以下几种方法。

1. 抽签法

抽签法先将总体中的每个单位都编上号，写在签上，将签混合均匀，每次抽取一个签，签上号码所对应的单位即入样，抽中的签不放回，再接着抽取下一个签，直到抽够所需样本量为止。此种方法适用于总体单位数量较少的情况。

2. 随机数表法

随机数表是指含有一系列组别的随机数字的表格。许多书中会提供一些随机数表，市场调查人员可以根据需要选用，也可以自己制作随机数表。利用特制的摇码器（或利用电子计算机）在 0～9 的阿拉伯数字中，按照每组数字位数的要求（如 2 位、3 位，甚至 10 位一组等），自动随机逐个摇出（或由电子计算机打出）一定数目的号码编成表，以备查用。表 7 - 1 是按照 2 位数编制的随机数表的部分。

表 7 - 1　2 位随机数表

	1	2	3	4	5	6	7	8	9	10	11	12	13	14	15
1	03	47	43	73	86	36	96	47	36	61	46	98	63	71	62
2	97	74	24	67	62	42	81	14	57	20	42	53	32	37	32
3	16	76	62	27	66	56	50	26	75	07	32	90	79	78	53
4	12	56	85	99	26	96	96	68	27	31	05	03	72	93	15
5	55	59	56	35	64	37	54	82	46	22	31	62	43	09	90
6	01	22	77	94	39	49	54	43	55	82	17	37	93	23	78
7	41	11	17	53	71	57	24	55	06	88	77	04	74	47	67
8	61	26	63	07	59	16	95	55	67	19	98	10	50	71	75
9	33	21	12	86	29	78	64	56	07	82	52	42	07	44	38
10	57	60	17	34	44	09	47	27	96	54	49	17	45	09	62
11	70	28	17	12	13	40	33	20	38	26	78	83	51	03	74
12	56	62	37	35	18	98	83	50	87	75	83	11	25	93	47

使用随机数表时，首先要把调查总体中的所有单位进行编号，根据变化的位数确定使用若干位数字，然后查随机数表。在随机数表中任意选定一行或一列的数字作为开始

数，接着可按从上到下，或从左至右，或一定间隔（隔行或隔列）的顺序取数，凡编号范围内的数字号码即为被抽取的样本。如果不是重复抽样，碰到重复数字应舍掉，直到抽够预先确定的样本数目为止。

例如，要从94家上市公司中抽取12家作为调查样本，可先将94家公司按1～94编号，$N=94$，然后在随机数表中任意选择一行（或一列）中的一个数字作为起点数，从这个数字开始，按从上到下或从左至右的顺序读起，每出现一个01～94之间的编号，即为被抽中的单位编号。假定本例以第四行第五列的数字作为起点数，按从左向右的顺序读取，则所抽取的单位是：26，68，27，31，05，03，72，93，15，55，59，56。在按顺序抽取过程中，遇到比编号大的数字，应该舍去。此例中的96大于94，故舍去不用。

3. 随机数骰子

随机数骰子是由均匀材料制成的正20面体，面上标有0～9的数字各2个。使用时考虑总体N的位数，如$N=420$的位数为3，则将3个不同颜色的骰子放入盒中，并规定每种颜色所代表的位数，如红色代表个位数，蓝色代表十位数，黄色代表百位数等，盖上盒盖摇动盒子，使骰子充分旋转，然后打开盒盖，读出骰子所代表的数字。重复上述步骤，直到产生n个不同的随机数。

4. 摇奖机

各类彩票中奖号码的产生通常是由摇奖机完成的，这个过程可以从开奖现场或电视节目中看到。将标有数字0～9的10个球放入摇奖机中，充分搅拌，使球充分转动，直到摇出其中的一个球，记录该球上标明的数字，产生随机数的个位数；将球放回摇奖机中，重复上述步骤，直到又摇出一个球，该球上标明的数字为随机数的十位数；同理产生百位数等。重复上述步骤，直到产生满足需要的随机数为止。

5. 计算机产生的伪随机数

不少统计软件都有现成的产生随机数的程序，使用者也可利用相关语言自己编写产生随机数的小程序。利用计算机产生随机数具有快捷、方便的特点。需要注意的是，利用计算机产生的随机数是伪随机数，并不能保证其随机性。

（二）等距抽样

等距抽样也叫机械抽样或系统抽样。它是先将总体各单位按照某一标志进行排列，然后按照一定的顺序和间隔来抽取样本单位的一种抽样方式。等距抽样是不重复抽样，它可以保证被抽取的样本单位在总体中分布比较均匀，从而提高样本的代表性，减少抽样误差。

抽样间隔的计算公式为：抽样间隔＝总体数（N）÷样本数（n）。例如，欲从110家企业中采用等距抽样方法抽取11家进行调查，可以先将110家企业从1到110进行编号，确定抽样间隔为110/11＝10。随机抽出起抽号为2号，则所抽的样本是编号为2，12，22，32，42，52，62，72，82，92，102的11家企业。

抽样的顺序可以与调查项目有关的标志为依据，如在购买力调查中按收入多少由低至高排列，也可以与调查项目无关的标志为依据，如按户口簿、姓氏笔画排列。总体各单位进行排队所依据的标志可根据它与研究目的之间关系的紧密程度的不同，分为有关标志排队和无关标志排队两种情况。

有关标志排队是指采用与调查项目有关的标志对总体各单位进行排队。如对公司员工当年收入水平进行调查时，按上一年员工的收入水平进行排队；在进行小麦产量调查时，按最近3年小麦平均单位产量进行排队等。按有关标志排队实质上是运用了类型抽样的优点，有利于提高样本的代表性。

无关标志排队是指采用与调查项目无关或不起主要作用的标志对总体各单位进行排队。无关标志排队的方法比较简单，易于操作，在实际抽样中应用比较普遍。例如，要对生产线上正在连续灌装的啤酒进行质量检验，一般的做法是每隔一定时间抽取若干瓶进行检验，由于时间间隔一般与啤酒质量无直接联系，属于无关标志。这种抽取样本单位的方法实际上与简单随机抽样相似。

与简单随机抽样相比，等距抽样可使被抽取的单位比较均匀地分布在总体中，尤其当被研究现象的标志值的变异程度较大，在实际工作中又不可能抽取更多的样本单位时，这种方法更为有效。等距抽样是市场调查中应用最广的抽样方式之一。

等距抽样也有一定的局限性：

（1）运用等距抽样的前提是要具备总体中每个单位的有关资料，特别是按有关标志排队时，往往要有较为详细具体的资料，这是一项复杂且细致的工作。

（2）当抽样间隔和调查对象本身的节奏性相重合时，会影响调查的精度。如对某商场每周的商品销售量情况进行抽样调查，若抽取的第一个样本是周末的商品销售量，抽样间隔为7天，那么抽取的样本单位都是周末的商品销售量，周末往往商品销售量较大，这样就会发生系统性偏差，影响等距抽样的代表性。

（三）分层抽样

分层抽样也称为类型抽样。它的特点是先对总体各单位按主要标志进行分类，然后从各类中依据随机原则抽取一定数量的单位构成样本。

设总体由 N 个单位组成，把它划分成 R 类，使得 $N=N_1+N_2+\cdots+N_R$，然后从每类 N_i 中抽取 n_i 个单位构成样本量为 n 的样本，使得 $n=n_1+n_2+\cdots+n_i$，这个抽样过程叫作分层抽样。

分层时要注意各层之间要有明显的差异，不至于发生混淆；要知道各层中的单位数和比例；分层的数目不宜太多，每个层内的个体应具有共性等。只有这样，才能使抽取的样本反映该层的特征，提高样本的代表性，减少抽样误差。

分层抽样有两种形式：

第一种是等比例分层抽样。即按各层（或各类型）中的单位数量占总体单位数量的比例分配各层抽取的样本数量。公式为：$n_i=N_i/N\times n$。这种方法简便易行，分配合理，计算方便，适用于各类型之间差异不大的分类抽样调查。如果各类型之间差异过大，则不宜采用，而应采用非等比例分层抽样。

第二种是非等比例分层抽样。它不是按各层中单位数占总体的比例分配样本单位，而是根据各层的变异数大小、抽取样本的工作量大小和费用高低等因素决定各层的样本抽取数，即有的层多抽些样本个体，有的层少抽些样本个体。这种分配方法适用于总体中的个体相差悬殊或各层均方差较大的情形。其计算公式为：$n_i = n \times N_i \times Q_i / \sum(N_i \times Q_i)$，式中，$Q_i$ 为任意一层的标准差，N_i 为任意一层的单位数。在调研个体相差悬殊的情况下，如按等比例抽样，可能在单位数少的层中抽取的样本个数过少，代表性不足，此时可适当放宽多抽；同样，在均方差较大的层，也可多抽些样本，这样可起到平衡均方差的作用。但是，在调查前，了解各层标志变异的大小是比较困难的。

例 7-1

非等比例分层抽样的应用

某职业学院现有在校生 8 000 名，其中三年制专科生 6 000 名，五年制专科生 2 000 名。现在用非等比例分层抽样法抽取 100 名学生作为样本，调查其月消费支出情况，结果如表 7-2 所示。

表 7-2 学生样本的月消费支出情况

学生类别	各层人数	人均月消费支出标准差	乘积
三年制专科生	6 000	60	360 000
五年制专科生	2 000	40	80 000
合计	8 000		440 000

根据非等比例分层抽样样本量的计算公式，求出各类型应抽取的样本量：

三年制专科生的样本数目＝100×360 000/440 000＝82

五年制专科生的样本数目＝100×80 000/440 000＝18

（四）整群抽样

前面介绍的三种抽样方式，尽管各有不同，但有一点是相同的，那就是从总体中逐一抽取样本单位。在实际工作中，为了便于调查，节省人力和时间，往往是一批一批地抽取样本，整群抽样就是先将总体划分成若干群，然后以群为单位按照随机原则从中抽取若干群，对被抽中群中的所有单位进行调查的一种抽样方式（见图 7-2）。例如，对工业产品进行质量调查时，每隔 5 小时，抽取 1 个小时内生产的产品进行检查。

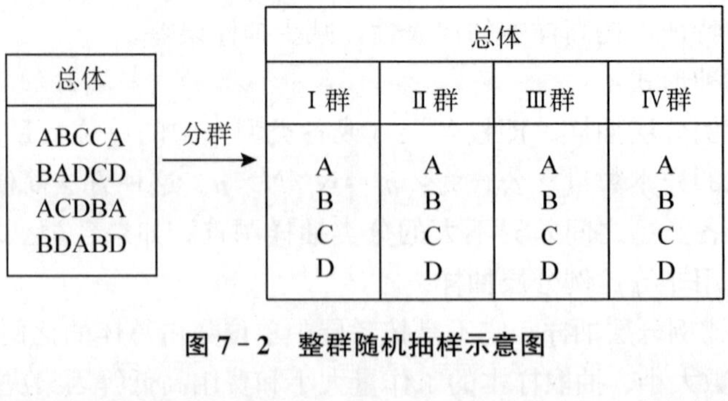

图 7-2 整群随机抽样示意图

划分群时，每群的单位数可以相等，也可以不等。在每一群中的具体抽取方法，既可以采用简单随机抽样的方法，又可以采用等距抽样的方法，不管什么方法，都只能用不重复的抽样方法。

例如，对某职业学院学生进行生活消费支出调查，如果不是从全院学生中直接抽取学生进行调查，而是从该职业学院全部教学班中随机抽取若干班级，对被抽中班级中的所有学生都进行调查，这就是整群抽样。该职业学院每个教学班就是一个群。再比如，对连续生产的企业，假设一天24小时生产的全部产品构成总体，把连续生产5分钟的产品视为一个群，那么总体一共可划分为288个群，如果随机抽取10个连续生产5分钟的产品进行调查，这就是整群抽样。

整群抽样适用于总体范围大，总体中各单位差异性不太明显，或能体现差异性的指标太多，不易一一分层的情况。整群抽样是简单随机抽样的延伸，因为若采用简单随机抽样，总体大都会因样本单位分散而造成调查费用过高，或因总体相关资料欠缺使简单随机抽样难以进行。采用整群抽样，等于在不损害对总体代表性的前提下缩小了总体的规模，弥补了对总体不了解或了解不多的缺陷，也降低了调查难度。

整群抽样的优点是组织工作比较方便，确定一组就可以抽出许多单位进行观察。但是，正因为以群为单位进行抽取，抽取单位比较集中，明显地影响了样本分布的均衡性。因此，整群抽样与其他抽样相比，在抽样单位数目相同的条件下抽样误差较大，样本代表性较低。在抽样调查实践中，采用整群抽样一般都要比其他抽样技术抽取更多的单位，以降低抽样误差，提高抽样结果的准确程度。

整群抽样的可靠程度主要取决于群与群之间差异的大小，各群体间差异越小，整群抽样的调查结果就越准确。因此，在大规模的市场调查中，当群体内各单位间的差异较大，各群体之间的差异较小时，最适宜采用整群抽样方式。

一般按地域或行政隶属标准分群，地域标准用得更多。虽然各地域会有不同的特点，但在同一发展水平的总体内，各样本和总体之间的差异性并不是很明显。

整群抽样一般采用两段式步骤，即先按标准分成相应的群体，然后用随机方式抽取部分群体作为样本。被抽取的群体的单位总量应与抽样数目相等。例如，某市共有150万户居民，共有15 000个居民小组，平均每个居民小组有100户，现需抽取500户居民作为样本，于是随机抽取5个居民小组作为样本，对这5个居民小组内的500户样本实施调查。

整群抽样也可根据调查需要实行多段式步骤，即先将全市150万户居民按各行政区划分，各行政区内的居民再按各行政街道划分，各行政街道的居民再按居民委员会划分，居民委员会再按居民小组划分，以随机方式先后确定抽取某几个行政区、区内某几条行政街道、行政街道内某几个居民委员会、居民委员会内某几个居民小组等。

二、非随机抽样

非随机抽样是除随机抽样以外的抽样方法，它是指从总体中按调研者主观设定的某个标准抽取样本的方法。非随机抽样是以“立意”为原则的，即在抽样过程中主要依据人为的主观因素，这只有在对总体状况较为了解的情况下才能保证样本对总体有较好的代表性。在市场调查中，采用非随机抽样通常出于以下几个原因：

（1）受客观条件的限制，无法进行随机抽样。

（2）为了快速获得调查结果，提高调查的时效性。

（3）在调查对象不确定或无法确定的情况下采用，例如，对某一突发（偶然）事件进行现场调查等。

（4）总体各单位间离散程度不大且调查人员具有丰富的调查经验。

非随机抽样包括方便抽样（也称偶遇抽样）、判断抽样（也称目的抽样）、配额抽样和滚雪球抽样等。

（一）方便抽样

方便抽样是指调查人员主要考虑便利性，采用调查人员方便的抽样方式选择样本，把在一定时间、地点遇到的人作为调查对象选入样本的方法。它适用于总体单位同质性较强、不需要仔细分辨的调研。通常被调查者被选中的原因只是他们当时碰巧在调研现场。例如，常见的未经许可的街头拦截访问、邮寄调查、书刊及杂志内的问卷调查等都属于方便抽样。

（二）判断抽样

判断抽样是依据调查人员或者了解总体的有关人士运用自己的主观判断选择符合一定要求的单位或个人作为调查对象的方法，适用于对调查单位有特别要求的调研。进行判断抽样时，判断抽取的样本是否具有代表性，完全依赖于抽样者对总体的了解程度及其工作经验和判断能力。在进行判断抽样时，应尽可能利用可借鉴的有关总体的情况，从中抽取具有较高代表性的样本，比如从行业中抽取若干领导型、追随型或补缺型企业作为样本来考察行业整体的经营状况，在众数组中选取样本，在平均数组中选取样本等。如果对总体的质没有任何了解，此法只能在总体范围小或精确度要求不高的情况下使用。这种方法有可能得到具有较好代表性的样本，但受主观因素影响较大。

通常，在下面的情况下采用判断抽样：

（1）确定新产品的潜在市场。

（2）从某行业市场中选聘能较好地代表各自公司的采购工程师。

（3）确定法庭上的受聘专家。

（4）为测试一种新的促销方法而选取百货商店等。

判断抽样为调查人员提供了抽样的便利性，更容易有效地获得数据，而且简便易行，有一定的实践意义。但要注意尽可能减少因主观判断偏差而引起的工作偏差，且不能过高估计样本对总体的代表性。

（三）配额抽样

配额抽样是先根据总体的结构特征将总体分为若干类别，这些结构特征称为控制特征，例如市场调查中消费者的性别、年龄、收入、职业、受教育程度等，然后给各个类别分配一定的与总体结构特征大体相似的样本单位数量，再采取判断抽样的方法。配额抽样可以看作是划分为两个阶段的判断抽样。

第一阶段是确定总体中个体的特征或配额。为分配这些配额，调查人员应列出相关的控制特征，如性别、年龄、民族等。至于如何确定控制特征，主要依靠调查人员的主观判断。一般来说，配额分配应使具有这些控制特征的个体在样本中所占的比例与具有这些特征的个体在总体中所占的比例趋于一致。

第二阶段是利用方便抽样法或判断抽样法抽样。一旦配额分配完成，在如何选择个体的问题上是较灵活的，唯一的要求是所选个体应满足控制特征的要求。

配额抽样适用于对样本代表性较高的调研。配额抽样的主要理论依据是：在按一定的控制特征（指标）划分总体后，各子总体内单位间的差异基本消失或不重要，从子总体内抽取的样本均能代表子总体的一般情况，因而不必再按随机抽样法确定子总体内的具体单位。

延伸阅读　早期的配额抽样

进行配额抽样的关键是控制特征的指标选择得当，使划分出的各子总体相互之间的差异性明显，子总体内各单位则趋于同一。此外，需掌握各子总体占总体的比例，才能完成配额的分配。

例如，某高校有学生5 000名，其中，男、女生各占50%；文科学生占40%，理工科学生占60%；一、二、三、四年级各占30%，30%，20%，20%，现在要用配额抽样方法依据以上三个类别抽取规模为100人作为调查样本，依据总体构成和所需样本数，我们可以得到下列配额数（见表7-3）。

表7-3　不同类别的配额数

	男生（50人）								女生（50人）							
	文科（20）				理工科（30）				文科（20）				理工科（30）			
年级	一	二	三	四	一	二	三	四	一	二	三	四	一	二	三	四
人数	6	6	4	4	9	9	6	6	6	6	4	4	9	9	6	6

表7-3中最下面一行就是根据研究总体中各种特征成员所占比例抽取的样本数为100人的配额情况，它使样本在这三方面的特征与总体保持了一致。

（四）滚雪球抽样

滚雪球抽样是指先随机选择一些调查对象并对其进行访问，再请他们提供另外一些属于目标总体的调查对象，根据所形成的线索选择此后的调查对象。

在滚雪球抽样中，第一组调查对象一般是随机选择的。此后，调查人员要求第一组的调查对象推荐属于目标总体的其他个体，这些人构成第二组；第二组的调查对象再推荐属于目标总体的其他个体，这些人构成第三组；依此类推，后面的访问对象均基于前一组的推荐。这样，样本的形成是通过一层一层的推荐得到的，形成滚雪球效应，故叫作滚雪球抽样。

滚雪球抽样是一种通过推荐获得样本的抽样模式，它能够较好地满足调研方案中抽样设计对样本的诸如人口统计学和心理学等特征的要求，因为推荐人能够较好地把握下一层的样本是否具备这些特征。另外，滚雪球抽样还可以实现对特殊总体的稀有特征的测试，这也是该方法希望达到的主要目的。例如，在政府机关的某些特殊分支机构里，工作人员的姓名是保密的，对这些人员的心理素质测试最好采取滚雪球抽样；再比如，对年龄在 35 岁以上女性参加健身俱乐部的动机调研，对竞争品牌消费者的品牌偏好调研，以及对买卖双方行业行为的调研等，都可以使用这种方法。

为了方便对比，表 7－4 列出了四种非随机抽样法的优缺点。

表 7－4　非随机抽样方法的优缺点

抽样方法	优点	缺点
方便抽样	省时、省钱，样本容易获得，容易测量，且容易获得调研对象的合作 可用于形成观点和假设的探索性调研和预测试调研及一些大型调研	样本偏差往往较大，有时不能较好地代表总体，不适合描述性或因果性调研
判断抽样	成本较低、方便快捷，广泛应用于商业领域的营销调研 不需要进行广泛的总体推断	工作人员的主观因素对调研质量的影响较大，这种影响取决于调查人员的判断力、专业知识水平及创造力
配额抽样	在实践中简便易行，节省费用，能够较快地取得资料数据 样本能大致按总体的分布抽取	如果与问题相关的某个特征未被考虑，配额样本可能代表性较弱 在实施中包括太多的控制特征 调查人员存在选择偏好，难以避免主观因素的影响
滚雪球抽样	能够在保证样本具有某种特征的情况下使抽样误差较小，且样本容量较小 适用于对特殊人群的调查	抽样时过分依赖人际关系，且抽样质量受上一层调查人员质量和判断力的影响

三、 抽样方法的选择

在实际营销调研过程中，面对各种各样的抽样方法，应该根据调查对象的特点来选择抽样方法。

（一） 随机抽样的特点

随机抽样的优点是：一方面，随机抽样是从总体中按照随机原则抽取一部分单位进行的调查，调查范围和工作量比较小，又排除了人为的干扰，因此省时、省力、省费用，能较快地取得调查结果；另一方面，随机抽样能够计算调查结果的可靠程度，可通过概率计算估计值与实际值的差异，将抽样误差控制在一定的范围内。随机抽样也存在缺点：首先，对所要调查的样本平等看待，难以体现重点。其次，抽样范围比较大，所需时间长，参加调查的人员和费用多。最后，需要专业人员进行抽样和资料分析，一般调查人员难以胜任。

延伸阅读　大数据时代背景下的统计抽样调查

（二）非随机抽样的特点

非随机抽样按主观标准抽取样本，可以充分利用已有资料选择较为典型的样本，使样本更好地代表总体，还可以缩小抽样范围，节约调查时间、调查费用，节省人力，这是其优点。当然，由于样本被抽取的概率不一样，概率值的大小不清楚，非随机抽样无法借助概率计算估计值与实际值的差异，因此无法判断其误差，无法检查调查结果的准确性，这是其最主要的缺点。

随机抽样比较适合结论性调研，因为结论性调研为了保证结论（无论描述性结论或因果性结论）的严谨性，需要较精确地估计抽样误差，需要较大的样本，操作上应严格。非随机抽样调查更适合探索性调研，因为探索性调研为了更快地探明问题的原因所以大胆地提出方案假设，此时需要灵活的、小样本的调查，不必过多地计较抽样误差。事实上，抽样误差可以在方案评估过程中通过结论性调研去评估。

目前，大多数用于调查的样本都属于非随机抽样。如果进行真正意义上的非随机抽样，比如，对人口进行配额抽样，结果通常是有效的。但是，由于其严格的要求，对大多数实际应用来讲，成本太高，也太耗时。因此，必须对特定调查的抽样方法予以说明，给出其可接受的理由。

（三）选择抽样方法的标准

表7-5给出了选择抽样方法的标准。当对总体特征评估精度要求较高时，应采用随机抽样，因为随机抽样能够较好地消除选择样本的偏差，并可估计抽样误差。如果非抽样误差较大，则非随机抽样较适合。

表7-5 选择抽样方法的标准

标准	非随机抽样	随机抽样
调研性质	探索性	描述性、因果性
主要误差	非抽样误差	抽样误差
总体特点	同质	异质
统计分析	不适合	适合

选择抽样方法还要考虑总体本身的特征。对异质性较强的总体，采用随机抽样可以获得一个有代表性的样本。从统计学的观点出发，还可以使用常用统计方法对随机抽样的结果做进一步的理论分析。对此，非随机抽样方法是不适用的。但是，随机抽样复杂且需要调查人员具备统计学知识，故其成本高且费时。由于在营销调研项目中，时间和预算都受到限制，因此在实践中究竟采用哪种抽样方法，还应根据调研资源条件、性质和目的综合决定。

一般地，非随机抽样通常用于无须推断总体特征的概念测试、包装测试及复制测试等，这些调研主要关注某一问题的不同答案或不同态度的样本的比例。随机抽样适用于诸如对整个市场、市场份额或销售额等做精确评估的调研。在全国性的市场跟踪调研中，提供产品分类及品牌使用率以及消费者人口统计学及心理统计学特征的分析等，也主要采用随机抽样。

第 3 节　抽样计划的制订过程

抽样计划是营销调研人员从总消费群体中抽取一小部分样本进行研究，得出关于总体的结论。样本是指从总体中挑选的能代表总体的一部分。理论上，样本应具有代表性，以便调查者能准确地估计总体的思想与行为。

一、设计样本的四个决策

（一）调查对象

调查者必须决定需要什么信息以及从谁那里能得到。例如，为研究家庭购买汽车的决策过程，要确定调查对象是丈夫、妻子、其他家庭成员、经销商的销售人员，还是所有人。

（二）抽样规模

抽样规模可以通过统计理论中的样本规模确定方法，在规定了精度的水平后，使用标准方差的相关公式来计算得出。

一般来说，大样本要比小样本可靠。没有必要为得到可靠答案而去调查整个目标市场或其中的大部分。只要选择得当，占总体不到 1%的样本就可以提供可靠的答案。

（三）样本的选取

使用随机样本，总体中的每个人都有被抽取的机会，而且调查者可以计算可信度和抽样误差。不过如果随机抽样成本太高或太费时，营销人员就会采用非随机抽样，这样的话抽样误差就无法计算了。不同的抽样方法有不同的成本和时间限制，其准确度和统计属性也不同。最佳抽样方法的选择取决于调查项目的需要。

（四）抽样程序

抽样程序可以根据不同的抽样调查类型的要求进行。

二、抽样设计的原则

（一）高效率

在抽样方案设计中，费用与精度是一对基本矛盾，这类似经济学中投入与产出的关系，我们希望抽样的费用尽可能少，取得的数据精度尽可能高，即设计出高效率的样本。在抽样方案设计中，高效率有两种情况：

（1）在规定的费用之内达到尽可能高的精度。

（2）以尽可能少的费用达到规定的精度。

这两种表述的本质是一样的，都是要获得尽可能高的精度费用比。

（二）目的性

抽样方案设计作为整个调研设计的一个组成部分，是服务于调研目标的，是达到调研目标的手段。如果从抽样设计本身来说，精度费用比很高的样本就是一个好样本，但假如这个样本不能满足调研目标的要求，就算不上完美的样本。因此，抽样设计中必须认准调研目标，服从调研课题要求，例如，总体定义范围是否符合调研设计中对调研对象的规定，抽样单位的确定是否适当，某种抽样程序所产生的样本能否满足对总体的推断要求等。

（三）可度量性

可度量性是指能够从样本自身计算随机抽样误差。只有具有可度量性的样本，才能对总体进行统计推断。非随机抽样无法计算抽样误差，因而不具备可度量性，只有随机抽样才能计算抽样误差。但是，并不是说所有的随机抽样都保证具有可度量性，不恰当的抽样设计也可能无法计算抽样误差，比如在分层抽样中，每个层里至少应抽取两个抽样单位，如果只抽取一个就无法计算抽样误差。

（四）可行性

在抽样方案的设计中，必须考虑该方案在实际抽样时是否易于执行，为此，方案设计者应尽可能多地了解欲实施抽样调查的地区的具体条件。另外，为防止抽样方案在实施中走样，还应该用简明易懂的语言编制一套工作文件，使不懂抽样理论的调查人员也能明确知道在抽样过程中应该做什么和怎么做，以尽量减少抽样工作中的错误。

三、抽样设计的步骤

开发一个具有可操作性的样本计划大致需要五个步骤，如图 7－3 所示。

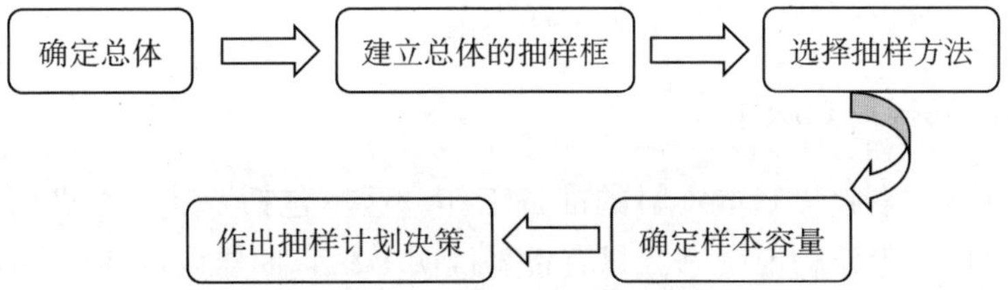

图 7－3　抽样设计的步骤

（一）确定总体

这个总体是根据调研目的所定义的一个目标总体。这个目标总体的外延在现场调查中往往是由现场观察询问者具体确定的。比如直接访问消费者时，访问员遇到某一特定的消费者，认为其合格才使其成为目标总体中的一员。因此，目标总体的范围和完整性并不特别重要，重要的是其科学的定义，也就是说为了满足研究目的的需要，必须详细说明可提供的信息或与所需信息有关的个体或实体（如公司、商店等）所具有的特性，一般可从以下几方面进行描述：地域特征、人口统计学特征、产品或服务的使用情况、认知程度等。

（二） 建立总体的抽样框

从某种意义上说，抽样结构起着划定总体界限的作用，完善的抽样框的建立对于科学抽样来说是非常必要的。这里主要是对于可建立具体抽样结构的目标总体而言，例如，对注册的学生编号列表与家庭住户对应的电话号码簿等，就属于目录结构类；要想在某地区抽取样本，需要在地图上具体标出地域地点，就属于地域结构类。这些都是具体的抽样框。

在抽样调查中形成一个适当的抽样框，经常是调查者面临的最有挑战性的问题之一。

（三） 选择抽样方法

选择哪种抽样方法取决于研究目的、经济实力、时间限制、调查问题的性质。可供选择的抽样方法可分为两大类：随机抽样与非随机抽样。每大类中又有许多可供选择的具体方法。总的来说，这两类方法中，前者在获取准确的样本方面更科学、更有效，后者在有些情况下较实用或更可取。

延伸阅读　确保统计结果真实可靠的方法与途径

（四） 确定样本容量

样本选取方法一旦确定，就应决定所需样本的大小，即样本容量。样本容量的确定是一个较复杂的问题，需使用数理统计方法。关于这个问题，第 4 节会有详细阐述。

对非随机抽样，通常我们仅依靠可得到的预算经费、抽取规则、总体数量和构成情况来确定样本量。然而，就随机抽样而言，还需要在允许误差的目标水平（抽样结果和总体指标的差异）和置信水平（指置信区间的概率，置信区间是样本结果加减允许误差形成的一个涵盖总体真值的范围）下确定样本量。

（五） 作出抽样计划决策

这是从最终样本中收集基本资料的准备工作。这里包括要有一个非常准确而又具体的指导实地抽取样本工作的说明书。只有备妥说明书后，抽样设计和计划工作才算完成。

第 4 节　确定样本规模

在调查实践中，样本规模的确定是一个非常关键的环节。随机抽样的主要目的是通过样本的情况去估计调查总体的情况。如果样本规模过小，抽样误差太大，调查结果就不具有说明总体情况的代表性，失去了定量研究的意义；样本规模过大，又会导致成本支出较高，体现不了抽样调查的优越性。因此，样本规模的确定涉及调查成本与样本代表性之间的权衡。

一、样本规模

样本规模（sample size）又称为样本量，指的是样本中所含个体的多少。确定样本规模是每一项具体的市场调查必须解决的问题之一。统计学中通常以 30 为界，把样本分为大样本（30 个个体及以上）和小样本（30 个个体以下）。之所以这样区分，是因为当样本规模大于 30 时，其分布接近正态分布，许多统计学的公式都可以运用，也可以用样本的资料对总体进行推断。

二、决定样本规模的主要因素

影响样本量大小的因素比较多，从实际情况看，一项调查活动样本量的最终确定，是对数理统计、管理需求、调查实施三个方面进行综合权衡的结果。因此，确定一个科学而合理的样本量，至少要考虑三方面的因素：一是数理统计方面的因素；二是管理需求方面的因素；三是调查实施方面的因素。

（一）数理统计方面的因素

样本量是指样本中所包含的抽样单位的数目。样本是从总体中抽取出的一部分，其作用是通过对抽出的这部分单位的了解，去估计或推断总体的相应情况。例如，想要了解一个选定的住宅小区所有常住居民的年龄状况，从理论上讲，如果想要得到准确的数据，可以采取全面调查的方式，逐个登记该小区的所有常住居民的年龄。假设小区共有居民 1 000 人，通过对这 1 000 人逐一登记，可以得到这 1 000 名居民中不同年龄或年龄段在总体中的比例，也可以计算出这个小区 1 000 名居民的平均年龄。采用抽样的方式，只需从小区的 1 000 名居民中抽取一部分进行调查。如果采用随机抽样的方式，抽取的样本量越大，就越能接近小区总体的真实情况。一般而言，样本量越大，对总体的代表性越强，样本的统计值偏离总体的参数值就越小。

从统计上讲，影响样本量大小的主要因素有四种。

1. 总体的构成情况

总体的构成情况分为两个方面：一是总体规模的大小，即一个总体中包含的抽样单位的多少。总体规模大，样本量相应要大；总体规模小，样本量相应要小。二是总体内部的构成情况，即总体的异质情况。总体内各构成单位之间在某些特征方面的差异特性称为异质性，差异的程度称为异质程度。特征的相似性及相似程度就称为同质性及同质程度。样本量的大小除了受总体规模的影响之外，也要受总体异质性的影响。总体的异质性越高，需要的样本量就越多。在完全同质的总体中，由于总体内部个体之间不存在任何差异，因而不管其规模多大，任选一个个体就足以说明总体的情况，不存在样本量大小的问题。从总体的内部构成情况方面去考虑样本量，主要就是考虑组成总体的各个个体之间的异质性。

2. 抽样误差的大小

抽样误差是由抽样的随机波动性特征所导致的样本代表性偏差。假如我们从一个特定的总体中随机抽取相同数量的样本，每抽取完规定的样本数就完成一轮抽样。如果进行第二轮、第三轮甚至更多轮抽样，每次得到的样本都不会完全一样。第一轮的样本统计值与第二轮、第三轮的样本统计值之间会有差异。这种差异就是由抽样的随机波动性引起的。为什么会出现这种情况呢？这是由于用随机抽样的方法抽取总体中的单位，每个单位都有相同的被抽取的机会，但抽取哪个单位则纯属偶然。尽管每一轮抽样的样本量都相同，但由于被抽中的单位是不完全一样的，导致样本的统计值也不会完全相同。抽样误差直接反映的是样本之间的差异，而不是样本统计值与总体参数值之间的差值。我们关注的是样本统计值与总体参数值之间的差异，那么抽样误差又如何能反映样本统计值与总体参数值之间的关系呢？

在用样本统计值去估计总体参数值时，就会有样本统计值偏离总体参数值的问题。假如有一个由 1 万人构成的总体，通过随机抽样选取 100 人作为样本，这 100 人的平均年龄为 35.2 岁，用 35.2 岁去估计总体 1 万人的平均年龄。我们通过全面调查的方式，对总体 1 万人的年龄逐一登记，得到的实际年龄值是 38.7 岁，则在样本统计值与总体参数值之间存在着 3.5 岁的差异。造成这种差异的原因有两个：一个是由抽样导致的；另一个是抽样以外的人为因素造成的。人为因素导致的问题可以通过诸如加强管理等方式去缓解，但不能完全消除。抽样误差却是由于抽样本身导致的，不可能通过努力去克服。在此专门讨论抽样误差。

在讨论抽样误差之前，还需要明白一个事实，即总体参数值往往只是一个理论值，一般难以在调查实践中得到。即使总体规模确定，如全国人口普查，也因为人为因素不可能完全避免误差，得到的总体结果与真实的情况之间始终存在误差。更何况在市场调查中，许多总体的界限是非常模糊的，难以涵盖组成总体的所有个体。在抽样调查中，总体的参数值通常是一个未知的常数。

在理论上，总体参数值可以由下列方法得到：我们可以设想，从总体中用同一种抽样方法反复抽取规模相同的样本，并计算出每轮样本的统计值，直到穷尽所有可能的样本组合，得到所有可能的样本统计值。在理想状态下，所有可能的样本统计值的平均值就应当等于总体的参数值。

抽样误差的大小实际上反映了样本统计值偏离总体参数值的程度——抽样的精度。抽样误差越大，说明该次抽样得到的样本统计值偏离总体参数值的程度越大，样本对总体的代表性越差，精度越低；抽样误差越小，说明样本统计值偏离总体参数值越小，样本对总体的代表性越好，精度越高。抽样误差反映了样本对总体的代表能力。

3. 分组统计频数与最低样本量

一份调查问卷通常包含数十个问题，每个问题有几个到十几个不同的选项。在进行统计分析时，我们常常根据问题的选项将调查对象分为若干组别，以比较它们在某些方面的异同。

例如，在一项关于广告效果的调查中，我们除了想知道所有被调查者对该则广告的态度外，还想比较男女对该则广告的态度的差异。如果总的样本量为 300 人，要求男女各占一半，则每组的样本量为150人。如果再按受教育程度分为小学程度及以下、中学程度、大学程度及以上三组，则每个小组的样本量为50人。具体的分组情况及各组的样本量如表7-6所示。

表7-6 分组情况与各组样本量

分组标识	样本量		合计
男	小学程度及以下	50	150
	中学程度	50	
	大学程度及以上	50	
女	小学程度及以下	50	150
	中学程度	50	
	大学程度及以上	50	
合计		300	300

需要指出的是，在表7-6中，各组的样本量分配是在一种理想状态下得到的。在许多情况下，各组的样本量是不相等的，这样就可能出现单个组别的样本数远低于50个的情况。

同时，每组还需要对每个问题的选项进行选择。假设对广告的态度有5个选项：非常喜欢、比较喜欢、中立、反感、非常反感。如果对大学教育程度的男性进行态度选项的统计，则最理想的情况是平分样本量，每个选项可能得到的样本量在10个左右。实际上，许多情况下会出现个别选项的样本量很小甚至为0的情况。

不难看出，样本量一定时，细分的组别越多，则每组的样本量就越小。一个在整体上符合要求的样本量，如果分组过多，某些组别的样本量可能不足，从而失去统计的意义。因此，在确定样本量之前，要认真考虑分组的数量。

每组应当有多少个样本才能满足基本的统计要求呢？经验认可的数量是不低于50个，尽可能保证每个细分后的组别都拥有50个以上的样本量，以使调查结果具有定量研究的意义。

4. 抽样方法

不同的抽样方法需要的样本量也不相同。对总体没有进行任何处理的简单随机抽样，在重复抽样的情况下，构成总体中的每个个体都有被重复抽到的可能性。因此，相对于分层抽样、等距抽样而言，简单随机抽样对总体的代表性要差些，需要的样本量也相对多些。整群抽样由于以群作为抽样单位，对总体代表性的损失较大，因此需要的样本量比简单随机抽样要大。

总之，在抽样误差相同的前提下，分层抽样需要的样本量最小，等距抽样所需的样本量稍大于分层抽样的样本量，简单随机抽样所需的样本量又比等距抽样的样本量大，整群抽样所需的样本量最大。

（二）管理需求方面的因素

无论什么样的调查，其动机与目的总是围绕市场营销的核心进行的。调查结果是企业制定市场战略、诊断营销问题、进行有效的市场推广等营销活动的科学决策依据。同时，企业进行调查的费用也是营销中的一项成本投入，企业需要根据某项具体调查对一项决策的重要程度来决定调查费用的多少。从管理需求方面讲，影响样本量大小的重要因素有经费预算和调查精度。

1. 经费预算

企业对一项调查应当投入多少经费都有一个大致的预算范围。由于调查也是一项营销成本投入，故经费预算的大小要看调查在整个营销中的重要程度。譬如，市场调查的目的是获得较为精确的某类产品市场消费总量及潜在发展空间方面的信息，以作为论证是否购买一条先进生产线、开发生产新产品的重要决策依据。诸如这种用于论证大型项目投入的调查，其结果的重要性自不待言，如果失误，经济损失很大，因而调查的费用也比较多。如果调查仅仅是为了跟踪一次促销活动的效果，费用也就相应较少。

2. 调查精度

一般而言，样本量越大，抽样误差越小，调查精度相应越高。精度高意味着样本量大，成本也高。为了使误差降低一个百分点，需要增加几倍的投入。从管理上看，这种投入是不值得的。

（三）调查实施方面的因素

在调查实施方面，主要有两个因素会对样本量大小产生影响：一是问题的回答率；二是问卷的回收率。

1. 问题的回答率

问题的回答率表明调查对象对所有提出问题的回答情况。如在一份问卷中共提出了50个问题，有的被调查者可能全部回答，有的被调查者只回答其中的一部分。其主要原因有：首先，某些问题只有具备一定条件的被调查者才能回答。在问卷中，有时可能会设计一个过滤性问题，根据被调查者对该问题的回答来决定下一个问题是否需要回答。例如，在一项有关广告效果的市场调查中，问卷中有这样的问题："Q1　您看见过××品牌的电视广告吗?"可供选择的答案为："1. 有。2. 没有。"后面有一个问题："Q1-1（选'有'的回答，选'没有'的跳过）您对这则广告的印象如何?"从该例可见，问题知晓情况与印象之间具有一定的逻辑顺序。只有知晓该广告，才能对该广告进行评价。因此，知晓该广告与否是回答印象问题的前提条件，只有部分被调查者能满足这一前提。总的来说，对于带有过滤性问题的后续问题而言，由于只要求对过滤性问题作出某种特定回答的被调查者完成后续问题，它的样本量是少于回答过滤性问题的被调查者的。其次，问卷设计中的一些缺陷也可能导致被调查者不能作出回答。

这些因素的存在，使得每个问题的回答率高低不一，每个问题可分配的实际样本量相差较大，可能导致某些问题的样本量过少，在统计中失去意义。要根据实际需要，通过增加样本量来解决这类问题。

2. 问卷的回收率

问卷的回收率即回收的合格问卷占发出的问卷总数的百分比。在实际调查中，要根据问卷的回收率考虑样本量。例如，邮寄调查的问卷回收率一般很低，如果要保证有 800 个有效的样本量，实际发出的问卷总数可能要达到 4 000 份。由访问员填写的现场访谈问卷的回收率很高，要保证 800 个有效的样本量，可能只需要完成 1 000 份问卷。

三、样本规模的确定

样本规模的确定涉及多方面因素，它受调查研究的精度、抽样调查费用及调查对象特征的制约和影响。表 7－7 是调查人员在营销调研中常用的样本量。

表 7－7　营销调研中常用的样本量

类型	最小样本量	典型范围
问题识别（市场潜力）	500	1 000～2 500
问题解决	200	300～500
产品测试	200	300～500
试销研究	200	300～500
广告测试	150	200～300
试销市场审计	10 个店	10～20 个店
专题组	6 组	10～15 组

对于随机抽样，能够较好地代表总体的样本规模可以依据统计方法来确定。本部分通过研究简单随机抽样下样本规模的确定问题，来展示确定样本规模的基本方法和思路。

（一）费用函数

如果只考虑调查费用，则样本量 n 与单位调查费用 c 有线性关系，其函数式为：

$$C=c_0+c_n \tag{7-1}$$

式中，C 为总调查费用；c_0 为固定调查费用，如管理人员开支、办公费、组织宣传费、场地租金等，这些费用都与样本量 n 无关；c_n 为每调查一个样本所需的费用，如调查费、差旅费等。

（二）误差函数

如果只考虑抽样调查的精度要求，则可利用误差限或误差函数来确定样本量。

$$p(|\hat{\theta}-\theta|\leqslant d)=1-\alpha \tag{7-2}$$

式中，p 或 $1-\alpha$ 为估计误差不超过 d 的概率；$\hat{\theta}$ 为估计量；θ 为总体真实值；d 为允许的绝对误差。当样本量足够大时（$n\geqslant30$），样本的分布可以用正态分布来近似表示。

（1）在重复抽样方式下：

$$d=t\sqrt{V(\hat{\theta})}=tS(\hat{\theta})=\frac{tS}{\sqrt{n}} \tag{7-3}$$

$$n=(t^2s^2)/d^2 \tag{7-4}$$

式中，t 为正态分布的双侧α 分位数；$V(\hat{\theta})$ 为 $\hat{\theta}$ 的方差；$S(\hat{\theta})$ 为 $\hat{\theta}$ 的抽样误差；s 为样本均值的标准差。

（2）在不重复抽样方式下：

$$d=t\sqrt{V(\hat{\theta})\left(1-\frac{n}{N}\right)}$$

或

$$d=tS(\hat{\theta})\sqrt{\left(1-\frac{n}{N}\right)}=\frac{ts}{\sqrt{n}}\sqrt{\left(1-\frac{n}{N}\right)} \tag{7-5}$$

即

$$n=Nt^2s^2/(Nd^2+t^2s^2) \tag{7-6}$$

例如，要调查某市郊区的每户平均年收入，已知该郊区共有1 100户，收入特别高和特别低的约有100户，余下的1 000户收入大致呈正态分布，高收入户与低收入户之间的年收入大约相差400元。若要估计收入正常的1 000户的户均收入，以95.45%的置信系数保证估计误差不超过20元，应抽多少户作样本？

解：由于总体的方差未知，但已知收入服从正态分布，而且高收入户与低收入户之间大约相差400元，根据全距与标准差的关系，大约95.45%的户在$\pm 2s$之间，因此$4s=400$，$s=100$，$s^2=10\ 000$。

$$n=Nt^2s^2/(Nd^2+t^2s^2)=90.91\approx 91$$

即大约要抽91户。

四、抽样误差

在市场调查中，样本规模的选择会导致抽样过程产生一定的误差。由于抽样调查不是对总体中的每个个体进行调查，而是按照随机原则抽取其中的一部分作为样本进行调查，并以此来推断总体，因此如果所抽取的样本的结构不足以代表总体结构，就会导致样本指标与总体指标产生差异。这种差异就是抽样误差。

抽样误差反映了样本代表性的大小：抽样误差越小，表明样本对总体的代表性越强；反之，抽样误差越大，表明样本对总体的代表性越弱。抽样误差在抽样调查中是不可避免的，但我们可以运用数理统计方法加以计算，并将其控制在一定的范围内。

（一）影响抽样误差大小的因素

抽样误差的大小主要受以下三个因素影响。

1. 总体方差 σ^2 的大小

总体方差 σ^2 代表的就是总体各单位（个体）之间的差异程度。在其他条件不变的情况下，总体方差越大，抽样误差就越大；反之，抽样误差越小。如果总体各单位之间没有差异，也就不会存在抽样误差，哪怕只抽取一个单位也能代表总体的情况。

2. 抽取的样本量 n 的大小

抽样误差的大小可由样本量的调整得到控制。在其他条件不变的情况下，抽取的样本单位数越多（样本量增大），抽样误差就越小；反之，抽样误差就越大。随着样本量的增大，样本结构会越来越接近总体结构；当样本量等于总体的单位个数时，也就是对总体的全面调查，此时也就不存在抽样误差了。

3. 抽样调查的组织方式和抽样方法

抽样调查的组织方式和抽样方法对抽样误差也有一定的影响。采用不同的抽样组织方式和抽样方法，其抽取的样本对总体的代表程度不同，抽样误差也会不同。比如，简单随机抽样比分层抽样、整群抽样的误差要大，重复抽样也比不重复抽样的误差要大。

（二）抽样误差的计算

以简单随机抽样为例，其样本平均数和样本比例数的抽样平均误差是不一样的，其计算公式如下。

1. 样本平均数的抽样平均误差

在重复抽样条件下：$\mu_x=\sqrt{\dfrac{\sigma^2}{n}}$　　(7-7)

在不重复抽样条件下：$\mu_x=\sqrt{\dfrac{\sigma^2}{n}\left(1-\dfrac{n}{N}\right)}$　　(7-8)

式中，μ_x 为样本平均数的抽样平均误差；σ^2 为总体方差；n 为样本量单位数；N 为总体单位数；$1-\dfrac{n}{N}$为修正系数。

2. 样本比例数（成数）的抽样平均误差

在重复抽样条件下：$\mu_p=\sqrt{\dfrac{p(1-p)}{n}}$　　(7-9)

在不重复抽样条件下：$\mu_p=\sqrt{\dfrac{p(1-p)}{n}\left(1-\dfrac{n}{N}\right)}$　　(7-10)

式中，p 为总体比例数（频率）；μ_p 为样本比例数（成数）的抽样平均误差。

基本概念

总体	样本	随机抽样	非随机抽样
抽样框	简单随机抽样	等距抽样	整群抽样
分层抽样	判断抽样	方便抽样	配额抽样
滚雪球抽样	抽样计划	样本规模	

思考题

1. 抽样调查的特点是什么？
2. 简述随机抽样和非随机抽样的分类。
3. 讨论随机抽样和非随机抽样的优点和缺点。
4. 抽样设计的原则是什么？抽样设计包括哪些步骤？
5. 确定样本规模要考虑哪些因素？

案例分析

广告活动成效分析

根据本章开篇引例的介绍，A公司前后两次调查结果的变化反映出广告活动的成效，因为公司在上一年度中一直没有对市场销售策略作任何改变。

电话跟踪调查的结果显示，用户对A公司的无提示认知度（即回答问题：当您需要投保健康险时，您想起的公司有哪些?）由预测试中的21%提高到事后测试中的25%。预测试中有42%的客户对A公司的形象持肯定态度，在事后测试中，这一比例提高到44%。虽然两个关键的衡量指标都有所增长，但效果还不明显。更为重要的是，两次测试选取的样本量过小，一共只选择了100名顾客作为随机样本。对认知度的测定，其抽样误差在置信度为95%时为±8.7%，形象测定为±9.9%。

由于抽样误差相对较大，认知度和企业形象前后变化相对较小，公司只能认为事后测试中认知度在［16.3%，33.7%］区间范围内变化的置信度为95%；在企业形象方面，公司只能认为对公司形象持肯定态度的顾客比例在［34.1%，53.9%］区间范围内变化的置信度为95%。要测量的变化比较小，误差又比较大，使A公司无法确定到底哪一项测试对象确实发生了变化。

公司的总经理现在正为广告费用发愁，不知道广告包装和促销活动能否达到预期的效果。他认为有必要进行一次更为精确的测试，以便对广告包装和促销活动到底能产生多大效果得出最后的结论。

资料来源：陈戈止．市场信息调查与分析．成都：西南财经大学出版社，2007.

▶ 问题：

1. 事后测试的误差是怎样计算出来的?

2. 如果总经理要求认知度和公司形象的实际值在估计值的范围内，置信度为95%，那么需要多大的样本量?

3. 其他条件同上题，如果置信度为99.5%，需要多大的样本量?

第8章
实验法

学习目标

- 理解实验法的概念和特点。
- 了解实验法的实施过程。
- 了解实验法的优缺点。
- 了解实验法的实际应用。

引例

霍桑实验是管理学历史上备受瞩目的研究之一。这一系列在美国西方电器公司所属的霍桑工厂进行的研究，起因于试图探索一个关于生产效率的问题：工作场所的照明对工人的生产效率会有怎样的影响。霍桑实验分为四个阶段。

一、照明实验

当时在生产效率理论中占统治地位的劳动医学观点认为，影响工人生产效率的可能是疲劳和单调感等，于是提出通过提高照明度减少疲劳，提高生产效率。研究者经过两年多的实验发现，照明度的改变对生产效率并无影响。当实验组照明度提高时，实验组和对照组都增产；当实验组照明度下降时，两组依然都增产，甚至将照明减至近似月光一般的程度，产量依然增加。到 1927 年 4 月，照明实验被放弃了。研究者指出，照明度并不重要，出现两组均增产的情形很可能是由于人类个体的心理状态。

二、继电器装配检验室研究

该实验的目的是进一步探索影响生产效率的主要因素，包括改变工资、改变休息时间等。研究者发现，减少疲劳只是工间休息时间的一个结果而非产量增加的原因，然而，休息时间能给予工人更多的机会进行社会交往，改善工人的精神状态，精神状态比其他任何因素更能解释工人生产效率的提高。特纳教授将引起产量增加的因素按重要性排列为：(1) 组成小团体；(2) 监工的类型；(3) 收入增加；(4) 对实验的新奇感；(5) 公司管理者和调查者对实验室工人给予的关注。

三、访谈实验

以哈佛大学梅奥教授为首的哈佛研究小组在工厂中进行了访谈实验。实验要求工人就管理当局的政策、工作条件等问题作出回答，但工人更想就提纲以外的事情进行交谈。

为此，研究者改变了访谈方式，工人可以发表任何意见，访谈者的任务只是详细记录工人的不满和意见。访谈计划持续了两年多，工人的产量明显提高。这个实验表明：工人长期以来对工厂的管理制度和方法存在不满，无处发泄，访谈计划的实行给他们提供了发泄机会。工人发泄后心情舒畅，士气提高，产量随之提高。

四、绕线室研究

梅奥等人在这个实验中选择了14名男工在一间隔离的观察室中从事绕线、焊接和检验工作，并且对这个班组实行集体刺激工资制。调查者原来设想，实行这套奖励办法会使工人更加努力工作，以便得到更多的报酬，但观察发现，工人对于“公平的一日工作量”有明确的理解，它低于管理当局所规定的产量，并且每个工人的日平均产量都差不多，既不超过也不低于那个非正式的产量标准。进一步的实验发现，绕线室14个人的正式结构之中有两个小集团或非正式组织，由此，研究者提出“非正式群体”的概念，认为在正式的组织中存在着自发形成的非正式群体，这种群体有自己特殊的行为规范，对人的行为起调节和控制作用，同时加强了群体内部的协作关系。

五、实验结论

（1）工作条件和生产效率之间没有直接关系。

（2）提高生产效率的决定因素是员工的情绪而不是工作条件。

（3）关注员工的情感和员工的不满情绪有助于提高生产效率。

（4）群体中存在非正式群体。

资料来源：丹尼尔·雷恩．管理思想的演变．北京：中国社会科学出版社，1986.

第1节　实验法概述

一、实验法的概念和特点

实验法是因果关系调研中最常用的方法之一，其目的在于确认和建立不同变量或因素之间的因果关系。调查者通过有目的、有意识地改变或控制一个或几个自变量的方式，测量它们对因变量的影响。在营销调研中，调研人员使用实验法来为企业的营销决策提供参考依据。

实验法除了发现因果关系这一本质特点外，还有其他特点：

（1）实践性。实践性是实验法最突出的特点。进行实验时，实验人员需要眼看、口问、耳听还要动手做，在实践的基础上研究调查对象的本质规律与因果关系。因此，没有一定的实践活动，就不能称为实验法。

（2）主动性。实验法有计划地改变调查对象所处的社会环境，通过处理和控制自变量来研究其和因变量间的因果关系，电话调查法、邮寄调查法、观察法、人员访问法等都不涉及改变调查对象所处的社会环境。

（3）综合性。综合性是实验法的另一个重要特点，实验不仅是不断收集资料的过程，而且是不断研究资料的过程，因此，实验人员一般都要采用其他调查方法作为辅助，并根据需要综合运用。

（4）动态性。在其他调查方法中，调查对象一般都处于相对静止的状态，实验法则不同，随着自变量与社会环境的不断变化、实践活动的不断进行，因变量也必然在不断运动与变化。

二、实验法的基本要素

（一）自变量与因变量

自变量是实验过程中调查者所能控制、处理，其效果可以测量和比较的变量或因素，如广告形式、外形设计、包装样式、定价策略、分销渠道等。对自变量的处理也称为实验处理。

因变量是受自变量影响的变量。常见的因变量有销售量、消费者满意度、品牌认知度、市场占有率等。例如，某公司想调查产品 A 的降价对其销售量的影响，于是就将原来 10 元的售价降为 8 元，持续销售一个月后发现 A 产品的销售量比过去增长了 20%。在此例中，产品 A 的价格是自变量，产品 A 的销售量是因变量，企业通过改变自变量（价格）测量其对因变量（销售量）的影响。

（二）前测与后测

前测是在改变自变量或施加影响之前，对因变量进行的测量；后测是在改变自变量或施加影响之后，对因变量进行的测量。还以产品 A 为例，没有降价前（售价为 10 元时）对销售量的测量就为前测；售价降为 8 元并持续销售一个月后，对销售量的测量就为后测。将前测与后测的结果进行对比，就可以大致分析出自变量对因变量的影响：价格下降使销售量增加。

（三）实验组与对照组

实验法很少只观察接受实验刺激的实验组，往往也观察未受实验刺激的对照组。

实验组是施加了影响或改变了自变量的被试组；对照组则是没有施加影响或自变量没有改变的被试组。例如，生产 A 产品的企业决定先在北京实行降价，将售价降为 8 元，销量情况与北京基本相当的上海、广州的售价则保持不变，一个月后测得北京的销售量比另两个地区多 20%。此例中，北京的市场就为实验组，上海、广州的市场则为对照组。通过实验组与对照组可以判断自变量对因变量的影响：价格下降使销售量增加。

延伸阅读　企业公益活动与消费行为的实验法调查

三、实验法的实施过程

实验法必须按科学的步骤进行，以保证实施过程严谨，结果真实准确。实验法的实施过程一般包括如下步骤。

（一） 准备阶段

1. 确定研究目的

调查者在开展实验前，先要明确研究目的，比如要研究降价对销售量的影响、更换包装对销售量的影响或广告对品牌认知度的影响等。需要注意的是，研究目的需要具有可行性，如可以结合成本收益来考虑目标的可行性。另外，对于耗时太久，花费人力物力太多，操作太困难的研究目标，可以考虑采取其他调研方法。

2. 提出研究假设，确定实验变量

调查者通过对市场现象的了解和理性分析，结合营销管理经验，提出市场现象（因变量）与各种影响因素之间的因果关系，这是实验的前提。只有提出研究假设，才能确定因变量、自变量、实验环境、实验活动、实验测量的具体内容。在确定自变量时，需要同时确定自变量的水平。自变量的不同变化称为水平，一个自变量通常有两个、三个或三个以上的水平。比如更换产品新包装时，新包装有设计一、设计二、设计三共三个水平。此外，在具体实验中，根据研究问题的需要与特点，自变量可以是一个或多个。

3. 进行实验设计，确定实验方法

调查者需要根据调研目标、实验费用、变量特性以及对内部效度与外部效度的要求等因素来确定实验设计的种类，明确实验开展的场所（实验室实验和/或现场实验），制定详细的实验设计方案，明确如何控制自变量，如何开展实验活动，如何进行测量等具体的实验步骤。合理科学、适合研究目标的实验设计，是实验法成功的关键。

4. 选取被试单位

根据调研目标，被试单位有不同的大小和范围，被试单位可以是一批消费者，可以是零售商，如超市、商场，也可以是某个城市与地区的市场。实验室实验中，被试单位的范围较小，一般是一批被试者；现场实验中，被试单位的范围较大，一般是零售商与市场。调查者在选取被试单位时，根据实验设计，可采取随机抽样方法或非随机抽样方法。此外，被试单位对总体必须有较高的代表性，同时也要考虑实验活动的方便性。

（二） 实施阶段

一切准备就绪后，调查者就可按照实验设计进行实验。在实验过程中，调查者要对测量结果与实验结果认真记录。需要注意的是，记录时应按实验设计中规定的测量记录方案对收集到的数据进行实时有效的记录。

（三） 估算实验效果、分析数据，得出实验结论阶段

1. 对比估算实验效果

调查者需要根据实验记录的资料做实验检测。主要用对比方法来观察实验的效果、

自变量对因变量的影响程度，并对其进行数量测定。

2. 分析数据

实验完成后，调查者必须对数据进行详细、彻底的分析。这些分析包括：（1）实验结论的效度；（2）自变量与因变量的相关程度；（3）自变量导致的因变量的变动幅度和变动率；（4）可能影响实验效果的其他因素；（5）实验误差。

3. 检验假设，得出实验结论

对数据进行统计分析，如运用方差分析、回归分析等方法对研究假设进行验证，并得出研究结论。

四、 实验法的评价

实验法在营销调研与研究中运用得越来越广泛，对其进行客观的评价，分析优点与缺点将更有利于调查者选择与使用实验法。实验法的优点与缺点如表 8－1 所示。

表 8－1 实验法的优点与缺点

优点	缺点
方法科学，针对性强：调查者可以根据调研需要，设计合适的实验方案，有针对性地对调研对象进行详细研究	内部无效度：现场实验中，难以完全排除外在因素与外生变量对实验结果的影响，从而会影响实验结果
结果的客观性、实用性强：实验法排除了调查者的主观估计偏差，有效控制实验环境与变量，并可进行重复实验，因此，所获数据的有效性强，调研结果精准性和可靠性高	外部无效度：若被试者无法代表现实消费者，实验室也无法代替真实市场，则实验结果难以“概化”到真实的市场中，因此，实验中成功的策略不一定适合真实情况
方法具有可控性与主动性：调查者主动引导市场因素变化，并通过控制其变化来研究该因素对市场产生的影响	费用高，耗时久：实验法要求专门人员进行操作，难度较大，对实验组与对照组的多次测量增加了实验费用，而且现场实验在短时间内难以获得可靠的结果，花费的时间较长

第 2 节 实验效度与误差

一、 实验设计中的效度问题

通过实验得到的变量间的因果关系也就是实验结果，能在多大程度上反映变量之间真实的因果关系，这是实验效度要考虑的问题。实验效度问题包括内部无效度与外部无效度两种，任何一项实验设计都必须依据具体情况来兼顾这两种效度问题。

（一）内部无效度

内部无效度是指实验结论没有正确地反映实验本身，就是说调查者不能确定因变量的变化是由其对自变量的处理操控引起的。例如，A产品将售价降为8元后销售量增加了20%，真的是降价导致了销售量的增加吗？销售量的增加还有可能是因为A产品的替代品B在这时正好涨价或是被查出产品质量不合格，导致消费者增加了对A产品的购买；又或是A产品的销售促进活动起到了引导观众购买的作用，使得A产品顿时流行起来，导致销售量增加。这些因素都使得调查者无法确定是不是实验研究的自变量的变化造成了因变量的变化。实际上在任何时候，只要实验以外的因素（通常称为外生变量）影响了因变量，就会产生误差，造成内部无效度。具有内部效度是实验设计必须满足的要求，缺乏内部效度，就无法建立变量间的因果关系。

（二）外部无效度

外部无效度关乎实验结果能否“概化”到现实世界，即实验结果能正确地反映实验过程，但能推广适用于实验之外的情况吗？例如，生产A产品的企业决定更换一款新包装来提高A产品的销售量，于是挑选了北京的两家超市C和D分别作为实验组与对照组进行实验，即C超市售卖新款包装的A产品，D超市还是售卖原包装的A产品，实验结果为C超市的销售额比D超市增加了10%，如果实验结果具有内部效度即不存在包装外的其他因素对销售量产生影响，则可以说，新包装比起原包装更受消费者的欢迎。企业作出更换新包装的决策后，A产品的各地区销售量或全国总销售量都将增加吗？情况或许是：其他地区消费者不喜欢新的包装而减少购买，又或许连北京的销售量都有所下降，也就是说整个北京市场的消费者总体上不太喜欢新包装。倘若如此，则表明通过C和D两家超市进行实验所得出的结果并不适用于真实的市场，因而实验缺乏外部效度。因此，当调查者能够确定实验结果适用于实验之外的情况时，就可以说实验有外部效度。实验结果越具有普遍意义，使用的范围越大，实验的外部效度就越高。

二、常见误差

自变量以外的会对因变量或实验结果造成影响的变量统称为外生变量。外生变量通常也称作混淆因素，因为它混淆了实验处理，使调查者无法确定因变量的变化是不是都由自变量的变化引起的。外生变量将导致实验结果出现误差，降低实验的效度。外生变量导致的常见误差如下：

1. 选择误差

选择误差是由于实验组和对照组在实验前就存在差异，包括态度、行为、偏好、反应倾向等，从而导致实验结果失真的误差。如果被试者自己选择分组或由调查者根据主观判断将其分组，就容易产生选择误差。若根据随机原则来进行分组，则可以减少或消除这种误差。

2. 前期测量误差

前期测量误差是指前一次测量对后一次测量有直接的影响，从而使实验结果失真的误差。当被试者知道他们正在被观察或测量时，最容易产生前期测量误差。比如，某服装品牌想调查新广告对消费者购买欲望的影响，于是选择了一批被试者，在投放广告前测量他们对本品牌的喜爱程度，在多大程度上想购买本品牌的服装。一些被试者之前可能从来没听说过这个品牌或者只是有所耳闻但没仔细了解过，因此在前测中对该品牌的评价较低，但正是因为这一次前测，使得他们认识了这一品牌，进而可能对该品牌产生兴趣。投放广告半年后，再对这些被试者进行测量，发现他们对品牌的喜爱度与购买欲望明显提高了，这或许是因为广告，或许是因为周围越来越多的人在穿，也可能是其他的原因，但更为可能的原因是前测使他们第一次知道、了解了这个品牌，进而在之后喜欢上了这个品牌。

3. 相互作用误差

相互作用误差是指由于前一次测量使被试者对实验中自变量的变化更加敏感而导致的误差。前期测量误差侧重于前一次测量本身对实验结果造成的影响，相互作用误差是指前一次测量提高了被试者对实验中自变量的敏感度，从而影响其态度。例如，某服装品牌想调查新广告对消费者购买欲望的影响，当被试者不是因为前测本身而对品牌产生兴趣进而产生影响，而是被试者对于前测中涉及的相关自变量很敏感，比如价格、广告形式，特别容易受这些自变量的影响，才增加对这一品牌的消费，那么实验结果中就会出现相互作用误差。

4. 反应误差

在实验中，被试者并非完全被动，他们可能会根据实验环境或实验组织者的行为来判断他们认为应该选择的正确答案。一旦被试者试图揣摩并迎合调查者的心思，实验结果就会产生反应误差。譬如，绿色消费态度-行为差距常见的解释是，由于研究中常使用自我报告的方式获取数据，造成绿色消费态度可能被高估，亦即数据往往反映了被试者的显性态度，难以反映其隐性态度，显性态度通常会呈现出满足社会期望的倾向。

5. 历史误差

历史误差是指在实验过程中的两次测量之间，对因变量有一定影响的偶然事件发生使得实验结果产生误差。比如，A产品公司想通过促销活动来提升销售量，但在促销期间正好因为替代产品大幅降价与新的竞争产品出现，使得促销的效应完全被抵消了，造成促销前后销售量没有明显变化。此时得出的结论“促销对销售量的提升没有效果”，就存在历史误差。

6. 工具误差

工具误差是指实施测量时，由于测量工具或测量程序的改变而引起的误差。比如，前测时使用量表对被试者进行测试，后测时却变成了运用深度访谈法、观察法或其他方法进行测试，这两次测量的结果就可能因为测量工具的改变而形成差异，从而使得实验结果出现误差。此外，前后两次测量中，不同的调查人员因其态度、表达方式的不同，也会使测量结果出现误差。

7. 生理条件误差

生理条件误差是指在实验过程中，被试者的生理条件随时间发生变化，比如饥饿、劳累、困倦、注意力下降、反应变慢等，这些生理条件的变化会影响被试者对实验过程与自变量的敏感度，从而使实验结果出现误差。比如被试者劳累疲倦后，对于实验刺激将变得迟钝；饥饿后只想快点结束实验从而随意应付测试。生理条件误差的大小一般取决于实验的时长，实验时间越长，生理条件误差越大。

三、外生变量的控制

由于外生变量的存在会导致实验误差从而降低效度，因此需要通过控制外生变量来减少或消除误差。控制外生变量有四种基本方法：

1. 随机化

根据随机原则将被试者分组，使得与被试单位特征有关的外生变量可以看作是等量出现的，并因此可以忽略外生变量的影响。随机化方法是消除选择误差的最好方法。

2. 物理控制

物理控制是指在整个实验中，将外生变量控制在一定的数值或水平上，或是在被试者分组前，根据被试者的特征（如年龄、收入、偏好等）将其进行匹配、配对并分别划入实验组与对照组，目的是确保实验组与对照组的被试者之间没有太大差异。

3. 设计控制

设计控制是指为控制外生变量进行的特殊实验控制。例如，对新广告效果的调查是在实验室中而不是在现场进行。

4. 统计控制

如果外生变量在整个实验过程中可识别并且可测量，则可使用统计控制解释外生变量的影响，例如方差分析。

第3节　实验设计

一、实验设计的概念

实验设计是实验法中的一个核心环节，是对实验内容和步骤的策划，明确说明实验的对象、内容、做法、时间等。根据是否应用统计工具提高外部效度，实验设计分为两大类：基础性实验设计和统计性实验设计，如图8-1所示。

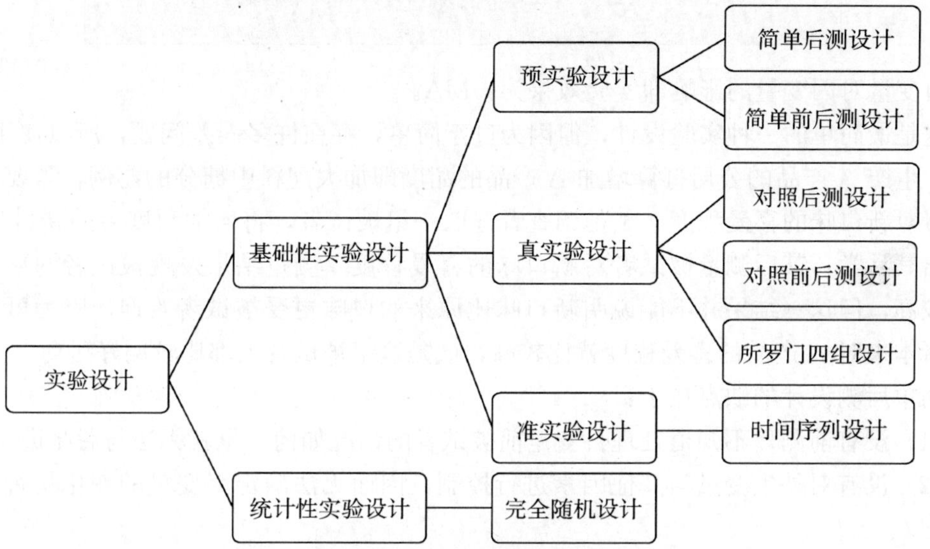

图 8-1　实验设计分类

基础性实验设计（basic design）是实验的基础，可以控制实验中可能存在的各种误差，提高实验的内部效度，因而是实验必须具备的。根据被试者是否随机分配和是否采用对照组，基础性实验设计又分为预实验设计、真实验设计、准实验设计三种，如图 8-1所示。

统计性实验设计（statistical design）是在基础性实验设计的基础上，运用统计方法控制外生变量，提高实验外部效度的实验设计方法。本章只介绍几种比较常用的实验设计。

为了分析的需要，分别规定如下符号代表的意义：

X：处理（treatment），改变自变量、对自变量的处理。

MB：前测（before measurement）。

MA：后测（after measurement）。

R：采用随机原则分配实验组与对照组的小组成员。

二、 基础性实验设计

（一） 预实验设计

预实验设计（pre-experimental design）不采用随机方法分配被试者，不控制外部因素影响，也不采用对照的方法。可以分为简单后测设计与简单前后测设计。

1. 简单后测设计

简单后测设计没有对照组，没有前测，对自变量处理后直接进行后测来判断自变量的变动对因变量的影响。用符号表示为：

X	MA

自变量对因变量的影响即实验效果为：MA。

这是最简单的一种实验设计，但因为过于简单，存在许多误差问题，所以使用较少。例如，生产A产品的公司打算增加A产品的甜度即加大配料中糖分的比例，需要调查原消费者对新口味的喜爱程度。于是调查者选取一组被试者，将增加甜度后的新口味A产品分给其品尝，其后测量被试者对新口味的喜爱程度。测量结果发现被试者的喜爱程度都比较高，但这一结果并不能说明新口味比原来的口味更受被试者欢迎，因为可能这组被试者本来对A产品的喜爱程度就比较高，或是这组被试者大都比较偏好甜食。

简单后测设计的缺点在于：

（1）没有前测，不知道处理自变量前被试者的情况如何，也就无法与后测进行比较。

（2）没有对外生变量与其他因素进行控制，因而无法确定因变量的变化是否由自变量引起。

（3）没有对照组比较，研究者只能描述观察到的结果而不能与对照组比较。

2. 简单前后测设计

简单前后测设计也无对照组，但它在简单后测设计的基础上多了前测。用符号表示为：

MB	X	MA

自变量对因变量的影响即实验效果为：MA－MB。

例如，生产A产品的公司欲通过为A产品打广告来提升消费者对A产品的认知度。在投放广告前，调查者选取各地区的一批消费者来调查消费者对A产品的认知度，然后投放广告，半年后对之前的那批被试的消费者再次进行认知度调查，结果发现，消费者对A产品的认知度明显提升了。

下面是几个简单前后测设计的例子：

- 换新包装前，在某家超市每天有50人购买，换了新包装后，每天有70人购买。
- 进行促销前，销售增长率为10%，促销后销售增长率为20%。
- 一个竞争者进入前，本公司的市场占有率为28%，这个竞争者进入后，本公司的市场占有率下降为23%。
- 原来A是产品代言人时，年销售量为500万件，换成B作为产品代言人后，年销售量增加至700万件。

这种实验设计虽然多了前测，但依然无法控制外生变量与其他因素的影响，即仍然存在内部无效度问题。例如，投放广告使得消费者对A产品的认知度提升了，但不排除有其他因素对消费者认知度产生了影响。比如自然扩散的效果：就算不打广告，人们对A产品的认识程度随着时间的推移自然也会提升；前测使得被试者格外留意A产品，从而在之后更加关注A产品，因此自然提高了对A产品的认知度，或是被试者在前测前根本不知道有 A 产品存在，正是通过前测才第一次知道了 A 产品，这也显著提高了其对 A 产品的认知度。

简单前后测设计的缺点在于：

（1）没有对外生变量与其他因素进行控制，因而无法确定因变量的变化是否由自变量引起。

（2）没有对照组进行比较，研究者只能描述观察到的结果而不能与对照组比较。

（二）真实验设计

真实验设计（true experimental design）要求调查者随机抽取分配被试者，控制外部因素影响，并且采用对照的方法，可分为对照后测设计、对照前后测设计与所罗门四组设计。

1. 对照后测设计

对照后测设计，采用随机方法分配实验组与对照组，没有前测，即在简单后测的基础上加入了对照组。用符号表示为：

R	X	MA_1
R		MA_2

自变量对因变量的影响即实验效果为：(MA_1-MA_2)。

可以对简单后测设计中的例子稍加改变，生产 A 产品的公司想通过实验来测试原消费者对 A 产品新口味（增加了甜度）的喜爱程度，故采用随机分配的方法设置了实验组与对照组。实验中，实验人员给实验组吃新口味的 A 产品，给对照组吃原口味的 A 产品，之后测量两组被试者对 A 产品口味的喜爱程度。结果发现，实验组的平均喜爱程度显著地高于对照组，则新口味使得消费者对 A 产品的喜爱程度增加了 (MA_1-MA_2)。

与简单后测设计相比，随机分配被试者能够减少或消除选择误差，消除对结果的影响，从而提高内部效度。增加对照组则为实验组提供了比较的依据，因而能够更为准确地分析新口味带来的影响。

如果没有采用随机原则设置对照组与实验组，就会因为缺乏前测而难以排除两个组在实验之前就存在的明显差异，即选择误差，例如，实验组本来就普遍喜欢 A 产品，对照组普遍不是很喜欢。随机原则消除了这些误差，相当于起到了前测的作用。

2. 对照前后测设计

对照前后测设计也称为古典实验设计，它包含对照组与实验组、前测与后测。

用符号表示为：

R	MB_1	X	MA_1
R	MB_2		MA_2

自变量对因变量的影响即实验效果为：$(MA_1-MB_1)-(MA_2-MB_2)$。

在对照后测设计的例子中加入对实验组与对照组的前测，在事前分别测量两组对于A产品的喜爱程度，然后给实验组吃新口味的A产品，给对照组吃原口味的A产品，随后进行后测。首先，对照前后测设计有了前测，能够看出两组在事前的差异，可以控制选择误差。这是因为两组是按随机原则分配的，两组差距应该不大；即使没有做到随机，通过前测也足以判断两组的起点是否相同。其次，对照前后测设计可以消除前期测量误差与反应误差，因为这两个误差对两组造成的影响基本上是相同的。

因此，若 $(MA_1-MB_1)>(MA_2-MB_2)$，则可以认为新口味的确更受消费者喜爱。

再如，生产A产品的公司决定为A产品更换新包装来提高销售量，于是随机选择了10家超市，按随机原则将它们平均分到实验组和对照组。换包装前分别对两组的销售量进行测量，得到实验组的平均销售量为每天50件，对照组的平均销售量为每天45件。然后实验组销售新包装的A产品，对照组仍然销售原包装的A产品。一个月后再分别对两组的销售量进行测量，得到实验组的平均销售量为每天58件，对照组的销售量为每天48件。因此，更换新包装的效果就是：$(58-50)-(48-45)=5$ 件/天。结果表明，更换包装后，A产品的销量可以获得提升。

古典实验设计基本上能控制绝大部分的误差，从而保证了实验的内部效度。

然而，古典实验设计不能解决相互作用误差。前测使两组被试者对自变量的敏感度都增加了，但对照组在前测之后不会受到实验的刺激，因此态度不会变化；实验组因为敏感度增加了，对之后的实验刺激即自变量改变的反应程度加大，态度改变将更为明显，这一部分效应无法得到控制与衡量，因此存在相互作用误差。

3. 所罗门四组设计

所罗门四组设计（Solomon four-group design）也称作四组六次设计，包含两个实验组和两个对照组，其中，一个实验组与一个对照组只有后测不进行前测，被试者按随机原则进行分组。用符号表示为：

第一实验组 R	MB_1	X	MA_1
第一对照组 R	MB_2		MA_2
第二实验组 R		X	MA_3
第二对照组 R			MA_4

这种设计方法可以解决相互作用误差。对于第一实验组，因为有前测，在结果中可能存在相互作用，第二实验组没有进行前测，因而不会产生相互作用。通过这两个实验组就能测定相互作用误差。第一实验组与第一对照组的前后测差异分别为 (MA_1-MB_1)、(MA_2-MB_2)，对于第二实验组与第二对照组，虽然缺乏前测，但因为四个组是随机分配的，所以四组的起点可以认为是相同的，可将第一实验组与第一对照组的前测平均值 $1/2(MB_1+MB_2)$ 作为这两组的前测值。

则四组的前后测差异分别为：

第一实验组：(MA_1-MB_1)

第一对照组：(MA_2-MB_2)

第二实验组：$MA_3-1/2(MB_1+MB_2)$

第二对照组：$MA_4-1/2(MB_1+MB_2)$

自变量对因变量的影响即实验效果，通常根据第二实验组和第二对照组之间的差异测定，即

$$[MA_3-1/2(MB_1+MB_2)]-[MA_4-1/2(MB_1+MB_2)]$$

将第一实验组与第二实验组进行对比，则可以测定相互作用误差：

$$(MA_1-MB_1)-[MA_3-1/2(MB_1+MB_2)]$$

所罗门四组设计基本能够控制所有的常见误差，保证实验的内部效度，因此称为理想的实验模型，但在实际应用中存在两个主要障碍：一是操作复杂，耗时久，耗费的资金量大；二是所需要的样本比较多。

（三）准实验设计

真实验设计所需的各项条件在现实环境下往往难以满足，比如被试者有时无法按调查者的意图随机分配到不同的组中，另外组建一个严格可对照的对照组有时也比较困难。当不能完全操纵自变量变化的时间和/或将被试者随机分配到不同组中时，可以采用准实验设计（quasi-experimental design），即采用部分真实验的方法或措施来控制实验误差。

在实际中，应用价值较大的主要是时间序列设计（time series experiment）。时间序列设计在自变量变化前后，分若干时点对因变量进行重复测量，从处理前后因变量的变化趋势上分析自变量对因变量的影响程度。前测、后测的次数可以不同，但不宜少于3次。用符号表示为：

$$MB_1\ MB_2\ MB_3\cdots MBn\quad X\quad MA_1\ MA_2\ MA_3\cdots MA_n$$

以A产品投放广告为例。在投放广告之前，分四个时段以月为单位测量A产品在某一地区的销售量，分别为10万件、11万件、13万件、15万件；投放广告后，再分四个时段以月为单位在同一地区测量A产品的销售量，分别为23万件、27万件、32万件、36万件。在第四次测量（15万件）和第五次测量（23万件）之间有一个大的跳跃式的变化，并且后四次测量中，销售量（因变量）的增长趋势明显快于投放广告之前的四次测量，因此可以认为，投放广告确实促进了销售量的增长。

时间序列设计的缺点在于：无法控制外生变量的影响，容易出现历史误差；多次的测量会导致产生相互作用误差。

（四）基础性实验设计对实验误差的控制作用

上述六种实验设计对各种误差的消除程度与控制程度不一，各有利弊。调研者选择何种实验设计需要综合考虑调研课题的目标、实验费用、变量特性、对效度的要求等因

素。六种实验设计对实验误差的控制程度如表 8-2 所示。

表 8-2　基础性实验设计对实验误差的控制程度

实验设计	可能的误差					
	历史误差	前期测量误差	相互作用误差	选择误差	工具误差	生理条件误差
简单后测设计	差	好	好	差	好	差
简单前后测设计	差	差	差	好	差	差
对照后测设计	好	好	好	差	好	好
对照前后测设计	好	好	差	好	好	好
所罗门四组设计	好	好	好	好	好	好
时间序列设计	差	好	差	好	差	好

三、 统计性实验设计

统计性实验设计以基础性实验设计为基础，可以同时进行多个基础性实验，并运用统计方法进行控制和分析，提高实验的外部效度。此外，它还能够测量多个自变量对因变量的影响，并控制一些可能影响实验结果的外生变量。当需要对每个被试者进行不止一个项目的测量时，统计性实验设计是一种比较经济的设计。这里简要介绍完全随机设计。

完全随机设计在对照后测设计的基础上，考虑了一个自变量的多个水平或多种形式对因变量的不同影响。这种设计要求每个组的被试者都按照随机原则确定，这就要求实验有相当大的样本量。

当企业想在一个新产品的几种形式、一个产品的几个代言人、一个产品的几种包装中选择效果最佳的一种时，就可以采用完全随机设计。比如生产 A 产品的公司想在三个新口味中选取最受欢迎的一个口味进行生产，可随机挑选 40 家超市，并随机分成四组，其中，三组作为实验组，分别试吃甲、乙、丙三种口味，一组作为对照组吃原来的口味。用符号表示为：

延伸阅读　购后时间间隔对降价导致后悔情绪影响的探讨

R	X（甲）	MA_1
R	X（乙）	MA_2
R	X（丙）	MA_3
R		MA_4

接下来对各组进行后测，采用数据分析工具对实验结果进行分析。在实验室实验中，经常使用完全随机设计。

基本概念

实验法　　内部效度　　外部效度　　实验设计

思考题

1. 什么是实验法？实验法的特点有哪些？
2. 实验法的基本要素有哪些？
3. 实验法的实施过程包括哪些步骤？
4. 实验中存在哪些常见误差？是什么导致了这些误差？
5. 有哪些基本的实验设计方法？各有什么缺点？
6. 实验法有哪些优点和缺点？

案例分析

感官营销

感官营销（sensory marketing）是指融入消费者五种感官体验（触觉、视觉、味觉、嗅觉和听觉）并影响消费者的感知、判断和行为的营销方式。近年来，一些营销学者开始研究消费者的五种感官体验如何运用到营销活动中。

甜味能唤起人们对人际关系的兴趣，且被证明可以预测亲社会人格。这导致消费者在品尝甜味时会展现出更加亲和及愉悦的态度，对于商家的服务补救措施是认可及满意的。相反，苦涩的味道会引起敌意，加深道德厌恶，且苦味刺激相比甜味会引起更多的负面评价。当消费者面对服务质量差这类负面事件时，苦味会使消费者对商家的服务质量进行更严厉的道德谴责，形成对商家服务的负面印象，对随后商家的服务补救措施产生质疑与不满，从而造成服务补救措施整体满意度下降。综上，提出研究假设：甜味感知相比苦味感知，更能提高消费者对于商家服务补救措施的满意度。该项研究运用实验法对这一假设进行检验。

一项研究从国内某大学随机招募了124名被试者（男生58名，女生66名，平均年龄23.02岁）。任务一：需要猜测不透明箱内食品的口味，首先引导被试者来到不透明箱前，并告知被试者箱内有三种不同口味的糖果，需要从不透明箱内随机抽取一种口味的糖果品尝后进行味道判断，被试者被随机分为三组（甜味组、苦味组、先苦后甜组），每组箱内其实只有同一种口味的糖果。当被试者品尝完之后，邀请被试者进行第二项任务，对该情境中的措施作出相应判断。具体实验情境：试想您和您的朋友打算选择一家心仪已久的餐馆进行用餐，为了避免排队浪费时间，在赶往餐馆之前用App网上进行了预订，但到达餐馆时发现因为餐馆系统故障并未预订成功，用餐需要重新排队，重新排队过程中服务人员并未提供任何服务（包括提前点单服务、热水服务等），这时您希望服务人员能够告知您大约还需等待的时长，但服务人员并未理睬。这时您向餐馆经理反映了这个情况，餐馆的补救做法是：餐馆经理诚恳地道歉，并承诺这次消费打7.5折。在两项任务完成后，被试者需填写一个7点量表以测量对服务补救措施的满意程度，还要完成关于产品口味判断的问卷。

对实验结果的方差分析表明，不同味觉组的被试者对于服务补救措施的满意度存在显著差异。进一步分析，甜味组的被试者对于服务补救措施的满意度显著高于苦味组与先苦后甜组，而先苦后甜组被试者对于服务补救措施的满意度显著高于苦味组。实验结果验证了先有甜味刺激时，被试者对于后续服务补救措施的满意度更高，而苦味刺激的结果相反；先苦后甜组对于服务补救措施的满意度介于两者之间，这可能由于苦和甜具有类似的传导机制过程，因此两者的结合反而弱化了个体对于不同口味的感知。实验表明，味觉刺激确实能够影响个体对于服务补救措施满意度的判断。

资料来源：刘凤军，等．味觉感知与隐喻对服务补救的影响研究．南开管理评论，2021，24（6）：82－93.

3

PART THREE

| 第3篇 |

营销调研数据处理

第9章

收集营销调研数据

学习目标

- 掌握数据收集过程中可能产生的误差种类。
- 理解如何进行数据收集的质量控制。
- 掌握对无应答和不可靠应答的处理方法。

引例

2022年2月5日，北大荒农垦集团有限公司深入哈尔滨市营销网点进行实地走访调研，以保障节日期间市场供应和食品安全。集团主要负责人率调研组先后来到北大荒绿色智慧厨房旗舰店、北京华联埃德蒙顿店、大润发香坊万达店等营销网点，调研北大荒米、面、油、乳、豆制品等产品的销售情况，同时，对陈列摆放、产品包装等情况提出意见和建议。

集团要求，对营销专区、产品包装设计等方面精心规划，强化辨识度，以更加专业的服务理念和营销手段，全面展示北大荒绿色、营养、安全、健康的品牌形象。同时，春节期间，各龙头企业要坚持抱团经营理念，树立"一盘棋"思想，利用北大荒品牌优势和资源优势，在产品定位、消费群体定位、营销渠道定位上精准发力。

采用实地走访的方式，可以更好地控制数据质量，进行成功的营销调研，并有助于北大荒产品在自营店面和各大商超均展现良好形象，在消费者心中形成一定的认知度和关注度。

资料来源：北大荒农垦集团有限公司深入集团所属企业在哈市销售网点进行调研．(2022-02-06)．https://baijiahao.baidu.com/s?id=1724001697422501237&wfr=spider&for=pc.

成功的营销调研可以辅助企业管理者决策，通过有效满足消费者需求赢得市场。失败的营销调研可能误导企业管理者决策，甚至给企业带来致命的打击。因此，营销调研活动要保证在整个过程中都遵循科学规律，通过努力减少误差并对数据进行质量控制，来提升营销调研的可靠性。

第 1 节　数据收集过程中可能产生的误差

调研结果的有效性直接与抽样误差和非抽样误差的数目及规模有关。本书第 7 章讨论了抽样误差。本节主要讨论实际数据收集中相关的误差来源，并对误差来源进行归类分析。

我们可以将数据收集过程中可能产生的误差分成两大类。第一大类是调查人员进行问卷调查时产生的误差，即调查人员误差。必须注意的是，无论是自己动手进行数据收集，还是请专业的数据收集者进行数据收集，都有可能产生调查人员误差。第二大类是由被调查者造成的被调查者误差。当然，此类误差的产生与采用何种数据收集方式无关。在每一个大类下面，我们又作如下区分：故意误差和非故意误差。前者是有意造成的，后者是在无意中产生的。

一、调查人员误差

（一）故意误差

调查人员的故意误差是调查人员出于某种目的扭曲或篡改规则，有意识地作弊，编造、修改或删除调查数据所造成的。它是误差产生的最基本原因，主要表现为调查人员欺骗和诱导被调查者两种方式。

1. 调查人员欺骗

调查人员欺骗是指调查人员故意伪造调查问卷。产生欺骗的主要原因可能源自报酬体制和工作机制，比如电话调查或街头拦截访问通常按完成调查问卷的份数支付报酬，调查问卷的完成数量会受到客流量和被调查者是否符合要求的影响。在报酬较低、工作时间较长、工作进展困难的情况下，调查人员为了在一定时间内完成一定数量的调查问卷，就有可能伪造调查问卷。

2. 诱导被调查者

诱导被调查者表现为调查人员在用词或肢体语言方面影响被调查者的回答。最坏的情况是调查人员可能改变问题的用词以诱导被调查者。例如，调查人员将问题“您关心环境保护吗?”改为“难道您不关心环境保护吗?”就会影响被调查者的回答。

（二）非故意误差

非故意误差是指当调查人员犯了错误却误以为自己操作正确时产生的误差。它包括三大类，分别是调查人员的个性特征误差、调查人员的误解误差和调查人员的疲劳误差。

调查人员的个性特征误差——调查过程中因为调查人员的个性特征比如性别、口音、举止、行为引起的误差。

调查人员的误解误差——调查人员自认为知道怎样进行调查，但实际操作中并没有正确认识到实际情况。

调查人员的疲劳误差——访谈过程冗长乏味，并具有一定的重复性，在进行长时间的访谈之后，调查人员容易疲倦，这时很容易造成疏漏和错误。调查人员或许跳过了问题，或是忘记检查被调查者的回答，或草草完成问卷中的某一部分，或表现出厌倦，使得那些原本愿意接受调查的人以拒绝参与而告终。

二、 被调查者误差

（一） 故意误差

有些被调查者在调查中故意谎报他们的情况，一般包括说谎和拒绝这两种方式。

被调查者说谎可能是因为对某些问题感到窘迫，也许是想保护个人隐私，也许是对调查人员抱有怀疑的态度而不愿说出自己的真实情况或想法。其实某些问题本身是敏感话题，这会使被调查者不愿据实回答，例如收入、年龄、节约能源等敏感类和道德规范类的话题。显然，被调查者知道他们应节约能源，他们中的有些人会说谎，以免被人认为自己浪费等。

拒绝是指预期的被调查者不参加调查或不回答调查问卷中的某些特定问题，也就是不响应。实际上，不响应这种情况是调查人员遇到的最常见的被调查者故意误差，被调查者或许是想保护个人隐私，或许是不愿意浪费自己的时间。

（二） 非故意误差

非故意误差是指被调查者以为根据事实提供了答案，但其实提供的答案是无效的。这种情况分为五种：误解、猜测、注意力减弱、干扰、疲劳。

被调查者的误解是指被调查者在没有理解问题的情况下回答问题或没有按照要求回答问题，包括要求选择一个答案却选了两个答案、误解术语等。例如，调查人员需要的是税前收入的数据，被调查者可能想的是去年的净收入。这样的误解不论多少，都会给调查带来麻烦。

被调查者的猜测是指被调查者在没有确切把握的情况下回答了问题。在有些情况下，被调查者会被问到一些他们知之甚少或已遗忘的问题，但他们又觉得有必要回答。在这种情况下，他们就会猜测答案，所有的猜测都可能导致误差。

被调查者的注意力减弱即被调查者对调查的兴趣降低。一般的被调查者并不像调查人员那样对调查感兴趣，而且在回答问卷的过程中，他们将发现自己参加调查的兴趣越来越弱。

问卷调查过程中还会有干扰，干扰会使被调查者注意力分散或不像调查人员要求的那样严肃认真。

被调查者对参加调查变得厌倦称为被调查者疲劳。无论在什么时候，只要被调查者对调查感到厌倦，其思考与反应能力就会降低。由于对回答问题感到厌倦，为了快点做完问卷，被调查者甚至会选择“没有意见”来回答。

数据收集过程中的误差如图 9－1 所示。

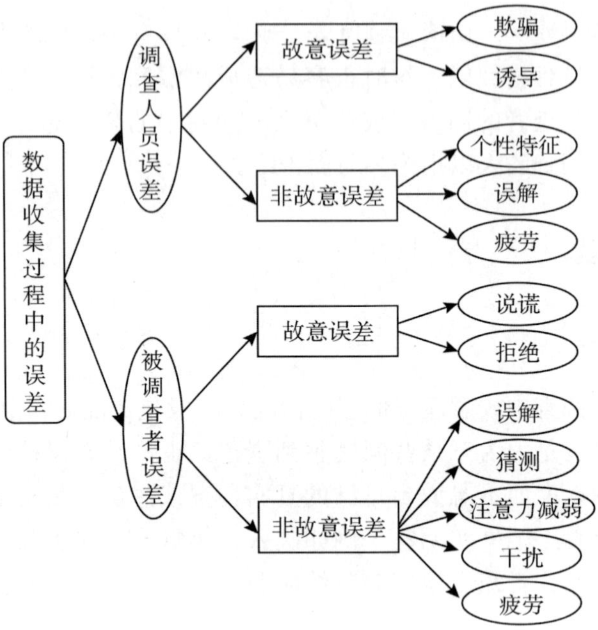

图 9－1　数据收集过程中的误差

第 2 节　数据收集的质量控制

虽然误差的存在是不可避免的，但我们可以采取措施将其影响降至最低。通过制定质量控制方法，调查人员可以确保数据收集过程中各种导致误差的因素的影响尽可能降低。

一、 质量控制的原则

按照全面质量控制的要求，数据收集的质量控制应符合以下四个原则。

（一） 控制应当是客观的

从整体上看，营销调研是由调查部门统筹、协调，各方面人员贯彻执行的。在这个过程中，免不了会出现许多人为的主观影响因素，但对调研质量的衡量和评价应当是客观的，应以规定的标准或决策所需要的准确度来衡量，不能降低标准，也不应提出过高的要求。质量控制要做到符合客观实际，就要求调查人员在进行质量控制时必须广泛了解情况，及时沟通信息，在调研过程中务必求实。

（二） 控制应当是全面的

控制的全面性原则具体表现在以下三个方面。

1. 全程性

调研活动的每个阶段都有可能出现误差，故质量控制要贯穿市场调研活动的全过程。因此，对每个阶段的薄弱环节都必须做事先防范，并对已发生的误差及时检查和修正，层层把关，以避免误差出现和流向下一个阶段。

2. 全域性

调研活动的组织管理、技术方法、经费及后勤保障等各个方面都要紧密围绕提高调查质量这个中心，统筹安排，密切配合，科学管理。

3. 全员性

全体调查人员都要有质量意识，同时各主要环节都要有专人负责。由于调研质量控制工作的主要内容是对调研过程中存在的问题进行检查和纠正，因此必须明确调研过程中发生误差的情况和纠正措施的具体落实情况，即由哪个部门及责任人承担责任。这并不意味着要单独组织一套班子，而是指在调研机构职责划分上应当明确有关质量控制的职责，职责越明确，质量控制就越有保证。

（三）控制应当是超前的

这是要求有关人员在质量控制中必须树立超前意识，放弃那种在何时出现问题就在何时解决问题的被动控制方式。一方面，要及时纠正已经出现的误差，应该认识到，这种对误差的纠正，也包含着对将来可能发生的同类误差的预防；另一方面，要根据事实和经验作出判断和推测，对可能出现的误差加以预防。

（四）控制时应处理好与其他问题的关系

质量控制始终是调研中的关键问题，这是每个调查人员都应明确的基本原则。在遵守这一原则时，也应处理好与其他相关问题的关系，诸如调研及时性和调研经费等问题。对及时性来讲，一项调研质量虽然很高，但若各级审查、逐级反馈时间过长，就会影响资料的使用，甚至使资料丧失效用。对于调研经费来讲，调研精度要求越高，调研费用一般也要相应增加。因此，在强调调研质量的同时，也要考虑调查人员的条件以及人力、财力的耗费情况。假如多耗费20%的人力、财力去降低1‰的误差，并非必须，就不应要求这样做。

二、调查人员的误差控制

（一）对调查人员故意误差的控制

有两种一般性策略可用来防止调查人员的故意误差，即监督和证实。

监督是指派管理人员对数据收集人员的工作进行监督。大部分的电话访问公司都有监听能力，即管理人员可以在任何调查人员进行访谈时，在被调查者和调查人员都不知情的情况下进行旁听或监督。监督可以有效地减少调查人员对被调查者的诱导或是不负责任的行为，保证调查人员尽可能采取正确的行动。

证实是指管理人员主要针对篡改和欺骗问题对调查人员的工作进行核实。核实调查人员工作的方法较多：一种是监督者再次与被调查者取得联系来证明他是否接受了调查；另一种是在不进行再访问的情况下，监督者也可以检查整个问卷，以发现调查人员问卷中的某种模式。这种模式会引起监督者对其是否作假的怀疑。那些伪造问卷的调查人员不可能总是小心地模仿真正的被调查者而做到天衣无缝，监督者可能会发现问卷中的不一致问题。例如，不满 18 岁的被调查者却有孩子，就可以据此对问卷真实性产生怀疑。

（二）对调查人员非故意误差的控制

处理调查人员非故意误差有两种方法：选择和培训。通过仔细选择调查人员来避免调查人员因个人性格特征而产生非故意误差，在选好调查人员之后，还有必要对其进行培训，从而避免因其举止行为不当等引起的误差。

1. 调查人员的选择

数据收集对于营销调研活动相当关键，是整个调研工作开展的基础。要保证调查数据的客观与科学，要求调查人员具有较高的素质和丰富的经验以及较好的数据收集能力。调查人员是市场调查工作的主体，是调查实施的具体执行者，在调查过程中，调查人员的素质、条件、责任心等在很大程度上制约着调查工作的质量。一个调查项目的质量除了公司本身的技术条件和研究水平外，很大程度上取决于调查人员对于每个样本的访问质量。对于调查人员的选择一般注重以下几方面。

（1）思想道德素质。由于公司通常采取将调查人员的经济收入与其调查的工作量相联系的方式，因此在调查过程中作弊的诱惑性很强。在挑选调查人员的过程中，思想道德素质是决定数据收集真实可靠的一个重要因素。

思想道德素质主要包括政治素质、道德修养、责任感等。调查人员在调查过程中应当遵守国家现有的方针政策及法律法规，具有强烈的社会责任感和事业心，同时有较好的职业道德修养，主要表现为在调查工作中能够实事求是、公正无私，绝对不能为完成任务而敷衍了事，也不能迫于压力而迎合某些单位和个人的意志。责任感在市场调查中也尤其重要，缺乏责任感的人，即使有很强的工作能力也难以按照要求完成任务。

（2）业务能力。调查人员的业务能力主要涉及以下几方面。

①语言能力。语言能力包括阅读能力、表达能力和书写能力。具有良好的阅读能力才能理解问卷的意思，明确相关要求，才能够准确无误地传达问卷中的提问项目和回答项目。一个优秀的访问人员必须口齿清楚、说话流利以及具有简明扼要表达的能力，才能够将要询问的问题表达清楚。此外，对于某些涉及不同口音和方言地区的调查，最好选择当地或者熟悉该地区口音的调查人员，这样可以提升调查人员与被调查者之间的亲切感和调查效果。调查人员的书写能力表现在能够准确、快速地将被调查者的回答无遗漏地记录下来。

②沟通交流能力。在调查过程中，总是需要和陌生人打交道，由于相互之间不了解，如果没有较好的沟通交流的能力，想要获得对方的合作就很困难。在调查中应保持态度

谦逊平和，平易近人，为对方着想，这样才能获取对方的信赖，得到相对真实的数据。

③随机应变能力。调查人员在调查过程中会遇到各种各样的调查对象，随时可能遇到突发情况，因此，调查人员要能随机应变，适应不同类型的被调查者的特点，也要具备敏锐的观察能力，判断被调查者回答的真实性。

（3）身体条件和性格。营销调研是一项非常艰苦的工作，特别是入户访问和街头拦截访问，对调查人员的体力和精力要求较高。虽然不同的营销调研项目的要求不同，但在一般情况下，调查人员应该身体健康，有良好的仪表。调查人员最好是外向型的，善交际、健谈、多倾听，懂得提出问题、分析问题和解决问题，谨慎而机敏。

（4）对调查员人口特征的考虑。调查人员的性别、年龄、受教育程度和其他背景都会对被调查者造成影响，因此，在为具体调研项目选择调查人员时要予以注意。

①性别。通常来讲，女性比男性更容易与被调查者建立合作关系。男性调查人员一般只用于访问男性调查对象，女性调查人员一般对男女两性调查对象都适合。女性调查人员适合进行家庭消费、购物方面的调查，男性调查人员适合进行关于经济形势、市场总体状况、企业产销和组织结构、人力资源管理方面的调查。

②年龄。一般情况下倾向于选择青年人作为调查人员。如果调查对象职位较高、影响较大，对其采取深度访谈、焦点小组访谈等特定调查方式时则不宜由青年人做主调查人员。

③受教育程度。调查人员的受教育程度对调查效果有很大影响，因此，一般要求调查人员有较高的文化水平。

2. 调查人员的培训

在挑选了调查人员之后，还要对他们进行培训，以提高他们的工作技能，降低拒访率，使调查工作更加有效率。另外，即使对于有较强能力的经验丰富的调查人员，也有必要针对本次调查的特点强化训练，以保证调查目的顺利实现。培训主要包括基本技能培训和项目培训。

（1）基本技能培训。基本技能培训主要是针对新聘用的调查人员进行的，针对如何进行初始接触、如何提问、如何追问、如何记录和如何结束访问等方面进行培训。其目的是使调查人员明确责任，树立信心，掌握沟通技巧等。

①责任心培训。为保证调查结果的质量，调查人员在调查过程中必须以实事求是的态度去收集市场信息，坚决杜绝弄虚作假和作弊行为。另外，调查人员不能将被调查者的个人信息以及有关个人隐私的调查结果透露给其他人员，对于涉及隐私的调查，若有其他人在场，应委婉地向被调查者说明是否另约时间。

②如何与初访者接触。初始接触要达到建立双方间融洽关系的目的。在访问时，调查人员首先作自我介绍，说明自己所属的服务机构，进行哪方面的调查，并请求对方给予配合；其次要讲清楚本调查的意义和对方被选为调查对象的理由，以提高对方的合作意识。如果被调查者拒绝配合访问，则必须按要求向督导反映或严格按要求寻找替代的调查对象。

③提出问题。由于是标准化访问，要严格按照问卷设计进行提问，对于每一个问题都要按照问卷所用词语进行提问，不得替换成调查人员自己认可的其他同义词语。提出

问题的顺序也应严格遵循问卷所列问题的顺序，不能随意变动。要把问卷所列全部问题都提出来，不得合并，更不能删除。这样做的目的是尽可能减少因调查人员的个人特征造成的误差，以便对调查数据作标准化处理。

④追问。当发现被调查者给出的答案模糊不清、模棱两可或明显前后矛盾时，需要进行追问。追问时切忌以批评、怀疑或质疑的口吻，应当采取中立的、含蓄的态度。

表 9－1 是常用的调查用语、相应的缩写及缩写符号，调查人员可以将这些缩写符号标在所提问题的旁边。

表 9－1　调查用语、相应的缩写及缩写符号

调查用语	缩写	缩写符号
还有另外的原因吗?	他因?	(＋?)
还有其他的想法吗?	另因?	(△＋?)
您的意思是什么?	意思?	(……)
重复问题!	重复!	(＜?)
哪一种更接近您的感觉?	近似?	(∽)
为什么您会这么认为?	原因?	(⊙?)
您能告诉我您的想法吗?	想法?	(?:)

⑤记录。要求全体调查人员采用统一的记录工具，字迹要清晰，不可随意涂改。要求调查人员对每一个问题都要记录，而且要在询问时记录，一般不能事后补记，实在没有得到答案的，要注明“不明”“未详”“未答”等字样。

⑥结束访问。在结束访问前要确认需要的资料是否都已经取得。为了保证数据记录的准确性，也为了消除被调查者可能的对于调查人员误记的顾虑，在结束访问前最好把主要内容和容易出错的数字答案重新核实一遍。在正式结束访问时，再次向被调查者致谢，如果对被调查者有酬谢，要按要求发放礼金或礼物，注意不要多发或少发，更不能私自隐匿。

⑦审查。在调查结束时，调查人员要检查整个问卷是否都准确完成，字迹、答案是否都清楚等，以保证问卷的有效性。

⑧访问时间、地点和场合的选择。访问时间应该是被调查者不太繁忙、心情较为舒畅的时候，如发现对方正忙于某事或心情不佳，身体不适等，应首先致歉，然后提出另约时间。对消费者的访问，可以选择在家里或公共场合；对企业管理问题的调查，要安排在工作单位。访问时最好能与被调查者单独交谈，避免他人的潜在影响和干扰。

（2）项目培训。不同的营销调研项目在访问方式、内容上都是不同的。因此，在每个项目实施前都要对实施项目的调查人员进行专门的项目培训，使调查人员了解该项目的相关要求和标准做法，以统一的模式和标准去对待调查对象。项目培训主要包括以下内容：

①行业背景简介。市场营销调查会涉及各种不同的行业，每个行业都有不同的情况和专业知识，调查人员对此未必全都了解。适当了解一些行业背景以及与调查有关的专业知识，有助于调查人员理解调查问题的含义和目的，从而更准确地理解被调查者回答

的含义。

②讲解问卷内容。向调查人员逐个讲解调查问卷中每个问题的含义，以及对如何提问、如何追问、如何记录、如何注意前后题的逻辑关系等，确保调查人员能全面了解问卷内容和有针对性的访问技巧。

③调查准备。告知调查人员在调查前需携带的各种物品，比如问卷、被调查者名单、电话、身份证明、调查介绍信、礼物等。

④其他内容。说明被调查者条件、需要完成的样本量等，以及会有相应的监督措施来检查调查质量。

三、被调查者的误差控制

（一）对被调查者故意误差的控制

控制被调查者故意误差的方法有：匿名、保密、激励、证实检查以及“第三者”技巧等。

匿名是指向被调查者说明会采取匿名的方式进行调查，以保证他们的回答不与他们个人有任何牵连。保密是指向被调查者保证他们的回答不会公开。这两种方法有助于尽可能地控制说谎行为。在确信不被公开的情况下，被调查者会更乐于表达真实的想法，从而避免说谎或错报的情况出现。

激励是指向被调查者许诺在其参与调查的情况下给予现金、礼物或其他有价值的东西作为回报。从某种意义上讲，被调查者通过接受报酬而被诱导讲出真话。被调查者可能从道义上觉得应该讲真话，因为他将得到补偿，或者说如果他接受了激励而没有实事求是，则会有负罪感。

证实检查即对被调查者提供的信息进行确认，可以让一个受过训练的对虚假回答比较警觉的调查人员来检查某些被调查者的回答以发现某些错误，如看来年老却说自己年轻等。

“第三者”技巧是从问卷设计角度出发降低误差的方法，即不直接问被调查者，而是将问题制作成针对一个与被调查者相似的关于“第三者”的问题。如对一个中年人可以这样提问：“您是否认为一个像您一样的人会使用××品牌产品来治疗脱发?”在这种情况下，大多数被调查者将从自己的角度来回答问题，因为问题的主体是一个匿名的第三者，问题本身就不会被视为私人问题。换句话说，通过谈一个虚构的第三者，被调查者将不会拒绝泄露个人信息或隐私。“第三者”技巧既可用来减少说谎，又可用来减少不响应的情况发生。

（二）对被调查者非故意误差的控制

对被调查者非故意误差的控制包括周密设计的问卷说明和范例、程度极端词的调整和提示语的使用等。

周密设计的问卷说明和范例是一种常用的避免被调查者混淆的方法，考虑到被调查者有可能出现对问卷的误解而尽可能对问卷进行详尽的解释说明。

程度极端词的调整即调查人员不将所有消极意义的形容词放在一边，积极意义的形容词放在另一边，而是将一些词语的位置作些变换。这种变换提醒被调查者必须就每一种极端情况单独作出回答。利用赞同和反对的陈述，这种方法不时用极端的措辞来引导被调查者对每一个陈述给予关注，这种技巧能提高被调查者的注意力。

最后，对于偏长的问卷还得经常使用一些提示语，如“我们快完成了”“现在是最难回答的问题”，或是策略性地安排一些措辞来鼓励被调查者继续接受问卷调查。

四、统计数据的质量要求

对数据的质量评价标准主要有以下六个方面。

（1）精度：最低的抽样误差或随机误差。

（2）准确性：最小的非抽样误差或偏差。

（3）关联性：满足用户决策、管理和研究的需要。

（4）及时性：在最短的时间里取得并公布数据。

（5）一致性：保持时间序列的可比性。

（6）最低成本：在满足以上标准的前提下，以最经济的方式获得数据。

数据的质量对调查结果有重要影响，因此我们在调查方案的设计、数据的收集、数据的处理和分析的各个环节，都要确保数据的质量，只有这样才能得出切合实际的客观结论。

第 3 节　对无应答与不可靠应答的处理

在访问调查中，无应答和不可靠应答是经常遇到的情况。对此，我们要了解无应答和不可靠应答，并找出相应的解决方案。

一、无应答

（一）无应答的类型

无应答是指被调查者拒绝参与调查或拒绝回答问卷中的某些问题。当对选定的研究对象进行调查时，经常出现找不到人、不愿配合、拒绝调查或回答的问题不真实，或调查对象不能准确回答问题等情况，这些都称为无应答。在营销调研过程中，至少存在三种潜在的无应答情况：拒绝参加调查、调查中断和拒绝回答某些问题（项目遗漏）。

1. 拒绝参加调查

引起被调查者拒绝参加调查的原因有很多，因所处地区和人文差别而不同。其中，有些被调查者很忙，或对参加调查不感兴趣，有些是由于调查内容本身所致，有些被调查者对调查者有看法，例如对调查人员的口音、举止不满而拒绝参加调查，还有些被调查者不想花时间或认为这是对他们隐私的侵犯。

2. 调查中断

调查中断是指访谈进行到某一点，被调查者决定不再回答更多的问题。中断的理由也有很多，如访谈的时间超过了被调查者最初的估计，某一问题令人不悦或过多涉及私人问题，有时因为有突然的干扰，被调查者中断访问以便处理其他事务等。

3. 拒绝回答某些问题（项目遗漏）

即使没有发生拒绝参加或调查中断的情况，调查人员有时也会发现有些问题的响应率低于其他问题的响应率。事实上，如果调查人员能够事先预料到某些问题可能被拒绝回答，那么在问卷的设计中加上“可拒绝回答”是明智的，如关于被调查者收入等问题。在自填问卷的调查中，如果在没有设计这一选项的情况下可以提供准确答案，那么增加这样的设计是不明智的，因为这样会使有些被调查者利用这一选项来达到推诿的目的。拒绝参加调查或拒绝回答某些问题（项目遗漏）都属于拒访，拒访原因的分类如表9-2所示。

表9-2　拒访原因的分类

	主观原因	客观原因
开始时拒访	反感接受访问调查 对调查人员不信任	有事需要处理 身体不适
中途拒访	问题不好或是不便于回答（如开放式问题或问题涉及隐私）	有人突然拜访 突然有急事需要处理等
	问卷过长，需花费较长时间完成	

（二）对无应答的处理

1. 力争有较高的初次回答率

有些被调查者拒绝参加调查，可能是因为他们不理解调研项目的意义，或者对所问的问题缺乏兴趣。针对这种情况，调查人员可以多做一些启发性的宣传工作，让被调查者明确所做调查旨在解决什么样的问题，公众或相关人士可以直接或间接受到什么样的正面影响，尽可能激发被调查者对调查内容的好感，提高其主动配合调查访问的自觉性和积极性。一项研究表明，教育机构发起的调查的社会感召力较强，会有效提高响应率。当发起者是商业组织时，强调自我的感召更为有效。强调自我的感召就是告知被调查者，他的参与对完成这项调研任务很重要。

同时，强调对所收集的资料严格保密，维护被调查者的正当权益是用来打消被调查者顾虑的必要手段。

另外，采取物质激励，向被调查者提供礼金或礼物，有利于激发他们的回答热情。据调查，在一项对邮寄调查的评估中，那些赠送小礼物的调查可以将响应率提高14个百分点。

2. 追访

追访是指前一次访问时被调查者拒绝合作，调查人员再次试图取得与被调查者的合作。在人员访问和电话调查中，如果恰逢被调查者忙于事务或身体不舒服，或临时状态不好而拒答，过一段时间后进行追访则很有可能取得被调查者的合作。在邮寄调查中，如果因对方不重视而没有收到回复，那么在他收到第二份乃至第三份问卷时，很可能被调查人员的执着打动而作出回应。

3. 替换样本

替换样本就是在调查中用一个相似的被调查者来替换一个不响应者（没有取得联系或遭到拒绝）。例如，如果给一位电话访问人员一本电话簿，并告诉他每隔 25 个名字选择被调查者，他可能会发现有一两个人拒绝参加调查。为了替换不响应者，可以利用“转入下一个”的替换程序，也就是调查人员给紧挨着不响应的那个人打电话而不是再跳到第 25 个人。他可以一直这样进行下去，直到找到合适的替换样本为止。

4. 对调查结果进行校正

对调查结果进行校正是应对无应答的另一种策略，是指不把精力花在如何提高回答率上，而是根据相关信息对已回答数据进行校正，以降低无应答的影响。

假如要研究某一总体的平均收入，通过访问，只有一定比率的被调查者提供了数据。如果能够通过其他来源取得无应答的那部分被调查者的平均收入的估计值，就可以通过以下公式得到该总体的平均收入：

$$\overline{X}=p_r\overline{X}_r+p_{nr}\overline{X}_{nr}$$

式中，$\overline{X}$ 为总体的平均收入；$\overline{X}_r$ 为通过访问取得的平均收入；p_r 为作出回答的被调查者所占的比率；$\overline{X}_{nr}$ 为无应答被调查者平均收入的估计值；p_{nr} 为无应答的比率。

无应答者的平均收入估计值可以通过追访取得，尽管追访不能使每一个首次访问中的无应答者都作出回答，但只要其中有一部分肯合作，即可取得无应答者的平均收入估计值。无应答者的平均收入估计值也可以参考以往调研积累的资料取得，这种方法对于那些使用同样的抽样程序经常进行调查的调研机构较为适用。

倒数加权法是取得拟调研指标估计值的另一种方法，这种方法不需要追访。在第一次与被调查者联系上以后，除了回答问卷上所列问题外，只要再问一个问题：“如果在过去五天中我们都在此刻到您家访问，会有几次机会见到您?”这个问题的答案连同被调查者当天在家的事实，即给定了他在连续六天同一时间在家的概率。例如，他说过去五天此刻都不在家，那么这一概率数即为 1/6；如果他说过去五天此刻有三天在家，那么这一概率即为 2/3。我们只要把访问所得数据以这一概率的倒数为权数进行加权平均，就可以得到总体指标的估计值。

二、不可靠应答

（一）不可靠应答的类型

在营销调研过程中，存在这样一种情况：被调查者在回答时可能带有某种倾向性，这种倾向会导致人们自觉或不自觉地歪曲事实真相，产生不可靠的应答。在很多情况下，被调查者故意给出错误答案。如果人们为了表现自己博学、掩盖个人信息或者避免尴尬而不如实说出自己的想法，就有可能故弄玄虚。如果因为被调查者伪造或扭曲答案而出现对问题的曲解，不论是故意还是忘记了确切细节，这种不可靠应答都会使调研结果出现偏差。

不可靠应答产生的原因可能有很多，如问题的格式、问题的内容、提问的方式以及其他因素等。例如，不可靠应答是由调研时的客观环境所引起的，以下描述的对飞机偏好的两次调查结果就表明了这一点。乘坐 B-747 飞机的乘客喜欢 B-747 飞机，而不是 L-1011 飞机，比例分别是 74%与 19%。乘坐 L-1011 飞机的乘客更喜欢 L-1011 飞机，不喜欢 B-747 飞机，比例分别是 56%和 38%。之所以产生这种偏好差异，是因为乘客受调查时他们所乘坐飞机的影响，样本差异也是其中的一个重要因素。换句话说，被调查者只会考虑自己乘机的过程，然后作出自己的偏好选择。

不可靠应答主要包括以下五种具体的类别。

1. 默许偏差导致的不可靠应答

有些被调查者很容易接受别人的观点，有些只会说"是"的人可能同意别人问他的所有问题。在新产品调研中，被调查者尤其倾向于同意所有或绝大部分问题。由于被调查者对大部分新想法都持同意的态度，所以新产品构思的问题经常会出现不可靠的应答。例如，美津浓发现消费者对一种棒球手套持赞许态度，但当它把这种昂贵的手套推向市场后，根本没有顾客购买。

2. 极端偏差导致的不可靠应答

有些被调查者在回答问题时容易走极端，有些被调查者为了避免极端，倾向于走中庸之道，每个人的应答风格各不相同，极端的回答可能导致调查数据失真。

3. 调查人员引导导致的不可靠应答

在调查过程中，被调查者和调查人员相互影响，被调查者很有可能因为调查人员的表现而给出不真实或者修正过的答案。例如，有些家庭主妇或退休人员欢迎调查人员来访，被调查者很可能为取悦调查人员而不给出真实答案，而且他们希望表现得聪明、富有，他们绝不说自己阅读娱乐杂志，而是说经常阅读时政方面的报纸。

被调查者的回答受与调查人员相关的各种因素的影响，如他们的年龄、性别、着装风格、说话语气、面部表情及其他特点等。如果调查人员面带笑容，对被调查者的回答持肯定态度，被调查者就可能给出类似的回应。

很多调查人员为了满足自己的调查需要，经常会缩短或重新叙述有关问题，有意识地把被调查者引导至自己想要的答案上。

4. 主体偏差导致的不可靠应答

被调查者容易受到执行调查组织的影响，他们的回答可能故意或下意识地带有某种倾向。比如全国人口普查领导小组和某银行分别对居民收入进行调查，它们获得的结果是不一样的。

5. 社会期望导致的不可靠应答

如果被调查者希望给他人留下良好的印象，或者想在调查人员面前保持体面，就会受社会期望的影响而产生不可靠应答。如果某人自认为属于中上等收入群体，为了树立威望，他很可能夸大自己的收入和学历，专门说体面的答案。

（二）对不可靠应答的控制

不可靠应答实际上是源于被调查者受性格、成长环境等因素影响而产生了不可控的心理因素，调查人员很难直接辨别被调查者的回答是否可靠，只能采取一定的措施尽量避免不可靠应答，而不能完全摆脱。

1. 强调匿名、保密的原则

一再向被调查者承诺和保证他们的所有回答都不会被泄露，并且采用匿名的方式保证他们的名字不会与他们的回答联系在一起。只有在确信不被公开的情况下，或者是个人完全不受影响的情况下，被调查者才乐于表达真实的看法，从而减少不可靠应答的发生。

2. 调查内容尽量少涉及被调查者隐私

调查内容如果频繁涉及被调查者的隐私，会让被调查者产生不安全感，因而对自己的回答内容变得警惕，不会轻易透露真正的想法。因此，应减少涉及个人隐私的问题，或是在建立了稳定的关系之后再进行深入调查。

3. 选择合适的调查环境

不同的调查环境会对被调查者产生正面或负面的影响，例如，对乘坐飞机偏好的调查结果因环境变化而产生了变化。在调查过程中，应该选择一个不涉及调查内容本身的环境，不要使被调查者在调查过程中因为环境产生一时的而并非真实的想法。

4. 调查人员态度中立

调查人员的态度对被调查者的影响最为直接，因此，调查人员应保持中立的态度，不要带有任何感情偏好去评价被调查者的回答，即使是表情的变化也应特别注意。这需要在调查人员的培训中加以强调。

基本概念

故意误差	非故意误差	调查人员误差	被调查者误差
误差控制	无应答	不可靠应答	

思考题

1. 数据收集过程中可能产生哪些误差？
2. 质量控制有哪些原则？

3. 如何选择调查人员？

4. 调查人员的培训包括哪些方面的内容？

5. 怎样处理无应答？

案例分析

手机市场调查计划

某手机生产厂家委托上海一家咨询公司进行产品调查，该手机针对学生消费市场，具有高性能、低价格、时尚等符合学生群体消费的特点。接到该项目后，咨询公司撰写了如下《手机市场调查计划》（摘录）。

一、引言

手机是现代人生活中不可或缺的设备，可以实现打电话、拍照、听音乐、上网、办公等诸多功能，为了解某品牌手机的市场占有率，评估该手机的营销环境，制定相关的营销策略，预先进行手机市场调查是必要的。

本次市场调查将围绕学生手机的市场环境、消费者和竞争者来进行。

二、调查目的

通过详细了解手机市场的现状，为该手机在上海学生市场的扩展制订科学、合理的营销方案提供依据。

1. 全面了解企业品牌在消费者心目中的知名度、渗透率、美誉度和忠诚度。

2. 全面了解本品牌及主要竞争品牌在上海的销售现状。

3. 全面了解目前上海主要竞争品牌的价格、广告、促销等营销策略。

4. 了解上海学生消费者对手机消费的观点及习惯。

5. 了解相关的人口统计学资料，预测手机市场的容量及潜力。

三、调查内容

营销调研的内容依据市场调查的目的来确定，主要包括以下几个方面。

（一）行业市场环境调查

1. 手机市场的容量及发展潜力。

2. 该行业的营销特点及竞争状况。

3. 学生生活环境对该行业发展的影响。

4. 当前手机的种类、品牌及销售状况。

5. 该行业各产品的经销网络状态。

（二）消费者调查

1. 消费者对手机的购买态度，购买过的品牌、购买地点和选购标准等；消费心理，如必需品、品牌偏爱、经济、便利和时尚等。

2. 消费者对各手机品牌的了解程度，包括操作系统、功能、性能、特点、价格、包装等。

3. 消费者对品牌的意识、对本品牌及竞争品牌的观念和品牌忠诚度。

4. 相关消费群体平均月消费支出的统计。

5. 消费者对理想手机的描述。

（三）竞争者调查

1. 主要竞争者的产品与品牌的优劣和劣势。

2. 主要竞争者的营销方式与营销策略。

3. 主要竞争者的市场状况。

4. 主要竞争者的经销网络状态。

四、调查对象及抽样

此次调查决定选择3所高校进行重点调查，全体在校学生为调查对象。

由于家庭经济背景的差异，全校学生生活支出存在较大差异，导致消费购买习惯的差异，因此他们在选择手机的品牌、档次及价格上都会有所不同。

为了准确、快速地得出调查结果，此次调查决定采用分层随机抽样：先按学生的住宿条件的不同分为两层（住宿条件基本可以反映学生的家庭经济条件）——公寓学生和普通宿舍学生，再进行随机抽样。

此外，分布在学校周边的经销商、专卖店也是本次调查的重点对象，因其规模、档次的差异，决定采用判断抽样。具体情况如下。

1. 重点对象抽样数

（1）学生消费者：400名（其中住公寓的学生占50%）。

（2）购物中心：1家。

（3）大型家电商城：2家。

（4）专卖店：10家。

2. 消费者样本要求

（1）家庭成员中，没有人在手机生产单位或经销点工作。

（2）家庭成员中，没有人在营销调研公司或广告公司工作。

（3）消费者没有在最近半年接受过类似产品的市场调查。

（4）消费者所学专业不能为市场营销、营销调研或广告类专业。

五、调查人员的选择和培训

略。

六、人员安排

本次调查需要的人员有三种：调查督导员、调查人员、复核员。

具体配置如下：

调查督导员：2名。

调查人员：20名，其中15名对消费者进行问卷调查，5名对经销商进行深度访谈。

复核员：1～2名，可由调查督导员兼任，也可另外招聘。

注：问卷的复核比例为全部问卷数量的30%，全部采用电话复核方式，复核时间为问卷回收的24小时内。

▶ **问题：**

1. 根据以上摘录的《手机市场调查计划》，请指出在哪些部分可能存在产生数据收集误差的情况。

2. 根据以上摘录的《手机市场调查计划》的要求，应该怎样选择调查人员，如何对其进行有针对性的培训？

附录

某企业兼职访问员管理条例

第10章
初步整理营销调研数据

学习目标

- 了解问卷资料的整理过程。
- 掌握事后编码的要点。
- 了解统计分析方法的分类。
- 理解数据的描述性分析。

引例

2021年5月11日，国家统计局和国务院第七次全国人口普查领导小组办公室对社会公布了第七次全国人口普查的主要数据。国家统计局5月12日晚通过官网发布《国家统计局新闻办对网民关注的几个问题的说明》，针对部分网民对个别数据提出的疑问进行了说明。

普查结果显示，2020年我国0～14岁人口为25 338万人，这个数据确实与相应年份公布的出生人口规模存在一定差异。为什么0～14岁人口比之前公布的数据多？

国家统计局表示，这一差异首先是因为这两个数据的来源不同。根据我国现行的统计调查制度，普查每10年进行一次，两次普查之间的年份开展抽样调查，非普查年份出生人口主要是通过抽样调查数据推算的。由于抽样调查误差的存在，在利用抽样比推算人口总体时会存在一定的差异，反映在数据上就是部分年份公布的出生人口偏低。其次，普查是全面调查，不需要进行推算，特别是这次人口普查采用了一系列新技术新方法，加强了全过程质量控制，普查现场登记也得到了广大普查对象的充分理解和支持，大幅降低了漏登率，普查漏登率仅为0.05%，这意味着很多原来漏登的人口通过这次普查都登记上来了，反映在数据上就会看到相应年龄的人口比之前公布的出生人口多一些。此外，有的网民用的是2014年的数据，而0～14岁覆盖了2015年。

有网民提出，根据普查结果，2020年11月1日0时全国人口为141 178万人，这意味着2020年比2019年公布的140 005万人增加了1 173万人。这个增加量是真实的吗？怎么理解这个增加量？

国家统计局表示，非普查年份的人口数是根据当年抽样调查数据推算的，由于部分年份抽样调查漏登率较高造成推算的人口总体会存在一定的偏差，而且随着时间的推移，这些偏差会不断累积，对年度数据以及 2019 年数据的准确性肯定会造成影响。因此，不应该直接用 2019 年公布的总人口与 2020 年普查数据做比较来计算年度变化，人口年龄结构等其他数据也属于这种情况。

国家统计局表示，以上两个问题都是关于普查数据与非普查年度公布数据反映趋势出现不一致的情况。这也正是开展 10 年一次人口普查的意义。通过普查，可以全面查清我国人口的数量、结构、分布等情况，让我们更加清楚地了解到过去 10 年我国人口的发展情况，为更好地研究人口问题、制定人口相关政策提供极为宝贵的数据资料。

那如何处理这种不一致的情况呢？国家统计局表示，按照国际惯例和通常做法，普查结束后一般会依据普查结果对两次普查之间公布的年度数据进行修订，以更加真实、客观地反映人口发展轨迹。

资料来源：张钦．普查数据与往年存差距？统计局回应．北京青年报，2021－05－13．

营销调研的实践告诉我们，收集的原始数据难免出现虚假、差错、冗余等问题。如果简单地把这些数据用于分析，会导致错误的结论，使得整个调研工作失去意义。因此，营销调研数据收集回来以后，必须经过去粗取精、去伪存真、由此及彼、由表及里的数据整理，之后才能进行相关的处理。

第 1 节　问卷审核与数据录入

在获得大量的数据后，便进入整理工作这个十分重要的环节。对问卷资料的整理过程，一般包括问卷审核、数据编码、数据录入、对数据进行统计整理、选择数据分析方法几个阶段。

一、问卷审核

对调查问卷进行审核是保证调查工作质量的关键。问卷审核是指对回收问卷的完整性和访问质量的检查，目的是确定哪些问卷可以接受，哪些问卷要作废。这些检查常常在调查过程中就已经开始。

（一）审核内容

1. 完整性的审核

完整性的审核应包括被调查单位是否都已调查，问卷或调查表内的各项目是否都填写齐全，即检查是否有单位无回答或项目无回答。如果发现没有答案的问题，可能是被调查者不能回答或不愿回答，也可能是调查人员的疏忽所致，应进行询问，尽量填补空白问题。如果问卷中出现“不知道”的答案所占比重过大，就会影响调查资料的完整性，应采取适当措施处理并加以说明。

2. 正确性的审核

主要是审核调查资料的口径、计算方法、计量单位等是否符合要求。剔除不可靠的资料，使资料更加准确。

3. 一致性的审核

主要是审核被调查者的回答是否前后不一致，有无逻辑错误。调查人员在审核调查问卷时，可能发现某一被调查者的回答前后不一致，或者一个资料来源的数字与其他资料来源的数字不一致，这就需要调查人员深入调查，探询原因，剔除或调整资料，使之真实准确。

4. 及时性的审核

主要是审核各被调查单位问卷是否都按规定日期填写和送出，填写的资料是不是最新资料，切勿将失效、过时的信息引入决策。此外，要剔除不必要的资料，把重要的资料筛选出来。

延伸阅读　不能接受的问卷类型

5. 清楚易懂

书写的记录应字迹清楚，明白易懂。如果所记录的回答字迹模糊，或者除调查人员以外谁都不明白，则应返回问卷，让调查人员校正或写清楚。

（二）编辑整理

编辑是一个去粗取精、去伪存真的过程，一般包括现场编辑和办公室编辑两个方面。编辑整理主要做的工作有剔除不必要的资料和数据，处理不完整、不规范的资料和数据，对资料和数据分类等。

在对问卷进行审核后，将那些存在问题的答案分类，作出适当的处理。通常有以下三种处理办法。

1. 退回调查现场去获取较好的数据

把有不满意答案的问卷退回调查现场，让访问人员再次接触被调查者。在商业性的市场调查中，有时样本量比较小，而且被调查者比较容易识别，故可退回现场重新获取数据。但是，由于访问时间和所采用方法的变化，第二次得到的数据和第一次的数据可能有差别。

2. 按缺失值处理

如果将问卷退回调查现场无法实现，编辑人员可把不满意的答案按缺失值来处理。在满足以下条件的前提下，这种方法是可行的：第一，有不满意答案的问卷很少；第二，每份有这种情况的问卷中，不满意的答案的比例很小；第三，有不满意答案的变量不是关键变量。

3. 整份问卷作废

如果满足以下条件，可将有不满意答案的问卷作废：第一，不满意的问卷的比例很小，小于10%；第二，样本量很大；第三，不满意的问卷和满意的问卷之间没有明显的差别，如人口背景资料、产品使用特征等；第四，每份不满意的问卷中，不满意答案的比例很大；第五，关键变量的答案是缺失的。

二、 数据编码

编码就是对每一个问答题的每一个可能答案，给出一个电脑能够识别的统一的数字代码的过程。编码可以在设计问卷时进行，也可以在数据收集结束以后进行，分别叫事前编码和事后编码。

事前编码又叫预编码。预编码在第 6 章已有详细介绍，在此不再赘述，本部分重点介绍事后编码。

（一） 事后编码的类型

事后编码指的是给某个没有事前编码的答案分配一个代码。通常需要事后编码的有以下两种情况。

1. 封闭式问题的“其他”项

封闭式问题可能有几个供选择的答案，再加上需要被调查者具体说明的“其他”项。

例 10-1

问：在过去一年里，您饮用过哪种品牌的鲜奶？（请在下表中选择饮用的鲜奶品牌。）

鲜奶品牌	过去一年里饮用过
澳牛	1
达能	2
光明	3
乐百氏	4
雀巢	5
伊利	6
蒙牛	7

如果您想回答的品牌未在表中，请将名称填写在横线上：

A：＿＿＿＿＿＿　B：＿＿＿＿＿＿

分析：表中列了 7 个鲜奶品牌，被调查者可以从中选择答案，但这个名单不一定包括每一个被调查者饮用过的所有品牌。例如，被调查者可能饮用过完达山或三元的鲜奶，表中就没有，那么被调查者就要把这个品牌记录在最后一行中。由于这样的答案没有事先规定的代码，因此在数据录入前编码员要做事后编码的工作，如将完达山编码为 8，三元编码为 9 等。

---

2. 开放式问题

对于开放式问题，事后编码的工作量更大。这是因为研究人员一般无法告诉编码员会出现多少新的答案和代码，还有一些答案是类似的，必须决定是将它们分成几类，还是合并成一类。

对开放式问题的回答进行编码，需要采用以下四个步骤。

（1）列出答案。编辑人员列出一份包括每个开放式问题答案的清单。在只有几百名被调查者的调研中，所有答案都应列出。在大型抽样调查中，只需列出某些样本的答案。这项工作可以作为编辑过程的一部分或单独的一个步骤来完成。

（2）合并答案。对开放式问题的回答，有些形式上不同的回答在本质上是一样的，可以适当地合并为一类。

（3）设置编码。这一步骤在合并答案之后进行，对每个合并后的类别都分配一个数字编码。

（4）选定编码。根据设置好的编码，给每个答案选定一个编码。

延伸阅读　儿童青少年希望感问卷的编制

（二）事后编码的要点

事后编码可遵循以下要点：

（1）给编码员提供一份空白的参照问卷。

（2）对每一个需要事后编码的项目提供一份编码表或编码名单。

（3）对每一个项目做一个编码本，内含一张或几张单页。

（4）让所有的编码员都在同一地点使用同一编码本进行工作。

（5）提供编码指南，说明什么时候以及怎样设立一个新的代码或合并答案。

（6）设立较多较窄的类别要优于设立较少较宽的类别。

（7）保持编码本的整洁和清晰。

类似资料的检查工作也需要一份空白的参照问卷，用于指明需要考察和编码的项目。将这些项目用红笔圈出，以避免编码员遗漏。

每个需要事后编码的项目都必须有一份编码表。最好再做一个编码本，将项目号码或问题的位置清楚地标在每页的顶端。由于研究人员事先不知道会有多少新的代码或答案出现，所以要预备足够的空页来添加新代码，以便所有的问卷都能编完。

如果只有一个编码员工作，那么事后编码相对简短且容易。如果需要多名编码员，那么所有的编码员应该在不同的时间，或同时在同一地点使用同一编码本。因为如果两个或多个编码员同时在不同的地点工作，他们就无法知道其他编码员在编码本中设立了什么新代码，很有可能同一个代码会对应两个不同的答案，编码的目的是让每一个可接受的答案对应一个唯一的代码。

研究人员应当规定具体的准则，指导编码员如何识别答案，如何将其归入一定的类别中，如何为其分配代码，等等。编码指南应尽可能具体，对于容易混淆的编码需要具体说明，比如，对问题“您过去一年里参加过哪些活动?”就需要对其可能的答案如“听音乐会/演唱会”和“听音乐”指出明显的区别。在现场听音乐的情况，要归入“听音乐会/演唱会”而不是“听音乐”那一类。

在没有非常具体的编码指南时，缺乏经验的编码员或对调查过程不熟悉的编码员可能有两种倾向：一是给每一个与已编码的答案不相似的新答案一个新码，结果是类别和代码比预料的多，也许一个代码只对应一两个个案；二是为了简化工作，将许多答案甚至不相似的答案都归入同一个大类，结果是丢弃了数据中有意义的差异，这些差异可能是对研究人员有用的。因此，一定要给编码员具体的指南，并进行监督检查，特别是在开始时要确保编码员能正确工作。

不过，有时编码员自己很难决定是再设立一个新代码，还是将其合并到已有的某类当中。如果很难决定，大多数有经验的研究人员宁愿多设立一个新代码，因为以后分析时将数据合并成大类是很容易通过计算机实现的，可是反过来，一旦合并成了大类，失去的差异是无法再找回来的，除非去参考原始问卷。

确保编码本中字迹整洁、清楚很重要。例如，一页纸写满时，有的编码员可能会在纸边上记录而不会在一张新纸上写，这样一来，其他编码员可能因注意不到最后的代码，而将同样的代码分给了其他答案。编码本的整洁不仅是为了美观，还是为了减少编码工作中的错误。

三、编码手册

事前编码和事后编码所用的编码本最后将合并为一个编码手册。编码手册不但是编码员的工作指南，而且提供了数据集中变量的必要信息。编码手册一般包括关于变量的如下信息：所在列的位置，即列数；变量的顺序编号；变量名称及变量说明，即变量及变量标识；问题编号；编码说明，即变量值及变量值标识。

编码手册有三个功能。首先，为编码员提供指导。其次，帮助调研者对变量进行描述说明，有助于理解统计数据的意义。最后，在解释计算机的输出结果时，提供了关于变量类别的解释。如果没有好的编码手册，调研者就会感到困惑。包含更多信息的编码手册是很有用的。

以计算机为主的系统有一个显著优势，即一旦在计算机中设定了编码结构，那么系统可自动生成编码手册。编码手册的示例见表 10 - 1。

表 10 - 1 编码手册示例

列数	变量编号	变量名称及变量说明	变量位数	编码说明
1～3	1	问卷编号（被访者编号）	3	001～500
4	2	城市编号	1	1——北京、2——上海、3——广州、4——成都

续表

列数	变量编号	变量名称及变量说明	变量位数	编码说明
5	3	访员编号	3	首位是城市编号 1～4，后两位是访员编号 01～50
6	4	Q1 被访者性别（访员记录）	1	1——男、2——女
7	5	Q2 被访者年龄：（ ）岁	2	按照被访者的实际年龄填写：16～60 岁
8～10	6	Q3 被访者受教育程度：小学及以下、初中、高中或中专、大学专科、大学本科、研究生或以上	1	1——小学及以下、2——初中、3——高中或中专、4——大学专科、5——大学本科、6——研究生或以上
⋮	⋮	⋮	⋮	⋮
21～23	15	Q12 请问您购买时考虑的因素有（限选三项）：功能、品质、外观、价格、品牌、售后服务、朋友推荐、其他	1	1——功能、2——品质、3——外观、4——价格、5——品牌、6——售后服务、7——朋友推荐、8——其他
24～26	16	Q13 真正的好产品不需要广告：非常同意、同意、无所谓、不同意、非常不同意	1	5——非常同意、4——同意、3——无所谓、2——不同意、1——非常不同意
27～29	17	Q14 买东西时我常常货比三家：非常同意、同意、无所谓、不同意、非常不同意	1	5——非常同意、4——同意、3——无所谓、2——不同意、1——非常不同意
⋮	⋮	⋮	⋮	⋮

注：这是对四个城市的 16～60 岁的 500 个样本进行调查后整理的一个编码手册。

四、数据录入

数据录入指的是将问卷或编码表中的每一项目对应的代码读到磁盘中，或通过键盘直接输入计算机。数据收集采用计算机辅助电话调查（CATI）或计算机辅助面访调查（CAPI）时，不再需要通过键盘输入。此外，还可以利用光学扫描等方法来读取数据。在我国，计算机辅助电话调查的使用越来越普遍，但键盘输入的方法仍比较常见。

键盘输入是出错率较高的环节，录入员可能因为手指错位、错看、串行等原因造成录入错误。即使是技术娴熟、工作仔细的录入员也有一定的出错率。为了将错误控制在最低水平，下面的几点提示可能有帮助：

- 给每个录入员提供一份清楚的记录格式；
- 开始录入前几个个案时，研究人员必须在场；
- 绝不能假定录入员是懂得如何做数据录入的；
- 如有可能，对录入的数据进行全面的核查；
- 如果全面核查不可行，采取抽查的方法进行核查。

第 2 节　营销调研中统计分析的类型

一旦数据准备就绪，即可进入市场调查的数据分析阶段。数据分析是市场调查程序中的重要阶段，它是指围绕不同的调查目的，针对不同类型的调查数据，采用一种或几种数据分析方法，按照一定的程序，对调查并经过整理的数据资料进行分组、汇总、检验和分析，得到所调查事物或现象的本质及规律性，进而指导实践的过程。分析方法的选择要能有效地满足调查目的，并非使用的方法越多越好，或者越难越好。

一、 统计分析方法的分类

随着统计学的发展以及电子计算机的广泛应用，统计分析方法也在不断发展。根据研究目的的不同，现代统计分析方法可以分为描述性统计分析和推论统计分析两大类。当涉及多个变量时，还可以进行多元统计分析。

（一） 描述性统计分析

描述性统计分析是市场调查中最常用的分析方法之一，即将数据以表格、图形或数值形式表现出来，着重于对数量水平或其他特征的描述，可能通过某具体指标反映某一方面的特征，也可能通过若干变量描述它们之间的相互关系。这类方法对数据的可靠性和准确性、测量的基本尺度有一定的要求。其结果重在数量描述，但不具有推断性质。

1. 频数分析

频数分析是指在一组数据中，考察不同数值出现的频数，或者数据落入指定区域内的频数。通过频数分析可以了解数据的分布状况，在得到描述性统计结果的同时，还能了解变量取值的分布情况。

频数分析能在一定程度上反映样本对总体是否具有代表性，抽样是否存在系统偏差等，并以此证明以后相关问题分析的代表性和可信度。频数分析得到的统计结果包括组别、次数、百分比和累计百分比等。

例 10-2

工人加工零件的频数分析

某车间 30 名工人每周加工某种零件的数量如表 10-2 所示。

表 10-2　工人每周加工的零件数

工人编号	周加工零件数	工人编号	周加工零件数	工人编号	周加工零件数
1	106	11	99	21	85
2	84	12	94	22	106
3	110	13	119	23	101
4	91	14	88	24	105
5	109	15	118	25	96
6	91	16	97	26	105
7	111	17	103	27	107
8	107	18	106	28	128
9	121	19	95	29	111
10	105	20	106	30	101

进行频数分析后的统计结果如表 10-3 所示。

表 10-3　频数分析后的统计结果

按周加工零件数分组	次数	百分比	累计百分比
80～90	3	10%	10%
90～100	7	23%	33%
100～110	13	43%	76%
110～120	5	17%	93%
120～130	2	7%	100%
合计	30	100%	—

2. 趋势分析

对调查数据的某些趋势特征进行分析是准确描述总体特征的重要前提。总体数据分布大致有三种趋势：集中趋势、离散趋势、形态趋势。

集中趋势的分析指标有算术平均数、调和平均数、几何平均数、众数、中位数。离散趋势的分析指标有极差、平均差、标准差、离散系数。形态趋势的分析指标有偏态和峰度。

3. 相关分析

相关分析指研究两个或两个以上变量间的线性关系。相关分析的方法较多，常用的包括皮尔逊相关、偏相关、斯皮尔曼相关与肯德尔相关。皮尔逊相关用于两个变量均为定距变量的情况，描述了两个变量间关系的紧密程度。譬如，产品销售额与人均可支配收入之间的关系。偏相关则用于测量在控制或调整一个或多个其他变量的基础上，两个变量之间的关系。譬如，在考虑一定人均可支配收入的影响后，产品销售额与广告支出之间的关系。当需要计算两个非定量变量之间的相关系数时，即非定量变量是定序或定类变量时，可以采用斯皮尔曼相关或肯德尔相关，通常前者更适用于类别比较多的数据，后者更适用于大样本且类别较少的数据。

（二）推论统计分析

在市场调查中，除了对样本数据的水平或其他特征进行描述以外，还经常需要根据样本的信息，对总体的分布以及分布的数字特征进行统计推断，即推论统计分析。推论统计分析的前提是：样本是随机抽样得到的，对总体有一定的代表性。分析方法主要包括参数估计和假设检验。

参数估计是在总体分布已知的情况下，用样本统计量估计总体参数的方法。假设检验是在总体分布未知，或已知总体分布但不知其参数的情况下，为了推断总体的某些性质，提出有关总体的假设，再根据样本信息对假设进行判断的方法。

常用的推论统计分析方法有方差分析和回归分析。

1. 方差分析

在市场调查中，我们经常关注某一因素不同水平下对因变量的影响差异是否显著。例如，观看不同电视广告的消费者对某品牌的评价是否有显著差异；零售商、批发商和代理商对公司营销政策的看法是否有显著差异；在不同的价格水平下，消费者对某品牌商品的购买欲望是否不同；等等。方差分析可以解决这类问题。

应用方差分析时，一般假定比较的总体服从正态分布，而且具有相同的方差。方差分析具有稳健性，在更宽泛的条件下也是近似有效的。

2. 回归分析

回归分析就是利用两个或两个以上变量之间的关系，由一个或几个变量来预测另一个变量。进行回归分析的一般步骤为：自变量的选择，理论模型的选择，参数估计，显著性检验，残差检验，模型的有效性检验，预测。在建立理想模型之前，自变量的选择、理论模型的选择、估计方法的选择、显著性检验等环节可能要多次尝试。

（三）多元统计分析

研究客观事物中多个变量或多个因素之间相互依赖的统计规律性，分析多元数据的统计方法，叫作多元统计分析。随着电子计算机的发展和普及，多元统计分析在地质、气象、生物、医学、图像处理、经济分析等许多领域得到了广泛应用，这些应用也促进了理论的发展。各种统计软件包如 SAS，SPSS 等，使实际工作者利用多元统计分析方法解决实际问题更简单方便。重要的多元统计分析方法有判别分析、聚类分析、主成分分析、因子分析等。

1. 判别分析

判别分析是判别样本所属类型的一种多元统计分析方法，在生产、科研与日常生活中都经常用到。例如，在天气预报中根据气温、气压、温度等气象因子来预报明天是晴天、阴天还是雨天；医生可以根据体温、血压以及各项检验指标来判断病情；经济研究中根据经济、政治、军事、人口、资源等多种指标来判断国家的竞争力等。

判别分析就是在已知研究对象分为若干类型并已经取得各种类型的一批已知样品的观测数据基础上，根据某些准则建立判别函数，尽可能把属于不同类型的数据区分开来，用它们来判别未知类型的样品应该属于哪一类。

根据判别的组数，判别分析可分为两组判别分析和多组判别分析。根据判别函数的形式，判别分析可分为线性判别分析和非线性判别分析。根据判别时处理变量方法的不同，判别分析可分为逐步判别分析、序贯判别分析等。根据判别准则的不同，判别分析有距离判别分析、费希尔（Fisher）判别分析、贝叶斯（Bayes）判别分析等。

2. 聚类分析

聚类分析又称群分析或类分析，它是依据某种准则变量进行分类的一种多元统计分析方法。聚类分析是多元统计分析中研究所谓“物以类聚”现象的一种方法，其职能是对一批样本或指标，按照它们性质上的紧密程度进行分类。

聚类分析可以作为简化数据的工具，它所建立的分类数据或子类数据比个体数据更易于管理与操作。聚类分析方法包括系统聚类分析、动态聚类分析、模糊聚类分析等。

3. 主成分分析

主成分分析就是把多个变量重新组合为一组相互无关的几个综合变量，其中几个较少的综合变量就能够较多地反映原来变量的信息。简而言之，主成分分析就是把多个变量转化为少数几个相互无关的综合变量的简化数据结构的方法。在实际问题中经常会遇到多变量问题，而且变量之间多数是有相关性的，这使问题更加复杂。例如，评价企业的竞争力涉及很多指标，如固定资产、流动资金、产值、利润、人员素质、科技水平、管理水平、环境等。如果能从中找出少数几个综合指标代替原指标，分析起来就简单多了。

4. 因子分析

因子分析的目的是使数据简单化，它将具有错综复杂关系的变量综合为少数几个因子，以再现原始变量与因子之间的关系，同时根据不同因子对变量进行分类。因子分析既适用于不可观测的潜变量，也适用于可观测的显变量。开展营销调研时，因子分析可应用于消费者使用习惯和态度研究、产品研究、价格研究及满意度研究等。

因子分析的基本思想是寻找公共因子以达到降维的目的。在寻找公共因子的过程中，根据是否利用先验信息，产生了探索性因子分析和验证性因子分析两种分析方式。

探索性因子分析是在事先不知道影响因素的基础上，结合理论分析与调查资料，以一定的原则展开因子分析，最后得出因子的过程。验证性因子分析充分利用先验信息，是在已知因子结构的情况下检验所收集的数据资料是否按事先预测的结构方式产生作用。因此，探索性因子分析主要是为了找出影响观测变量的因子个数，以及各个因子和各个观测变量之间的相关程度；验证性因子分析的主要目的是检验事前定义因子的模型拟合实际数据的能力。进行探索性因子分析之前，我们不必知道要用几个因子，各个因子和观测变量之间的联系如何；验证性因子分析要求事先假设因子结构，我们要做的是检验它是否与观测数据一致。

如果从量表的信度与效度视角考察，也可以说，探索性因子用于检测量表的信度，验证性因子分析用于检测量表的效度。

二、统计方法选择的影响因素

要准确、客观地描述资料的特征，采用适当的统计方法十分重要。在选择统计方法时，要考虑下列两个影响因素。

（一）调研问题的性质

营销调研的问题基本上分为描述性问题和关系性问题。在描述性问题研究中，研究者一般只想了解单一或若干事物或现象的状况，如被调查者对某一电视广告的接触状况和反应、对某品牌产品各方面性能的评价、不同收入群体对某一品牌的偏好差异等。对于这类研究，在资料的统计处理时，常常采用频数分析等描述性统计分析方法。

关系性问题探讨的是两个变量之间或一个变量与一组变量之间有无关系及其关系的密切程度。关系性问题分为相关关系问题和因果关系问题。前者探讨变量之间的共变关系，后者则探讨变量之间的因果关系及其密切程度。关系性问题的统计分析可采用相关分析、方差分析和回归分析等分析方法。

（二）数据资料的性质

不论什么样的调研资料，都可以归为质变资料和量变资料。质变资料是指变量本身并不具有可以测量的数值单位，仅可根据一项或数项特质加以区分的数据资料，如性别、职业等。通常由命名量表所得的资料均属于这一类。次序量表资料严格地说也属于这一类。质变资料在统计方法的运用上较受限制，一般只能采用频数分析、非参数检验进行处理。

量变资料指变量本身具有可以测量的数值单位，可以根据某些变量的特征连续排列的资料，如年龄、收入、销售量、知名度等。一般来说，等距量表资料、比率量表资料均属于量变资料。次序量表资料也可通过数学转换变成量变资料。对于量变资料，几乎所有的统计方法如相关分析、回归分析、因子分析、方差分析等都可以运用。

三、常用的统计分析软件

绝大部分统计工作都是通过计算机来完成的，计算机不仅可以用来进行数据分类、整理和简单的计算，而且可以进行复杂的计算以及结果展示。目前可用于统计分析的计算机软件有很多种，比较常用的有以下三种软件。

（一）SPSS

SPSS（statistical package for the social science）即社会科学统计软件包，它适用于社会科学、自然科学的各个领域，尤其在市场调查中，SPSS 可以说是数据处理和分析的利器。

SPSS 是一个集数据整理、分析功能于一体的组合式软件包。它使用 Windows 的窗口方式展示各种管理和分析数据方法的功能，使用对话框展示各功能选项。由于它清晰、直观、易学易用，用户不需要精通统计分析的方法就可以得到较满意的分析结果。

（二）SAS

SAS（statistical analysis system）即统计分析软件由美国 SAS 软件研究所开发并维护。与 SPSS，STATISTICA 等大多数统计分析软件相比，SAS 软件的特点是功能强大，操作灵活。它可以有效地解决数据分析时遇到的绝大多数问题，因此科研机构、大型商业企业都在广泛使用 SAS 软件。此外，在进行数据量大或复杂的统计运算时，不同的统计分析软件得到的结果有时会不一致，SAS 软件由于权威性，其结果被用户信赖。可以说，使用 SAS 软件是统计分析工作中的一个质量象征。

（三）STATISTICA

STATISTICA 软件是 StatSoft 公司的产品，具有强大的统计功能、简单的操作方式和丰富多彩的图形编辑功能。STATISTICA 软件具有以下主要特点：可以同时开启多个模块，用户可以在同一个 STATISTICA 应用环境中执行多项统计操作；界面十分友好，与微软的 Office 软件相似，非常容易掌握；统计分析结果有三种输出模式可供选择，即工作簿、报告和独立查看窗口；图表功能强大、种类繁多，输出的图表复杂美观，可以进行动态展示与调整；STATISTICA 自带的 BASIC 语言，不仅可以实现菜单上的所有功能，还可以进行功能扩展。此外，STATISTICA 的宏功能使用户可以自己开发复杂且自行执行的数据分析功能。

第 3 节　通过描述性分析理解数据

经过整理后的数据已经反映被研究对象的一些状态与特征，但反映的精度还不够，为此，我们要使用各类代表性的数量特征值来准确地描述这些数据。描述性统计分析注重测量的准确性，对数据的准确性、可靠性和测度方法有一定的要求。

一、集中趋势的描述

集中趋势（central tendency）反映的是一组数据向某一中心值靠拢的倾向，在中心值附近的数据较多，远离中心值的数据较少。对集中趋势进行描述就是寻找数据的中心值或代表值。根据取得中心值的方法的不同，我们把测度集中趋势的指标分为两类：数值平均数和位置平均数。

（一）数值平均数

数值平均数是同质总体内个体的某一数量标志，具体表现在一定时间、地点、条件下所达到的一般水平，是反映现象总体的综合数量特征的重要指标，又称为平均指标。

数值平均数有三种形式：算术平均数、调和平均数和几何平均数。

1. 算术平均数

算术平均数（arithmetic mean）是总体中个体的某个数量标志的总和与个体总数的比值，一般用 $\overline{x}$ 表示。算术平均数是集中趋势最主要的测度值。它的基本公式是：

$$\text{算术平均数}=\frac{\text{某个数量标志的总和}}{\text{个体总数}}$$

由于掌握的资料形式不同，算术平均数有两种计算方式。

（1）简单算术平均数。即根据未经分组整理的原始数据计算的算术平均数。设一组数据为 x_1，x_2，…，x_n，则

$$\overline{x}=\frac{x_1+x_2+\cdots+x_n}{n}=\frac{\sum_{i=1}^{n}x_i}{n} \tag{10-1}$$

（2）加权算术平均数。即根据分组整理的数据计算的算术平均数。设原始数据被分成 n 组，各组的变量值分别为 x_1，x_2，…，x_n，各组变量值出现的次数分别为 f_1，f_2，…，f_n，则

$$\overline{x}=\frac{x_1f_1+x_2f_2+\cdots+x_nf_n}{f_1+f_2+\cdots+f_n}=\frac{\sum_{i=1}^{n}x_if_i}{\sum_{i=1}^{n}f_i} \tag{10-2}$$

计算加权算术平均数运用的变量数列资料有两种：单项变量数列和组距变量数列。单项变量数列直接对各组变量值进行加权平均计算；组距变量数列需要先求出各组变量值的组中值，然后对组中值进行加权平均计算。

例 10-3

加权算术平均数的计算

根据某车间 200 名工人加工零件的资料（见表 10-4），计算平均每个工人的零件生产量。

表 10-4　某车间工人加工零件加权算术平均数计算表

按零件数分组（个）	工人人数（人）f	人数比重	组中值 x	xf
40～50	20	0.10	45	900
50～60	40	0.20	55	2 200
60～70	80	0.40	65	5 200
70～80	50	0.25	75	3 750
80～90	10	0.05	85	850
合计	200	1.00	—	12 900

根据式（10－2）得

$$\bar{x}=\frac{\sum_{i=1}^{n}x_if_i}{\sum_{i=1}^{n}f_i}=\frac{12\,900}{200}=64.5(\text{个})$$

从以上计算过程可以看出 f 的作用：当变量值比较大的 f 多时，平均数就接近于变量值大的一方；当变量值比较小的 f 多时，平均数就接近于变量值小的一方。可见，f 对变量值在平均数中的影响起着某种权衡轻重的作用，因此又称为权数。

如果各组的权数均相同，即 $f_1=f_2=\cdots=f_n$，则权数的权衡轻重的作用也就消失了。这时，加权算术平均数变成简单算术平均数。即

$$\bar{x}=\frac{\sum_{i=1}^{n}x_if_i}{\sum_{i=1}^{n}f_i}=\frac{f\sum_{i=1}^{n}x_i}{fn}=\frac{\sum_{i=1}^{n}x_i}{n} \tag{10-3}$$

可见，简单算术平均数实质上是加权算术平均数在权数相等条件下的一个特例。

简单算术平均数数值的大小只与变量值的大小有关。加权算术平均数数值的大小不仅受各组变量值大小的影响，而且受各组变量值出现的次数即权数大小的影响。

权数既可以用绝对数表示，又可以用相对数（比重）表示。因此，加权算术平均数也可以表示如下：

$$\bar{x}=\sum_{i=1}^{n}x_i\cdot\frac{f_i}{\sum_{i=1}^{n}f_i} \tag{10-4}$$

2. 调和平均数

在统计分析中，有时会由于种种原因没有频数的资料，只有每组的变量值和相应的标志总量。这种情况下就不能直接运用算术平均的方法来计算了，需要以迂回的形式，即用每组的标志总量除以该组的变量值推算出各组的单位数，才能计算平均数，我们可以用调和平均的方法完成这个计算。

调和平均数（harmonic mean）是各变量值倒数的算术平均数的倒数。由于它是根据变量值倒数计算的，所以又称为倒数平均数，通常用$\bar{x}_H$ 表示。根据掌握的资料不同，调和平均数可分为简单调和平均数和加权调和平均数。

（1）简单调和平均数。简单调和平均数是权数均相等条件下的加权调和平均数的特例，用公式表示即为：

$$\bar{x}_H=\frac{n}{\frac{1}{x_1}+\frac{1}{x_2}+\cdots+\frac{1}{x_n}}=\frac{n}{\sum_{i=1}^{n}\frac{1}{x_i}} \tag{10-5}$$

例 10-4

蔬菜价格的简单调和平均数的计算

假如某种蔬菜在早、中、晚市每千克的单价分别为 5 元、4 元、2 元，若早、中、晚市各买 1 千克，其平均价格用简单算术平均数计算，结果是 3.7 元。若早、中、晚市各买 10 元钱的，其平均价格是多少？

计算方法是先把总重量计算出来，然后将总金额除以总重量。即

$$平均价格=\frac{总金额}{总重量}=\frac{10+10+10}{\frac{10}{5}+\frac{10}{4}+\frac{10}{2}}=\frac{30}{9.5}\approx 3.2(元)$$

（2）加权调和平均数。设 m 为加权调和平均数的权数，加权调和平均数的公式为：

$$\bar{x}_H=\frac{m_1+m_2+\cdots+m_n}{\frac{m_1}{x_1}+\frac{m_2}{x_2}+\cdots+\frac{m_n}{x_n}}=\frac{\sum_{i=1}^{n} m_i}{\sum_{i=1}^{n}\frac{m_i}{x_i}} \tag{10-6}$$

例 10-5

蔬菜价格的加权调和平均数的计算

仍以例 10-4 中计算蔬菜的平均价格为例，如果现在早、中、晚市所花钱数不再是 10 元而是如表 10-5 所示，求购进的该种蔬菜的平均价格是多少？

表 10-5　加权调和平均数计算表

时间	单价（元/千克）x	所花钱数（元）m	购买量（千克）m/x
早市	5	20	4
中市	4	15	3.8
晚市	2	10	5
合计	—	45	12.8

$$平均价格\bar{x}_H=\frac{\sum_{i=1}^{n} m_i}{\sum_{i=1}^{n}\frac{m_i}{x_i}}=\frac{45}{12.8}\approx 3.5(元)$$

3. 几何平均数

几何平均数（geometric mean）是 n 个变量值连乘积的 n 次方根。几何平均数适合计算平均比率和平均速度。通常用 $\bar{x}_G$ 表示。根据掌握的数据资料不同，几何平均数可分为简单几何平均数和加权几何平均数。

（1）简单几何平均数。即根据未经分组资料计算的平均数。简单几何平均数的计算公式如下：

$$\bar{x}_G = \sqrt[n]{x_1 \cdot x_2 \cdot \cdots \cdot x_n} = \sqrt[n]{\prod_{i=1}^{n} x_i} \tag{10-7}$$

（2）加权几何平均数。当掌握的数据资料为分组资料，且各个变量值出现的次数不相同时，要用加权方法计算几何平均数。加权几何平均数的计算公式为：

$$\bar{x}_G = \sqrt{x_1^{f_1} \cdot x_2^{f_2} \cdot \cdots \cdot x_n^{f_n}} = \sqrt{\prod_{i=1}^{n} x_i^{f_i}} \tag{10-8}$$

例 10-6

某市工业增加值增长率的加权几何平均数的计算

某市 2001—2014 年的 14 年中，各年的工业增加值的增长率资料如表 10-6 所示，计算这 14 年的平均增长率。

表 10-6 加权几何平均数计算表

时间	年数	工业增加值的增长率（%）
2001—2004 年	4	10.2
2005—2009 年	5	8.7
2010—2014 年	5	9.6
合计	14	—

首先根据式（10-8）计算平均发展速度：

$$\bar{x}_G = \sqrt{x_1^{f_1} \cdot x_2^{f_2} \cdot \cdots \cdot x_n^{f_n}} = \sqrt{(110.2\%)^4 \times (108.7\%)^5 \times (109.6\%)^5}$$
$$\approx 109.45\%$$

再还原成平均增长率：

平均增长率＝平均发展速度－100%＝109.45%－100%＝9.45%

（二）位置平均数

位置平均数是指按数据的大小顺序或出现频数的多少确定的集中趋势的代表值，主要有众数和中位数。

1. 众数

众数（mode）是一组数据中出现次数最多的那个变量值，通常用 M_o 表示。众数具有普遍性，在统计实践中，常利用众数来近似反映社会经济现象的一般水平。

统计分析中，有时需要采用确切的数字来反映其一般水平，这时一般计算算术平均数。有时只要求掌握最普遍、最常见的数值，此时可采用众数。

根据资料的不同，即变量数列的不同种类，可采用不同的方法确定众数。

（1）单项数列确定众数。采用直接观察法确定众数。单项数列确定众数比较简单，只需找出次数最多的标志值即为众数。例如，某班级 40 个学生中年龄为 20 岁的人最多，则众数 M_o 为 20 岁。

（2）组距数列确定众数。组距数列确定众数稍复杂些，首先要根据出现次数确定众数所在组，然后利用公式计算众数的近似值。

利用下限，众数的计算公式为：

$$M_o=L+\frac{\Delta_1}{\Delta_1+\Delta_2}\times d \tag{10-9}$$

利用上限，众数的计算公式为：

$$M_o=U-\frac{\Delta_1}{\Delta_1+\Delta_2}\times d \tag{10-10}$$

式中，M_o 为众数；L 为众数所在组的下限；U 为众数所在组的上限；Δ_1 为众数所在组次数与前一组次数之差；Δ_2 为众数所在组次数与后一组次数之差；d 为众数所在组的组距。

众数是由标志值出现次数的多少决定的，不受资料中极端数值的影响，这样增强了众数对总体一般水平的代表性。当总体分布没有明显的集中趋势而趋于均匀分布时，则没有众数。如果变量数列有两个标志值出现次数最多，称为双众数，双众数的出现可能是因为总体单位不具同质性。因此，利用众数来反映总体的一般水平，必须同时具备两个条件：列数的单位数很多；具有明显的集中趋势。否则，众数的计算没有代表意义。

2. 中位数

中位数（median）是一组数据按大小顺序排列后，处于中间位置的那个变量值，通常用 M_e 表示。中位数就是将某变量的全部数据均等地分为两部分的那个变量值。其中，一半数值小于中位数，另一半数值大于中位数。中位数是一个位置代表值，不受极端变量值的影响。

确定中位数的方法根据具体资料而定。

（1）由未分组资料确定中位数。对未分组数据资料，需先将各变量值按大小顺序排列，并按公式确定中位数的位置。

当一个序列中的项数 n 为奇数时，处于序列中间位置的变量值就是中位数。例如，根据 7，6，8，2，3 这五个数据求中位数，先按从小到大的顺序排成 2，3，6，7，8。在这个序列中，选取中间数值 6，小于 6 的数值有两个，大于 6 的数值也有两个，因此 6 就是这五个数值中的中位数。

当一个序列的项数是偶数时，则应取中间两个数的中点值作为中位数，即取中间两个变量值的平均数为中位数。例如一个按从小到大的顺序排列的序列 2，5，7，8，11，12，其中位数的位置在 7 与 8 之间，中位数就是 7 与 8 的平均数，即 $M_e=\frac{7+8}{2}=7.5$。

（2）由单项数列确定中位数。根据单项数列确定中位数与根据未分组资料确定中位数的方法基本一致。先计算各组的次数（或频数），再按式（10－11）确定中位数的位置，并对照累计次数确定中位数。

$$M_e=\frac{\sum_{i=1}^{n}f_i+1}{2} \tag{10-11}$$

例 10－7

某班同学的年龄中位数的计算

某班同学按年龄分组，资料如表10－7所示，求中位数。

表 10－7 单项数列求中位数计算表

年龄（岁）	学生人数	较小值累计次数	较大值累计次数
17	5	5	50
18	8	13	45
19	26	39	37
20	9	48	11
21	2	50	2
合计	50	—	—

解：年龄中位数的位置为＝25.5，说明位于第25位与第26位同学之间，根据累计次数可确定中位数为第三组的变量值19岁。

（3）由组距数列确定中位数。由组距数列确定中位数与单项数列确定中位数相似，不同的是根据中位数位次及累计法确定中位数后，无法得到中位数的准确值，要利用公式计算中位数的近似值。

利用下限，中位数的计算公式为：

$$M_e=L+\frac{\frac{\sum f}{2}-S_{m-1}}{f_m}\times d(\text{用较小值累计次数}) \tag{10-12}$$

利用上限，中位数的计算公式为：

$$M_e=U-\frac{\frac{\sum f}{2}-S_{m+1}}{f_m}\times d(\text{用较大值累计次数}) \tag{10-13}$$

式中，L 为中位数组的下限；U 为中位数组的上限；f_m 为中位数组的次数；S_{m-1} 为中位数所在组以前各组的累计次数；S_{m+1} 为中位数所在组以后各组的累计次数；f 为各组次数；d 为中位数所在组的组距。

这里要说明一点，根据组距数列确定中位数位次时，其公式为 $\frac{\sum f}{2}$ ，这是因为绝大多数组距数列的标志值的变化是连续不断的，总次数是否加 1 可以忽略不计。

3. 众数、中位数和算术平均数的关系

大部分数据都属于单峰分布，其众数、中位数和算术平均数之间具有以下关系（见图 10－1）：如果数据的分布是对称的，则 $M_o = M_e = \bar{x}$，如图 10－1（a）所示；如果数据是左偏分布，说明数据中偏小的数较多，这就必然拉动算术平均数向数值小的一方靠，众数和中位数是位置代表值，不受极值的影响，因此三者之间的关系表现为 $M_o > M_e > \bar{x}$，又叫负偏，如图 10－1（b）所示；如果数据是右偏分布，说明数据中偏大的数较多，必然拉动算术平均数向数值大的一方靠，则 $M_o < M_e < \bar{x}$，又叫正偏，如图 10－1（c）所示。

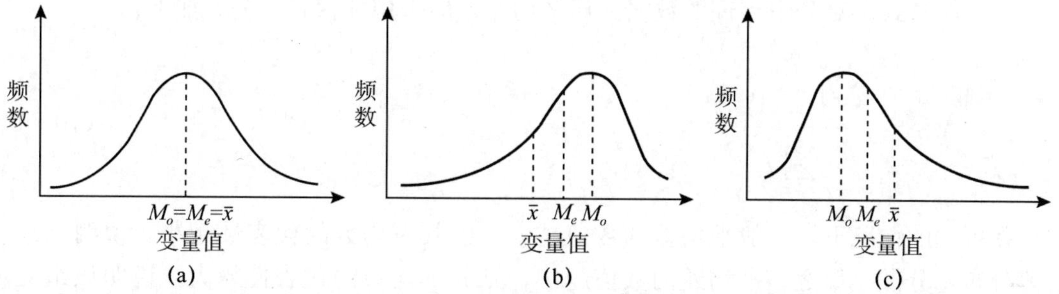

图 10－1　众数、中位数和算术平均数的关系示意图

二、离散趋势的描述

要全面描述资料数据的规律性，在计算平均指标以后，还需要计算分析数据的离散趋势。数据的离散程度越大，反映变量集中趋势的平均指标的代表性越差；离散程度越小，则平均指标的代表性就越好，两者成反方向变化。如果离散程度等于零，说明所有的变量值没有差异，则平均数具有绝对的代表性。常用的反映离散趋势的指标有绝对指标和相对指标两类。

（一）绝对指标

反映离散趋势的绝对指标有极差、平均差、标准差。

1. 极差

极差（range）也叫全距，它是总体各单位标志值中最大值与最小值之差，即

$$R = \max(x_i) - \min(x_i) \tag{10-14}$$

极差可以说明总体中标志值变动的范围，极差越大，说明总体中标志值变动的范围越大，从而说明总体单位标志值差异大，反之则小。

极差测定离散趋势的优点是计算简单，但由于它取决于总体中两个极端数值的差距，与变量数列的其他数值无关，其提供的信息是不全面的，因此不能全面反映标志值的离散趋势。如果极端数值相差较大，中间数值分布比较均匀，全距便不能确切反映总体的离散趋势。

2. 平均差

平均差（mean deviation）也称平均离差，是各变量值与其平均数离差绝对值的平均数，通常用 M_D 表示。由于各变量值与其平均数离差之和等于零，所以在计算平均差时，是取绝对值形式的。平均差的计算根据掌握数据资料的不同而采用两种不同的形式。

（1）简单式。对未经分组的数据计算平均差，应采用简单式。公式如下：

$$M_D = \frac{\sum_{i=1}^{n} |x - \overline{x}|}{n} \tag{10-15}$$

（2）加权式。对分组整理的数据计算平均差，应采用加权式。公式如下：

$$M_D = \frac{\sum_{i=1}^{n} |x - \overline{x}| f_i}{\sum_{i=1}^{i} f_i} \tag{10-16}$$

在可比的情况下，一般平均差的数值越大，则其平均数的代表性越小，说明该组变量值分布越分散；反之，平均差的数值越小，则其平均数的代表性越大，说明该组变量值分布越集中。

平均差在应用上有较大的局限性。

3. 标准差

标准差（standard deviation）又称均方差，它是各单位变量值与其平均数离差平方和的平均数的平方根，通常用 σ 表示。它是测度数据离散趋势的主要方法。标准差具有量纲，它与变量值的计量单位相同。

标准差的本质是求各变量值与其平均数的距离和，即先求出各变量值与其平均数离差的平方，再求其平均数，最后对其开方。之所以称为标准差，是因为在正态分布条件下，它和平均数有明确的数量关系，是真正度量离中趋势的标准。

根据掌握的数据资料不同，标准差有简单式和加权式两种计算方式。

（1）简单式。对未经分组的数据资料，采用简单式。公式如下：

$$\sigma = \sqrt{\frac{\sum_{i=1}^{n} (x_i - \overline{x})^2}{n}} \tag{10-17}$$

（2）加权式。对分组整理的数据计算标准差，应采用加权式。公式如下：

$$\sigma = \sqrt{\frac{\sum_{i=1}^{n} (x_i - \overline{x})^2 f_i}{\sum_{i=1}^{n} f_i}} \tag{10-18}$$

标准差是根据全部数据计算的，它反映了每个数据与其平均数相比平均相差的数值，因此，它能准确地反映数据的离散趋势。与平均差相比，标准差在数学处理上是通过平方消去离差的正负号，更便于数学上的处理。因此，标准差是实际中应用最广泛的离散趋势测度值。

标准差有总体标准差与样本标准差之分，上面说的都是总体标准差，如果要计算样本标准差，只需要把分母减1。一般把样本标准差记为 s。

对简单式而言，有

$$s=\sqrt{\frac{\sum_{i=1}^{n}(x_i-\bar{x})^2}{n-1}}$$

对加权式而言，有

$$s=\sqrt{\frac{\sum_{i=1}^{n}(x_i-\bar{x})^2 f_i}{\sum_{i=1}^{n}f_i-1}}$$

（二）相对指标

极差、平均差和标准差都是反映数据离散趋势的绝对指标，其数值的大小一方面取决于原变量值本身水平的高低，也就是与变量的平均数大小有关，变量值绝对水平高的，离散趋势的测度值自然也就大，绝对水平低的，离散趋势的测度值自然也就小；另一方面它们与原变量值的计量单位相同，采用不同计量单位计量的变量值，其离散趋势的测度值也就不同。

因此，对于平均数不等或计量单位不同的不同组别的变量值，是不能直接用离散趋势的绝对指标比较其离散趋势的。为了消除变量平均数不等和计量单位不同对离散趋势测度值的影响，需要计算离散趋势的相对指标，即离散系数，其公式为：

$$离散系数=\frac{离散趋势的绝对指标}{对应的平均指标}$$

离散系数（coefficient of variation）通常是就标准差来计算的，因此，也称为标准差系数，它是一组数据的标准差与其对应的平均数之比，是测度数据离散趋势的相对指标，其计算公式如下：

$$V_\sigma=\frac{\sigma}{\bar{x}}\times 100\% \qquad (10-19)$$

例10-8

离散系数的计算

有以下两个不同水平的数列：

甲 20 30 40 50 60

乙 2 3 4 5 6

$$\overline{X}_{甲}=40$$

$$\sigma_{甲}=\sqrt{\frac{\sum_{i=1}^{5}(x_i-\overline{x})^2}{5}}=14.14$$

$$\overline{X}_{乙}=4$$

$$\sigma_{乙}=\sqrt{\frac{\sum_{i=1}^{5}(x_i-\overline{x})^2}{5}}=1.414$$

从上面两个数列的情况可以看出，两个数列的标志变动程度即离散程度实际上是一样的，只是由于甲数列是乙数列水平的 10 倍，所以计算得出的标准差也相差 10 倍。为了消除这种影响，真正反映总体各单位标志值变异程度的大小，就要用离散系数进行对比。

$$V_{\sigma甲}=\frac{\sigma}{\overline{x}}\times100\%=\frac{14.14}{40}=0.353\ 5=35.35\%$$

$$V_{\sigma乙}=\frac{\sigma}{\overline{x}}\times100\%=\frac{1.414}{4}=0.353\ 5=35.35\%$$

因此，两个数列的离散系数是一样的。

离散系数经常用于比较不同水平的同类现象或不同类现象平均数的代表性大小。

三、形态趋势的描述

集中趋势和离散趋势是数据分布的两个重要特征，但要全面了解数据分布的特点，还需要掌握数据分布的形状是否对称、偏斜的程度以及扁平程度等。反映这些分布特征的测度值是偏态和峰度。

（一）分布的偏态

偏态（skewness）是对分布偏斜方向和程度的测度。有些变量值出现的次数往往是非对称型的，如收入分配、市场占有率、资源配置等。变量分组后，总体中个体在不同的分组变量值下分布并不对称，呈现出偏斜的分布状况，统计上称之为偏态分布。

利用众数、中位数和平均数之间的关系就可以判断分布是对称、左偏还是右偏，但要测度偏斜的程度还需要计算偏态系数。统计分析中计算偏态系数的方法很多，一般采用矩的概念计算，其计算公式为三阶中心矩 v_3 与标准差的三次方之比。具体公式如下：

$$\alpha=\frac{v_3}{\sigma^3}=\frac{\sum_{i=1}^{n}(x_i-\overline{x})^3f_i}{\sum_{i=1}^{n}f_i\cdot\sigma^3} \tag{10-20}$$

式中，α 为偏态系数。

从式（10－20）可以看到，它是离差三次方的平均数再除以标准差的三次方。当分布对称时，离差三次方后正负离差可以相互抵消，因而 α 的分子等于 0，则 $\alpha=0$。当分布不对称时，正负离差不能抵消，就形成了正与负的偏态系数 α。当 α 为正值时，表示正偏离差值较大，可以判断为正偏或右偏；当 α 为负值时，表示负偏离差值较大，可以判断为负偏或左偏。

偏态系数 α 的数值一般在－3～0 或 0～3 之间，α 越接近 0，分布的偏斜度越小；α 越接近±3，分布的偏斜度越大。

例 10－9

企业利润额分布的偏斜状况的计算

某管理局所属 30 个企业 20××年 3 月利润额统计资料如表 10－8 所示，要求计算该变量数列的偏斜状况。

表 10－8　偏斜系数计算示例表

利润额（万元）	企业数 f	组中值 x	$(x-\bar{x})^2f$	$(x-\bar{x})^3f$	$(x-\bar{x})^4f$
10～30	2	20	2 312	－78 608	2 672 672
30～50	10	40	1 960	－27 440	384 160
50～70	13	60	468	2 808	16 848
70～90	5	80	3 380	87 880	2 284 880
合计	30	—	8 120	－15 360	5 358 560

利用表中有关数据计算标准差如下：

$$\sigma=\sqrt{\frac{\sum_{i=1}^{n}(x_i-\bar{x})^2f_i}{\sum_{i=1}^{n}f_i}}=\sqrt{\frac{8\,120}{30}}\approx 16.45\text{（万元）}$$

$$v_3=\frac{\sum_{i=1}^{n}(x_i-\bar{x})^3f_i}{\sum_{i=1}^{n}f_i}=\frac{-15\,360}{30}=-512$$

$$\alpha=\frac{v_3}{\sigma^3}=\frac{-512}{16.45^3}\approx-0.12$$

计算结果表明：该管理局所属企业的利润额呈轻微负偏分布。

（二）分布的峰度

峰度（kurtosis）是分布集中趋势高峰的形状。在变量数列的分布特征中，常常以正态分布为标准，观测变量数列分布曲线顶峰的尖平程度，统计上称之为峰度。如果分布的形状比正态分布更高更瘦，称为尖峰分布，见图 10－2（a）；如果分布的形状比正态分布更矮更胖，则称为平峰分布，见图 10－2（b）。

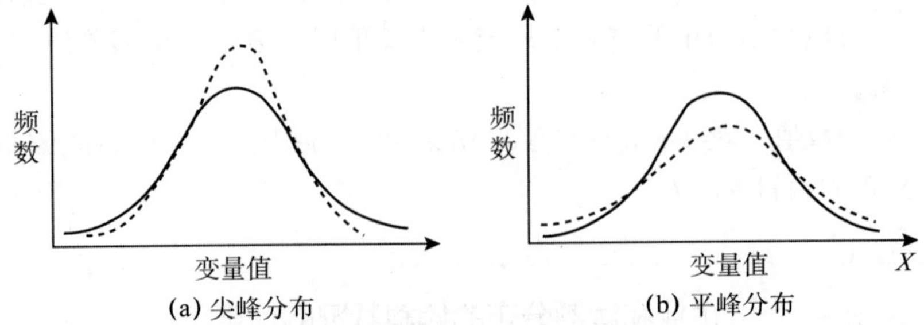

图 10－2　尖峰分布、平峰分布示意图

峰度的测度一般采用矩的概念计算，即运用四阶中心矩 v_4 与标准差的四次方对比，以此来判断各分布曲线峰度的尖平程度。具体公式如下：

$$\beta = \frac{v_4}{\sigma^4} - 3 = \frac{\sum_{i=1}^{n}(x_i - \overline{x})^4 f_i}{\sum_{i=1}^{n} f_i \cdot \sigma^4} - 3 \tag{10-21}$$

式中，β 为峰度系数。

峰度系数是统计中描述次数分布状态的又一个重要特征值，用以测定邻近数值周围变量值分布的集中或分散程度。它以四阶中心矩为测量标准，除以 σ^4 是为了消除单位量纲的影响并将峰度系数转化为相对数，即进行了标准化处理，以便在不同的分布曲线之间进行比较。由于正态分布的峰度系数为 0，当 $\beta>0$ 时为尖峰分布，当 $\beta<0$ 时为平峰分布。

基本概念

事后编码　事前编码　描述性统计分析　推论统计分析
多元统计分析　集中趋势　离散趋势　形态趋势

思考题

1. 问卷审核与数据录入主要包括哪些程序？
2. 对开放式问题的回答进行事后编码分为哪几个步骤？
3. 常用的统计分析方法有哪些类型？
4. 在市场调查中，常用的描述性数据指标有哪些？

第11章
分析营销调研数据

学习目标

- 了解五种分析方法的含义与原理。
- 理解五种分析方法的步骤。
- 掌握如何运用五种分析方法解决实际问题。

引例

某地区2005—2014年空调销售量与新结婚户数统计数据如表11-1所示。

表11-1 某地区空调销售量与新结婚户数统计数据表

年份	新结婚户数（万户）x	空调销售量（千台）y	xy	x^2	y^2
2005	200	70	14 000	40 000	4 900
2006	215	74	15 910	46 225	5 476
2007	235	80	18 800	55 225	6 400
2008	250	84	21 000	62 500	7 056
2009	275	88	24 200	75 625	7 744
2010	285	92	26 220	81 225	8 464
2011	300	100	30 000	90 000	10 000
2012	330	110	36 300	108 900	12 100
2013	350	112	39 200	122 500	12 544
2014	360	116	41 760	129 600	13 456
合计	2 800	926	267 390	811 800	88 140

根据这些数据，某企业空调组想知道新结婚户数与空调销售量之间存在何种关系。在这个案例中，我们就要用到本章所要学习的内容：分析营销调研数据。

习近平总书记指出："调查研究是谋事之基、成事之道。没有调查，就没有发言权，更没有决策权。"营销调研既包括定性研究又包括定量研究。分析营销调研数据是营销调研的关键环节。分析营销调研数据的方法较多，回归分析、T检验、列联表分析、方差分析和因子分析是其中较常用的方法。本章对这五种常用方法的原理及应用进行系统介绍。

第 1 节　回归分析

回归分析（regression analysis）是处理自变量（通常用 x 表示）与因变量（通常用 y 表示）之间相关关系的方法，它从定量的角度寻找变量之间的因果关系，从而判断某些因素的变化对其他因素的影响。例如，通过建立销售量与价格、广告费、推销人员数量等的相关性数学模型，判断价格、广告费、推销人员数量等的变化对销售量的影响程度。

回归分析的主要步骤是从一组原始数据出发，确定变量之间的定量关系，即确定模型的具体形式和模型参数的估计值，然后对这些定量关系式的可信度进行统计检验，最后从影响因变量变化的众多自变量中判断和选择影响因素，并利用模型进行预测。

一、一元线性回归分析

一元线性回归分析可以解释诸如广告与销售有什么数量关系，价格在多大程度上影响需求量等问题。这里应当指出的是，经济变量之间的相关关系并不像物理、化学中所遇到的问题那样可以用精确的数量关系来解释、分析、推算，经济变量之间的关系往往是一种统计关系。我们更多的是描述它们的相关方向，比较多个关系的密切程度，寻求能近似地反映其关系的数学模型及相应参数的估计方法。

（一）一元线性回归模型

一元线性回归模型是描述两个变量之间相关关系的最简单的回归模型。当我们运用这种方法时，也就是在为自变量（该自变量一般是可以控制的）确定某一个值，然后预测或估计因变量的相应值。英国科学家弗朗西斯·高尔顿首先提出了回归的思想。高尔顿用“回归”（regression）一词来描述这样一种现象：不论父辈是高是矮，成年后代的身高总有向一般人口的平均身高回归的倾向。

我们也可以运用这种方法对经济变量进行分析及预测。例如，分析广告费用与产品销量的关系时，如果投入的广告费用一定，我们总是希望预测产品销量将达到什么样的水平，以分析广告投入的风险、效果等。

1. 一元线性回归关系的形式

为了研究自变量和因变量之间的关系，需要将自变量以及与之相对应的因变量在二维坐标图上表现出来，形成散点图。因变量 y 标在纵轴上，自变量 x 标在横轴上。通过散点图，可以了解它们之间一个大致的关系形式。若它们之间的关系呈现为曲线，就需要采用非线性回归分析技术；若呈现为直线或近似直线，就可以用线性回归模型来分析这种关系。本书仅探讨变量间的线性回归关系。

例如，某地区的消费与收入有关，表 11－2 列出了相应的统计数据，图 11－1 展示了某地区消费与收入的关系。

表 11－2　某地区消费与收入的统计数据

	x_i（收入：百万元）	y_i（消费：百万元）	$x_i y_i$	x_i^2
1	100	80	8 000	10 000
2	200	150	30 000	40 000
3	300	210	63 000	90 000
4	400	260	104 000	160 000
5	500	300	150 000	250 000

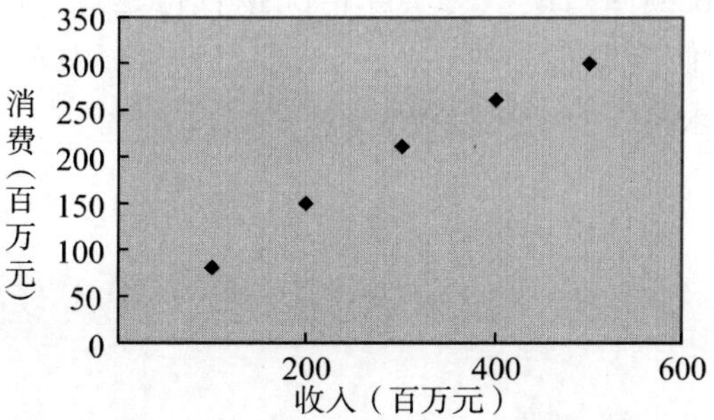

图 11－1　某地区消费与收入的关系

2. 回归模型的建立

回归分析就是根据统计资料求得两个相关经济变量之间的相关系数，确定回归模型进行分析、预测的方法。在进行回归分析时，首先要建立一个线性回归模型：

$$y=a+bx \tag{11-1}$$

式中，x 为自变量；y 为因变量；a，b 是模型的参数。有了这一回归模型，我们就能进行回归分析。为了建立回归模型，通常采用最小二乘法估计模型参数 a，b。

3. 最小二乘法估计参数 a，b

最小二乘法是最能体现两个变量 x，y 之间关系的数学方法之一。在散点图中，没有任何一条直线能完美地表现出每组观察结果所传达的信息。这表现为实际结果（散点分布）和用上述回归模型预测的结果（直线所表示的值）不完全相符，任何一条散点图上的适用直线都会有客观存在的误差，能够基本反映观察结果的直线可以画出许多条来。用最小二乘法估计的参数 a，b 所形成的直线是最有说服力的拟合直线。

在使用最小二乘法估计参数 a，b 时，首先应有互相对应的关于自变量和因变量的 n 个样本数据：

$$y: y_1, y_2, \cdots, y_n$$
$$x: x_1, x_2, \cdots, x_n$$

并且 x 与 y 的这 n 个数据间应有一定的关系，即

$$\hat{y}_i = a + bx_i, \quad i = 1, 2, \cdots, n \tag{11-2}$$

由于 x 与 y 之间只是近似的函数关系，上式不可能对每一组的 x_i，y_i 完全成立，实际值 y_i 与通过式（11－2）计算的估计值 $\hat{y}_i$ 常常是不相等的，二者的关系为：

$$y_i = \hat{y}_i + \varepsilon_i = a + bx_i + \varepsilon_i \tag{11-3}$$

式中，ε_i 为实际值与估计值之差，称为离差。

回归模型对实际情况拟合的程度如何，可直接通过变量 Q 反映：

$$Q = \sum_{i=1}^{n} \varepsilon_i^2 = \sum_{i=1}^{n} (y_i - \hat{y}_i)^2 = \sum_{i=1}^{n} [y_i - (a + bx_i)]^2 \tag{11-4}$$

显然，Q 值越小，说明回归模型对实际情况拟合得越好。由于 Q 为 a 与 b 的函数，$Q = f(a, b)$，因此可知使得 Q 最小的 $\hat{a}$，$\hat{b}$ 是式（11－1）中 a 与 b 的最佳估计量。这样的估计量可以通过下式求得：

$$\begin{cases} \dfrac{\partial Q}{\partial a} = 0 \\ \dfrac{\partial Q}{\partial b} = 0 \end{cases} \tag{11-5}$$

一般地说，上式有唯一解，即

$$\begin{cases} \hat{b} = \dfrac{\sum y_i x_i - \bar{x} \sum y_i}{\sum x_i^2 - \bar{x} \sum x_i} \\ \hat{a} = \bar{y} - \hat{b} \end{cases} \tag{11-6}$$

式中，$\bar{x} = \dfrac{1}{n} \sum x_i$，$\bar{y} = \dfrac{1}{n} \sum y_i$。

（二）回归模型的检验

建立了回归模型后，有时会产生这样的问题：自变量和因变量之间是否存在我们所假设的那种相关关系？这里介绍两种简单的检验方法。

1. R^2 检验

R^2 检验可以反映回归方程中自变量和因变量之间的关系强度。

$$R^2 = 1 - \frac{\sum_{i=1}^{n} (y_i - \hat{y}_i)^2}{\sum_{i=1}^{n} (y_i - \bar{y}_i)^2} \tag{11-7}$$

显然有 $0 \leqslant R^2 \leqslant 1$。

R^2 越接近 1，说明自变量和因变量之间的相关关系越强；相反，R^2 越接近 0，二者之间的相互关系越弱，表明建立回归模型没有多大价值。

2. F 检验

对于整个回归分析预测模型有效性的检验，通常使用 F 检验。统计量 F 的计算公式为：

$$F_{K,N-k-1}=\frac{\sum_{i=1}^{n}(\hat{y}_i-\overline{y})^2/K}{\sum_{i=1}^{n}(y_i-\hat{y}_i)^2/(N-k-1)}\text{（一元线性回归分析时，}k=1\text{）}\quad(11-8)$$

计算出 $F_{K,N-k-1}$，再查 F 分布数值表，一般查置信度为 0.05 时 K 与 $N-k-1$ 所对应的 F_a 值。若 $F_{K,N-k-1}\geqslant F_a$，则认为回归模型是有效的。

（三）SPSS 在一元线性回归中的应用

某超市负责人注意到空啤酒瓶的回收价与回收率是有一定关系的，但只是初步的了解，要研究它们之间的定量关系，需要对空啤酒瓶的回收价与回收率做回归分析。实验得空啤酒瓶的回收价与回收率数据如表 11－3 所示。预测 $x=25$ 时，y 的值。

表 11－3　空啤酒瓶回收价与回收率数据

回收价 x（元/百只）	18	21	24	27	30	33
回收率 y（%）	30.4	34.7	35.5	35.6	37.5	39.4

第一步：做散点图

（1）按图 11－2 操作，打开“Scatter/Dot”对话框，所得结果如图 11－3 所示。

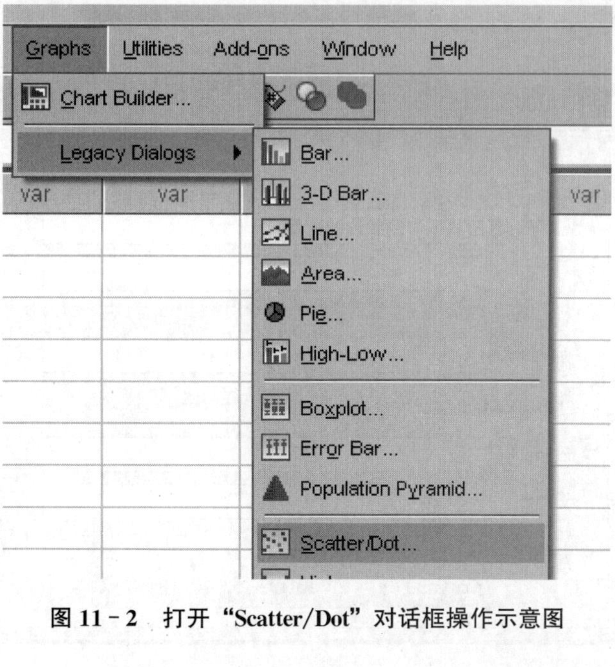

图 11－2　打开“Scatter/Dot”对话框操作示意图

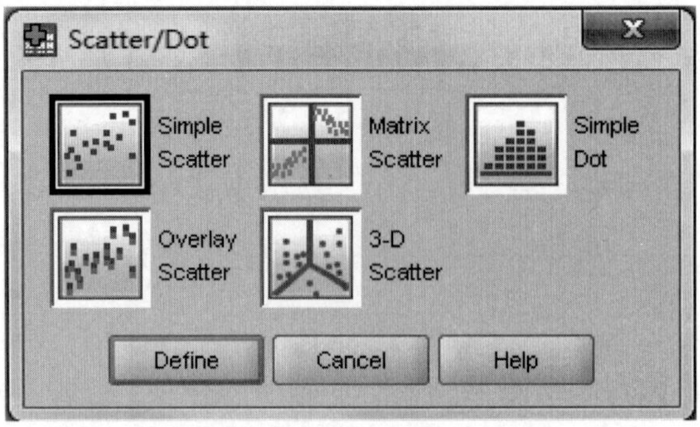

图 11-3 “Scatter/Dot”对话框

（2）选择“Simple Scatter”，单击“Define”打开“Simple Scatter/Dot”对话框（见图 11-4），将回收率 y 键入 Y 轴，回收价 x 键入 X 轴。

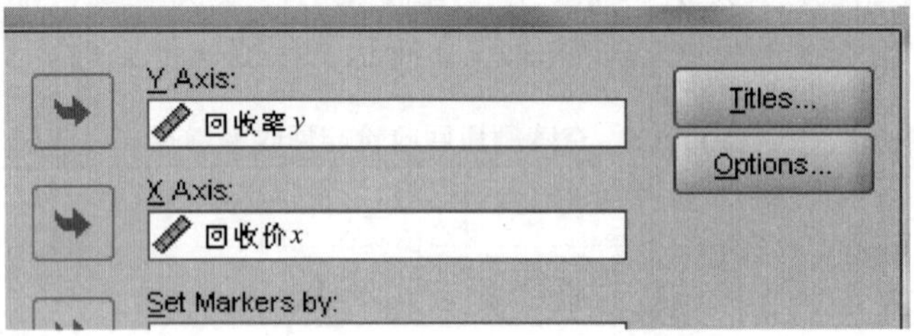

图 11-4 x 与 y 数据导入示意图

（3）单击“Titles”，打开“Titles”对话框（见图 11-5），在“Line 1”中输入“回收率与回收价的关系”。

图 11-5 关系建立示意图

（4）单击“Continue”返回，再单击“OK”得到图 11－6。

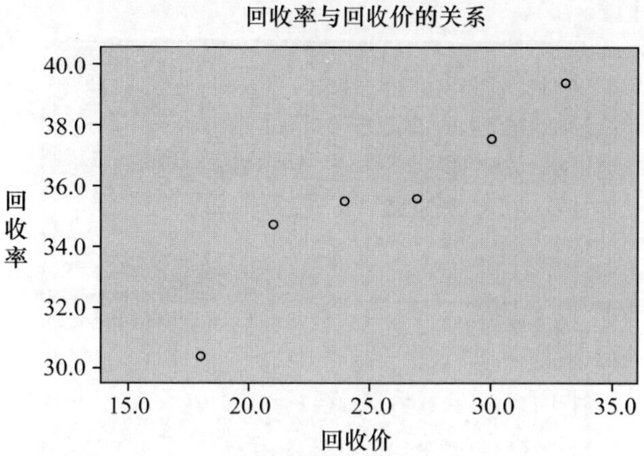

图 11－6　散点图

图 11－6 表明：随着 x（回收价）的提高，大体上可以看出 y（回收率）以一元函数的（线性）形式增加。以这样的结果为基础，我们可以设定回归直线模型或回归线性模型。

第二步：线性回归分析的运行

（1）按图 11－7 操作，打开“Linear Regression”对话框。

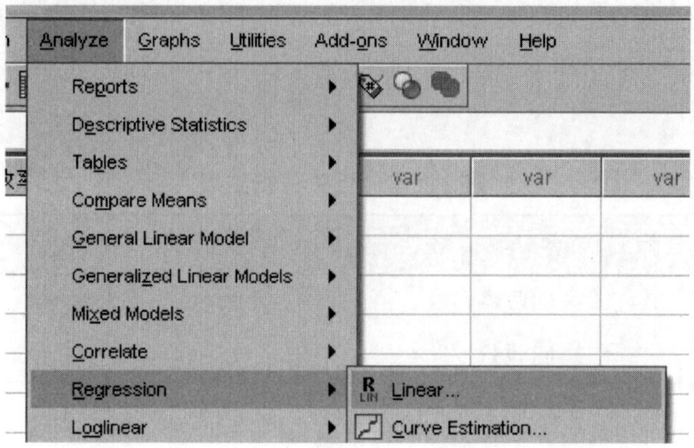

图 11－7　打开“Linear Regression”对话框

（2）按图 11－8 选择，将回收率 y 选择做回归分析的因变量，回收价 x 选择做回归分析的自变量。

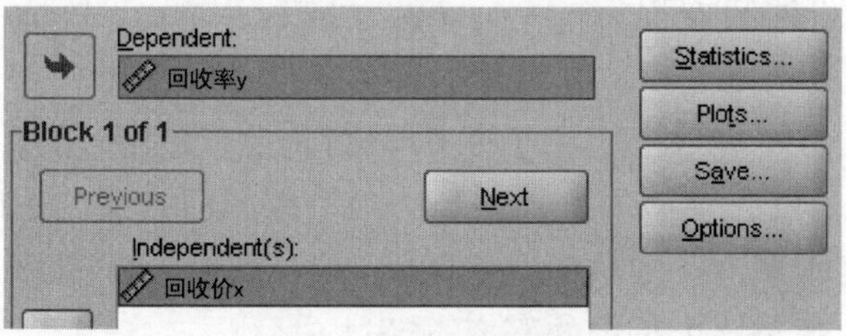

图 11－8　x 与 y 数据导入

（3）单击“Statistics”，打开“Linear Regression：Statistics”对话框（见图 11－9），并按图选择回归统计量。

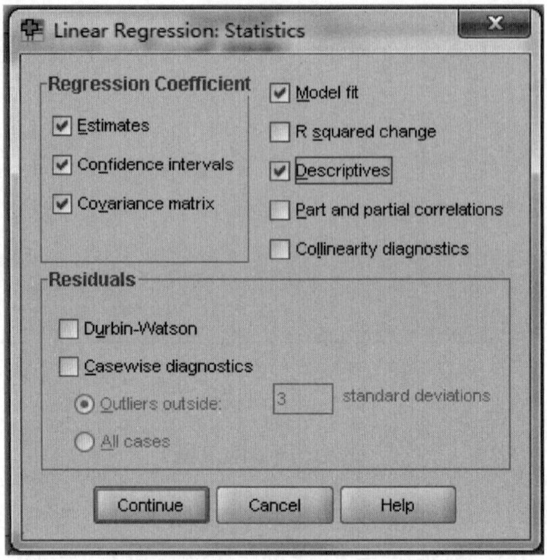

图 11－9　回归统计量选择示意图

（4）单击“Continue”返回，再单击“OK”。

第三步：结果分析

（1）相关分析。如表 11－4 所示，空啤酒瓶回收价与回收率的皮尔逊相关系数（Pearson correlation）为 0.944，$p=0.002$，$p<0.01$，可以断定回收价与回收率的相关性是显著的。

表 11－4　相关分析结果

		回收率 y	回收价 x
Pearson Correlation	回收率 y	1.000	0.944
	回收价 x	0.944	1.000
Sig.（1-tailed）	回收率 y	.	0.002
	回收价 x	0.002	.
N	回收率 y	6	6
	回收价 x	6	6

（2）回归分析。设回归方程为 $y=a+bx$，可知 $a=22.524$，$b=0.944$，即回归方程 $y=22.524+0.944x$。

常数值是 22.524，$p=0.001$，小于 0.01，因此常数是显著的。

回归系数值为 0.944，$p=0.005$，小于 0.01，因此回归系数是显著的。

在 95%的置信度水平上，常数的置信区间为 16.104～28.944。预测 $x=25$ 时，y 的范围是 28.8～41.6，超出这个范围的概率不超过 5%。

在 95%的置信度水平上，回归系数的置信区间为 0.263～0.756。当回收价 x 确定后，就可以得到回收率 y 的估计值，回收价每百个增加 1 元，回收率提高的范围是 0.263%～0.756%（见表 11-5）。

表 11-5 回归分析结果

Model		Unstandardized Coefficients		Standardized Coefficients	t	Sig.	95% Confidence Interval for B	
		B	Std. Error	Beta			Lower Bound	Upper Bound
1	(Constant)	22.524	2.312		9.741	0.001	16.104	28.944
	回收价 x	0.510	0.089	0.944	5.731	0.005	0.263	0.756

二、多元线性回归分析

多元线性回归分析是指在营销调研中对研究对象的多重特征同时进行分析，以了解它们之间的内在关系。换一种说法，凡多于三个变量的数据分析并且它们之间是线性关系，就叫多元线性回归分析。它是一元回归分析的延伸。

多元线性回归分析的一般模型如下：

$$y=a+b_1x_1+b_2x_2+\cdots+b_kx_k+\varepsilon \tag{11-9}$$

式中，y 为因变量；a 为常数项（参数）；$b_i(i=1,2,\cdots,k)$ 为回归系数（参数），它表明自变量 x_i 改变一个单位会引起 y 改变 b_i 个单位；$x_i(i=1,2,\cdots,k)$ 为自变量（即有 k 个自变量）；ε 为干扰项，它服从均值为 0、方差为 σ^2 的正态分布。

（一）多元线性回归模型

1. 最小二乘法估计参数 a，b_i（$i=1,2,\cdots,k$）

与一元回归分析一样，我们可以用最小二乘法求出 Q 的极小值，即得到参数 a，b_i（$i=1,2,\cdots,k$）的估计值。

$$Q=\sum_{i=1}^{n}\varepsilon_j^2=\sum(y_i-a-b_{1j}x_{1j}-b_{2j}x_{2j}-\cdots-b_{kj}x_{kj})^2 \tag{11-10}$$

式中，$j=1,2,\cdots,n$，n 为样本数据组数。现在有了统计分析软件，上述烦琐的计算可以由计算机来完成。最后，我们得到的多元线性回归模型为：

$$\hat{y}=\hat{a}+\hat{b}_1x_1+\hat{b}_2x_2+\cdots+\hat{b}_kx_k \tag{11-11}$$

式中，$\hat{y}$ 为 y 的估计（预测）值；$\hat{a}$ 为 a 的估计值；$\hat{b}_i$ 为 b_i 的估计值。

例如，某日报的调研部门预测不同区域市场的报纸发行量。调查人员经过调研后认为，报纸发行量主要受两个独立变量即社会商品零售总额和人口密度的影响，而且与它们之间的关系是线性的。这样，他们就可以找到几个区域市场的样本数据作为估计参数的依据，通过回归分析估计出来的区域销售量将作为考核区域经理绩效的依据。

数学模型为：

$$y=a+b_1x_1+b_2x_2 \tag{11-12}$$

式中，y 为区域发行量（千份/日）；x_1 为社会商品零售总额（百万元/月）；x_2 为人口密度。

利用最小二乘法可得到下列一组方程式，据此可求得参数的估计值。

$$\begin{cases} 2a+b_1\sum x_{1j}+b_2\sum x_{2j}=\sum y_j \\ a\sum x_{1j}+b_1\sum x_{1j}{}^2+b_2\sum x_{1j}x_{2j}=\sum x_{1j}y_j \\ a\sum x_{2j}+b_1\sum x_{1j}x_{2j}+b_2\sum x_{2j}{}^2=\sum x_{2j}y_j \end{cases} \tag{11-13}$$

2. 哑变量

在某些情况下，在多元回归分析中，自变量又包括一些定性变量，如性别、职业、民族等，这些定性变量称为哑变量（dummy variable）。如果哑变量分为两类，就可以用0或1来表示它。例如性别，女性定为0，男性就可以定为1。在实践中，对某些商品（如香烟）的消费，男性与女性消费者有很大差异，在分析时应当考虑这种差异并设置相应的哑变量对这种差异进行分析。另外，哑变量也可能是多类别的，其取值多于两个。

3. 复相关系数

在作出上述估计后，可以用复相关系数 R^2 来检验估计的结果：

$$R^2_{y\cdot x_1,x_2,\cdots,x_k}=\frac{\sum(\hat{y}_j-\bar{y})^2}{\sum(y_j-\bar{y})^2}=1-\frac{\sum(\hat{y}_j-y_j)^2}{\sum(y_j-\bar{y})^2} \tag{11-14}$$

式中，$R^2_{y\cdot x_1,x_2,\cdots,x_k}$ 称为复相关系数，当观察值的项数较少而自变量个数较多时，复相关系数可以根据自由度加以调整。常用的调整公式为：

$$R^2_{y\cdot x_1,x_2,\cdots,x_k}=1-\frac{\sum(\hat{y}_j-y_j)^2/(n-k)}{\sum(y_j-\bar{y})^2/(n-1)} \tag{11-15}$$

统计量 R^2 的取值应在0～1之间，它表明总变量变差中应由自变量解释的比例。例如，如果 R^2 为0.80，说明因变量变差的80%应由自变量解释。当然，R^2 接近1最好。

（二）SPSS在多元线性回归中的应用

已知某市共有23家电子企业，某年的统计报表资料如表11-6所示，Y 为净产值，$x1$ 为全部职工人数，$x2$ 为全年工资总额（万元），$x3$ 为流动资金平均余额（万元），$x4$ 为全年利润总额（万元），试分析 Y 与 $x1$，$x2$，$x3$，$x4$ 的关系，并写出回归式。

表 11－6　某市电子企业某年的统计报表资料

*x*1	*x*2	*x*3	*x*4	*Y*	*x*1	*x*2	*x*3	*x*4	*Y*
1 912	141.5	528.1	372.6	678.9	101	6	11.8	0.3	3.6
2 278	181	570.3	180.2	572.1	278	15.2	29.7	26	69.2
1 024	60.6	275.01	13.49	203.5	196	8.9	26	0.3	15.5
1 370	97.1	165.9	47.5	246.3	202	11.36	24.96	8.24	29.87
439	29.1	42.9	6	73.9	136	7.4	17.7	0.2	13.7
729	55.5	162.4	44.5	202.9	226	13.74	25.03	13.58	41.21
150	10.02	30	33.5	61.8	462	25.16	108.45	0.43	53.16
1 089	61.9	353	130.1	326.3	355	22.5	27.3	4.9	61.3
290	20.2	61	15.9	48.9	537	38.4	64.2	25.8	106.6
338	26.1	108	5.4	75.8	163	7.59	4.59	0.08	10.54
561	27.6	50.8	12.44	82	89	4.4	10.6	0.5	8.9
314	22.77	45.65	5.1	49					

第一步：用表中数据建立 SPSS 文件，如图 11－10

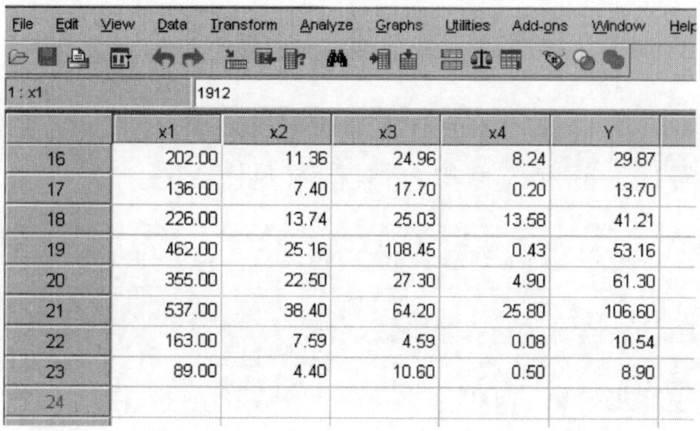

	x1	x2	x3	x4	Y
16	202.00	11.36	24.96	8.24	29.87
17	136.00	7.40	17.70	0.20	13.70
18	226.00	13.74	25.03	13.58	41.21
19	462.00	25.16	108.45	0.43	53.16
20	355.00	22.50	27.30	4.90	61.30
21	537.00	38.40	64.20	25.80	106.60
22	163.00	7.59	4.59	0.08	10.54
23	89.00	4.40	10.60	0.50	8.90
24					

图 11－10　将某市电子企业某年统计资料数据导入 SPSS

第二步：多元线性回归分析的运用

（1）按图 11－11 操作打开对话框，取 $x1$，$x2$，$x3$，$x4$ 为自变量，Y 为因变量，回归方法选择“Forward”（见图 11－12）。

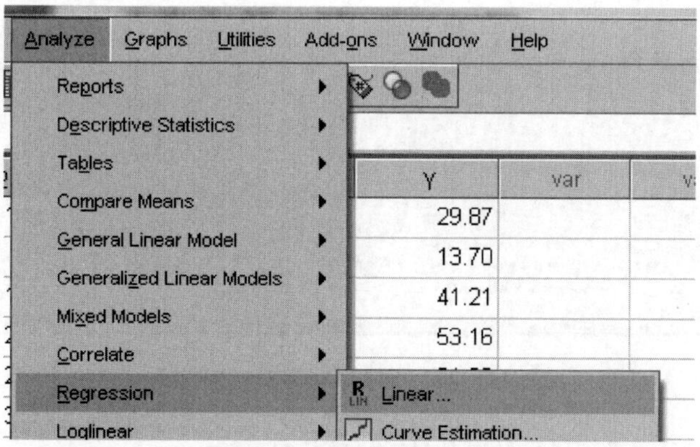

图 11－11　回归操作示意图

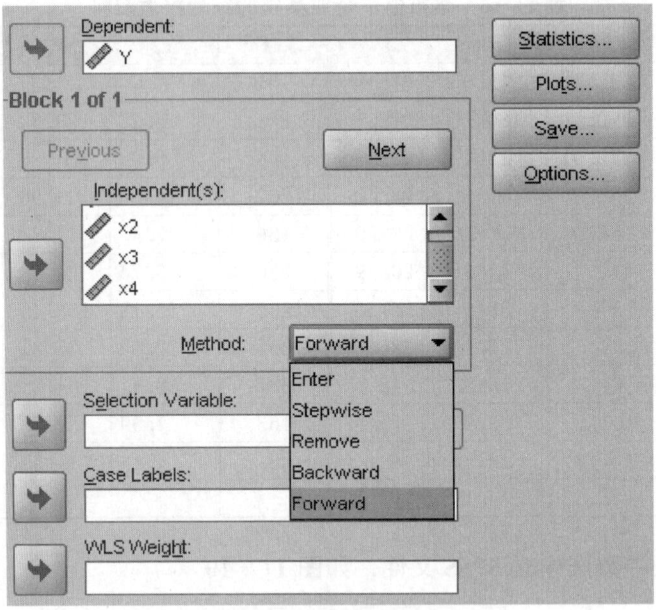

图 11-12　回归模型变量的导入

（2）单击“Statistics”打开“Linear Regression：Statistics”对话框，并按图选择回归统计量（估计参数置信区间和模型拟合情况）（见图 11-13）。

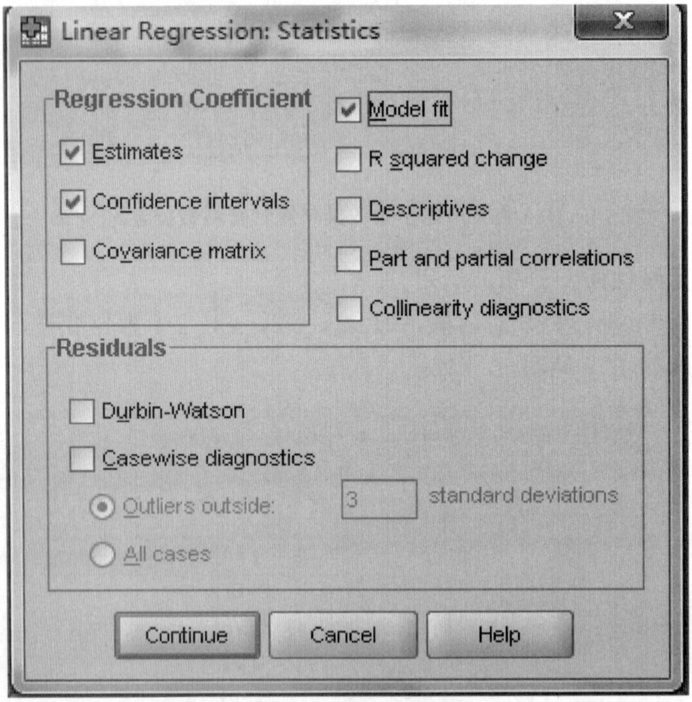

图 11-13　回归分析统计量选择

（3）单击“Continue”返回，再单击“OK”。

第三步：结果分析

回归分析结果见表 11-7 至表 11-10。

表 11-7　回归分析结果

Model	R	R Square	Adjusted R Square	Std. Error of the Estimate
1	0.969	0.938	0.935	45.065 18
2	0.989	0.978	0.976	27.636 10
3	0.998	0.996	0.995	12.314 01

1. Predictors：(Constant)，$x3$.

2. Predictors：(Constant)，$x3$，$x4$.

3. Predictors：(Constant)，$x3$，$x4$，$x1$.

表 11-7 结果说明：

模型 1，引入自变量 $x3$，对 Y 的影响比率为 93.8%。

模型 2，在模型 1 基础上增加 $x4$ 后，对 Y 的影响比率为 97.8%。

模型 3，在模型 2 基础上再增加 $x1$ 后，对 Y 的影响比率为 99.6%。

表 11-8　回归模型显著性分析结果

Model		Sum of Squares	df	Mean Square	F	Sig.
1	Regression	648 117.164	1	648 117.164	319.133	0.000
	Residual	42 648.275	21	2 030.870		
	Total	690 765.439	22			
2	Regression	675 490.356	2	337 745.178	442.217	0.000
	Residual	15 275.083	20	763.754		
	Total	690 765.439	22			
3	Regression	687 884.379	3	229 294.793	1.512E3	0.000
	Residual	2 881.060	19	151.635		
	Total	690 765.439	22			

1. Predictors：(Constant)，$x3$.

2. Predictors：(Constant)，$x3$，$x4$.

3. Predictors：(Constant)，$x3$，$x4$，$x1$.

Dependent Variable：Y.

表 11-8 结果说明：三个模型的 p 值均小于 0.01，显著性符号均是 ***。

表 11-9　回归常数及系数分析结果

Model	Unstandardized Coefficients		Standardized Coefficients	t	Sig.	95% Confidence Interval for B	
	B	Std. Error	Beta			Lower Bound	Upper Bound
1 (Constant)	4.921	11.775		0.418	0.680	−19.567	29.408
$x3$	1.063	0.059	0.969	17.864	0.000	0.939	1.186

续表

Model	Unstandardized Coefficients		Standardized Coefficients	t	Sig.	95% Confidence Interval for B	
	B	Std. Error	Beta			Lower Bound	Upper Bound
2 (Constant)	15.155	7.421		2.042	0.055	−0.324	30.634
$x3$	0.694	0.072	0.633	9.693	0.000	0.545	0.843
$x4$	0.820	0.137	0.391	5.987	0.000	0.534	1.105
3 (Constant)	−6.875	4.107		−1.674	0.111	−15.472	1.722
$x3$	0.226	0.061	0.206	3.710	0.001	0.098	0.353
$x4$	0.848	0.061	0.404	13.876	0.000	0.720	0. 975
$x1$	0.132	0.015	0.436	9.041	0.000	0.102	0.163

Dependent Variable：Y.

表 11－9 结果说明：第二列给出三个回归模型的回归常数及回归系数。最终回归式为模型 3：

$$Y=-6.88+0.23x3+0.85x4+0.13x1$$

表 11－10　Excluded Variables 分析（剔除变量分析）

Model		Beta In	t	Sig.	Partial Correlation	Collinearity Statistics
						Tolerance
1	$x1$	0.403	2.568	0.018	0.498	0.094
	$x2$	0.377	2.757	0.012	0.525	0.120
	$x4$	0.391	5.987	0.000	0.801	0.260
2	$x1$	0.436	9.041	0.000	0.901	0.094
	$x2$	0.375	7.793	0.000	0.873	0.120
3	$x2$	0.121	1.102	0.285	0.251	0.018

1. Predictors in the Model：(Constant)，$x3$.
2. Predictors in the Model：(Constant)，$x3$，$x4$.
3. Predictors in the Model：(Constant)，$x3$，$x4$，$x1$.

Dependent Variable：Y.

表 11－10 结果说明：

模型 1 中 $x1$，$x2$，$x4$ 未引入，偏相关系数最大的是 $x4$，因而下一步将 $x4$ 引入模型 2。

模型 2 中 $x1$，$x2$ 未引入，偏相关系数最大的是 $x1$，因而下一步将 $x1$ 引入模型 3。

模型 3 中 $x2$ 未引入，偏相关系数较小（0.251），不显著。因此回归分析到模型 3 为止，即回归式的选入变量是 $x3$，$x4$，$x1$。

第 2 节　*T* 检验

在营销调研的数据分析过程中，我们通过观测数据很容易获得一些分组输出的描述性统计量，比如均值。我们将获得的统计量均值进行比较即进行 T 检验，通过研究差异才有可能获得有价值的市场细分依据，进一步推进营销目标的实现。T 检验按照比较的样本个数可以分为单一样本 T 检验和多样本 T 检验。多样本 T 检验可以分为独立样本 T 检验和配对样本 T 检验。

一、 单一样本 *T* 检验的分析过程

（一） 单一样本 *T* 检验的含义

单一样本 T 检验是检验单个变量的均值是否与给定的常数之间存在差异。用统计学语言描述就是已知总体均值，对样本均值和总体均值之间的差异进行显著性检验。例如，某营销调研小组得知公司旗下的某产品在广告投放前全国市场占有率为 30%。在广告投放后，该调研小组获取了全国 30 个城市的该产品的市场占有率，就可以将 30 个城市的市场占有率的均值与常数 30%进行比较，了解当显著性水平 $\alpha=0.01$ 时，产品的市场占有率是否在广告投放后发生了变化。

如果显著性水平为 α，样本均值为 $\bar{x}$，总体均值为 μ_0 即给定的常数，检验的零假设是 $\bar{x}=\mu_0$，t 的计算公式为：

$$t=\frac{\bar{x}-\mu_0}{s_{\bar{x}}} \tag{11-16}$$

式中，$s_{\bar{x}}$ 为均值标准误；$s_{\bar{x}}=s/\sqrt{n}$，s 为变量的标准差。

比较计算出的 t 值和查表得到的 t_α，若 $t>t_\alpha$，则拒绝零假设；若 $t<t_\alpha$，则接受零假设。

（二） 单一样本 *T* 检验实例

已知某地区 12 岁男孩平均身高为 142.5cm，某人测量了该地区某市 120 名 12 岁男孩的身高，通过单一样本 T 检验，可以检验该市男孩身高与该地区的平均身高是否有显著不同。

(1) 如图 11 - 14 所示，点击“Analyze”→“Compare Means”→“One-Sample T Test”，弹出单一样本 T 检验对话框（见图 11 - 15）。

(2) 如图 11 - 16 所示，将 12 岁男孩身高移入“Test Variable (s)”栏下，将 142.5 输入“Test Value”，单击“Options”，选择系统默认。

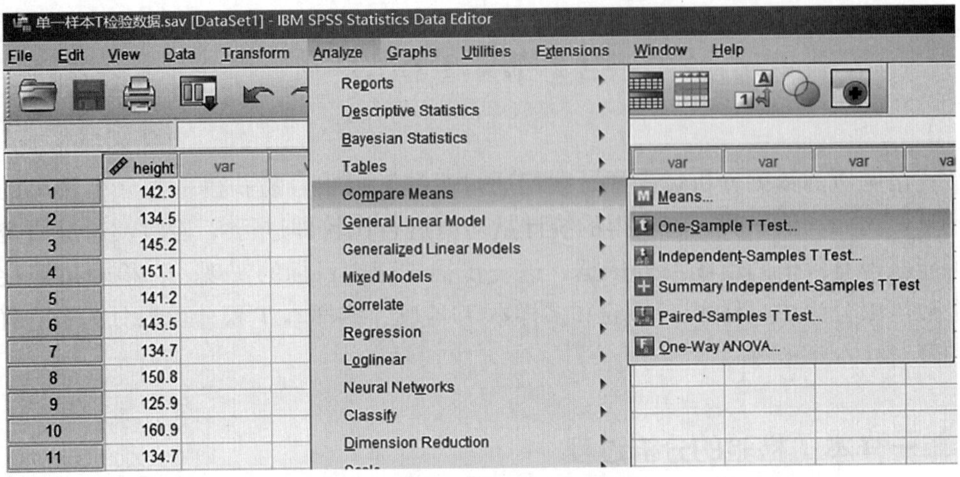

图 11-14　打开单一样本 *T* 检验对话框示意图

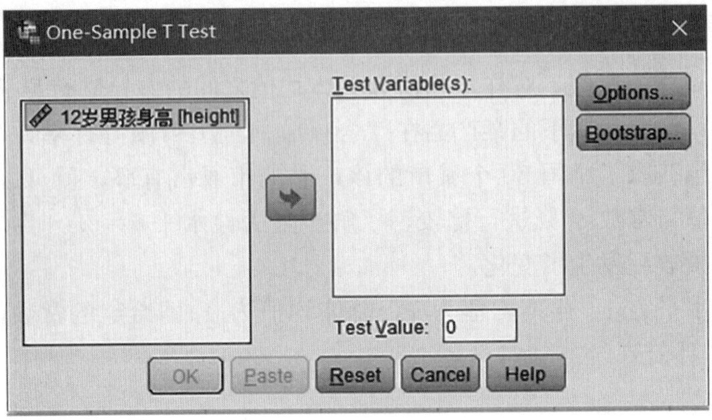

图 11-15　单一样本 *T* 检验对话框

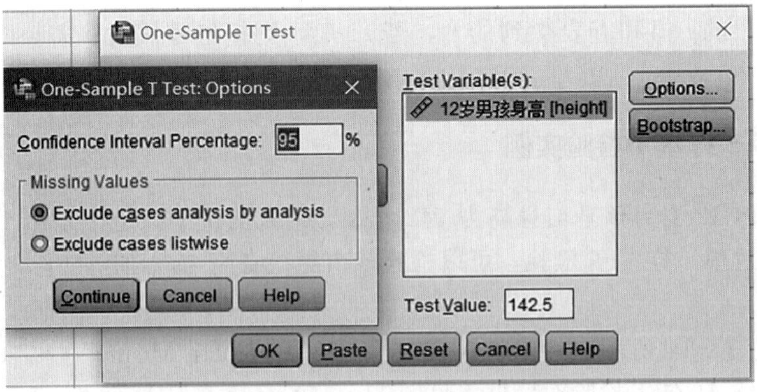

图 11-16　单一样本 *T* 检验选项

（3）点击“Continue”回到原来的对话框，单击“OK”，结果如图 11-17 所示。

单样本统计

	个案数	平均值	标准 偏差	标准 误差平均值
12岁男孩身高	120	143.048	5.8206	.5313

单样本检验

	检验值 = 142.5					
					差值 95% 置信区间	
	t	自由度	Sig.（双尾）	平均值差值	下限	上限
12岁男孩身高	1.032	119	.304	.5483	-.504	1.600

图 11 - 17　单一样本 *T* 检验结果

由图 11 - 17 可以看出该市 12 岁男孩平均身高为 143.048cm，高于该地区的平均身高。案例中 t 值为 1.032，自由度为 119，查表当置信度为 95%时，t_α>1.032，而且显著性水平 Sig.（双侧）为 0.304，大于 0.05，因此接受零假设即该市 12 岁男孩身高与该地区 12 岁男孩的平均身高并无显著差异。

二、 独立样本 *T* 检验的分析过程

（一） 独立样本 *T* 检验的含义

独立样本 *T* 检验是检验两个彼此独立的样本是否来自具有相同均值的总体，也就是在某个显著水平下比较两个样本获得的均值是否存在差异。比如，某家餐厅的营销调研部门对男性顾客和女性顾客的用餐满意度进行了调查，通过将顾客按照性别分组，可以求得不同性别顾客的用餐满意度均值，通过独立样本 *T* 检验，就可以研究男性顾客与女性顾客的用餐满意度是否存在差异。

（二） 独立样本 *T* 检验实例

以某银行调查雇员工资的数据为例，我们可以对男女雇员工资是否存在差异进行独立样本 *T* 检验。

（1）如图 11 - 18 所示，单击"Analyze"→"Compare Means"→"Independent-Samples T Test"，弹出独立样本 *T* 检验对话框。

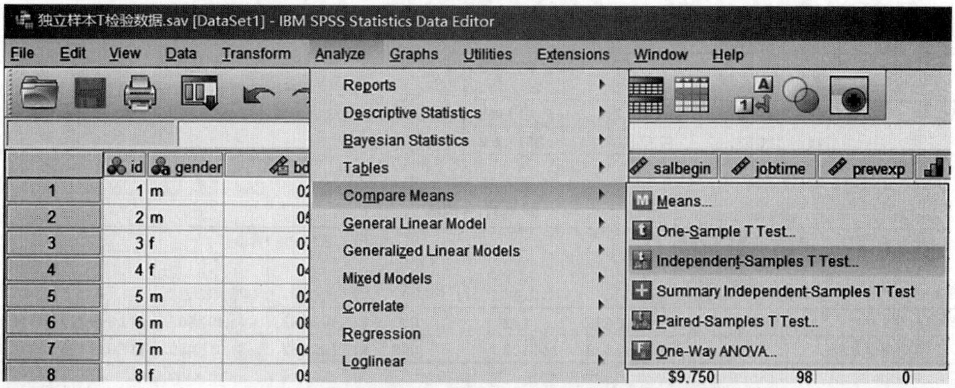

图 11 - 18　打开独立样本 *T* 检验对话框示意图

（2）如图 11－19 所示，将当前工资移入“Test Variable（s）”，性别移入“Grouping Variable”，点击“Define Groups”，在弹出的对话框中分别填入 f 和 m 代表女性和男性。然后点击“Continue”。

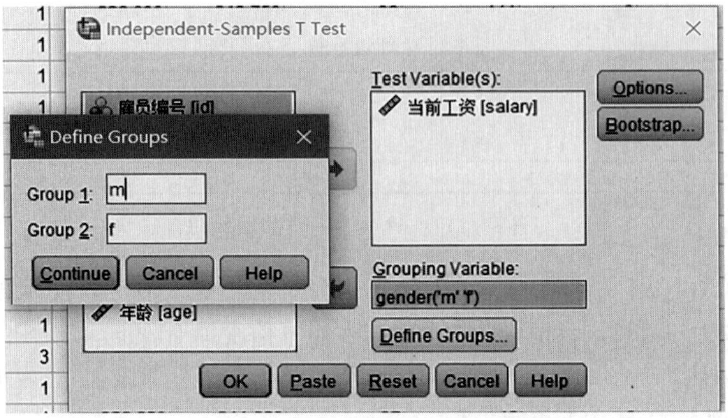

图 11－19 独立样本 *T* 检验对话框

（3）如图 11－20 所示，点击对话框右侧的“Options”，弹出独立样本 *T* 检验的选项对话框，选择默认，点击“Continue”。

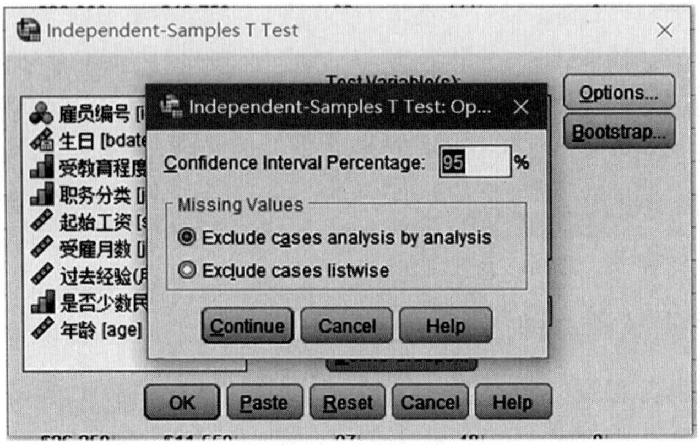

图 11－20 独立样本 *T* 检验的选项对话框

（4）点击“OK”，得到结果，如图 11－21 所示。

组统计

	性别	个案数	平均值	标准 偏差	标准 误差平均值
当前工资	男	258	$41,441.78	$19,499.214	$1,213.968
	女	216	$26,031.92	$7,558.021	$514.258

独立样本检验

		莱文方差等同性检验		平均值等同性 t 检验						
									差值 95% 置信区间	
		F	显著性	t	自由度	Sig.（双尾）	平均值差值	标准误差差值	下限	上限
当前工资	假定等方差	119.669	.000	10.945	472	.000	$15,409.862	$1,407.906	$12,643.322	$18,176.401
	不假定等方差			11.688	344.262	.000	$15,409.862	$1,318.400	$12,816.728	$18,002.996

图 11－21 独立样本 *T* 检验结果

由图 11－21 所示，调查数据中有男性 258 名，女性 216 名，均值分别为 41 441.78 和 26 031.92。下方表格左边的方差方程的 Levene 检验是检验两样本方差是否相等，检验的统计量 F 值的显著性水平 Sig 值为 0.000，结论是两样本方差差异显著。因此，后面的均值方程的 T 检验应选择方差不相等的 t 值 11.688，双尾 T 检验的 p 值为 0.000，远小于默认的 0.05，因此可以得出结论：男女雇员的工资存在显著差异，而且女性雇员工资低于男性雇员。

三、 配对样本 *T* 检验的分析过程

（一） 配对样本 *T* 检验的含义

配对样本 T 检验就是检验两个有联系的正态总体的均值是否有显著差异。例如在市场调查中，餐厅的食物味道评分比食物温度的评分明显要高，而食物的温度会影响到食物的味道，因此可以采用配对样本 T 检验研究二者是否在统计学上有显著差异。又比如，同一组糖尿病病人先后测量其服药前和服药后的血糖，从而研究该药物对血糖控制的疗效。再比如测量若干人身体不同部位的体温，比较两个部位的体温是否有显著差异。

（二） 配对样本 *T* 检验实例

继续以某银行调查雇员工资的数据为例，我们可以比较员工起始工资与当前工资是否相同及是否存在差异进行配对样本 T 检验。

（1）如图 11－22 所示，点击 “Analyze” → “Compare Means” → “Paired-Samples T Test”，弹出配对样本 T 检验对话框。

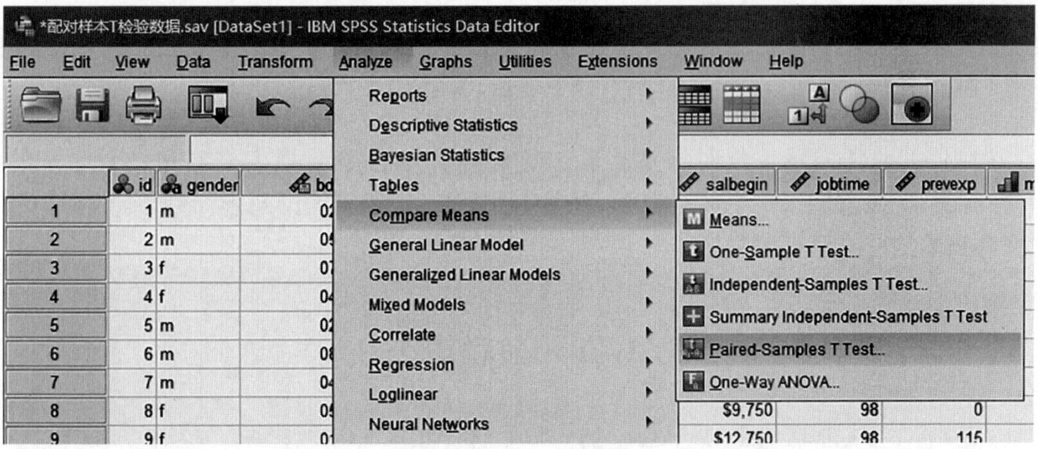

图 11－22　打开配对样本 *T* 检验对话框示意图

（2）如图 11－23 所示，将起始工资移入 “Paired Variables” 中的 “Variable 1”，当前工资移入配对变量中的 “Variable 2”，单击 “Options”，选择系统默认，点击 “Continue”。

（3）点击 “OK”，生成结果如图 11－24 所示。

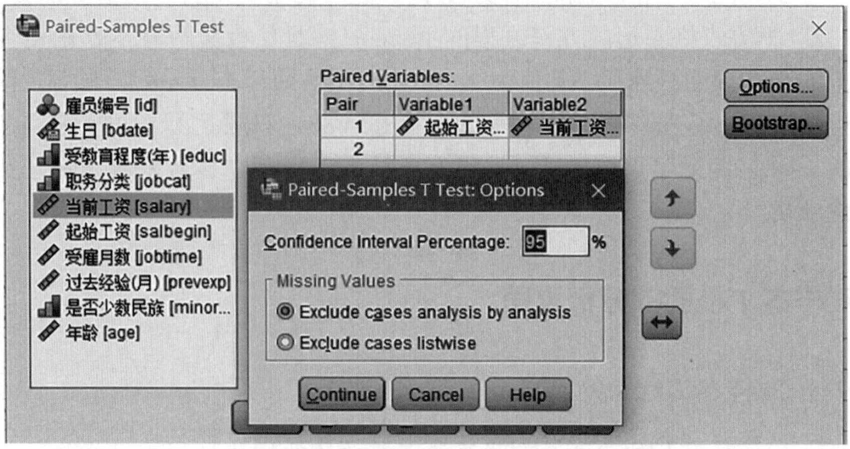

图 11-23　配对样本 *T* 检验对话框以及选项对话框

配对样本统计

		平均值	个案数	标准 偏差	标准 误差平均值
配对 1	起始工资	$17,016.09	474	$7,870.638	$361.510
	当前工资	$34,419.57	474	$17,075.661	$784.311

配对样本相关性

		个案数	相关性	显著性
配对 1	起始工资 & 当前工资	474	.880	.000

配对样本检验

		配对差值					t	自由度	Sig.（双尾）
		平均值	标准 偏差	标准 误差平均值	差值 95% 置信区间				
					下限	上限			
配对 1	起始工资 - 当前工资	-$17,403.481	$10,814.620	$496.732	-$18,379.555	-$16,427.407	-35.036	473	.000

图 11-24　配对样本 *T* 检验结果

如图 11-24 所示，成对样本检验或称配对样本检验结果表格右边统计量 t 的值为−35.036，显著性水平 Sig.（双尾）值显著。因此，可以得出结论：该调查数据中起始工资和当前工资有显著差异。

第 3 节　列联表分析

列联表是观测数据按两个或更多属性（定性变量）分类时列出的频数表。列联表又称交互分类表，是指同时依据两个变量的值，将研究的个案分类。列联表分析的目的是将两变量分组，然后比较各组的分布状况，以寻找变量间的关系。若考虑的属性多于两个，也可按类似的方式作出列联表，称为多维列联表。

一、2×2 列联表

（一）2×2 列联表的建立

由两个二值变量生成的列联表是最简单的，称为 2×2 列联表。构成 2×2 列联表的数据在营销调研中屡见不鲜，这类数据可由不同的方式产生。例如，从某总体中共抽取了 N 个被试者，且按照两个二值变量对被试者进行分类，便能产生这样的数据。又如，研究产品价格与销售量之间的关系，抽查了 100 个地区，按价格高于或低于 100 元，以及销售量高于或低于 1 000 件，进行分类。表 11－11 展示了一组假设的数据。

表 11－11　一组假设数据

		产品价格		
		高于 100 元	低于 100 元	
销售量	低于 1 000 件	50	15	65
	高于 1 000 件	10	25	35
		60	40	100

这类数据也可通过如下方式产生：在一项研究中，从变量之一的每类中抽取预定的个体数，再对每类样本，确定第二个变量每类中的个体数。例如，在研究某一滋补酒类产品的副作用（头晕）所出现的频数时，50 个被试者试用该产品，50 个被试者试用同等度数的白酒，并确定每类样本中出现头晕的被试者数目。表 11－12 给出了可能的分类结果。

表 11－12　不同类别酒的副作用（头晕）数据

		副作用（头晕）		
		有	无	
酒的类别	滋补酒	15	35	50
	白酒	4	46	50
		19	81	100

2×2 列联表是借助卡方检验来分析的。

（二）2×2 列联表的 χ^2 检验

一般的 2×2 列联表可以写成如表 11－13 中所示的形式。

表 11－13　一般的 2×2 列联表

		变量 A		
		类 1	类 2	
变量 B	类 1	a	b	$a+b$
	类 2	c	d	$c+d$
		$a+c$	$b+d$	$N=a+b+c+d$

计算统计量 χ^2 的常用表达式为：

$$\chi^2 = \sum \frac{(f_o - f_e)^2}{f_e} \tag{11-17}$$

式中，f_o 为观测频数；f_e 为期望频数。

对于 2×2 列联表，可简化成如下形式：

$$\chi^2 = \frac{n(ad-bc)^2}{(a+b)(c+d)(a+c)(b+d)} \tag{11-18}$$

上面的统计量的显著性是通过比较它与自由度为 1 的表查值得以判断的。例如对表 11-12 中的数据应用公式得到：

$$\chi^2 = \frac{100\times(15\times46-35\times4)^2}{50\times50\times19\times81} \approx 7.86$$

在 5%的水平上，自由度为 1 的表查值是 3.84。7.86>3.84，所以我们怀疑副作用（头晕）的出现与所饮用的产品（滋补酒和白酒）无关的假设的真实性。此结果可解释为：饮用滋补酒头晕的比例数不同于饮用白酒头晕的比例数。由表 11-12可估计，两个比例数分别为 0.30 和 0.08。

二、 r×c 列联表

一般若总体中的个体可按两个属性 A 与 B 分类，A 有 r 个等级 A_1，A_2，…，A_r，B 有 c 个等级 B_1，B_2，…，B_c，从总体中抽取大小为 n 的样本，设其中有 n_{ij} 个属于等级 A_i 和 B_j，n_{ij} 称为频数，将 $r\times c$ 个 n_{ij}（$i=1$，2，…，r；$j=1$，2，…，c）排列为一个 r 行 c 列的列联表，简称 $r\times c$ 表。

（一） r×c 列联表与 2×2 列联表的区别

当 r，c 或两者都大于 2 时，$r\times c$ 列联表分析提出了一些 2×2 列联表中未曾遇到的问题。例如在 2×2 列联表情况下，对独立性卡方检验结果的解释是清楚的，即两个比例相等或不等。在自由度大于 1 的列联表中，这种解释不再如此清晰，需作更为细致的分析，以判明是在表的什么部分引起了任何与独立性的偏离。2×2 列联表中未曾碰到的另一个问题是变量可以分成更多类别，例如，产品的质量可分为“低”“中”“高”。下面介绍 3×3 表独立性的普通卡方检验。

（二） r×c 表的卡方检验

表 11-14 给出了一组数据，某品牌对其 141 家专卖店在北京各大商场的楼层和销售量做了营销调研。首先将该品牌专卖店按所在楼层高低分为三组：低层（1～5 层）、中层（6～10 层）、高层（11～15 层）；按销售量多寡也分为三组：较低（1 000 件以下）、中等（1 000～2 000 件）、较高（2 000 件以上）。

表 11－14

		所在楼层			
		低层	中层	高层	
销售量	较低	23	9	6	38
	中等	21	4	3	28
	较高	34	24	17	75
		78	37	26	141

在此例中，$r=c=3$，零假设 H_0 为销售量与所在楼层无关。首先计算在 H_0 假设下的期望频数，为了提高计算的精度，对频数保留小数点后的两位数，结果如表 11－15 所示。

表 11－15

		所在楼层			
		低层	中层	高层	
销售量	较低	21.02	9.97	7.01	38
	中等	15.49	7.35	5.16	28
	较高	41.49	19.68	13.83	75
		78	37	26	141

计算可得：

$$\chi^2=\frac{(23.0-21.02)^2}{21.02}+\frac{(9.0-9.97)^2}{9.97}+\cdots+\frac{(17.0-13.83)^2}{13.83}$$
$$=0.19+0.09+\cdots+0.73=7.84$$

表 11－15 的自由度为 4。在 5%的水平上给出的卡方值为 9.49。由于 $7.84<9.49$，我们接受零假设：这两种分类法是独立的。依据这个检验结果，不能认为销售量与所在楼层有关系。

三、多维列联表

若考虑的属性多于两个，也可按类似的方式制出列联表，称为多维列联表。由于属性或定性变量的取值是离散的，因此多维列联表分析属于离散多元分析的范畴。列联表分析在应用统计，特别在医学、生物学及社会科学中有重要的应用。

四、SPSS 在列联表分析中的应用

（1）按图 11－25，打开列联表“Crosstabs”对话框，并选择要研究的“Row”和“Column”，分别填入。

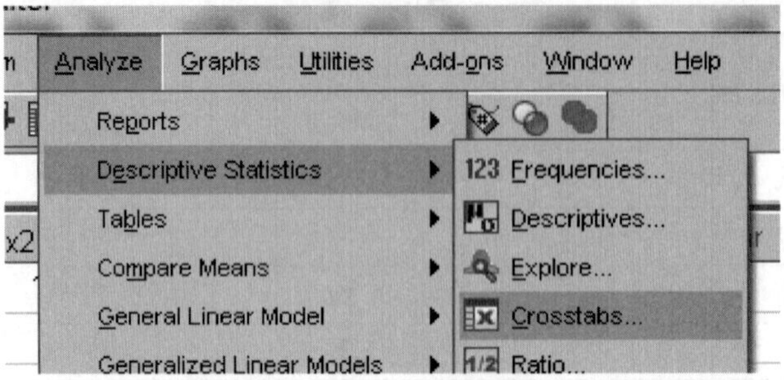

图 11－25 打开列联表“Crosstabs”对话框

（2）单击“Statistics”，打开“Crosstabs：Statistics”对话框（见图 11－26），勾选要研究的项目，单击“Continue”，返回“Crosstabs”对话框。

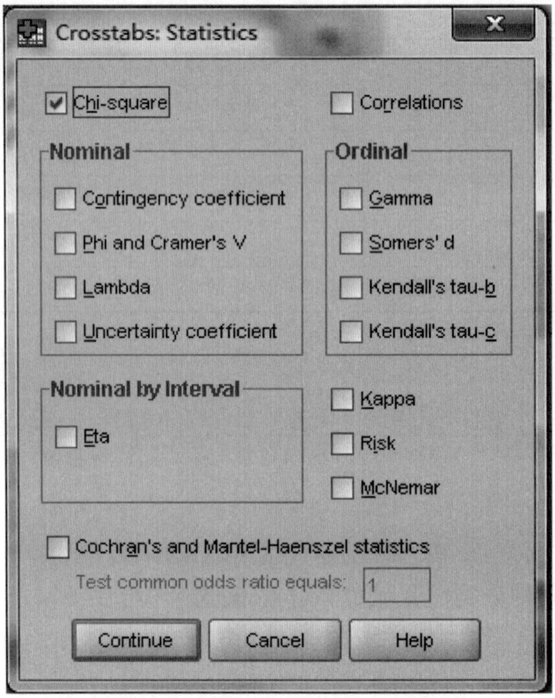

图 11－26 Crosstabs：Statistics 对话框

表 11－16 列出了图 11－26 中各项参数的说明。

表 11－16 图 11－26 中各项参数的说明

Chi-square	χ^2 值，显示 Pearson Chi-square 值。对于四格表，当期望值小于 5 时，将做 Fisher 精确检验（Fisher's Exact Test）
Correlations	显示皮尔逊（Pearson）与斯皮尔曼（Spearman）相关系数
Kappa	卡帕（Kappa）系数
Risk	相对危险度

Nominal	名义数据，有 4 种选择
Contingency coefficient	列联系数
Phi and Cramer's V	斐与克莱姆 V 值
Lambda	λ 统计量
Uncertainty coefficient	不确定系数
Nominal by interval	名义尺度统计量
Eta	η 统计量
Ordinal	有序数据
Gamma	γ 统计量
Sommers'd	萨默斯 d 统计量
Kendall's tau-b	Γ_b 统计量
Kendall's tau-c	Γ_c 统计量

①χ^2（Chi-square）统计量。当且仅当 $\chi^2=0$ 时，即二维列联表中任一单元的联合频率等于边缘频率的乘积时，这两个变量才是独立的。

②Phi and Cramer's V 统计量。V 的取值在 0～1 之间，$V=0$ 说明两个变量没有相关关系，$V=1$ 说明两个变量有完全的相关关系。V 越大，两个变量之间的相关性越强。

③C（Contingency coefficient）列联系数。C 是一个反映两个变量之间联系程度的统计量，适用于行列类目数相同的二维列联表，C 的取值在 0～1 之间，$C=0$ 说明两个变量没有相关关系，C 为最大时，二维列联表只有主对角线单元中的频数不为 0。C 越大，两个变量之间的相关性越强。

（3）单击"Cells"，打开"Crosstabs：Cell Display"对话框（见图 11－27），勾选要研究的项目，单击"Continue"，返回"Crosstabs"对话框。

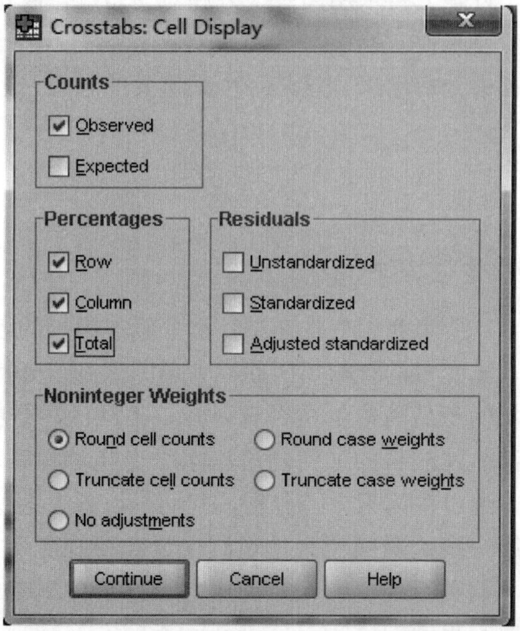

图 11－27　"Crosstabs"统计量选择

（4）单击“Format”，打开“Crosstabs：Table Format”对话框（见图 11－28），勾选升序或降序，返回“Crosstabs”对话框。

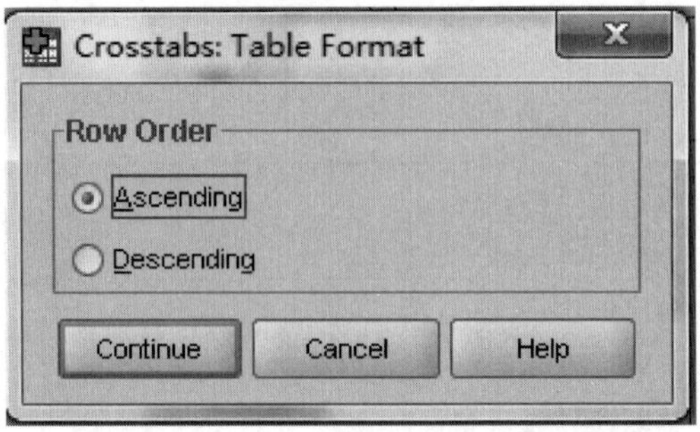

图 11－28　“Crosstabs”排列次序选择

（5）单击“OK”，输出结果。

第 4 节　方差分析

方差分析（analysis of variance，ANOVA），又称变异数分析或 F 检验，是由费希尔（R. A. Fisher）发明的，用于两个及两个以上样本均值差异的显著性检验。由于各种因素的影响，研究所得的数据一般呈现波动状。造成波动的原因可分成两类：不可控的随机因素和可控的研究中施加的会对结果造成影响的因素。方差分析研究对观测变量有显著影响的控制变量是哪些，一般从观测变量的方差入手。通过数据分析找出对研究对象有显著影响的因素、各影响因素之间的交互作用，以及显著影响因素的最佳水平，这些都是方差分析的目的。方差分析采用离差平方和对变差进行度量，在可比较的数组中，把总的变差按各指定的变差来源进行分解。方差分析就是把可追溯到指定来源的部分离差平方和从总离差平方和中分解出来，这是一个很重要的思想。

一、 单因素方差分析

（一） 单因素方差分析的步骤

市场营销研究者通常需要考察因变量在单一自变量或因子的各种状态下均值的差异。由于仅研究单个因素对观测变量的影响，因此称为单因素方差分析。

例如，各个细分市场的产品消费量是否有差异，不同的广告投入是否给销售量带来显著影响，消费者购买某品牌的目的如何随价格水平变化，顾客对商店的熟悉程度与对商店的偏好有什么影响。通过单因素方差分析，我们可以解决这些问题。

单因素方差分析的第一步是明确什么是观测变量和控制变量。例如，上述问题中的观测变量分别是销售量、购买目的、顾客对商店的偏好；控制变量分别为广告投入、价格水平、顾客对商店的熟悉程度。

单因素方差分析的第二步是对观测变量的方差进行剖析。方差分析认为：观测变量值的变动不仅受控制变量的影响，而且受随机变量的影响。据此，单因素方差分析中，观测变量总离差平方和（SST）可以分解为两部分：组间离差平方和（SSA）以及组内离差平方和（SSE）。用数学形式表示为：

$$SST = SSA + SSE \tag{11-19}$$

单因素方差分析的第三步是分析控制变量是否给观测变量带来显著影响，分析的方法是比较观测变量总离差平方和各部分所占的比例。

（二）单因素方差分析的原理总结

观测变量总离差平方和，有以下两种可能：

（1）组间离差平方和所占比例较大。这说明观测变量的变动主要是由控制变量引起的，可以主要由控制变量来解释，控制变量给观测变量带来了显著影响。

（2）组间离差平方和所占比例较小。这说明观测变量的变动不是由控制变量引起的，不能由控制变量来解释，即控制变量的不同水平没有给观测变量带来显著影响，观测变量的变动是由随机变量因素引起的。

（三）单因素方差分析的基本步骤

（1）提出原假设：H_0——n 组样本的均值无显著差异；H_1——n 组样本的均值有显著差异（$n \geqslant 2$）。

（2）选择检验统计量：方差分析采用的检验统计量是 F 统计量，即 F 值检验。

（3）计算检验统计量的观测值和概率 p 值。

（4）给定显著性水平，并作出决策。

（四）单因素方差分析的进一步分析

在完成上述单因素方差分析的基本分析后，可得到关于控制变量是否对观测变量造成显著影响的结论，接下来还应做几个重要分析，主要包括方差齐性检验、多重比较检验、先验对比检验和趋势检验。

1. 方差齐性检验

方差齐性检验是检验控制变量不同水平下各观测变量总体方差是否相等。

必须要做这一检验是由于方差分析有前提要求，即控制变量不同水平下各观测变量总体方差无显著差异。只有满足这个前提要求，才能认为各总体分布相同。因此，有必要对方差是否齐性进行检验。在方差齐性检验时，若其统计量显著性 Sig. 大于 0.05，接受原假设，样本数据之间方差无显著差异，否则拒绝原假设，样本之间方差有显著差异。

2. 多重比较检验

单因素方差分析的基本分析只能判断控制变量是否对观测变量产生显著影响。在得出控制变量确实对观测变量产生了显著影响的情况下，调研人员往往还需进一步确定控制变量的不同水平对观测变量的影响程度如何，诸如在哪个水平的作用明显有别于其他水平，在哪个水平的作用是不显著的，等等。

例如，如果确定了不同广告投入对销售量有显著影响，那么还需要了解 10 万元、20 万元、30 万元广告投入对销售量的影响程度是否有差异，其中哪种投入水平对提高销售量的作用不明显，哪种投入水平最有利于提高销售量等。掌握了这些重要的信息就能够帮助决策层制订合理的广告投入方案，实现低投入高产出。

多重比较检验利用全部观测变量值，实现对各个水平下观测变量总体均值的逐对比较。由于多重比较检验问题也是假设检验问题，因此也遵循假设检验的基本步骤。

3. 先验对比检验

在多重比较检验中，如果发现某些水平与另外一些水平的均值差异显著，如有 5 个水平，其中 x_1，x_2，x_3 与 x_4，x_5 的均值有显著差异，就可以进一步分析比较这两组总的均值是否存在显著差异，即 $1/3(x_1+x_2+x_3)$ 与 $1/2(x_4+x_5)$ 是否有显著差异。这种事先指定各均值的系数，再对其线性组合进行检验的分析方法，称为先验对比检验。通过先验对比检验，能够更精确地掌握各水平间或各相似性子集间均值的差异程度。

4. 趋势检验

当控制变量为定序变量时，趋势检验能够分析随着控制变量水平的变化，观测变量总体趋势是怎样变化的，是呈现线性变化趋势，还是呈二次、三次等多项式变化趋势。趋势检验能够帮助人们从另一个角度把握控制变量不同水平对观测变量总体的影响程度。

二、 多因素方差分析

（一） 多因素方差分析的基本思想

多因素方差分析用来研究两个及两个以上控制变量是否对观测变量产生显著影响。由于是研究多个因素对观测变量的影响，因此称为多因素方差分析。多因素方差分析不仅能够分析多个因素对观测变量的独立影响，还能够分析多个控制因素的交互作用能否对观测变量产生显著影响，进而最终找到利于观测变量的最优组合。

例如，分析不同地区、不同广告投入对销售量的影响时，可将销售量作为观测变量，将地区和广告投入作为控制变量。利用多因素方差分析方法，研究不同地区、不同广告投入是如何影响销售量的，进一步研究哪个地区与哪种水平的广告投入是提高销售量的最优组合。

（二） 多因素方差分析的均值检验功能

多因素方差分析还能够对各控制变量不同水平下观测变量的均值是否存在显著差异

进行比较，实现方式有两种，即多重比较检验和对比检验。多重比较检验的方法与单因素方差分析类似。对比检验采用的是单样本 T 检验的方法，它将控制变量不同水平下的观测变量看作是来自不同总体的样本，并依次检验这些总体的均值是否与某个指定的检验值存在显著差异。其中，检验值可以指定为以下几种：

- 观测变量的均值；
- 第一个水平或最后一个水平上观测变量的均值；
- 前一个水平上观测变量的均值；
- 后一个水平上观测变量的均值。

三、 协方差分析

（一） 协方差分析的基本思想

不论是单因素方差分析还是多因素方差分析，控制因素都是可控的，其各个水平可以通过人为的努力得到控制。在许多实际问题中，有些控制因素很难人为控制，但它们的不同水平确实对观测变量产生了较为显著的影响。

例如，在研究产品销售量问题时，如果仅考察不同地区、不同广告投入对销售量的影响，不考虑不同产品类型等因素而进行方差分析，显然是不全面的。因为事实上这些因素可能对某些类型的产品产生正面影响，对另一些产品产生负面影响。不考虑这些因素进行分析可能会出现这样的情形：即使不同地区、不同广告投入对销售量没有产生显著影响，但分析的结论可能相反。

再如，分析不同的价格策略对销售量是否产生显著影响。如果单纯分析价格策略的作用而不考虑产品各自的特点（如成本不同），那么得出的结论很可能是不准确的，因为销售量的增减在一定程度上受到诸如成本等其他因素的影响。

（二） 协方差分析的原理

协方差分析将那些人为的努力很难控制的控制因素作为协变量，并在排除协变量对观测变量影响的条件下，分析控制变量（可控）对观测变量的作用，从而更加准确地对控制因素进行评价。

协方差分析仍然沿袭方差分析的基本思想，在分析观测变量变差时，考虑了协变量的影响（人为观测变量的变动受四个方面的影响：控制变量的独立作用、控制变量的交互作用、协变量的作用和随机因素的作用），并在排除协变量的影响后，再分析控制变量的影响。

协方差分析中的原假设是：协变量对观测变量的线性影响是不显著的；在协变量影响排除的条件下，控制变量各水平下观测变量的总体均值无显著差异，控制变量各水平对观测变量的效应同时为零。检验统计量仍采用 F 统计量，它们是各均方与随机因素引起的均方比。

四、SPSS 在方差分析中的应用

单因素方差分析应选用 Compare Means 中的 One-Way ANOVA 进行分析。SPSS 程序选择过程如下：

Analysis→Compare Means→One-Way ANOVA…

多因素方差分析、协方差分析则应选用 General Linear Models 进行分析。SPSS 程序选择过程分别如下：

Analysis→General Linear Models→Univariate…

Analysis→General Linear Models→Multivariate…

操作过程与前两节类似，在此不再详述。

第5节　因子分析

因子分析（factor analysis）是一种运用降维思想的数据简化技术，在所研究事物的特征很多的情况下，可以通过分析变量间的相关系数矩阵，寻找一些不能直接观测但是对变量变化起支配作用的潜在变量。我们将这些潜在变量称为因子。找到这些因子之后，了解每个因子的意义，从而对实际问题做进一步的分析。

一、因子分析的概念

（一）因子分析的含义

在市场调研过程中，变量之间往往会有一定的相关性，所以存在着能控制所有变量的少数几个随机变量。这几个变量是起支配作用的变量，能够描述多个变量之间的相关关系。由此可以看出，因子分析的作用是简化研究问题，抓住主要矛盾，萃取事物的共性，提高分析效率。

（二）因子分析的模型

设有 m 个原始变量：x_1，x_2，…，x_m，m 个潜在因子：z_1，z_2，…，z_m，它们的关系可以表示为：

$$\begin{cases} x_1=a_{11}z_1+a_{12}z_2+\cdots+a_{1m}z_m+e_1 \\ x_2=a_{21}z_1+a_{22}z_2+\cdots+a_{2m}z_m+e_2 \\ x_3=a_{31}z_1+a_{32}z_2+\cdots+a_{3m}z_m+e_3 \\ \vdots \\ x_m=a_{m1}z_1+a_{m2}z_2+\cdots+a_{mm}z_m+e_m \end{cases} \tag{11-20}$$

潜在因子是每个原始变量均包含的因子，称为公共因子；等式最右边的 m 个 e_i 是相互独立且和潜在因子不相关，只对第 i 个原始变量起作用的个性因子，也叫特殊因子。因子分析就是要找出影响原始变量的共性因子。

通过对上式的变量进行均值为 0、标准差为 1 的标准化处理，可以得到下式：

$$\begin{cases} x_1'=a_{11}p_1+a_{12}p_2+\cdots+a_{1m}p_k+e_1 \\ x_2'=a_{21}p_1+a_{22}p_2+\cdots+a_{2m}p_k+e_2 \\ x_3'=a_{31}p_1+a_{32}p_2+\cdots+a_{3m}p_k+e_3 \\ \vdots \\ x_m'=a_{m1}p_1+a_{m2}p_2+\cdots+a_{mm}p_k+e_m \end{cases} \tag{11-21}$$

式中，p_i 为第 i 个公共因子；a_{ij} 表示变量 x 在公共因子 p_i 上的载荷，即第 i 个变量与第 j 个因子的相关系数，表示变量对因子的依赖程度。将上式用矩阵表示为：

$$\begin{bmatrix} x_1' \\ x_2' \\ x_3' \\ \vdots \\ x_m' \end{bmatrix}=(a_{ij})_{m\times k}\begin{bmatrix} p_1 \\ p_2 \\ p_3 \\ \vdots \\ p_k \end{bmatrix}+\begin{bmatrix} e_1 \\ e_2 \\ e_3 \\ \vdots \\ e_m \end{bmatrix} \tag{11-22}$$

简记为：

$$X_{m\times 1}'=A_{m\times k}\cdot P_{k\times 1}+E_{m\times 1} \tag{11-23}$$

式中，$A_{m\times k}$ 为载荷矩阵；$P_{k\times 1}$ 为公共因子列矩阵。因子分析的目的就是用 $P_{k\times 1}$ 来代替 $X_{m\times 1}'$，一般 $k<m$，从而起到简化的作用。

二、 因子分析的步骤

（一） 对数据进行标准化处理

标准化处理是指将数据的单位消除，从而得到无量纲数据，这样才能进行准确的因子分析。标准化处理的方法很多，一般使用 Z 分数。在 SPSS 软件里也有相应的选项，勾选后即可进行数据的标准化处理。

（二） 计算载荷矩阵

求解初始公共因子以及因子载荷矩阵之后，提取公共因子，确定公共因子的个数和求因子的方法。

（三） 因子旋转

找出公共因子对变量进行分组之后，还要通过因子旋转研究每个公共因子的意义，以便对实际问题进行科学分析。线性代数可以证明模型的载荷矩阵 $A_{m\times k}$ 并不唯一，只要对初始的公共因子进行旋转，即坐标变换的旋转（正交旋转或者斜交旋转），就可以得到一组新的公共因子，变量对因子的依赖程度就会变得更大或者更小，方便对潜在因子作出专业解释，对公共因子的解释也变得容易。

三、SPSS在因子分析中的应用

某调研公司收集了某年中国A股市场14家商业银行的财务指标和股价数据（如图11－29所示），希望利用因子分析寻找影响商业银行业绩的主要因素。具体数据及分析详见中国人民大学出版社网站，文件名为“因子分析数据”与“因子分析结果”。

证券名称	每股收益	每股净资产	每股营业收入	净资产收益率	资产负债率	股价	每股收益增长率	利润增长率
浦发	1.62	7.70	4.17	24.11	95.80	20.60	-26.68	13.02
华夏	0.75	6.06	3.43	13.04	96.42	11.52	7.09	20.49
民生	0.63	3.95	1.89	17.06	93.77	7.29	50.00	49.28
招商	0.95	4.85	2.69	21.17	95.51	15.28	-33.57	-16.35
南京	0.84	6.55	1.98	13.23	91.86	16.12	6.33	7.51
兴业	2.66	11.92	6.34	24.46	95.53	32.26	16.67	22.74
北京	0.90	6.03	1.91	15.79	92.96	15.44	3.45	3.13
交通	0.61	3.34	1.65	19.46	95.03	7.99	5.17	6.76
工商	0.39	2.02	0.93	20.14	94.24	4.83	18.18	15.10
建设	0.46	2.38	1.14	20.90	94.19	5.57	15.00	15.85
中国	0.32	2.03	0.91	16.44	93.77	4.10	28.00	28.81
中信	0.37	2.63	1.05	14.45	93.97	6.92	8.82	8.97
深发	1.62	6.59	4.87	27.29	96.52	21.20	710.00	681.03
宁波	0.58	3.90	1.67	15.72	94.04	14.62	9.43	14.89

图11－29　14家商业银行的8项业绩指标

第一步：打开SPSS，导入各家银行的业绩指标等数据，写成数据文件

操作过程与之前类似，在此不再做进一步的说明。

第二步：因子分析的运用

（1）如图11－30所示，点击“Analyze”→“Data Reduction”→“Factor”。

图11－30　因子分析操作

（2）在主对话框中将 8 个指标移入“Variables”，如图 11－31 所示。

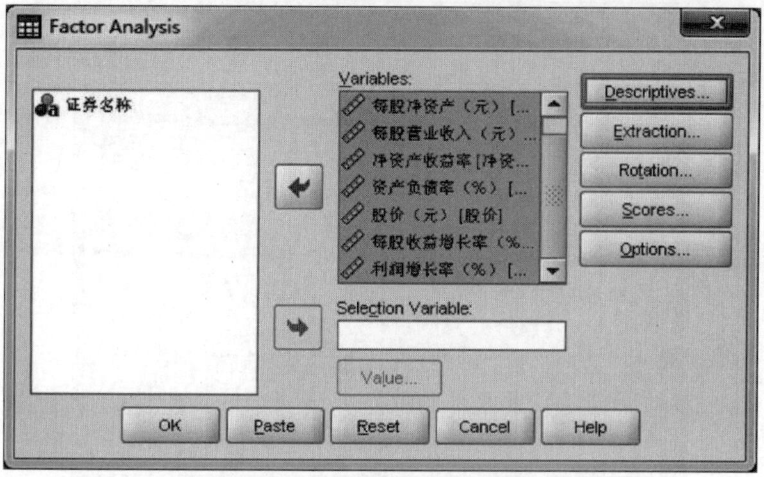

图 11－31　因子分析主对话框

（3）如图 11－32 所示，点击因子分析主对话框右侧的“Descriptives”，在上方的“Statistics”中选择“Initial solution”，在下方的“Correlation Matrix”中选择“KMO and Bartlett's test of sphericity”，点击“Continue”。

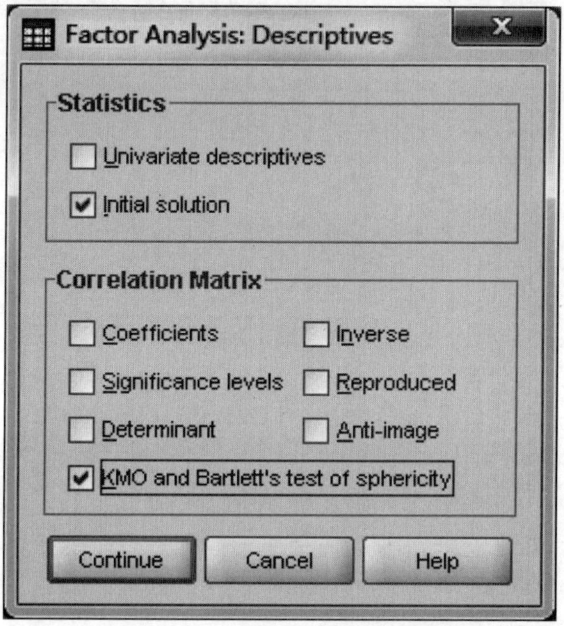

图 11－32　因子分析描述对话框

（4）回到主对话框后，点击“Extraction”按钮，结果如图 11－33 所示。所用方法默认为主成分分析方法，在“Display”的下方选择“Unrotated factor solution”和“Scree plot”，其他保持系统默认，点击“Continue”回到主菜单。

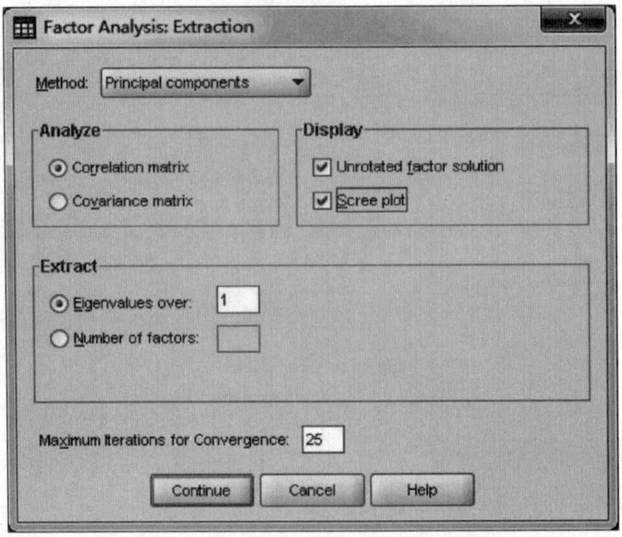

图 11 - 33　因子分析抽取对话框

（5）再单击“Rotation”，在弹出的旋转对话框中，在“Method”下选择“Varimax”，其他保持系统默认（见图 11 - 34），单击“Continue”回到主对话框。

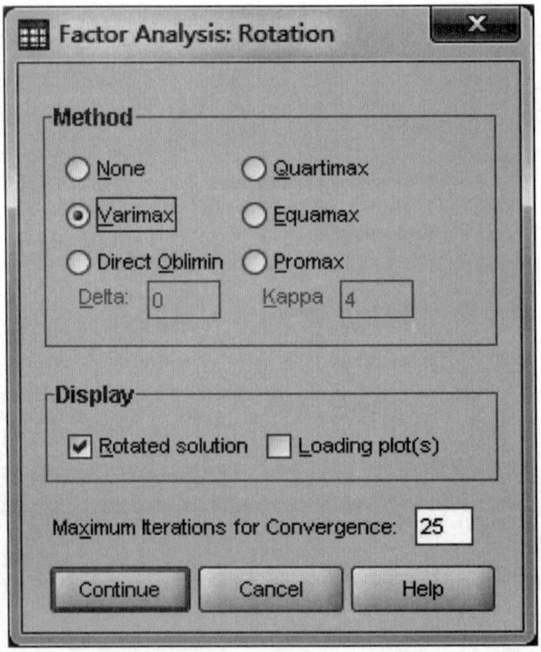

图 11 - 34　因子分析旋转对话框

（6）再单击“Factor Scores”，在弹出的对话框中选择“Save as variables”和“Display factor score coefficient matrix”（见图 11 - 35）。最后单击“Continue”，回到主对话框，点击“OK”，输出因子分析的结果。

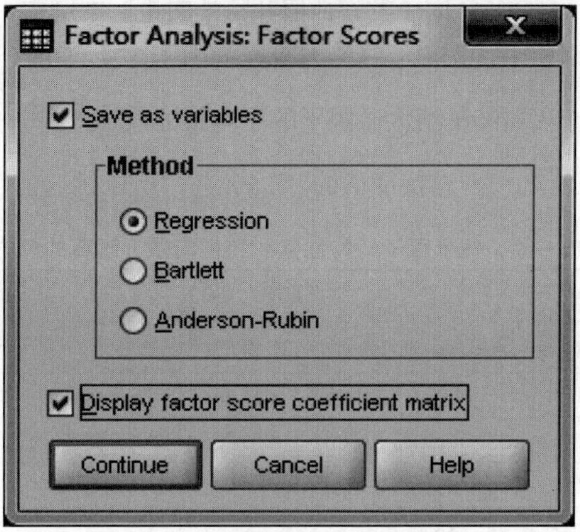

图 11－35　因子分析得分对话框

第三步：结果分析

（1）表 11－17 是 KMO 和 Bartlett 球形度检验的结果，KMO 越接近 1，变量越适合做因子分析，本例中 KMO 为 0.602，说明很适合做因子分析。同时 Bartlett 球形度检验的显著性水平为 0.000，十分显著，说明可以拒绝原假设，承认变量之间存在相关关系，可以进行因子分析。

表 11－17　KMO 和 Bartlett 球形度检验的结果

取样足够度的 Kaiser-Meyer-Olkin 度量		0.602
Bartlett 球形度检验	近似卡方	192.126
	df	28
	Sig.	0.000

（2）表 11－18 是变量共同度的结果，第 2 列表示每个变量可以被所有因素解释的方差，第 3 列表示变量共同度。共同度可以被视为该变量的信度，共同度越高表示信度越高，一般共同度大于 0.5 时才有足够的信度，可见本例中大部分变量的信度是足够的。

表 11－18　变量共同度的结果（公因子方差）

	初始	提取
每股收益（元）	1.000	0.980
每股净资产（元）	1.000	0.948
每股营业收入（元）	1.000	0.973
净资产收益率	1.000	0.652
资产负债率（%）	1.000	0.487
股价（元）	1.000	0.928
每股收益增长率（%）	1.000	0.912
利润增长率（%）	1.000	0.925

注：提取方法为主成分分析法。

（3）表 11－19 显示的是各个因子的特征值和特征向量，本例中一共有 8 个变量，所以可以萃取出 8 个因子，进而从中挑选出解释能力较强的因子。从表 11－19 中可以看出，所产生的 8 个因子中只有前两个因子特征值大于因子的平均特征值1$\left(\frac{4.948+1.858+\cdots+0.001}{8}=1\right)$，而且前两个因子的特征值之和占总特征值的 85.068%，所以挑选前两个因子为主因子。

表 11－19　各个因子的特征值和特征向量（解释的总方差）

成分	初始特征值			提取平方和载入			旋转平方和载入		
	合计	方差的%	累积%	合计	方差的%	累积%	合计	方差的%	累积%
1	4.948	61.844	61.844	4.948	61.844	61.844	4.027	50.340	50.340
2	1.858	23.224	85.068	1.858	23.224	85.068	2.778	34.728	85.068
3	0.745	9.313	94.381						
4	0.393	4.907	99.288						
5	0.046	0.569	99.857						
6	0.008	0.100	99.957						
7	0.003	0.036	99.993						
8	0.001	0.007	100.000						

注：提取方法为主成分分析法。方差的%指各因子方差占总方差的百分比，即各因子特征值占特征值总和的百分比。累积%指从上至下各因子方差占总方差的百分比的累积百分比。

（4）图 11－36 显示的是特征值的碎石图，有较强解释能力的因子一般在图中有较大的斜率。本例中可以看出前两个因子斜率较大，特征值的碎石图中的线条比较陡峭，后面的因子斜率较小，特征值的碎石图中的线条比较平缓，因此选择前两个因子为主因子。

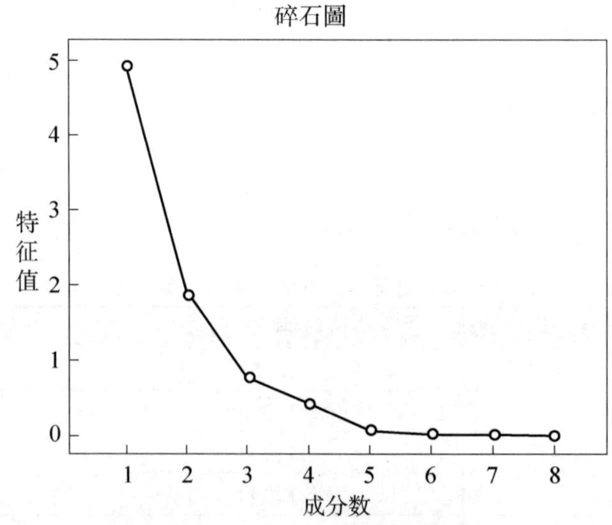

图 11－36　特征值的碎石图

（5）表 11－20 显示，由 a 到 b，因子通过正交旋转就有了明确的经济含义。可以看出第一个因子与每股收益、每股净资产、每股营业收入的相关性较强，可以概括为衡量公司收益能力的因子，即收益因子。同理，第二个因子和每股收益增长率、利润增长率及净资产收益率最为相关，可以称为成长因子。

表 11－20 因子载荷表

(a) 旋转前因子载荷表

成分矩阵[a]

	成分	
	1	2
每股收益（元）	0.937	－0.320
每股净资产（元）	0.833	－0.505
每股营业收入（元）	0.966	－0.200
净资产收益率	0.757	0.280
资产负债率（%）	0.654	0.244
股价（元）	0.883	－0.387
每股收益增长率（%）	0.562	0.772
利润增长率（%）	0.590	0.760

注：提取方法为主成分分析法；a. 已提取了 2 个成分。

(b) 旋转的因子载荷表

旋转成分矩阵[a]

	成分	
	1	2
每股收益（元）	0.960	0.243
每股净资产（元）	0.973	0.032
每股营业收入（元）	0.918	0.360
净资产收益率	0.481	0.648
资产负债率（%）	0.414	0.562
股价（元）	0.950	0.158
每股收益增长率（%）	0.050	0.954
利润增长率（%）	0.080	0.959

注：提取方法为主成分分析法；旋转法为具有 Kaiser 标准化的正交旋转法；a. 旋转在 3 次迭代后收敛。

基本概念

回归分析　　*T* 检验　　列联表分析　　方差分析

因子分析

思考题

1. 实验法获得的数据能否进行 *T* 检验，如何进行 *T* 检验？

2. 构成 2×2 列联表的数据是由何种方式产生的？
3. 协方差分析的基本思想是什么？
4. 试述因子分析的步骤。

案例分析

道德强度在灰色营销行为决策中的影响作用

1. 研究目标

在这一研究中，研究者以营销道德理论和灰色营销理论为基础，从卖方视角实证性地检验了惩罚预期和同情这两个影响销售人员灰色营销决策（即道德判断和灰色营销行为倾向）的因素，以及道德强度（即感知的后果严重性）的调节作用。

2. 概念界定

灰色营销，即在企业营销中以请吃饭、请玩、送礼、给回扣等手段销售产品的行为，是一种存在道德问题的营销方法。

道德判断，是指个人评估一些行为或行为过程道德或不道德的程度。

灰色营销行为倾向，是指销售人员感受到的参与灰色营销行为的意愿的强烈程度。

同情，是指个人对另一个人在情感上的或对其行为的理解、认可或赞同。

惩罚预期，是指个人对某一行为受到惩罚的可能性的评估。

道德强度，是指某种行为涉及道德问题的严重程度。包含六个维度，本研究只关注一个维度，即后果严重性，是指道德行为受害人（或受益人）所受伤害（或受益）的总和。

3. 概念框架和研究假设

建立本研究的理论框架，它以决策者对灰色营销行为的同情、对情境中惩罚的预期、道德强度以及一些控制变量（销售经验、年龄等）作为前因变量，并以道德判断作为中介变量，以道德强度为调节变量，以灰色营销行为倾向为后果，理论模型见图 11－37。

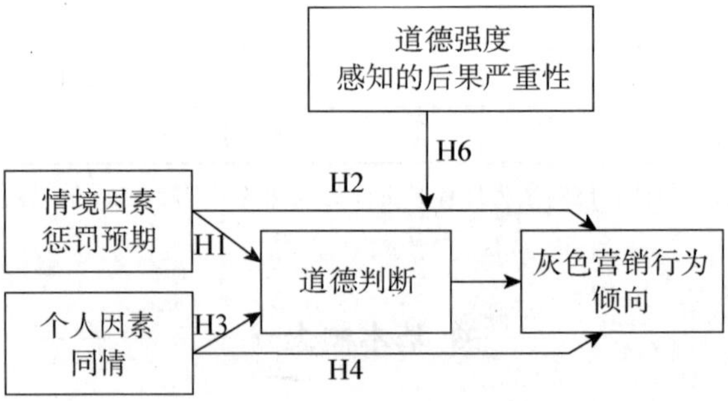

图 11－37 理论模型

H1：决策者越是认为某种灰色营销行为会被企业惩罚，他对于这种灰色营销行为的不道德性评价越高。

H2：决策者越是认为某种灰色营销行为会被企业惩罚，他对于这种灰色营销的行为倾向越低。

H3：决策者越是同情某种灰色营销行为，他对于这种灰色营销行为的不道德性评价越低。

H4：决策者越是同情某种灰色营销行为，他对于这种灰色营销的行为倾向越高。

H5：决策者对某种灰色营销行为的不道德性评价越高，他对于这种灰色营销的行为倾向越低。

H6：当感知的后果严重性较低时，决策者对灰色营销行为的惩罚预期与其灰色营销行为倾向之间的负相关关系被强化；当感知的后果严重性较高时，决策者对灰色营销行为的惩罚预期与其灰色营销行为倾向之间的负相关关系被弱化。

4. 研究方法

调查对象：西安两所大学工商管理专业的学生。

情境设计：灰色营销为道德敏感性问题，不宜直接提问，因此使用情境法（scenario）即投射法或第三人称影射法收集数据。问卷中有四种灰色营销情境：S1，回扣；S2，事后送礼；S3，事前送礼；S4，请吃饭。

问卷发放：为避免问卷过长且在不同的情境下回答相同的问题而使被试者产生厌烦情绪，设计了 A，B 两套问卷。问卷 A 包括 S1 和 S2，问卷 B 包括 S3 和 S4。两套问卷按对等的原则发放。

样本回收情况：收回有效问卷 424 份，有效问卷回收率超过 91%。其中，A 卷 213 份，B 卷 211 份。

样本基本情况：运用频数分析和卡方检验的方法分析样本的基本情况，样本的基本特征见表 11－21。

表 11－21　样本的基本特征

统计指标及分类指标		A 卷		B 卷		对比	
		人数	百分比（%）	人数	百分比（%）	χ^2	p
性别	男	66	31.6	73	35.8	0.366	0.367
	女	143	68.4	131	64.2		
	合计	209	100	204	100		
年龄	18～20 岁	35	17.3	33	16.7	0.597	0.775
	21～23 岁	157	77.7	159	80.3		
	24 岁及以上	10	5.0	6	3.0		
	合计	202	100	198	100		
销售经验	有	120	57.4	117	57.6	1.000	0.964
	无	89	42.6	86	42.4		
	合计	209	100	203	100		
道德培训	有	106	49.8	102	48.3	0.769	0.770
	无	107	50.2	109	51.7		
	合计	213	100	211	100		

注：有被试者没填写性别、年龄或销售经验的选项，因此，合计的数据与有效问卷数不等。表中 χ^2 值和 p 值表明，A 卷和 B 卷组学生在各项统计指标上无显著差异，说明本实验不存在选择误差。

变量测量：在 S1 到 S4 四个情境下，分别对 5 个变量进行测量。道德判断、同情、惩罚预期和灰色营销行为倾向这 4 个变量都只有一个题项进行测量，道德强度这一变量使用了3个题项进行测量，将3个题项得分相加，得到相应的指标。因此仅需要对道德强度变量进行因子分析，检验这3个题项在衡量同一个变量还是更多的变量（即维度增加）并测量其信度，因子分析显示只有一个因子被提取出来，因此所有的题项都在一个维度上，可以认为这些题项比较好地解释了其表达的因子。接着进行信度分析，结果表明，Cronbach α 值超过0.7，是可以接受的，说明其内部一致性较好。

相关分析：在进行假设验证前，可以用频数分析和相关分析初步探索各个变量的基本情况以及各个变量之间的关系，结果见表11-22。

表11-22　变量的平均值、标准差及相关系数

	道德判断	同情	惩罚预期	道德强度	灰色营销行为倾向	平均值
道德判断	1.744					2.962
同情	−0.261**	1.390				3.607
惩罚预期	0.296**	−0.236**	1.454			2.457
道德强度	0.525**	−0.275**	0.385**	3.836		8.332
灰色营销行为倾向	−0.386**	0.454**	−0.379**	−0.386**	1.794	3.390

注：**表示 $p<0.010$（双尾检验），对角线的值为标准差。

5. 数据分析

对数据进行合并和整理后，以灰色营销行为倾向为因变量，以道德判断、同情、惩罚预期、道德强度和道德强度×惩罚预期为自变量进行分析。此外，还控制了性别、年龄、道德培训以及销售经验等因素。

运用多元层次回归模型来检验道德强度的调节作用。在构造道德强度×惩罚预期，这一乘积变量时（衡量变量的调节影响需要构造乘积项），对同情和道德强度做中心化处理，以减少回归方程中变量间的多重共线性问题。多层次回归分析结果如表11-23所示。

表11-23　多元层次回归模型及其分析结果：标准系数

自变量	因变量				
	道德判断		灰色营销行为倾向		
	模型1	模型2	模型3	模型4	模型5
道德判断				−0.180**	−0.176**
同情		−0.117**		0.326**	0.319**
惩罚预期		0.104**		−0.194**	−0.200**
道德强度		0.429**		−0.132**	−0.136**
道德强度×惩罚预期					−0.082**
性别	−0.161**	−0.110**	0.044	−0.007	−0.003
年龄	−0.027	−0.019	0.039	0.027	0.024
道德培训	0.139**	0.097*	0.010	0.043	0.039

续表

自变量	因变量				
	道德判断		灰色营销行为倾向		
	模型 1	模型 2	模型 3	模型 4	模型 5
销售经验	−0.003	0.002	0.009	0.004	0.003
F 值	10.760**	56.344**	0.917	54.740**	41.234
F 的变化		111.469**		108.094**	3.769*
Adj-R^2	0.044	0.314	0.000	0.337	0.344

注：** 表示 $p<0.010$（双尾检验），* 表示 $p<0.050$（双尾检验）。

（1）验证 H1。首先，参见表 11－23 中的模型 1 和模型 2，这两个模型的 F 值均显著不为 0（$p<0.010$）。说明两个模型中自变量对因变量的影响是显著的，自变量作为一个整体至少能够部分地解释因变量的变化。其次，在加入同情、惩罚预期和道德强度之后，拟合优度指标 Adj-R^2 由模型 1 的 0.044 提高到模型 2 的 0.314，得到了显著改善（F 的变化是显著的，$p<0.010$）。最后，参看惩罚预期对道德判断的标准化系数，其值为 0.104，且 p 值小于 0.010，表明惩罚预期和道德判断正相关，即决策者越是认为某种灰色营销行为会被企业惩罚，他对于这种灰色营销行为的不道德性评价越高。H1 得到验证。

（2）验证 H2。首先，参见表 11－23 中的回归模型 3 和模型 4 的 F 值，模型 3 不显著，模型 4 显著不为 0（$p<0.010$）。说明只有模型 4 中自变量对因变量的影响是显著的，自变量作为一个整体至少能够部分地解释因变量的变化。其次，在加入道德判断、同情、惩罚预期和道德强度之后，拟合优度指标 Adj-R^2 由模型 3 的 0.000 提高到模型 4 的 0.337，得到了显著改善（F 的变化是显著的，$p<0.010$）。最后，参见惩罚预期对灰色营销行为倾向的标准化系数，其值为−0.194，且 p 值小于 0.010，表明惩罚预期和灰色营销行为倾向负相关，即决策者越是认为某种灰色营销行为会被企业惩罚，他对于这种灰色营销的行为倾向越低。H2 得到验证。

（3）验证 H3。参见验证 H1 的步骤，同情对道德判断的标准化系数为−0.117，且 p 值小于 0.010，表明同情和道德判断负相关，即决策者越是同情某种灰色营销行为，他对于这种灰色营销行为的不道德性评价越低。H3 得到验证。

（4）验证 H4。参见验证 H2 的步骤，同情对灰色营销行为倾向的标准化系数值为 0.326，且 p 值小于 0.010，表明同情和灰色营销行为倾向正相关，即决策者越是同情某种灰色营销行为，他对于这种灰色营销的行为倾向越高。H4 得到验证。

（5）验证 H5。参见验证 H2 的步骤，道德判断对灰色营销行为倾向的标准化系数值为−0.180，且 p 值小于 0.010，表明道德判断和灰色营销行为倾向负相关，即决策者对某种灰色营销行为的不道德性评价越高，他对于这种灰色营销的行为倾向就越低。H5 得到验证。

（6）验证 H6。首先，参见模型 3、模型 4、模型 5，特别是模型 4 和模型 5，这两个

模型的 F 值均显著不为0（$p<0.010$）。说明两个模型中自变量对因变量的影响是显著的，自变量作为一个整体至少能够部分地解释因变量的变化。接着，在加入交叉项道德强度×惩罚预期之后，拟合优度指标 Adj-R^2 由模型4的0.337提高到模型5的0.344，得到了显著改善（F 的变化是显著的，$p<0.050$），最后，道德强度×惩罚预期对灰色营销行为倾向的标准化回归系数值为−0.082，显著为负（$p<0.010$），这说明感知的后果严重性会强化决策者的惩罚预期与其灰色营销行为倾向之间的负向关系，即感知的后果严重性较高时，两者关系较强，感知的后果严重性较低时，两者关系较弱。这和假设的方向相反，因此H6被拒绝，没有得到验证。

6. 结论

(1) 同情和惩罚预期会对决策的道德判断以及灰色营销行为倾向产生影响；(2) 道德判断会影响决策者的灰色营销行为倾向；(3) 道德强度即感知的后果严重性会调节惩罚预期和灰色营销行为倾向之间的相关关系。

理论贡献：(1) 检验了对决策者灰色营销行为决策产生影响的几个因素，推动了营销道德研究的发展；(2) 检验了道德强度对决策者灰色营销行为决策过程的权变作用；(3) 得到了一些有意义的研究结果。

实践价值：(1) 由于对道德问题本身的认识，即后果的严重性的信息会影响决策者的道德决策，企业管理者应该保证推销人员在进行决策前或决策时已获得了这些信息；(2) 提升销售人员的道德判断水平；(3) 降低个人情感因素对决策者灰色营销行为的影响；(4) 严格规范企业的营销道德制度。

资料来源：彭茜，庄贵军. 道德强度在灰色营销行为决策中的影响作用. 西安交通大学学报（社会科学版），2012，32 (3)：29-35.

PART FOUR

4

|第4篇|

市场预测与调研报告

第12章
市场预测

学习目标

- 理解市场预测的概念。
- 掌握市场预测的定性预测方法和定量预测方法。
- 会运用本章介绍的方法进行简单的市场预测。

引例

已知某企业2017—2021年各个季度的产品生产量如表12-1所示。

表12-1　某企业各个季度产品生产量一览表

单位：吨

	2017年	2018年	2019年	2020年	2021年
第一季度	254.0	291.1	304.6	319.5	333.2
第二季度	292.4	327.6	348.4	361.5	383.5
第三季度	297.8	321.2	350.8	369.4	383.8
第四季度	330.3	354.3	374.2	395.2	407.4

如何根据已知资料预测出2022年各个季度的产品生产量是该企业关注的问题。这正是本章要解决的问题。

由于市场处于不断发展变化中，要使企业立于不败之地，必须把握好市场的发展趋势和发展方向，这就需要对市场进行预测。本章介绍市场预测的概念、步骤，以及常用的进行市场预测的定性和定量预测方法。

第1节　市场预测的概念

市场预测是在市场调查的基础上，运用科学的方法对市场需求和企业需求以及影响市场需求变化的因素进行研究，对未来的发展趋势作出判断和推测，对企业的经营决策起着重要的作用，准确的市场预测有助于企业在市场竞争中处于主动地位。

一、 市场预测的含义

市场预测就是对影响市场供求变化的诸因素进行调查研究，运用科学的方法分析和预测其发展趋势，掌握市场供求变化的规律，为经营决策提供可靠的依据。

市场预测和营销调研、市场决策紧密结合。营销调研是市场预测的前期准备工作和基础，同时，市场预测也为市场决策提供重要依据，能够提高市场决策的准确性。

二、 市场预测的目的

市场预测是为了最大限度地减少不确定因素对预测对象的影响，从而为决策服务，提高管理的科学水平，减少决策的盲目性。我们需要通过市场预测来把握经济发展或者未来市场变化的有关动态，减少不确定性，降低决策可能遇到的风险，使决策目标顺利实现。市场预测可以帮助企业更加合理地进行资源配置，制定科学的营销战略和战术，提高企业的市场竞争能力和经济效益。

市场预测在企业的各个职能部门都发挥了重要作用。在财务部门，用来筹集经营和投资所需的资金；在人力资源部门，用来确定所需的员工数量；在采购部门，用来确定所需的原材料的数量。

综上可知，市场预测是企业有效配置资源不可或缺的重要工具。

三、 市场预测的内容

市场预测的内容十分丰富，从宏观到微观，二者相互联系、相互补充。具体来讲，市场预测主要包括预测市场价格的变化，预测市场容量及其变化等。

1. 预测市场价格的变化

市场价格作为很重要的一个因素，对企业经营具有重大影响。生产环节中投入要素的价格和产品的销售价格直接关系到企业的盈利水平。

在商品市场价格的预测中，要充分考虑劳动生产率、生产成本和利润的变化，以及市场供求关系的发展趋势、货币流通量变化、国家各种经济货币政策等对商品市场价格产生的影响。

2. 预测市场容量及其变化

商品的市场容量是指具有一定货币支付能力的商品需求总量。市场容量及其变化预测可分为生产资料市场容量预测和消费资料市场容量预测。

生产资料市场容量预测是通过对国民经济发展方向、发展重点的研究，对行业生产技术、产品结构的调整进行综合分析，从而对工业品的需求结构、数量及其变化趋势作出预测。

消费资料市场容量预测主要包括以下三个方面。

(1) 消费者购买力预测。消费者购买力预测包括：第一，对人口数量及其变化进行预测。人口数量及其变化在很大程度上决定着消费者的消费水平。第二，对消费者的货币收入和支出进行预测。消费者的货币持有量及用于消费的比例对购买力具有重要影响。

(2) 购买力投向预测。收入水平的高低决定着消费者的消费结构，即消费者的生活消费支出中商品性消费支出与非商品性消费支出的比例。消费结构的规律是：收入水平提高，商品性消费支出比例会减小，非商品性消费支出如娱乐、消遣、劳务费用等比例会增加。同时，在商品性支出中，用于食品等的支出比例会大大降低。

(3) 预测商品需求的变化及其发展趋势。根据消费者购买力的总量和购买力投向，对各种商品需求的数量、花色、品种、规格、质量等作出预测。

四、 市场预测的类型

市场预测的种类有很多，可以通过不同的标准进行划分。主要的分类方式有以下几种。

（一） 按市场预测的时间跨度进行分类

按市场预测时间跨度的不同，市场预测可分为短期市场预测、近期市场预测、中期市场预测和长期市场预测。

短期市场预测，是以日、周、旬为时间单位，根据观察期内的资料以及市场的实际变化情况，预计市场在未来一个季度内的需求量（销售量）。它为企业短期内的生产经营任务的制定以及短期决策提供依据。

近期市场预测，是以月、季为时间单位，根据历史资料和当前的市场变化，测算出未来年度的市场发展变化情况。

中期市场预测，是指 3～5 年的预测。一般在对经济、技术、社会、政治等影响市场长期发展的因素进行深入调查分析之后，作出对未来市场发展趋势的预测。它为企业制定中期发展经营战略提供依据，便于编制 3～5 年内的企业计划。

长期市场预测，是指 5 年以上的预测。通过预测市场发展趋势，为企业制定长期的经济发展规划提供依据。在大数据、云计算、物联网时代，竞争环境变化很快，跨界竞争屡见不鲜，相较以往，长期市场预测的难度很大，预测的可靠性也有所下降。

（二） 按市场预测的空间范围进行分类

按市场预测空间范围的不同，市场预测可分为宏观市场预测、微观市场预测。

宏观市场预测是根据资料、市场的实际情况及各种宏观政策对整体市场需求的发展变化作出预测。宏观市场预测的内容一般涉及国民经济的整体，其空间范围通常为全国性市场预测。

微观市场预测是指一家企业所进行的市场预测，通常涉及企业或行业本身，从空间范围来讲通常为地区性市场预测或者当地市场预测。

按地理位置的空间范围不同，市场预测可分为国际市场预测、全国性市场预测、地区性市场预测、当地市场预测。

国际市场预测是针对世界范围内的市场发展状况进行预测，主要用于为企业的国际化经营提供依据，从而把企业成功地推向全球市场。

全国性市场预测是针对全国市场需求情况的变化和发展趋势进行预测，目的是为涉及国计民生等重大问题的重要物资分配提供依据，对全国的商品市场进行调控，并为企业经营发展的大体方向提供依据。

地区性市场预测是针对某经济区或某地区的市场发展状况进行预测，目的是使地区更好地组织货源、安排生产等，从而使地区的市场需求得到更好的满足。

当地市场预测是针对企业所处的市、县的市场发展趋势进行预测，以便企业更好地对日常经营事务作出决策。

（三）按市场预测的不同方法进行分类

按市场预测方法的不同，市场预测可分为定性市场预测和定量市场预测。

定性市场预测是运用定性的市场预测方法对市场发展趋势进行预测。通常由预测人员凭借自身的知识、经验和判断能力对市场的未来变化情况和趋势作出预测。

定量市场预测是根据定量的市场预测方法对市场发展趋势进行预测。是以过去的统计资料为基础，运用数学模型进行分析计算后，结合现实的市场情况，对市场的未来变化趋势作出数学测算。

（四）按市场预测的商品内容进行分类

随着市场需求的复杂化，消费者对商品需求的范围也越来越广泛，因此需要从不同的商品层次对市场进行预测。按市场预测商品内容的不同，市场预测可分为单项商品预测、同类商品预测、商品总量预测和消费对象的商品预测。

单项商品预测是对具体商品，如某种品牌的商品质量、商品规格、商品花色、商品款式等市场需求的预测。单项商品预测是非常具体的，比如对各种品牌的 15.4 英寸[①]液晶电脑显示屏的需求预测。

同类商品预测是对同一类商品，按照不同的特征进行市场预测。比如消费者对绿色食品需求的预测等。可按照商品生产经营管理的具体要求进行商品分类及特征选择。也可以按照商品的用途进行分类，如日用品类、食品类、服装类等。

商品总量预测是针对消费者需求的各种商品的总量进行市场预测，主要目的是为制定调节供求关系的宏观决策及实现市场总体供求平衡等提供重要依据。

消费对象的商品预测包括下列两类：一是针对同一消费群体需要的各种商品进行市场预测；二是针对不同消费群体需要的同一种商品的样式、规格、花色等进行市场预测。

---

① 1 英寸＝0.025 4 米。

五、市场预测的步骤

市场预测的步骤如图 12－1 所示。

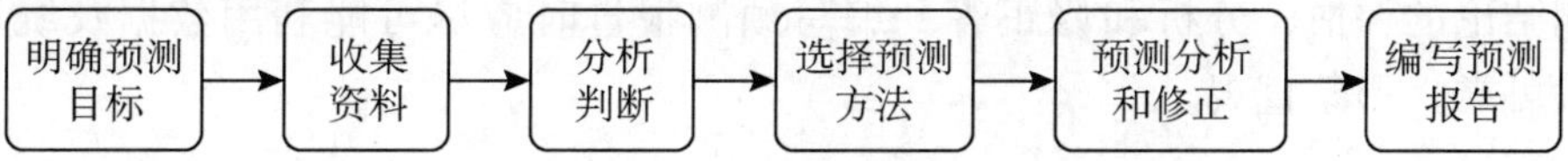

图 12－1　市场预测的步骤

预测应该遵循一定的程序和步骤，使市场预测工作有条不紊地进行，以便于对预测过程进行检测监督，得到更加精确的结果。市场预测的过程大致包括以下步骤。

1. 明确预测目标

明确目标，即要对什么进行预测，要达到什么目标。这是开展市场预测工作的第一步，预测的目标不同，预测的内容和项目、所需要的资料和所运用的方法都会有所不同。在明确预测目标后，才可以根据经营活动存在的问题，拟定预测的项目，制订预测工作计划，编制预算，组织实施，以保证市场预测工作有计划地进行。

2. 收集资料

进行市场预测的前提是必须占有充分的市场资料。充分的市场资料是对市场预测进行分析判断的重要依据。调查和收集市场预测的有关资料是进行市场预测的重要环节，也是市场预测的基础性工作。

市场资料包括一手资料和二手资料。对资料的收集要注意广泛性、适用性的原则，同时要注意资料的准确性。不全面、不系统的资料会影响市场预测结果的准确性，因此一定要对收集的资料进行仔细鉴别和加工。

3. 分析判断

分析判断是指对上一环节收集的资料进行综合分析，并通过判断、推理，使感性认识上升为理性认识，从认识事物的现象深入到认识事物的本质，从而预测市场未来的发展变化趋势。分析判断的内容包括以下几个方面：

（1）分析观察期内市场相关因素与商品市场需求量之间的关系。

（2）分析观察期内商品的供需之间的关系。

（3）分析当前消费者的消费心理、消费倾向以及变化趋势。

4. 选择预测方法

预测方法的选择对预测结果及其可靠性有很大影响。应根据预测目标以及各种预测方法的特点和适用条件，选择合适的预测方法。单纯使用一种预测方法结果往往不太精确，故有时可以运用多种预测方法来预测同一目标。运用预测方法的核心是建立预测模型，根据预测模型进行计算或者处理，便可得到预测结果。

5. 预测分析和修正

市场预测是估计和推测，容易出现误差，很难与实际情况完全吻合。因此在分析判断的基础上，往往还要根据最新信息对预测结果进行反馈，评估和修正预测结果。

6. 编写预测报告

预测报告是对预测工作的总结，应该概括预测研究的主要活动过程，包括预测目标、预测对象及有关因素的分析结论，主要资料和数据，预测方法的选择和模型的建立，以及对预测结论的评估、分析和修正等。编写预测报告时应尽可能利用数据及统计图表，做到准确可靠，形象直观。

第2节　定性预测方法

一、定性预测方法概述

定性预测方法是预测人员凭借自身的丰富知识、经验及综合分析能力，根据已掌握的资料，对预测对象的未来发展作出趋势或程度上的估计和推测的一种预测方法。定性预测方法是市场预测中一种常用的方法，是一种直观性预测，它不用或者较少使用数学模型和方法，主要依赖于预测人员自身的经验和判断能力，预测结果往往不太精确并且具有不确定性。

1. 定性预测方法的特点

定性预测方法主要有以下两个特点：(1) 主要凭借预测人员的自身经验及分析判断能力，着重对预测对象作出变动方向和性质上的推断；(2) 主要对预测对象的发展方向、趋势和重大转折等进行预测，比如，市场经济形势的重大转变，企业市场经营方向的转变，制定企业经营战略的决策方向，国家经济形势、经济政策的转变等。

2. 定性预测方法的优点

定性预测方法应用广泛，主要因为它有以下几个优点：(1) 定性预测方法比定量预测方法简单且操作成本低；(2) 定性预测方法收集的资料主要来源于消费市场，便于了解消费者的心理和消费动机，在这一点上，定性预测具有较明显的优势；(3) 定性预测经常作为定量预测的基础和前提，为定量预测提供一定的依据。在现实中两种方法往往结合使用，以便得出更准确的结论，更好地了解消费者需求。

3. 定性预测方法的缺点

定性预测方法虽然应用广泛，但也有缺点，主要包括：(1) 定性预测方法具有较大的不确定性，结果通常不太精确；(2) 定性预测方法比较注重人的经验和主观判断能力，易受主观因素影响，预测者的知识、经验和能力的大小都会在一定程度上影响预测结果；(3) 定性预测方法忽略了历史资料和数量方面的分析，对事物的发展难以作出精确描述。

4. 定性预测方法的分类

定性预测方法有很多，主要包括专家意见调研法、主观概率法、类比预测法等。下面简要介绍主观概率法和类比预测法。

二、主观概率法

1. 主观概率法的概念

主观概率是预测人员凭经验或预感估算出来的概率，主观概率法是指利用主观概率对各种预测意见进行集中整理，从而得出综合性预测结果的预测方法，它是一种常用的、便捷的预测方法。主观概率与客观概率不同，客观概率是根据事件发生的客观性统计出来的一种概率。在很多情况下，人们没有办法计算事件发生的客观概率，因而只能用主观概率来描述事件发生的概率。

2. 主观概率法的预测步骤

（1）准备相关资料。

（2）编制主观概率调查表。

（3）汇总整理。

（4）判断预测。

3. 主观概率法的应用

例 12－1

房产需求量的主观概率法预测

某地产公司打算预测某区2021年的房产需求量，选取10位被调查者进行主观概率法预测，要求预测误差不超过±67套。调查汇总数据如表12－2所示。

表 12－2　房产需求量调查汇总数据

被调查者编号	累计概率								
	0.010 (1)	0.125 (2)	0.250 (3)	0.375 (4)	0.500 (5)	0.625 (6)	0.750 (7)	0.875 (8)	0.990 (9)
	房产需求量（套）								
1	2 111	2 144	2 156	2 200	2 222	2 244	2 267	2 278	2 311
2	1 978	2 100	2 133	2 156	2 200	2 222	2 267	2 278	2 500
3	2 044	2 100	2 133	2 144	2 244	2 267	2 289	2 311	2 444
4	2 156	2 167	2 178	2 189	2 200	2 211	2 222	2 233	2 244
5	2 200	2 211	2 222	2 244	2 278	2 311	2 333	2 356	2 400
6	1 867	1 989	2 000	2 044	2 111	2 133	2 156	2 178	2 200
7	2 156	2 200	2 222	2 289	2 311	2 356	2 400	2 433	2 489
8	2 000	2 056	2 067	2 100	2 133	2 167	2 200	2 222	2 278
9	2 089	2 100	2 111	2 122	2 133	2 144	2 156	2 167	2 178
10	2 222	2 244	2 244	2 278	2 300	2 322	2 356	2 367	2 444
平均数	2 082.3	2 131.1	2 146.6	2 176.6	2 213.2	2 237.7	2 264.6	2 282.3	2 348.8

（1）综合考虑每一个被调查者的预测，在每个累计概率上取平均值，得到在此累计概率下的预测需求量。由表12-2可以得出该地产公司对2021年需求量预测最低可到2 083套，小于这个数值的可能性只有1%。

（2）该地产公司2021年的房产最高需求可到2 349套，大于这个数值的可能性只有1%。

（3）可以用2 213套作为2021年该地产公司对该区房产需求量的预测值。这是最大值与最小值之间的中间值，其累计概率为50%，在样本量较小时可以直接作为需求量期望值的估计值。

（4）取预测误差为67套，则预测区间为：(2 213－67)～(2 213＋67)，即房产需求量的预测值在2 146～2 280套之间。

（5）当预测需求量在2 146～2 280套之间，在第（3）～(8)列的范围之内，其发生概率相当于：0.875－0.250＝0.625，也就是说，需求量在2 146～2 280套之间的可能性为62.5%。

延伸阅读

房住不炒 房产需求量主观预测会改变吗?

党的二十大报告针对住房市场的相关表述为“坚持房子是用来住的、不是用来炒的定位，加快建立多主体供给、多渠道保障、租购并举的住房制度”。党的十八大至二十大报告中房地产相关提法如表12-3所示。

表12-3 党的十八大至二十大报告中房地产相关提法

重要会议	时间	涉及房地产的内容
十八大	2012年11月	建立市场配置和政府保障相结合的住房制度，加强保障性住房建设和管理，满足困难家庭基本需求。
十九大	2017年10月	坚持房子是用来住的、不是用来炒的定位，加快建立多主体供给、多渠道保障、租购并举的住房制度，让全体人民住有所居。
二十大	2022年10月	坚持房子是用来住的、不是用来炒的定位，加快建立多主体供给、多渠道保障、租购并举的住房制度。

这意味着“房住不炒”将成为我国长期坚持的房地产行业定位，接下来房地产发展的落脚点将更多地聚焦在保民生、提品质上。因此，在实现全体人民住有所居的过程中，“增进民生福祉，提高人民生活品质”将成为政策发力点，未来合理的住房需求仍将是政策支持和鼓励的主要对象，刚性和改善性住房需求释放仍有空间，改善性住房需求或将成为市场的关键支撑。

那么此后，再一次进行主观预测时，还需要考虑什么呢?

资料来源：http://www.sufaa.com/8490.html.

三、 类比预测法

类比预测法，又称类推预测法，指根据预测目标与类比推测之间的类似性，从一个市场的发展状况及变化推测另一个市场的发展状况及变化。类比预测法主要有产品类比预测法、地区类比预测法、行业类比预测法、国际类比预测法、连续比率法。

1. 产品类比预测法

根据某些产品在功能、技术、构造、生命周期等方面的相似性，人们可以进行产品之间的类推，由一种产品的发展趋势推测另一种产品的发展趋势。

2. 地区类比预测法

地区类比预测法是通过将预测市场与其他地区的同类市场相比较，找出相似的发展规律，从而推测目标市场的产品发展状况及发展趋势。

3. 行业类比预测法

行业类比预测法通常用于对新产品开发的预测，是指通过产品在原来行业的发展趋势来预测新行业的市场发展趋势和方向。

4. 国际类比预测法

国际类比预测法是根据领先国家的市场发展状况来类比推测落后国家的市场发展状况，与地区类比预测法较为相似。

5. 连续比率法

连续比率法也称转导法，是根据预测目标与某项经济指标之间的相关比率，参考经济指标的预测值作为基础，导出预测目标的预测值的方法。

连续比率法的预测模型如下：

$$Y=G(1\pm K)\eta_1\eta_2\cdots\eta_n \tag{12-1}$$

式中，Y 为预测目标的预测值；G 为某参考经济指标的本期观察值；K 为某参考经济指标的下期增减比率；η_1，η_2，…，η_n 为预测目标与参考经济目标之间的相关比率；n 为两者间相关经济联系的层次数。

第 3 节　定量预测方法

定量预测方法主要有时间序列预测法、回归分析预测法、移动平均法、指数平滑法、长期趋势预测法等，因为第 11 章介绍了回归分析的方法，故本节着重介绍其他方法等。

一、 时间序列预测法

（一） 时间序列预测法的定义

时间序列是指将各种历史资料的统计指标数值按时间顺序排列起来的一组数据序列。

时间序列预测法是指通过分析处理预测目标的时间序列，来揭示预测目标的发展过程、特点和规律，并建立预测模型来预测目标事物未来的发展趋势和水平。

时间序列预测法中的数据应该满足以下条件：（1）数据应该具有连续性，只有具有连续性，才能比较准确地把握预测对象的规律；（2）数据应该具有可比性，具有可比性的数据有利于把握预测对象的发展规律。只有具备这些条件，时间序列数据才是有价值的。

（二）时间序列的影响因素

时间序列受多种因素的影响，是各种相关因素共同作用的结果。不同的影响因素会起不同的作用，有的起着非决定性的、短期的作用，有的则起着决定性的、长期的作用，并且不同影响因素的运动变化形式也不同。根据对时间序列的不同影响，可将影响因素分为长期趋势（T）、季节变动（S）、循环变动（C）、随机变动（I）。

1. 长期趋势

长期趋势是指使社会经济现象在一段较长的时间内呈现持续发展变化趋势的因素。长期趋势反映了经济现象在一个较长时间内的发展方向，它可以在一个相当长的时间内表现为一种近似直线的持续向上、持续向下或平稳的趋势，也可表现为非线性趋势，如指数曲线型、二次曲线型、修正的指数曲线等。长期趋势是时间序列的主要构成要素，我国国内生产总值、人均可支配收入等都具有长期增长的趋势。

2. 季节变动

季节变动是指以年度或者更短的时间为周期，时间序列观察值每年表现的具有周期性的、有规律的变动。这种变动通常由自然季节的变化和社会因素的变化引发。例如羽绒服的销量具有明显的季节变动特点：寒冷时段，羽绒服的销售量很大；高温时段，羽绒服的销售量较小。这种规律是可以预测的，以时间为标志，具有一定的规律性。

3. 循环变动

循环变动也称周期变动，是指引起社会经济现象近乎规律性地从低到高再从高到低周而复始变动的因素。如国内生产总值、工业产值指数、股票价格、利率，大多数经济指标具有明显的周期变动特征。

季节变动与循环变动的区别是：季节变动有比较固定的规律，且变动周期是固定的，季节变动的波动长度固定，如12个月、1个季度、1个月或1周；循环变动没有固定的规律，变动周期长短不一。

4. 随机变动

随机变动也称为不规则变动，是指时间序列观察值由于受到偶然因素、意外、不明原因等影响形成的随机变动。这种变动是非趋势性、非季节性、非循环性的，没有一定的规律，是无法预测的。由于无法预测，故不能用数学模型进行计算。通常情况下，不考虑随机变动的影响。

上述四种变动按是否可以预测可分为两类：第一类是常态变动，可以预测，包括长期趋势、季节变动；第二类是剩余变动，一般难以预测，包括循环变动和随机变动。

（三）时间序列的预测模式

时间序列分为四种变动形式，且一般为四种变动形式的组合或叠加。四种变动形式综合起来对预测目标产生影响，因此可以将这四种变动作为基本变量，把时间序列预测值作为它们的函数，用 Y 示，则可得

$$Y=f(T, S, C, I) \tag{12-2}$$

根据这四种变动因素的不同结合形式，主要有两种模型可供选择：加法模型和乘法模型。

加法模型：$Y=T+S+C+I$　　(12-3)

加法模型中假定四种变动因素是相互独立的，并且可依次相加。加法模型认为季节变动、循环变动和随机变动是在长期趋势数据的基础上增加或减少若干数值，从而发挥各自对目标变量的影响。

乘法模型：$Y=T\times S\times C\times I$　　(12-4)

乘法模型中假定四种变动因素之间是相乘关系。乘法模型认为季节变动、循环变动和随机变动对预测目标的影响表现为在长期趋势数据的基础上乘以一个大于 1 或小于 1 的系数。其中，长期趋势用绝对数表示，另外三个因素用相对数表示。

（四）时间序列预测法的特点

（1）时间序列预测法主要用于对预测目标短期和近期的预测。时间序列预测法基于预测对象过去的数据和规律，但事物不断发展，会有新的特点出现，环境等因素也会有新的变化，故用时间序列预测法推测事物长期的变化发展状况必定是不准确的，通常预测的都是事物短期和近期的发展变化情况。

（2）运用时间序列预测法时，应是质的分析和量的分析相结合。由于多种因素都对预测目标的发展变化状况产生影响，所以在进行预测时，应对多种因素进行充分考虑。注重质的分析与量的分析的结合，有助于更全面地对预测目标的影响因素进行分析。

（3）运用时间序列预测法时，应剔除随机因素。随机因素即不规则因素。在预测中，总是存在一些不规则因素，由于时间序列预测是对事物发展规律和趋势的总体性预测，所以应在分析时将随机因素剔除。

（五）时间序列预测法的步骤

时间序列预测法可分为以下步骤：

（1）收集预测目标的历史资料和数据。

（2）根据收集的资料和数据编制时间序列。

（3）对时间序列进行分析，选择预测方法。

（4）建立预测模型。

（5）对预测结果进行误差分析，确定预测值。

（六）时间序列预测法的操作过程

（1）运用移动平均法从原始时间序列 Y 中剔除季节变动和随机变动，得到包含长期趋势和循环变动的序列 TC。

（2）从原始时间序列 Y 中剔除第一步算出的长期趋势和循环变动的总影响 TC，得到只包含季节变动和随机变动的序列 SI，即 $SI=\frac{Y}{TC}$。

（3）对第二步得到的序列 SI 采用按月（季）平均法，由此剔除其中的随机变动 I，得到季节指数 S_t。

（4）以时间 t 为自变量，采用趋势拟合法，对原始时间序列 Y 建立长期趋势方程，并根据该方程求出每个时期的长期趋势值，得到长期趋势序列 T。

长期趋势方程形式可用散点图判断，选择适合的曲线，一般为直线趋势，用回归方程 $T_t=\beta_0+\beta_1 t$ 表示。

（5）从第一步得出的包含长期趋势和循环变动的序列 TC 中剔除第四步得到的长期趋势 T_t，得到循环变动指数序列 C，即 $C=\frac{TC}{T_t}$。

（6）根据长期趋势方程求出预测时期的长期趋势值 T_t，并判断预测时期的循环变动指数 C_t。

（7）根据时间序列预测法进行预测。由于随机变动序列 I 不可预测，预测模型变为：$\hat{Y}_t=T_t\cdot S_t\cdot C_t$。其中季节指数 S_t 已在第三步求出，长期趋势值 T_t 和循环变动指数 C_t 在第六步中计算得到。

（七）时间序列预测法的应用

例 12-2

用时间序列预测法预测产品销售额

某公司 2017—2022 年产品销售额季度数据如表 12-4 所示。用时间序列预测法的乘法模型预测 2023 年第一季度的销售额。

表 12-4　某产品 2017—2022 年销售数据　　单位：万元

年份	第一季度	第二季度	第三季度	第四季度
2017	67	104	136	76
2018	72	110	135	82
2019	74	115	142	88
2020	78	130	165	95
2021	83	147	190	106
2022	86	158	205	112

第一步，求不含季节变动和随机变动的序列 TC。

由于销售额数据为季度数据，周期为4，因此，为了消除季节变动，进行四项移动平均。

例如，第一个四项移动平均值为：

$$\frac{Y_1+Y_2+Y_3+Y_4}{4}=\frac{67+104+136+76}{4}=95.75(\text{万元})$$

第二个四项移动平均值为：

$$\frac{Y_2+Y_3+Y_4+Y_5}{4}=\frac{104+136+76+72}{4}=97.00(\text{万元})$$

依此类推，结果见表12-5的“四项平均”栏。

表12-5　某产品时间序列预测法的乘法模型分解表

季度	T	销售额Y（万元）	四项平均（万元）	TC（万元）	SI=Y/TC（%）	T（万元）	C（%）
2017年第一季度	1	67					
第二季度	2	104	95.75				
第三季度	3	136	97.00	96.38	141.12	90.94	105.98
第四季度	4	76	98.50	97.75	77.75	93.45	104.60
2018年第一季度	5	72	98.25	98.38	73.19	95.97	102.51
第二季度	6	110	99.75	99.00	111.11	98.48	100.53
第三季度	7	135	100.25	100.00	135.00	101.00	99.00
第四季度	8	82	101.50	100.88	81.28	103.51	97.46
2019年第一季度	9	74	103.25	102.38	72.28	106.03	96.56
第二季度	10	115	104.75	104.00	110.58	108.55	95.81
第三季度	11	142	105.75	105.25	134.92	111.06	94.77
第四季度	12	88	109.50	107.63	81.76	113.58	94.76
2020年第一季度	13	78	115.25	112.38	69.41	116.09	96.80
第二季度	14	130	117.00	116.13	111.94	118.61	97.91
第三季度	15	165	118.25	117.63	140.27	121.12	97.12
第四季度	16	95	122.50	120.38	78.92	123.64	97.36
2021年第一季度	17	83	128.75	125.63	66.07	126.16	99.58
第二季度	18	147	131.50	130.13	112.96	128.67	101.13
第三季度	19	190	132.25	131.88	144.07	131.19	100.53
第四季度	20	106	135.00	133.63	79.32	133.70	99.95
2022年第一季度	21	86	138.75	136.88	62.83	136.22	100.48
第二季度	22	158	140.25	139.50	113.26	138.73	100.56
第三季度	23	205					
第四季度	24	112					

为了使移动平均值与时间在位置上对应，需对第一次得到的移动平均值再做一次项（居中）移动平均，即得到不含季节变动和随机变动的序列 TC，见表 12－5 的“TC”栏。例如，TC 序列中第一个值（2017 年第三季度对应的 TC 值）为第一个四项移动平均值和第二个四项移动平均值的平均数：

$$\frac{95.75+97.00}{2}=96.38(\text{万元})$$

第二步，根据 $SI=\frac{Y}{TC}$，求包含季节变动和随机变动的序列 SI，结果见表 12－5 的“$SI=Y/TC$”栏。

例如，2017 年第三季度对应的 SI 值为：

$$\frac{136}{96.38}\times 100\%=141.12\%$$

第三步，求季节指数 S。

将序列 SI 按季度重新排列（如表 12－6 所示），采用按季平均法，可剔除其中的随机变动 I，得到各年的同季平均指数，由于四个季度的平均指数之和为 399.62%，需要对各指数进行修正，使其和为 400%。各季度平均指数乘以修正系数 1.000 96（400/399.62），即得到该产品销售额的季节指数，如表 12－6 最后一行所示。例如，第一季度季节指数的计算过程为：

$$S_1=\frac{73.19+72.28+69.41+66.07+62.83}{5}\times\frac{400}{399.62}=68.82\%$$

表 12－6　季节指数计算表

年份	第一季度	第二季度	第三季度	第四季度	合计
2017			141.12	77.75	
2018	73.19	111.11	135.00	81.29	
2019	72.28	110.58	134.92	81.77	
2020	69.41	111.95	140.28	78.92	
2021	66.07	112.97	144.08	79.33	
2022	62.83	113.26			
同季合计（%）	343.78	559.87	695.40	399.06	
同季平均（%）	68.76	111.97	139.08	79.81	399.62
季节指数（%）	68.82	112.08	139.21	79.89	400

第四步，计算长期趋势序列 T。

通过散点图（见图 12－2）可以看出，随着时间的变化，销售额 Y 有上升的线性趋势。因此，以时间 t 为自变量，销售额 Y 为因变量，采用最小二乘法，建立如下长期趋势回归方程：$Y=a+bt$，解出系数后，方程可表示如下：

$$Y=83.3877+2.5157t$$

根据上面的趋势方程，求出每个时期的长期趋势值，结果见表 12－5 的"T"栏。

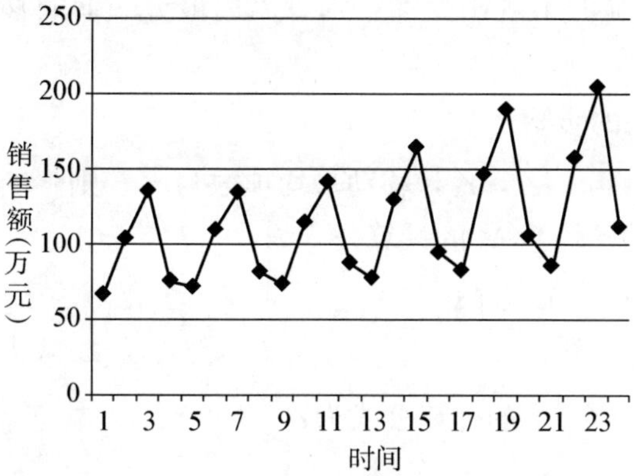

图 12－2　销售额散点图

第五步，计算循环变动指数序列 C，计算公式为 $C=\frac{TC}{T}$，结果见表 12－5 的最后一栏，即"C"栏。

例如，2017 年第三季度的循环变动指数为：

$$\frac{96.38}{90.94}\times 100\%=105.98\%$$

第六步，计算 2023 年第一季度的长期趋势值。

2023 年第一季度对应的时间 $t=25$，代入长期趋势回归方程：

$$T=83.3877+2.5157\times 25=146.28(\text{万元})$$

根据表 12－5 中的循环变动 C 和销售额 Y 的历史资料，主观估计 2023 年第一季度的循环变动 C_{25} 为 98%。

因此，忽略随机变动的影响，2023 年第一季度销售额的预测值为：

$$\hat{Y}_{25}=T_{25}\cdot S_{25}\cdot C_{25}=146.28\times 68.82\%\times 98\%=98.66(\text{万元})$$

二、移动平均法

（一）移动平均法的概念

移动平均法是通过对时间序列按一定的项数（间隔长度）逐期移动平均，从而修匀时间序列的周期变动和不规则变动，显示出预测对象的发展趋势，然后根据趋势变动进行外推预测的一种方法。

（二）简单移动平均法

简单移动平均法就是对原时间序列按一定的项数逐期平均，分别计算出一系列移动平均数，这些移动平均数构成的新的时间序列对原时间序列的波动起到一定的修匀作用，如果原时间序列没有明显的不规则变动，则可以用最近一期的移动平均值作为下一期的预测值。

1. 简单移动平均法的步骤

设时间序列为 Y_1，Y_2，…，Y_t，移动平均项数为 K，则

第 $t-1$ 期简单移动平均数 M 的计算公式为：

$$M_{t-1}=\frac{Y_{t-1}+Y_{t-2}+\cdots+Y_{t-k}}{K} \tag{12-5}$$

第 t 期简单移动平均数 M 的计算公式为：

$$M_t=\frac{Y_t+Y_{t-1}+\cdots+Y_{t-k+1}}{K} \tag{12-6}$$

预测方法使用 M 作为 Y 的预测值，即

$$\hat{Y}_{t+1}=M_t=\frac{Y_t+Y_{t-1}+\cdots+Y_{t-k+1}}{K},\quad t=k,k+1,\cdots$$

2. 简单移动平均法的应用

例 12-3

产品销售量的简单移动平均法预测

某公司 2012—2022 年的产品销售量数据如表 12-7 所示。分别采用三项简单移动平均法和四项简单移动平均法对该公司 2023 年的产品销售量进行预测。

计算出各年的三项简单移动平均预测值，结果见表 12-7。其中，2023 年的三项简单移动平均预测值的计算过程为：

$$\hat{Y}_{2023}=\frac{Y_{2020}+Y_{2021}+Y_{2022}}{3}=\frac{235+232+240}{3}=235.67(\text{万台})$$

表 12-7 简单移动平均预测表

年份	实际销售量	三项简单移动平均预测值		四项简单移动平均预测值	
		预测值（万台）	相对误差（%）	预测值（万台）	相对误差（%）
2012	175				
2013	172				
2014	180				
2015	192	175.67	8.51		
2016	201	181.33	9.78	179.75	10.57

续表

年份	实际销售量	三项简单移动平均预测值		四项简单移动平均预测值	
		预测值（万台）	相对误差（%）	预测值（万台）	相对误差（%）
2017	210	191.00	9.05	186.25	11.31
2018	220	201.00	8.64	195.75	11.02
2019	227	210.33	7.34	205.75	9.36
2020	235	219.00	6.81	214.50	8.72
2021	232	227.33	2.01	223.00	3.88
2022	240	231.33	3.61	228.50	4.79
2023	—	235.67		233.50	

当 $k=4$ 时，可计算各年的四项简单移动平均预测值，结果见表12-7，其中，2023年的四项简单移动平均预测值的计算过程为：

$$\hat{Y}_{2023}=\frac{Y_{2019}+Y_{2020}+Y_{2021}+Y_{2022}}{4}=\frac{227+235+232+240}{4}=233.50(\text{万台})$$

从预测结果可以计算出：预测的相对误差在 $k=3$ 时平均为6.98%，在 $k=4$ 时平均为8.52%，可见，三项简单移动平均的预测值与实际值的误差较小，对实际值的变化趋势反应比较灵敏。

（三）加权移动平均法

在采用移动平均法时，对近期数据给予较大的权重，对远期数据给予较小的权重，这种方法称为加权移动平均法。

1. 加权移动平均法的步骤

第 t 期加权移动平均数：

$$M_{tw}=\frac{a_0Y_t+a_1Y_{t-1}+\cdots+a_{k-1}Y_{t-(k-1)}}{a_0+a_1+\cdots+a_{k-1}} \tag{12-7}$$

式中，$a_i(i=0，1，\cdots，k-1)$ 为移动平均数据的相应权重。

根据预测方法是用 M 作为 Y 的预测值，即

$$\hat{Y}_{t+1}=M_{tw}=\frac{a_0Y_t+a_1Y_{t-1}+\cdots+a_{k-1}Y_{t-(k-1)}}{a_0+a_1+\cdots+a_{k-1}}$$

加权移动平均法的关键在于权重的确定。实践中，应根据具体情况来确定权重。一般地，可根据经验选取几组权重试算，比较预测的相对误差，从中选择与实际数据拟合较好的权重用于预测。

2. 加权移动平均法的应用

设移动平均项的权重 $a=k-i(i=0，1，\cdots，k-1)$，分别采用三项加权移动平均法

和四项加权移动平均法对例 12－3 中某公司 2023 年的产品销售量进行预测。

当采用三项加权移动平均法时，$k=3$，$a_0=3$，$a_1=2$，$a_2=1$，计算结果见表 12－8，其中 2023 年销售量的三项加权移动平均预测的结果为：

$$\hat{Y}_{2023}=\frac{1\times Y_{2020}+2\times Y_{2021}+3\times Y_{2022}}{3+2+1}=\frac{1\times 235+2\times 232+3\times 240}{6}=236.5(\text{万台})$$

当采用四项加权移动平均法时，$k=4$，$a_0=4$，$a_1=3$，$a_2=2$，$a_3=1$，计算结果见表 12－8，其中 2023 年销售量的四项加权移动平均预测的结果为：

$$\hat{Y}_{2023}=\frac{1\times Y_{2019}+2\times Y_{2020}+3\times Y_{2021}+4\times Y_{2022}}{4+3+2+1}$$

$$=\frac{1\times 227+2\times 235+3\times 232+4\times 240}{4+3+2+1}=235.3(\text{万台})$$

表 12－8　加权移动平均预测计算表

年份	销售量（万台）	三项加权移动平均预测值		四项加权移动平均预测值	
		预测值（万台）	相对误差（%）	预测值（万台）	相对误差（%）
2012	175				
2013	172				
2014	180				
2015	192	176.5	8.1		
2016	201	184.7	8.1	182.7	9.1
2017	210	194.5	7.4	191.2	9.0
2018	220	204.0	7.3	200.7	8.8
2019	227	213.5	5.9	210.4	7.3
2020	235	221.8	5.6	218.9	6.9
2021	232	229.8	0.9	227.1	2.1
2022	240	232.2	3.3	230.7	3.9
2023	—	236.5		235.3	

根据表 12－8 可以算出，三项加权移动平均的相对预测误差的平均数为 5.83%，小于三项简单移动平均的相对预测误差的平均数 6.98%，这说明加权移动平均法能更好地反映实际情况。

四项加权移动平均的相对预测误差的平均数为 6.73%，小于四项简单移动平均的相对预测误差的平均数 8.52%，但大于三项加权移动平均的相对预测误差的平均数 5.83%。可见，与简单移动平均法相同，三项加权移动平均的预测值对实际值的变化趋势反应比较灵敏。

运用移动平均法进行预测时应注意的问题有：

（1）采用不同的移动平均项数 k 计算得到的预测值是不相同的，它们对实际值的变化趋势的反应灵敏度和修匀程度也有差别。

（2）移动平均项数 k 的确定有一定的主观性和经验性。实际预测时，可选择多个 k 进行试算，比较预测的相对误差，从中选择使相对误差较小的 k。

（3）移动平均法只能用于近期预测。

（4）移动平均法只能用于对具有水平趋势的时间序列进行预测，否则，预测将出现滞后现象。

（5）当时间序列具有线性递增趋势时，预测结果将偏低；当时间序列具有线性递减趋势时，预测结果将偏高。

三、 指数平滑法

1. 指数平滑法的概念

指数平滑法是对移动平均法的改进，它利用对时间序列由近及远的逐步衰减的加权来预测未来的发展趋势。

指数平滑法的原理是近期的观察数据要比远期的数据包含更多的有关未来的信息。

若时间序列有 n 次观察，第 $n+1$ 期的预测值就等于第 n 期的观察值和同期的预测值的加权平均数，即

$$F_{n+1}=AX_n+(1-A)F_n \qquad (12-8)$$

式中，F_{n+1} 为第 $n+1$ 期的预测值；A 为平滑常数，$0<A<1$；X_n 为第 n 期的观察值；F_n 为第 n 期的预测值

该计算方法从第二期（$t=2$）开始一直进行到最后一期（$t=n$）。

2. 指数平滑法的应用

例 12-4

产品销售量的指数平滑法预测

设 10 周内企业的销售量如表 12-9 所示，并且 $F_2=F_1=X_1$，如果 $A=0.2$，有：

$F_3=0.2\times430+0.8\times400=406$

$F_4=0.2\times420+0.8\times406=408.8$

表 12-9　企业 10 周内销售量表

周次 t	销售量 X_t	$A=0.2$ F_t	$A=0.4$ F_t	$A=0.6$ F_t	$A=0.8$ F_t
1	400	400	400	400	400
2	430	400	400	400	400
3	420	406	412	418	424
4	440	408.8	415.2	419.2	420.8

续表

周次 t	销售量 X_t	$A=0.2$ F_t	$A=0.4$ F_t	$A=0.6$ F_t	$A=0.8$ F_t
5	460	415.04	425.12	431.68	436.18
6	440	424.03	439.07	448.67	455.23
7	470	427.23	439.44	443.47	443.05
8	430	435.78	451.67	459.39	464.61
9	440	434.62	443	441.76	436.92
10	420	435.7	441.8	440.7	439.38
11	—	432.56	433.08	428.28	423.88

平滑后的数据比原来的销售量数据的波动要小得多。

随着 A 的增加，F_t 的波动也变大。这是因为时间序列中最近的观察值有了较大的权重。

平滑系数 A 的选择：一种方法是分析者对近期观察数据应给多大权重的直观判断。另一种方法是用经验统计方法来选择平滑系数 A（观察值与预测值之间离差的平方和即 $\sum(X_t-F_t)^2$ 最小）。

由表 12-10 可知，平滑系数为 0.6 时，观察值与预测值之间离差的平方和最小，预测效果最好。

表 12-10 平滑系数与离差平方和

平滑系数	离差平方和
0.2	6 484.23
0.4	4 683.87
0.6	4 213.08
0.8	4 394.52

四、长期趋势预测法

长期趋势预测法是指通过对预测目标历史资料的分析，建立适当的预测模型，找出预测目标的发展趋势和时间之间的关系，从而得出预测目标未来值的方法。这种方法主要是对预测目标 Y 和时间 t 之间的关系进行研究。由于是基于过去的规律对目标未来值进行预测，故主要用于近期的预测。

长期趋势预测法主要包括以下三种类型：直线趋势预测法、二次曲线趋势预测法、指数曲线趋势预测法。

（一）直线趋势预测法

直线趋势预测法是指预测目标的时间序列变化具有线性的特点，此时可以通过建立直线方程对目标的未来发展趋势进行预测。具有线性特点是指时间序列的各期数据呈现增长（或减少）的趋势，且每期增长（或减少）的幅度大体相等，即数据呈现等差数列的变化趋势。直线趋势预测法采用的是直线预测模型，模型主要分为确定性部分和不确定性部分。具体形式如下：

$$\hat{Y}=(a+bt)+e \tag{12-9}$$

式中，$\hat{Y}$ 为目标的预测值；a 为时间序列的初始水平（基数）；b 为时间序列的平均增量（斜率）；t 为时间序列的序列号；e 为时间序列的剩余变动。

a，b 称为模型参数，确定 a，b 的值主要采用最小二乘法。线性回归的内容在第 11 章已经有详细介绍，此处不再赘述。

（二）二次曲线趋势预测法

由于对预测目标的未来值产生影响的因素有多种，故时间序列的变动趋势不一定呈线性趋势，很有可能呈曲线变动趋势。此时，就要用到曲线趋势预测法。曲线趋势预测法主要包括二次曲线趋势预测法和指数曲线趋势预测法。下面具体介绍二次曲线趋势预测法。

二次曲线也称为抛物线，二次曲线趋势预测法是指根据时间序列的资料数据，把握规律，建立二次曲线方程的模型，对预测目标的未来值进行预测。

二次曲线趋势预测法通常具有两种形态：

(1) 预测目标历史数据的变动是先由高到低，再由低到高，此时表现为开口向上的抛物线形态。

(2) 预测目标历史数据的变动是先由低到高，再由高到低，此时表现为开口向下的抛物线形态。

二次曲线趋势预测法的预测模型如下：

$$\hat{Y}=a+bt+ct^2 \tag{12-10}$$

式中，$\hat{Y}$ 为目标的预测值；t 为时间序列的序列号；a，b，c 为待定参数。

要想确定参数 a，b，c 的值，也可采用最小二乘法。

计算参数的方程组如下：

$$\sum Y = na + b\sum t + c\sum t^2 \tag{12-11}$$

为简化计算，可使时间序列号 t 按正负变号，使 $\sum t = 0$，则上式可简化。

$$\begin{matrix} \sum Y = na + b\sum t + c\sum t^2 & & \sum Y = na + c\sum t^2 \\ \sum tY = a\sum t + b\sum t^2 + c\sum t^3 & \xrightarrow{\sum t = 0} & \sum tY = b\sum t^2 \\ \sum t^2Y = a\sum t^2 + b\sum t^3 + c\sum t^4 & & \sum t^2Y = a\sum t^2 + c\sum t^4 \end{matrix} \tag{12-12}$$

式中，由于 $\sum t = 0$，可推出 $\sum t^3 = 0$。

（三）指数曲线趋势预测法

如果预测目标的变动趋势呈曲线形态，而且变动趋势为单一的上升或下降，则可使用指数曲线趋势预测法进行预测。此预测方法适用于时间序列变化速度大致相等的情况，具体包括下列两种情形：

（1）当时间序列近似表现为匀速增长时，预测曲线是一条向上递增的动态曲线。

（2）当时间序列近似表现为匀速递减时，预测曲线是一条向下递减的动态曲线。

指数曲线趋势预测法的预测模型如下：

$$\hat{Y}=ab^t \tag{12-13}$$

式中，a 为基数；b 为预测目标的一般发展速度。

要求解参数 a，b，可对式（12-13）左右两边分别取对数，得

$$\lg\hat{Y}=\lg a+t\lg b \tag{12-14}$$

然后参照直线趋势预测法中的内容，运用最小二乘法解出 $\lg a$，$\lg b$，再求它们的反对数，即可得出参数 a，b 的值。

五、趋势模型的选择

主要通过图形识别法和差分法进行趋势模型的选择。

（一）图形识别法

图形识别法通过绘制散点图选择趋势模型，即将时间序列的数据绘制成以时间 t 为横轴、时序观察值为纵轴的图形，将其变化曲线与各类函数曲线模型的图形进行比较，选择较为合适的模型。

（二）差分法

利用差分法把数据修匀，把原时间序列转换为平稳序列。最常用的是一阶向后差分法。

一阶向后差分可以表示为：$y'_t=y_t-y_{t-1}$ （12-15）

二阶向后差分可以表示为：$y''_t=y'_t-y'_{t-1}$ （12-16）

计算时间序列的差分并将其与各类模型的差分特点进行比较，据此选择合适的模型。差分法识别标准见表 12-11。

表 12-11 差分法识别标准

差分特性	使用模型
一阶差分相等或大致相等	一次线性模型
二阶差分相等或大致相等	二次曲线模型
三阶差分相等或大致相等	三次曲线模型
一阶差分比率相等或大致相等	指数曲线模型

例 12－5

产品销售量的差分法预测

某商店某种产品的销售量如表 12－12 所示。

表 12－12　某产品的销售量资料

年份	2014	2015	2016	2017	2018	2019	2020	2021	2022
销售量（万件）	10	18	25	30.5	35	38	40	39.5	38

试预测 2023 年的销售量，并要求在 90%的概率保证下，给出预测的置信区间。

第一步，确定预测模型。

1. 绘制散点图（见图 12－3），初步确定预测模型。

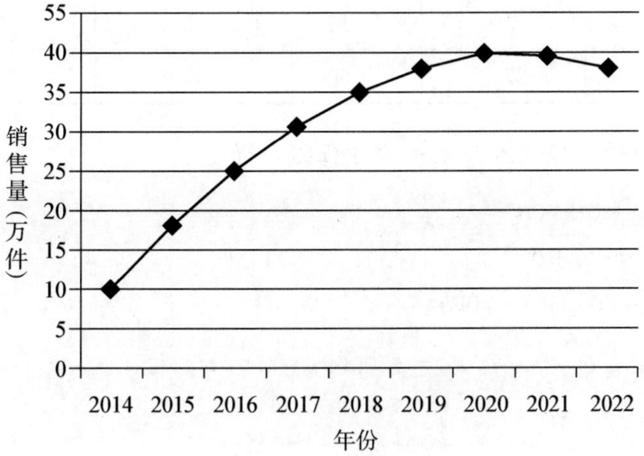

图 12－3　销售量散点图

由图 12－3 可知，该产品的销售量基本上符合二次曲线模型。

2. 计算差分，如表 12－13 所示。

表 12－13　差分计算表

销售量（万件）	10	18	25	30.5	35	38	40	39.5	38
一阶差分		8	7	5.5	4.5	3	2	−0.5	−1.5
二阶差分			−1	−1.5	−1	−1.5	−1	−2.5	−1

由表 12－13 可知，该时间序列观察值的二阶差分大致相等，其波动范围在−2.5～−1 之间。综合散点图和差分分析，最后确定选用二次曲线模型预测。

第二步，求模型的参数。

模型参数的计算如表 12－14 所示。

表 12-14　某产品销售量二次曲线模型参数计算表

年份	时序（t）	Y_t	t^2	t^4	ty	t^2y
2014	−4	10	16	256	−40	160
2015	−3	18	9	81	−54	162
2016	−2	25	4	16	−50	100
2017	−1	30.5	1	1	−30.5	30.5
2018	0	35	0	0	0	0
2019	1	38	1	1	38	38
2020	2	40	4	16	80	160
2021	3	39.5	9	81	118.5	355.5
2022	4	38	16	256	152	608
合计	0	274	60	708	214	1 613.5

将表 12-14 中的数据代入三元一次方程组，得

$$\begin{cases} 274=9b_0+0+60b_2 \\ 214=0+60b_1+0 \\ 1\ 613.5=60b_0+0+708b_2 \end{cases}$$

解得 $b_0=35.05$，$b_1=3.57$，$b_2=-0.69$。

二次曲线模型为：

$$\hat{y}_t=35.05+3.57t-0.69t^2 \quad （原点为 2018 年）$$

第三步，进行预测和确定预测的置信区间。

若要预测 2023 年的销售量，则 $t=5$ 时，有

$$\hat{y}_{2022}=35.05+3.57\times5-0.69\times5^2=35.65（万件）$$

为了确定预测的置信区间，必须计算标准误差，其计算过程如表 12-15 所示。

表 12-15　标准误差计算表

年份	时序（t）	y_i	$\hat{y}_i$	$y_i-\hat{y}_i$	$(y_i-\hat{y}_i)^2$
2014	−4	10	9.73	0.27	0.072 9
2015	−3	18	18.13	−0.13	0.016 9
2016	−2	25	25.15	−0.15	0.022 5
2017	−1	30.5	30.79	−0.29	0.084 1
2018	0	35	35.05	−0.05	0.002 5
2019	1	38	37.93	0.07	0.004 9

续表

年份	时序（t）	y_i	$\hat{y}_i$	$y_i-\hat{y}_i$	$(y_i-\hat{y}_i)^2$
2020	2	40	39.43	0.57	0.324 9
2021	3	39.5	39.55	−0.05	0.002 5
2022	4	38	38.29	−0.29	0.084 1
合计					0.615 3

$$SE=\sqrt{\frac{\sum(y-\hat{y})^2}{n-3}}=\sqrt{\frac{0.6153}{6}}=0.32(\text{万件})$$

上述预测 2023 年的销售量为 35.65 万件，在给定 90%的概率保证下，其近似的预测置信区间为：

$$\hat{y}\pm t_{0.05}SE=35.65\pm1.943\times0.32$$

即销售量在 35.03 万件～36.27 万件之间。

第 4 节　EViews 软件在市场预测中的应用

EViews 软件是市场预测中较常使用的预测工具，尤其是在涉及时间序列的预测中。本节简要介绍 EViews 软件及其应用。

一、 EViews 软件概述

（一） EViews 软件简介

作为一种经济计量分析软件，EViews 的应用非常广泛。它具备对时间序列数据进行分析、回归和预测等强大功能，操作简单灵活，数据处理极为方便。EViews 是一种面向对象的操作，从而实现各种计量分析和统计分析功能。

在计量经济学中，EViews 是一种重要的工具。

（二） EViews 软件的主要功能

EViews 软件具有很多实用功能，主要包括：

（1）通过面向对象来操作数据，对数据运用统一的方式进行管理。

（2）对时间序列等数据进行输入、扩展和修改，根据已有模型或公式生成新的序列。

（3）对数据进行各种检验分析，包括 T 检验、协整检验、格兰杰（Granger）因果检验等。

（4）对统计量进行描述，使用的参数包括相关系数、协方差、互相关系数、自相关系数等。

（5）对方程进行分析，包括线性分析和非线性分析等。

（6）对向量自回归系统进行估计和分析。

（7）可执行各种二乘法的计算，包括最小二乘法、带有自回归校正的最小二乘法、两阶段最小二乘法、三阶段最小二乘法和非线性最小二乘法等。

（8）分析模型以及对模型求解和模型模拟，如估计多项式分布滞后模型。

（9）对数据库进行管理。

（10）对回归方程进行预测。

（11）与外部软件进行数据交换。

二、 EViews 软件在市场预测中的具体应用

在本章的引例中，提出了一个关于季度预测的问题，可以用季度指数预测法对此问题进行预测。下面通过 EViews 软件，具体讲述引例的计算步骤。

通过表格中的数据可以看出，数据序列具有较明显的上升趋势，并随着季度变化呈现出周期性的变动。根据本章所讲的知识，可以看出本题应运用季度指数预测法进行预测。本案例应用环境为 EViews 7.2，具体计算步骤如下。

（1）在 EViews 中新建一个文件。选择“File”→“New”→“Workfile”，选择季度预测“Quarterly”，在“Start date”里输入（2017:1），在“End date”里输入（2021:4），界面如图 12－4 所示。

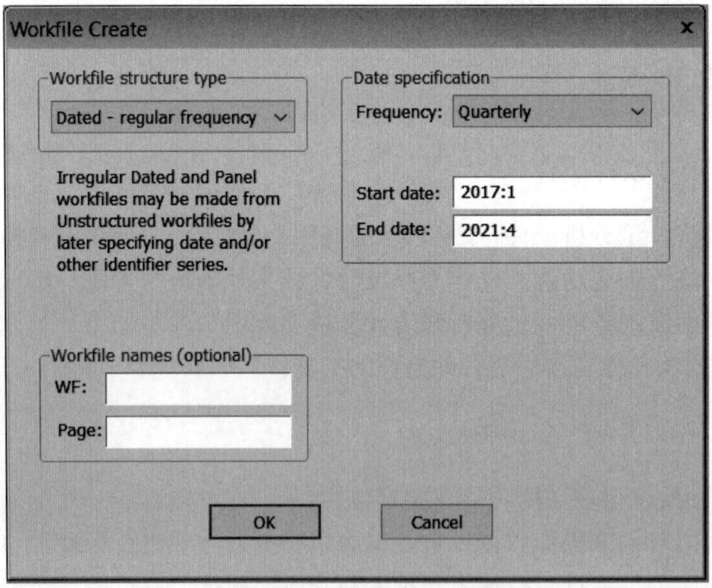

图 12－4 季度预测界面

（2）选择“Quick”“EmptyGroup”，输入表格中的数据，命名为 Y，时间命名为 T，

界面如图 12－5 所示。点击“Name”→“OK”生成 Group01。

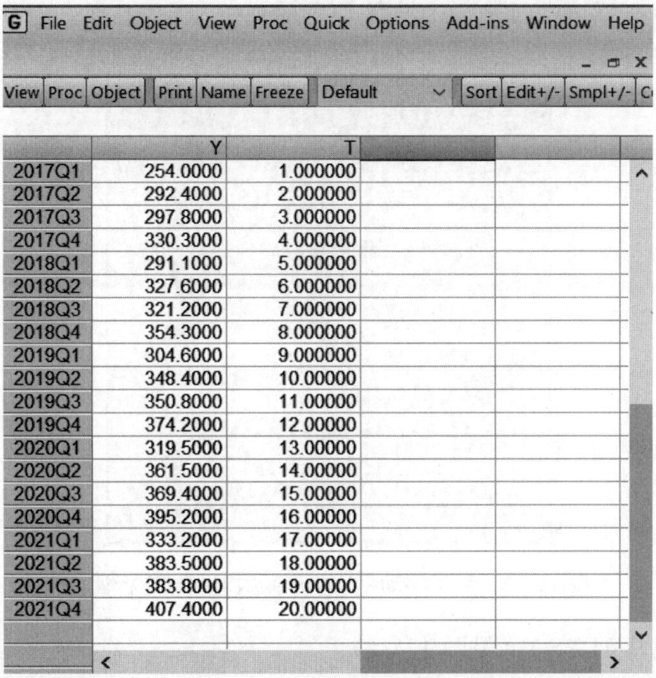
G File Edit Object View Proc Quick Options Add-ins Window Help

View Proc Object Print Name Freeze Default Sort Edit+/- Smpl+/-

	Y	T
2017Q1	254.0000	1.000000
2017Q2	292.4000	2.000000
2017Q3	297.8000	3.000000
2017Q4	330.3000	4.000000
2018Q1	291.1000	5.000000
2018Q2	327.6000	6.000000
2018Q3	321.2000	7.000000
2018Q4	354.3000	8.000000
2019Q1	304.6000	9.000000
2019Q2	348.4000	10.00000
2019Q3	350.8000	11.00000
2019Q4	374.2000	12.00000
2020Q1	319.5000	13.00000
2020Q2	361.5000	14.00000
2020Q3	369.4000	15.00000
2020Q4	395.2000	16.00000
2021Q1	333.2000	17.00000
2021Q2	383.5000	18.00000
2021Q3	383.8000	19.00000
2021Q4	407.4000	20.00000

图 12－5　数据录入图

（3）选择“View”→“Graph”→“Line&symbol”，得到根据此数列绘制的曲线图，见图 12－6。

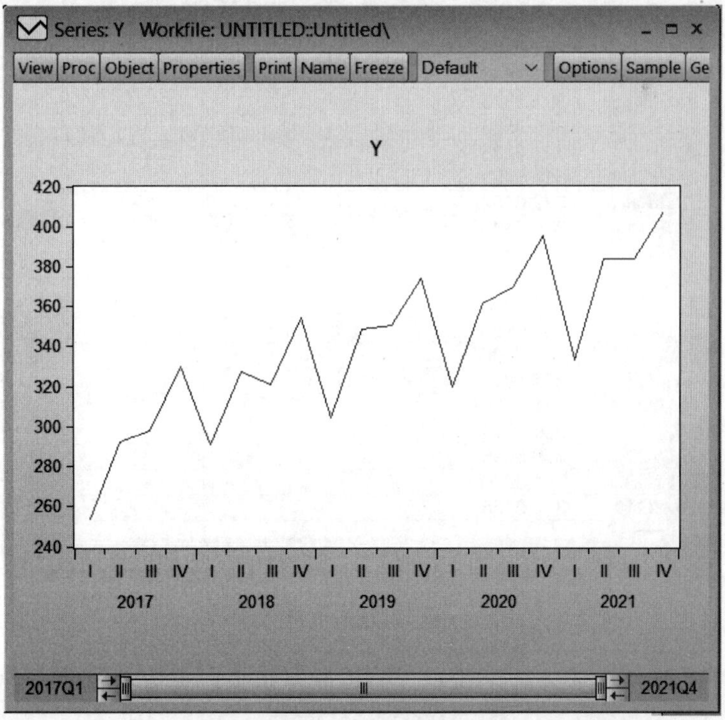

图 12－6　曲线图

（4）选择“Proc”→“Seasonal Adjustment”→“Moving Average Methods”，利用移动平均季度乘数对数据进行调整，见图 12－7。

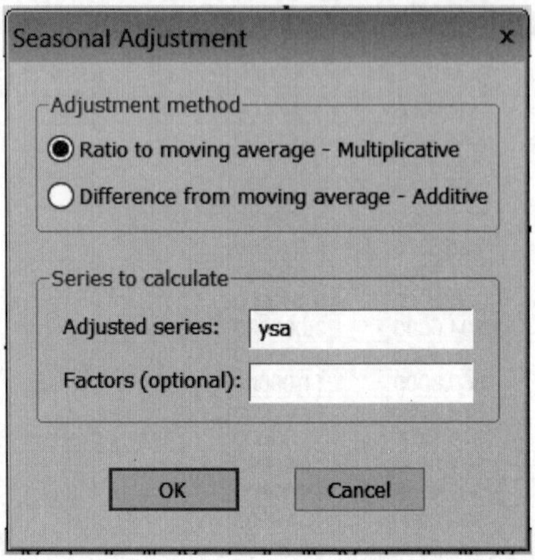

图 12－7　利用移动平均季度乘数对数据进行调整

得到调整后的序列 YSA（见图 12－8）。

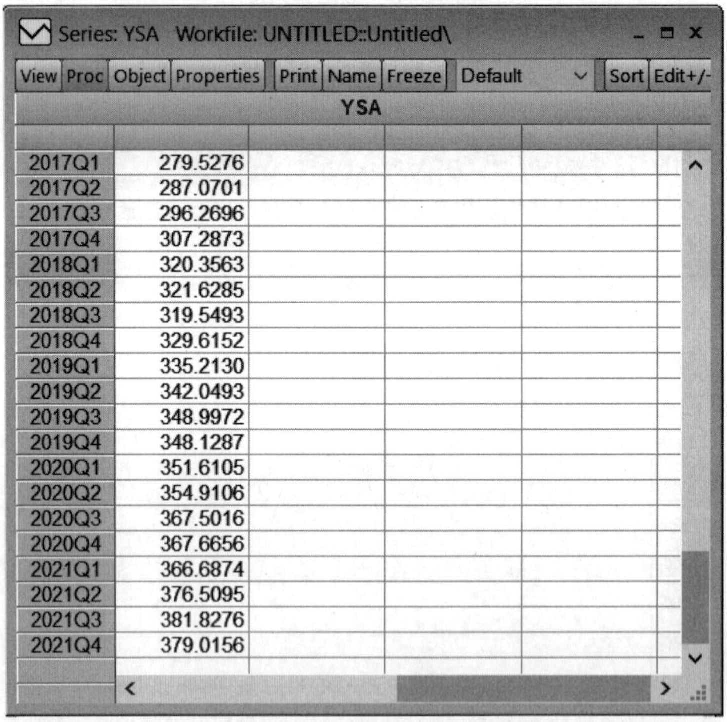

	YSA
2017Q1	279.5276
2017Q2	287.0701
2017Q3	296.2696
2017Q4	307.2873
2018Q1	320.3563
2018Q2	321.6285
2018Q3	319.5493
2018Q4	329.6152
2019Q1	335.2130
2019Q2	342.0493
2019Q3	348.9972
2019Q4	348.1287
2020Q1	351.6105
2020Q2	354.9106
2020Q3	367.5016
2020Q4	367.6656
2021Q1	366.6874
2021Q2	376.5095
2021Q3	381.8276
2021Q4	379.0156

图 12－8　调整后的序列 YSA

（5）得到调整后的曲线图（见图 12－9），此时数据已经不包含季度变动，有了明显的线性趋势。

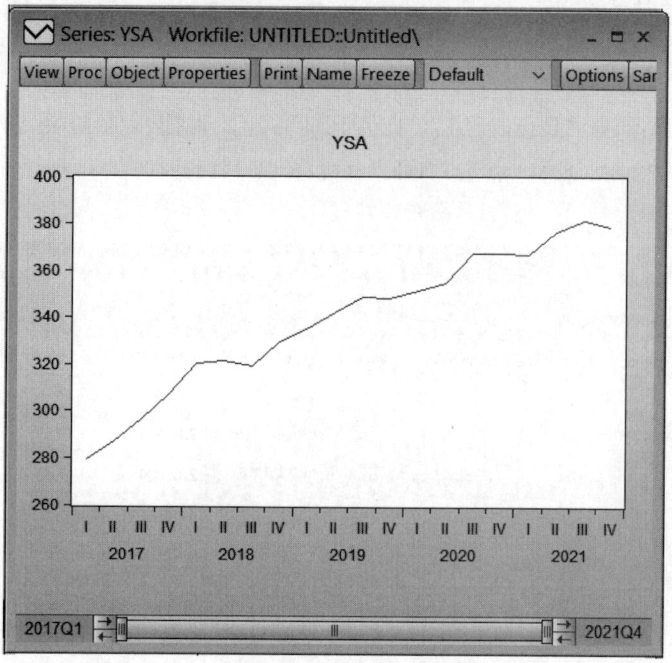

图 12-9　线性趋势图

（6）选择“Quick”→“Equation Estimation”，利用最小二乘法对结果进行预测（见图 12-10）。

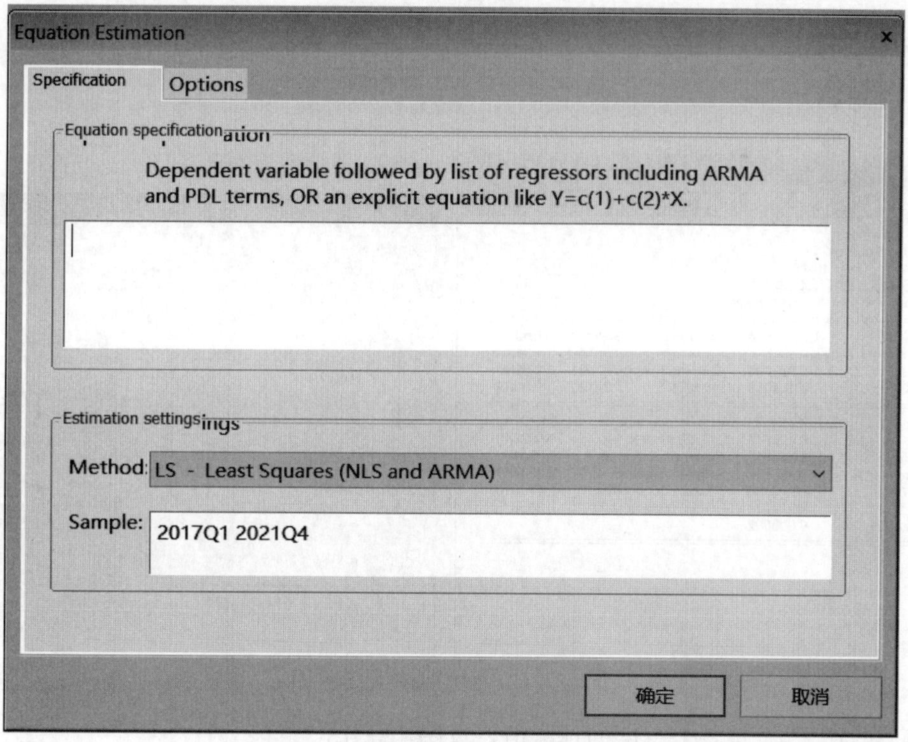

图 12-10　用最小二乘法预测结果

得到的直线趋势方程为：

$$y=285.2809+5.122865t$$

（7）点击界面顶端“Range2017Q12021Q4”处，弹出 Workfile Structure 框，并将“End date”改为“2022Q4”，点击“OK”（见图 12－11）。

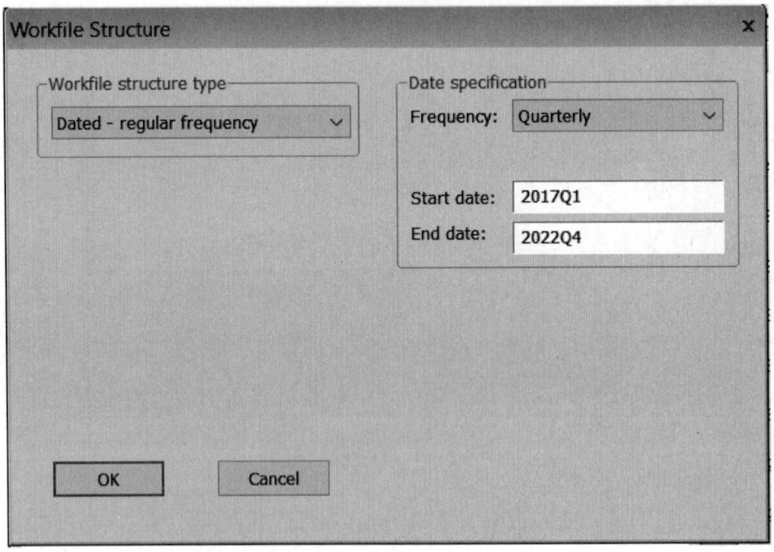

图 12－11　时间变化图

（8）在 Group 窗口中输入 2022 年 T 的值，在 equation 窗口中点击“Forecast”，如图 12－12 所示。

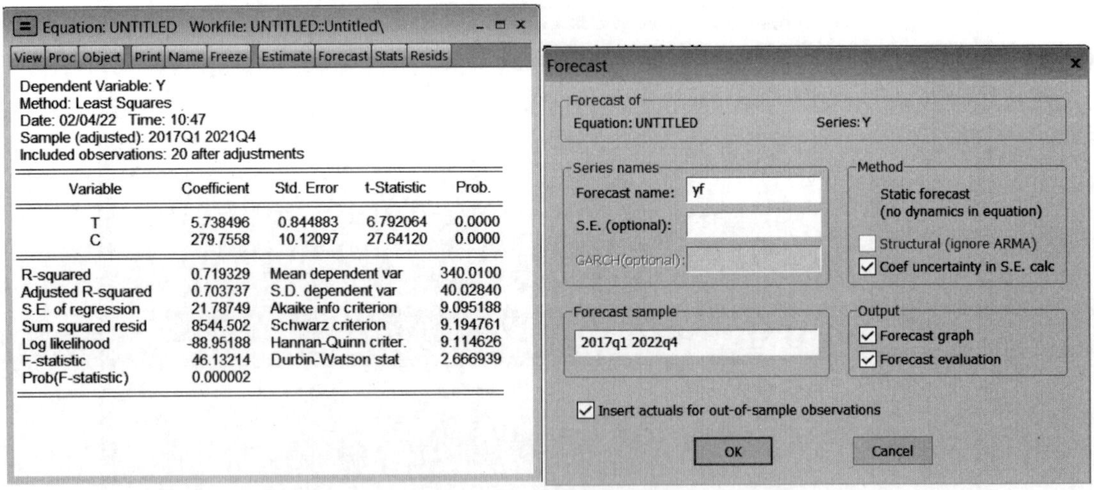

图 12－12　预测统计量选择图

（9）得到 2022 年各个季度的预测值，见图 12－13。

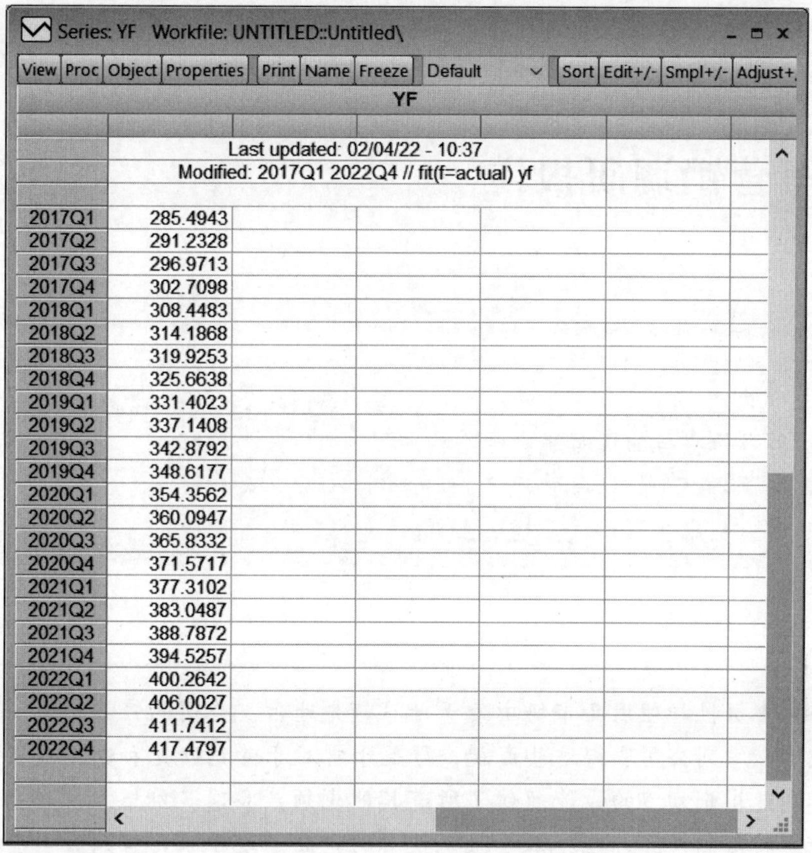

Series: YF　Workfile: UNTITLED::Untitled\

YF

Last updated: 02/04/22 - 10:37
Modified: 2017Q1 2022Q4 // fit(f=actual) yf

2017Q1	285.4943
2017Q2	291.2328
2017Q3	296.9713
2017Q4	302.7098
2018Q1	308.4483
2018Q2	314.1868
2018Q3	319.9253
2018Q4	325.6638
2019Q1	331.4023
2019Q2	337.1408
2019Q3	342.8792
2019Q4	348.6177
2020Q1	354.3562
2020Q2	360.0947
2020Q3	365.8332
2020Q4	371.5717
2021Q1	377.3102
2021Q2	383.0487
2021Q3	388.7872
2021Q4	394.5257
2022Q1	400.2642
2022Q2	406.0027
2022Q3	411.7412
2022Q4	417.4797

图 12－13　2022Q1 至 2022Q4 预测值

图中，2022Q1 至 2022Q4 的值为预测值。至此，完成季度指数预测。

《基本概念》

市场预测　定性预测方法　定量预测方法　主观概率法
时间序列预测法　指数平滑法　移动平均法

《思考题》

1. 什么是市场预测？市场预测包括哪些步骤？
2. 定性预测方法包括哪些内容？
3. 定量预测方法包括哪些内容？
4. 简要描述时间序列预测法及影响时间序列的因素。

第13章

撰写营销调研报告

学习目标

- 了解调研报告的撰写步骤和结构。
- 掌握调研报告的撰写技巧等。
- 了解口头报告的形式及辅助工具。

引例

吉列公司在男性护理用品市场中处于世界领先地位。公司的产品质量好，价格也不低，财务稳健。吉列公司取得这些成就，得益于它对于营销研究和新产品开发的强烈信念。例如其锋速Ⅲ剃须刀的性能超越了所有其他剃须产品，其价格也比较高。吉列公司还为女性开发特定的产品，包括基于激光技术的产品。近年来，吉列公司年均推出的产品达20多款，公司大约半数的销售额来自开发不超过5年的产品。以下是吉列公司在营销领域做过的研究或使用过的技术。

(1) 年度全国消费者研究。这类研究的目标是确定被试者最近一次剃须用的是什么品牌的刀架和刀片，以便收集人口统计特征数据和消费者对各刀架、刀片制造商的态度。这类研究使用随机抽样方法，在全美国选择男性和女性固定样本组进行个人访谈。

(2) 全国品牌跟踪研究。这类研究是为了监测品牌忠诚和品牌转移倾向而对刀架和刀片的使用情况进行跟踪。每年的研究通过邮寄问卷方式向男性和女性固定样本组进行调查。

(3) 年度品牌知晓研究。这类研究以确定吉列产品所拥有的“心境共享”为目标，通过对品牌名称和广告活动的辅助回想及无辅助回想进行电话调查。

(4) 消费者使用测试。消费者使用测试的主要目标是保证吉列公司的产品符合期望，以及核实广告和包装中的承诺是否兑现。吉列公司每月至少要进行两次消费者使用测试。在进行测试时，要求消费者在一段时间内使用特定规格的产品，测试结束时收集消费者对产品的评价。

(5) 无线电频率识别（RFI）与电子产品编码（EPC）。零售商通过电子芯片对吉列公司的产品销售进行跟踪。利用该调查获得的数据可以推算即时的市场份额。这些数据更重要的用途是可以作为供应链的信息来源，例如数据可以提供关于分销、断货以及库存水平的信息。

(6) 实验室研究。这类研究是用来测试公司现有产品的性能和改进新产品的设计。这些研究包括确定胡须的浓密程度、胡须的生长速度、刀片的使用次数，还包括让被试者使用吉列产品和竞争性产品并记录其使用情况。

资料来源：Charles Forelle. RazorstoLasers. Wall Street Journal，2003 - 02 - 20.

在对调研资料和数据进行整理与统计分析之后，需要对这些素材进行整合，形成最终结论，基于这些结论，得出有针对性的行动建议。而使调查真正起到帮助客户解决营销中的实际问题，服务于客户企业的作用，则需要撰写调研报告。调研报告的内容和质量对一项营销调研活动的成败起着十分重要的作用。

第 1 节 调研报告概述

调研报告是指用书面表达的方式反映调研过程和调研结果的一种分析报告，它是通过文字、图表等形式将调查研究的成果表现出来，使企业和决策者对所调查的市场现象和所关心的问题有全面、系统的认识。

一、调研报告的特点

调研报告是对某类市场的全部情况或是某个侧面、某个问题进行调查研究之后撰写出来的，是针对市场情况进行的调查、分析和研究，有以下几个特点。

（一）针对性

针对性是调研报告的灵魂，主要体现在以下两个方面：

第一，调研报告的选题具有针对性，必须明确调研目的。调研报告的目的性很强，是为了解决某一问题，还是为了说明某一问题，撰写报告时必须做到目的明确、有的放矢，围绕主题展开论述。

第二，调研报告必须明确阅读对象。阅读对象不同，他们的要求和所关心问题的侧重点也不同。如果调研报告的阅读者是公司的高层管理人员，比如总经理，那么他主要关心的是调研的结论和建议部分而不是大量的数据分析等。如果阅读的对象是市场研究人员，他所要了解的是这些结论是怎么得来的，是否科学、合理，他更关心的是调研采用的方式方法、数据的来源等问题。

（二）新颖性

新颖性要求调研报告应从全新的视角去发现问题，用全新的观点去看待问题。因此调研报告要引用一些人们未知的通过调查研究得到的新发现，提出新观点，形成新结论。市场经济是竞争的经济，一家企业要在市场竞争中做到知己知彼，百战不殆，就要促使自己不断地推陈出新。

（三）时效性

时效性是指调研报告把调查获得的数据信息反馈给使用者，以便使用者及时作出决策。市场变化迅速，商情、商机稍纵即逝。企业在生产经营活动中必须掌握准确、及时、系统的经济信息资料，对市场变化迅速作出反应，并对未来状况加以预测，这样才能在竞争中取胜。因此，要顺应瞬息万变的市场形势，调研报告必须讲究时效性，做到及时反馈。

（四）合理性

合理性要求调研报告的内容必须真实、可靠。首先，引用的实例和数据都要经过反复核实，做到准确无误。其次，采用的分析方法要根据实际情况进行筛选，选择最恰当合理的方法。

二、撰写调研报告的意义

调研报告是调研活动成果的集中体现，是对调研活动的介绍和总结。调研报告的撰写有以下意义：

（1）调研报告是营销调研工作的最终成果体现。营销调研活动是一个有始有终的活动，从制订调查方案、收集资料、加工整理、分析研究，到撰写并提交报告，是一个完整的工作程序。调研报告以书面的形式对已完成的调研项目做完整准确的表述，是调研成果的集中体现。因此，调研报告应该完整且具体地陈述市场调研结果，内容应该涵盖调研目的，相关背景信息，调研方法的使用及评价，多样化的调研结果、调研结论和相关建议等。

（2）调研报告是管理者进行决策的依据。营销调研的最终目的是将调研结果呈现给企业管理者，为其制定决策提供参考。因此，在调研报告中，调研人员通过分析数据之间隐含的关系，使我们对事物的认识从感性认识上升到理性认识，更好地指导实践活动。调研报告比起调查资料来，更便于阅读和理解，它把数字变成现实中的情况，起到透过现象看本质的作用，有助于商品生产者和经营者了解、掌握市场行情，为制定市场经营目标、工作计划奠定基础。一份好的调研报告能对企业的市场活动提供有效的指导。

三、调研报告的类型

营销调研的内容较为广泛，不同的调研项目所要解决的问题不同，针对不同类型的调研项目，调研报告也可分为不同的类型。根据不同的分类标准，调研报告的类型划分是多种多样的。根据调研报告的内容，可分为描述性报告和探索性报告；根据调研报告使用的技术，可分为初步报告、一般报告和技术报告；根据调研报告的性质，可分为普通调研报告、学术研究报告和学位论文；根据调研报告的作用，可分为应用型报告和学术型报告；根据调研报告的发表形式，可分为书面报告和口头报告等。本部分主要介绍根据调研报告的研究层次划分的数据型报告、分析型报告和咨询型报告。

（一）数据型报告

数据型报告是调研报告中最简单的形式，这类报告只提供调查所获得的数据，或是按照顾客提出的数据处理要求简单处理过的数据。数据型报告一般以表格的形式提供统计结果，在这类报告中需要注意对表格中的数据进行简单说明，对统计术语进行必要的解释。同时，在一次调研中对数据的不同处理方式以及不同变量之间的多种组合会得到多个统计结果。在调研报告中不可能将所有的可能结果都列出来，要有所取舍。

（二）分析型报告

分析型报告是在数据型报告的基础上对数据反映的情况做进一步的分析。分析型报告是专业的商业调查机构向客户提供的主要的报告形式。调查机构根据长期从事数据采集和分析工作积累的经验，对调查数据中所反映出来的经营问题作出分析。与数据型报告相比，分析型报告除了有常规性的提供统计结果的表格之外，还要对表格中的数据进一步分析，并将这些分析通过文字的形式呈现出来。

（三）咨询型报告

咨询型报告是对分析型报告进一步的扩展和延伸，其内容除了对调查结果进行分析外，还包括对市场的分析，进一步提出关于决策和行动的建议方案。要写好咨询型报告，调研人员除了需要了解本调研项目的数据之外，还要广泛收集二手资料，组织专家座谈论证，并进行必要的专项调查以收集数据。这种报告需要不同专长的分析人员协作，共同完成。它所涉及的范围已经超出了传统的以提供调查结果为主要内容的调查机构的服务范围。

四、调研报告的评价

调研报告提交之后，不同的阅读者从不同的角度对其作出评价是必要的。任何一篇调研报告都不是完美的，都有其值得称道的一面，也有不足的一面。通过评价调研报告，可以总结好的经验，发现不足和问题。通过总结经验教训，一方面可以及时采取补救措施，更好地为委托者服务；另一方面可以为以后的调研工作积累宝贵经验。

（一）评价调研报告的重点问题

评价调研报告时有一些问题是重点，主要通过这些问题来评价调研工作。调研报告的撰写者应该知道这些重点问题，在调研报告的写作初期对这些问题有所准备，对于撰写出高水准的调研报告很有帮助。调研报告的评价通常可以从下面的一些问题着手。

1. 评价报告的由来和背景

调研报告中应该写明项目的背景，项目的提出者、委托者和承担者等。评价这部分内容时应该特别注意以下问题：

（1）报告是否清楚地描述了项目的提出者和委托者？

（2）报告是否清楚地描述了项目的目的和预期完成的任务？

（3）报告是否描述了项目的承担者？

2. 评价报告中调研方案的设计

调研报告中应清楚地描述调研方案的设计，包括营销调研的规划、所用的调研方法、调研的对象和样本以及分析技术等。评价这部分内容时应注意以下问题：

（1）是否有一个完整的、描述清晰的调研方案？

（2）调研方案的设计是否与调研项目的目的相一致？

（3）调研方案中是否存在容易产生误差的地方？

（4）是否存在为了迎合委托者而容易产生误差的地方？

（5）调研方案是否对可能影响调研结果的各种外部因素提出应对措施？

（6）被调查者能否准确地回答调查问卷中提出的有关问题？

（7）调研方案设计中对于调研对象是否有清晰的描述？

（8）设计的调研样本能否代表该调研项目的研究对象？

（9）调研报告是否说明了所用样本的类别及抽样方法？

（10）调研报告是否清楚地描述了数据分析的方法？

（11）调研报告的附录中是否包括了调查问卷、现场调查指导、抽样设计以及其他能反映调研方案设计和实施过程的材料？

3. 评价调研的实施

评价调研的实施，主要看各种信息是不是由合格的访问人员运用调研方案中规定的调研方法，认真仔细地汇总收集。评价这部分要注意以下几个问题：

（1）调研报告是否清楚地描述了资料收集过程？是否包括了收集过程中的质量控制过程？

（2）调研报告是否详细说明了用于收集一手资料的样本？

（3）具体的访问人员在收集资料的过程中是否采取了相应的措施尽量减少误差？

4. 评价调研报告的可靠性和适用性

评价调研报告的可靠性主要看报告中是否解释样本规模。样本规模应该足够大，以便在一定程度上保证收集资料的可靠性。评价可靠性应注意以下几方面：

（1）样本规模是否足够大，使收集的资料具有较好的代表性和可靠性？

（2）在选择样本的过程中对可能产生的误差是否加以控制？

（3）抽样过程中的误差是否有所说明？

（4）对主要的调研结果，其误差是否在允许的范围内？

评价报告的适用性主要看调研报告是否指明调研结果的适用范围。评价适用性的问题包括以下几个方面：

（1）调研报告是否明确说明了收集资料的时间？

（2）调研报告是否明确说明了调研报告的结果可以应用到哪些方面的研究？

（3）调研报告提供的资料中是否说明了未被充分代表的调研对象有哪些？

（4）如果对调研结果的使用有所限制，那么在报告中是否明确说明了调研结果的适用范围？

5. 评价结果分析和结论

评价这部分内容主要是看调研报告中涉及的所有假设、判断、结论、建议等是否得到了明确的说明。评价这部分内容时应注意以下问题：

（1）调研报告中包含的内容，是否采用简单、明确的语言进行了说明？

（2）调研报告中使用的测量方法是否合理？

（3）是否把调研得到的所有资料以及基于这些资料所得出的结论进行了公开公正的说明？

（4）是否严格按照分析结果客观地总结结论和提出建议？

6. 评价报告的公正性

评价调研报告的公正性主要看报告是否对调研过程和结果进行诚实、公开、完整的叙述。评价这部分内容时应该注意以下问题：

（1）调研报告是否对营销调研的过程做了充分、直接的描述？

（2）所有的资料以及结果是否都得到了反映？

（二）对调研报告评价的反馈和完善

在调研报告完成之后，不仅要对调研报告进行评价，而且要及时地对评价信息进行反馈。这种反馈应该是多方面的和多向的。也就是说，不仅要反馈成绩，而且要反馈存在的问题；不仅要反馈市场调查实施过程中的情况，而且要反馈结果出来后的情况；不仅要反馈总的情况，而且要反馈局部的情况。

1. 接受客户的反馈

调研机构在向客户提供并解释了调研结果后，应该及时听取客户的反馈意见。项目负责人需要将这些意见进行汇总整理，并将意见返回给项目的具体实施者。对项目结果的评价和反馈，有助于调研人员完善调研报告，优化整个调研工作。

2. 将自我评价的结果反馈给调研结果使用者

调研机构内部也应该组织人员对调研报告和调研结果进行评价，并及时将有关情况反馈给调研结果的使用者。通过反馈，一方面有关各方可以对情况加深了解，互相之间加深理解；另一方面调研人员可以积累知识和经验，委托单位可以更好地应用调研结论，为做好经营决策、指导经营活动提供条件。

第 2 节　调研报告的撰写

调研报告的内容和结构可以根据调研目的的不同和调研内容的需要在格式上作出不同的安排，从这个意义上讲，营销调研报告没有固定的模式。另外，调研报告在撰写时也有一些技巧。只有合理安排内容，同时注重调研报告的写作技巧，才能真实地反映调研过程和调研结果，使调研报告发挥真正的作用。

一、调研报告的撰写步骤

（一）构思

构思的过程就是通过收集的资料认识客观事物的过程。在判断推理的基础上确定主题。确定主题后，对收集到的大量资料，经过分析研究，列出论点、论据，安排文章的层次结构，编写详细的提纲。构思是根据思维运动的基本规律，对客观事物从感性认识上升到理性认识的过程，它主要包括五个阶段。

（1）通过收集到的材料，认识客观事物。通过调研中获得的数据资料和背景资料，初步了解客观事物。然后深入研究客观事物的性质、作用、表面原因和本质原因，得出事物的一般性规律。

（2）在认识客观事物的基础上，确定主题。主题的提炼，要努力做到准确、集中、深刻、新颖。准确是指主题要根据调研的目的，如实反映客观事物的本质及其规律；集中是指主题要突出调研项目的重心；深刻是指主题要能够深入地揭示事物的本质；新颖是指主题要有新意。

（3）确立观点。确定主题后，应对收集的资料进行分析研究，逐渐消化、吸收，形成概念，再通过判断、推理，把对事物的感性认识上升为理性认识。

（4）列出论点、论据，得出结论。在得出结论时，应注意以下问题：1）相关的实际情况及调查资料是否都已经考虑到；2）是否会有足够的事实来说明相反的结论；3）立场是否公正客观，前后是否一致。

（5）安排文章的层次结构。在完成上述步骤之后，报告基本上就有了个框架，在此基础上，需要考虑文章正文的大致结构与内容，思考报告的层次段落安排。层次一般可以分为三层，即基本情况介绍、综合分析、结论与建议。

（二）选材

选材就是要围绕调研主题来选取数据资料。有无丰富、准确的数据资料做基础是调研报告撰写成败的关键。调研报告的撰写必须以数据资料分析为基础，即介绍情况要以数据为依据，对于问题要用数据做定量分析，提建议、措施同样要用数据来论证其可行性与效益性。恰当地选择数据资料可以使分析报告做到主题突出、观点明确、论证有力。

在收集资料的过程中，思想上还没有形成任何明确的观点，因此并不是收集到的所有资料都符合主题且能准确反映事物的本质特征，必须对收集的数据资料进行去粗取精、去伪存真、由此及彼、由表及里的分析研究和加工判断，才能挑选出符合主题的、能够反映事物本质特征的、形成论点的、作为论据的准确资料。

正确选取资料之后，还要将资料运用得当。运用资料的过程，就是一个用资料说明观点、揭示主题的过程。在撰写报告时，要努力做到用资料说明观点，用观点论证主题，详略得当、主次分明，使得观点和数据资料能够协调统一，以便更好地突出主题。

（三）形成初稿

为了更好地完成调研报告，在定稿之前需要由单独的一个人或数人分工，按照写作提纲的要求负责撰写初稿。初稿各部分的写作格式、文字数量、图表和数据都要协调，要统一安排。初稿完成后还要进行修改，先看各部分内容和主题的连贯性，有无修改和增减，顺序安排是否合适，然后整理成完整的报告提交审阅。

（四）定稿

征求各方意见对初稿进行修改后就可以定稿了。定稿阶段一定要坚持公正客观的态度，使最终的报告较完善、较准确地反映社会经济活动的客观规律。

二、调研报告的结构

营销调研报告的结构并没有统一的标准，其具体的组成、格式和风格会因调研项目、调研人员、调研委托方的要求以及调研项目自身性质等的不同而不同，但所有的调研报告都是为了把市场信息尽量准确地传递给决策者，帮助分析市场并作出相应的决策。一般来说，可以把调研报告分为开头部分、主体部分和附录。

（一）开头部分

开头部分一般包括标题页、信件、目录和摘要。

1. 标题页

标题页一般可以做成调研报告的封面，单独占用一张纸。标题页的版面设计没有硬性规定，很多专业的调查公司都会将封面做得极富特色，突出客户的企业形象，颇具创造力和吸引力，效果很好。标题页的内容要包括以下几项：

（1）营销调研报告的标题。标题必须能够准确地揭示报告的主题，做到简单明确、高度概括并且题文相符。好的标题可以一下子吸引读者的注意力。标题的形式一般有三种：直叙式标题、表明观点式标题和提问式标题。

1）直叙式标题。其特点是简明扼要，比较直观地反映调查意向或直接指出调研地点、调研内容。例如，“某市居民购车需求情况调查”“某品牌空调市场占有率调查”等。

2）表明观点式标题。这类标题直接阐述了作者的观点、看法，或对事物作出判断、评价。例如，“但求最好——对大学生品牌消费观的调查分析”。这类标题既表明了作者的态度，又揭示了主题，具有很强的吸引力，但通常需要加副标题才能将调研对象和内容表达清楚。

3）提问式标题。这类标题以设问、反问等形式突出问题的焦点和尖锐性，吸引读者阅读、思考。例如，“大学生愿意到网上购物吗？”“××市二手车为什么突然火爆？”等。这类标题比较尖锐，具有极大的吸引力，一般用于揭示调研报告分析的问题。

（2）调研委托单位的全称，即使用营销调研报告的单位名称。

（3）执行调研项目的负责人的姓名和所属单位。如果是多个机构合作进行的调研，应该将所有机构的名称都写上，也可以同时附上调查机构的联络方式，同时应写清楚调研项目的主要负责人的姓名，便于联络、解释相关问题和落实责任。

（4）呈交调研报告的具体日期。由于市场不断变化，营销调研报告的时效性很重要，因此要写明调研报告的具体日期，以便决策者在参考时可以了解报告中问题分析的时效性。

图 13－1 是调研报告标题页示意图。

某市二手房需求情况调查

项目经理：×××
委托单位：×××××××××
调查机构：×××××××××
报告日期：20××年×月

图 13－1　标题页示意图

2. 信件

调研报告中一般应该包括两封信：一封是致项目委托人的信，正式的报告一般应有一封给项目委托人的信，简要地总结受委托项目执行的全过程（不包括调研结果）。信中还应建议需要项目委托人所做的下一步的行动，例如对调研中的发现制定一些相应的措施，对某些问题做进一步的研究探讨等。另外一封是项目委托人的授权信，这封信是在项目开始之前项目委托人给调研机构的授权信，信中规定了项目的范围。很多时候只需在致项目委托人的信中提一下这封授权信就可以了，有时将授权信的复件附在报告中也是必要的。

3. 目录

目录是报告中完整反映各项内容的一览表，包括大标题、小标题、附录以及各项所在的页码等。提交调研报告时，如果涉及的内容和页数很多，为了便于阅读，应把各项内容用目录或索引形式标记出来，使读者对报告的整体框架有一个大概的了解。

4. 摘要

摘要是调研报告的重要部分，是整个调研报告的浓缩。一般企业的高层管理人员没有大量时间阅读整个报告，他们会通过摘要了解报告的大体内容，然后就自己最关心的问题做小范围的详细阅读，因此摘要需要对调研报告的内容作出高度概括。

摘要是按照营销调研项目的的顺序将问题展开，并对调研的原始资料进行选择、评价，得出结论，提出建议等。摘要一般包括四方面内容：（1）调研目的：简要说明调研的由来和委托调研的原因。（2）问题的描述：简要介绍调研对象和调研内容，包括调研时间、地点、对象、范围、调研要点及所要解答的问题等。（3）解决问题的途径、所采用的方案设计：介绍调研的方法有助于使人相信调研结果的可靠性。这部分应对所用方法进行简短叙述，并说明选用方法的原因。例如，是进行抽样调查还是普查，是选择文案调查还是实地调查等。（4）结论和建议：简要地说明基于调研内容和调研结果得出的结论和给出的建议。

一般来说，调研报告的摘要写作需满足以下要求：从内容上来讲，要做到清楚、简洁和高度概括，其目的是让阅读者通过阅读摘要了解本调研的全貌，同时对调研结论也有一个大概的了解。从语言文字上来讲，应该通俗、精练，应避免使用生僻的字句或过于专业的术语。摘要可以在完成报告之后再写。

（二）主体部分

主体部分一般包括引言、调研方案介绍、数据分析、调研结果及局限性说明、结论和建议。

1. 引言

引言的主要目的在于解释实施这个项目的背景和拟研究的内容。它应该包括对调研一般目的和调研特定目的的陈述，对想要研究的内容的描述，以及给出调研的必要背景信息。一般来说，引言的内容可以使用三个子标题进行概括。

（1）调研背景。这部分给出调研问题的背景，包含基本授权、委托研究的原因、佐证的相关数据等。在此部分，应对开展此项调研活动的必要性作出解释，不重要的历史背景不必赘述。

（2）调研目的。这部分陈述调研目的，也可以作为独立的部分列出，为结论部分的撰写提供方向性指导。

（3）研究内容。这部分简要说明研究的内容，对拟调研的问题作出清晰的描述。包括与营销决策制定者以及行业专家讨论的要点、对二手资料的分析、所做的相关定性研究，以及考虑到的各种因素。除这些之外，还应该说明解决问题的基本途径，讨论最后采用的处理问题的方法以及达到这一结果的过程，并描述指导这一研究的理论基础、模型以及影响方案设计的相关因素。

为了使调研报告更具吸引力，也可以不采用小标题的形式，而是根据情况选择适当的写作形式，不管怎样，这个部分都应该围绕以下问题展开：为什么进行调查；怎样进行调查。

2. 调研方案介绍

调研方案是整个调研项目的主要实施依据，因此在撰写调研报告时要对整个调研方案有所介绍。这部分详细描述调研的具体方案，包括方案的类型、所需的信息、收集的二手资料和原始资料、量表技术、问卷设计和测试、抽样技术等。要用易于理解的方式来描述，选择适合阅读者的方式进行解释。相关的技术细节材料，例如调查问卷、量表等资料，可以编入附录中。

3. 数据分析

这部分应该描述数据分析的方案，说明采用这些方案和技术的依据，方案和技术应当用简单的非技术性语言来描述。

4. 调研结果及局限性说明

撰写调研结果就是要提出调研的发现，包括基本结果、分组结果和关联性分析结果等，它是报告正文中内容最多的一部分，一般会由几章构成。在这部分中，需要将所有的问题逐一进行总结，还要按市场细分或所关心的人口特征（如年龄、性别、收入、职业等）给出分类的结果，以及项目间的相关关系结果。这部分内容要紧紧围绕调研问题和所需的信息，按照调研目的的逻辑顺序来展示。叙述要简明扼要，可用图表作为辅助来说明，但图表不宜过多，更详细的图表应编入附录部分。

由于时间、预算以及其他组织上的种种限制，任何营销调研都存在局限性，而且所采用的研究方案也是有局限性的，每种方案都可能与某种类型的误差相关，有些误差可能是比较严重的。在这部分应持公开坦诚的态度，指出调查存在何种局限，资料收集过程中存在什么问题，并简要讨论这些问题对结果的可能影响，目的是使报告的阅读者和使用者能够对调研结果作出自己的评估。这部分的撰写用词应当仔细斟酌，并且注意保持观点上的平衡。一方面，应当使管理决策人员不会过分地依赖调查结果，不会将结果用于其他目的；另一方面，要注意不能影响他们对调研的信任感或降低了调研的重要性。

5. 结论和建议

结论和建议部分主要说明调研获得了哪些重要结论，根据调研的结论给出可行的建议等。这部分内容是撰写调研报告的主要目的，是对引言和正文部分所提出的主要内容的总结。对于结论部分，不能只将统计的结果总结出来，还应当用简洁明晰的语言对调研前提出的问题给出明确的答复，同时有效地解释、论证统计结果，并从中提炼出结论性的内容。然后根据调研统计结果和结论，向决策制定者提出如何利用已被证明有效的措施，以及解决某一具体问题可供选择的方案和建议。结论和建议与正文部分的论述要紧密对应，不能提出无证据的结论，也不要进行没有结论性意见的论证，同时还要注意提出的建议要具有可行性和可操作性，具有应用价值。

（三）附录

附录是对营销调研报告中正文报告的补充或更详尽的说明。附录中的资料是与调研过程有关的各种资料的总和，这些内容不便在正文中涉及，但在阅读正文时或者判断调研结果的有效性时，需要这些资料作为参考。附录的主要内容包括以下几方面：项目策划书、抽样方案、调查问卷和主要质量控制数据等。其中，主要质量控制数据包括调查中的拒访率、无回答率等，有经验的调研人员可以根据这些内容判断结果的有效性。除了上述内容之外，如果在调研中使用了其他的二手资料，也应该在附录中列出，供报告阅读者参照。

三、调研报告的撰写技巧

在撰写调研报告的过程中，应当注意写作技巧，适当运用技巧可以提高调研报告的质量。下面主要介绍表达技巧、表格和图形的表现技巧。

（一）表达技巧

表达技巧包括叙述、说明、议论和语言运用四个方面的技巧。

1. 叙述的技巧

在调研报告中，叙述主要用于开头部分，叙述调研项目的来龙去脉，表明调研的目的和背景、调研的过程及结果。此外，在主体部分还需要介绍调研数据的大概情况。调研报告中常用的叙述技巧有概括叙述、按时间顺序叙述、叙述主体的省略等。

（1）概括叙述。叙述可以分为概括叙述和详细叙述。营销调研报告中主要使用概括叙述，将调研过程和情况概略地进行陈述，不需要对调研过程中的细节进行描述。这是一种浓缩式的快节奏叙述，语言精练、概括，使报告阅读者对报告有一个整体、全面的认识。

（2）按时间顺序叙述。在调研报告中，陈述调研目的、调研对象、调研经过时，往往用按时间顺序叙述的方法。例如，在开头部分叙述调研项目的前因后果，在主体部分按照时间顺序叙述市场的历史以及现状。

（3）叙述主体的省略。营销调研报告中会多次提到叙述主体，即撰写调研报告的单位，叙述中可以用“我们”代替。为了使调研报告看起不会有过多重复，叙述主体一般在开头部分出现后，后面各部分即可省略，并不会因此导致误解。

2. 说明的技巧

调研报告常用的说明技巧包括数据说明、分类说明、对比说明、举例说明等。

（1）数据说明。大量的数据可以反映市场的发展变化情况。为了提高调研报告的精确性和可信度，可以在调研报告中运用大量的数据说明市场状况。

（2）分类说明。从调查中得到的资料一般都是杂乱无章的，根据调研报告主题的需要，可将这些资料按一定的标准分成几类，分别进行说明。例如，将调查得到的基本情况按问题的性质分为几类，或是按不同的层次分为几类，每一类前面加上可以概括该类主题的小标题，再在小标题下对该类内容进行详细介绍，这样可以使报告的结构更清晰。

（3）对比说明。在调研报告中，有关情况、数据说明的部分，往往会采用对比的形式，以便深入地反映市场变化情况。在对比时要注意双方是否具有可比性，并且要在相同的标准下，进行切合实际的对比。

（4）举例说明。为了说明市场的发展状况，举出具体、典型的事例，会使简单的描述更生动、更令人信服。在营销调研中会遇到大量的事例，应根据要说明的问题，选择最有代表性的例子。

3. 议论的技巧

调研报告中常用的议论技巧有归纳论证和局部论证。

（1）归纳论证。调研报告是在获得大量资料之后，分析研究，得出结论，从而完成论证的过程。在这一过程中，主要运用归纳论证，即得出的结论是从具体的事实中归纳出来的。

（2）局部论证。调研报告不同于议论文，一般不可能进行全篇的论证，只是在情况分析、对未来预测时作出局部论证。例如对于市场情况，经常会从几个方面作出分析，每一个方面形成一个局部论证，用数据、情况等论据去证明得出的结论。

4. 语言运用技巧

语言运用技巧包括用词方面和句式方面的技巧。

（1）用词方面。在调研报告中，数词用得比较多，因为营销调研离不开数字，很多问题都要用数字说明，所以数词在调研报告中有重要的作用。

调研报告中，介词用得也比较多，主要用于描述调研目的、调研对象、调研依据等，如“为”“对”“根据”“从”“在”等。此外，还会用到专业词汇，以反映市场的发展变化，如“商品流通”“经营机制”“市场竞争”等。为了使语言表达准确，调研报告的撰写者需要熟悉与市场有关的专业术语。

（2）句式方面。调研报告中应多使用陈述句，陈述调研的过程、调研的情况，可以清楚地表达肯定或否定的判断。建议部分可以多使用祈使句，用于表达某种期望，但是建议部分并不是全部使用祈使句，也可以用陈述句，解释所提的建议等。

（二）表格的表现技巧

表格在调研报告中使用广泛，它能起到清楚、形象、直观地描述数据和吸引阅读者注意力的作用。表格是调研报告中重要的部分，应当受到重视。

在制作表格时一般应该注意以下几点：

（1）标题和编号。在调研报告中，每张表都要有编号和标题。编号有助于撰写者在写作过程中提及表格，也有助于阅读者查找表格。表格的标题要简明扼要，一般包含时间、地点、内容，有时也可以酌情省略。

（2）安排项目排列。表格中项目的排列要采取适当的顺序，一般应将最显著的放在最前面。如果强调时间，则应该按照时间顺序排列；如果强调规模大小，则应按照规模大小排列。

（3）简化表格格式。调研报告中的表格应当少用线条，尽量以空白来分隔各项数据，一般采用三线表。

（4）注明数据的计量单位。如果表格中的数据只有一种计量单位，可以在标题中统一注明；如果有多种计量单位，应该在表头的每类数据后面注明。

（5）数据分组适当。表格中的数据分组要适当，不能太细，使表格变得复杂，也不能太粗略，掩盖了数据的差别。

（6）必要的说明。对于表格中的数据，在必要时应该有简单的说明或标注。

（7）说明数据来源。如果表格的数据不是来自一手调查数据而是引用了其他数据，应注明数据来源。

（三）图形的表现技巧

在调研报告中，常用图形来表达信息。调研报告中可以使用的图形非常多，主要有条形图、饼图、折线图等，这些图形能够清楚、形象、直观地表达所要说明的问题。

在绘制图形时，几何图形（线段、条形、扇形等）要与所表现的数值成比例。数轴要注明所表示的变量及所使用的计量单位。必要时，要在图中对图形加以标注，说明其代表的意义，以便读者不参阅任何文字材料就能读懂统计图所要说明的问题。另外，对绘图所依据的资料来源也要注明。

1. 条形图

条形图是最容易理解的图形，主要用来展示分类数据。这种图形利用各种长度的矩形，用水平或垂直的刻度代表数据的大小。条形图可以用来表示一段时期内某一变量的变化，也可以用来表示同一时期内多项数据的对比关系。多项比较的条形图可以成为群组条形图，为了让图形便于理解，一般比较的项目应该在 4 个以内，并且标明每一个条形代表哪个项目。图 13 - 2 和图 13 - 3 是常见的垂直条形图，有时为了报告美观，还会采用水平条形图，如图 13 - 4 所示。

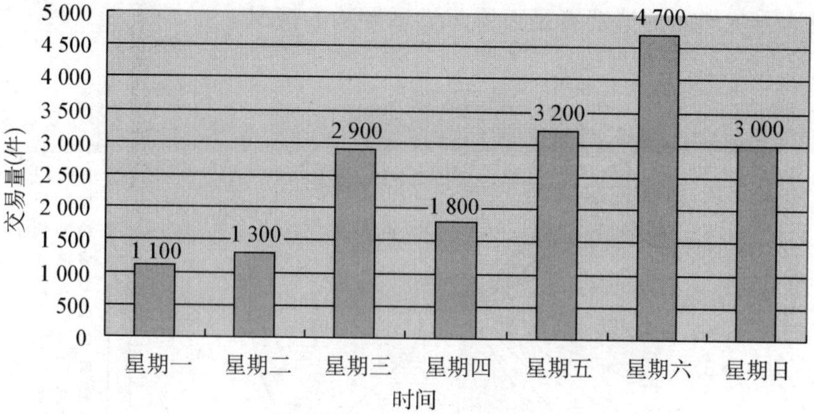

图 13 - 2　条形图（1）

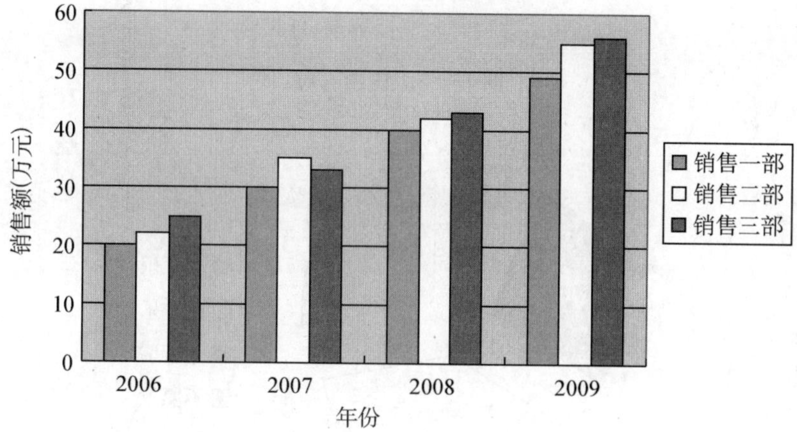

图 13 - 3　条形图（2）

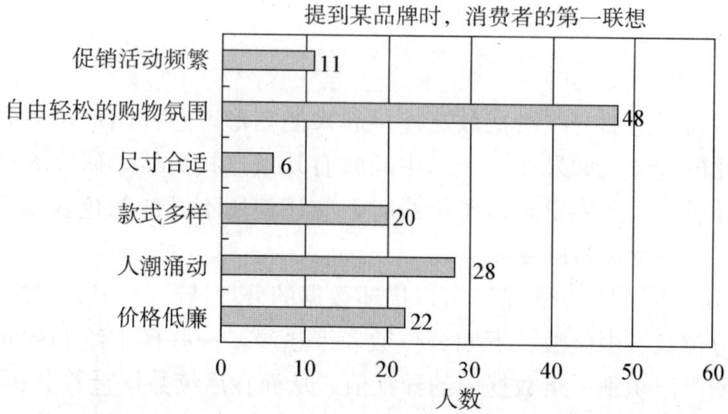

图 13 - 4　条形图（3）

2. 饼图

饼图很像一张饼，是表现形式最简单、最有效的图形。一个圆被分成几个部分，每一部分的面积就代表这一部分所代表的数据占总体的比例。例如，图 13－5 说明了各网游厂商的销售数据占比，形象地体现了各厂商在网游市场中占有的市场份额。图 13－6 表示购买快消服装产品的消费者是否愿意尝试导购的情况。

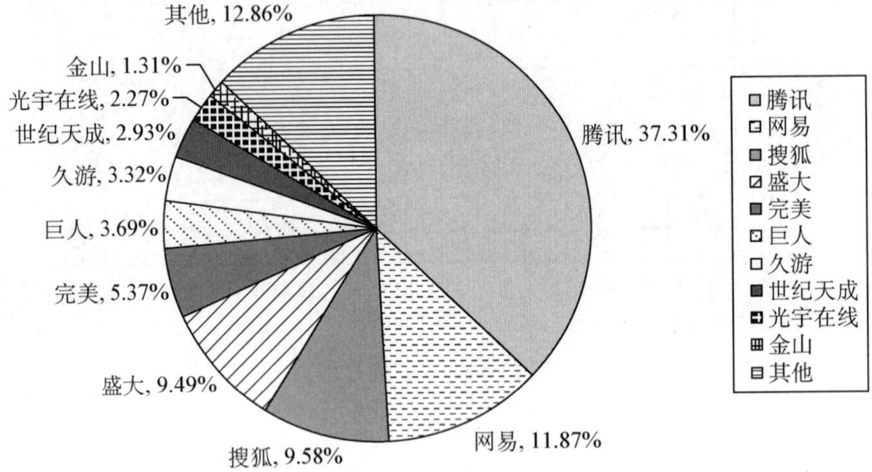

图 13－5　饼图（1）

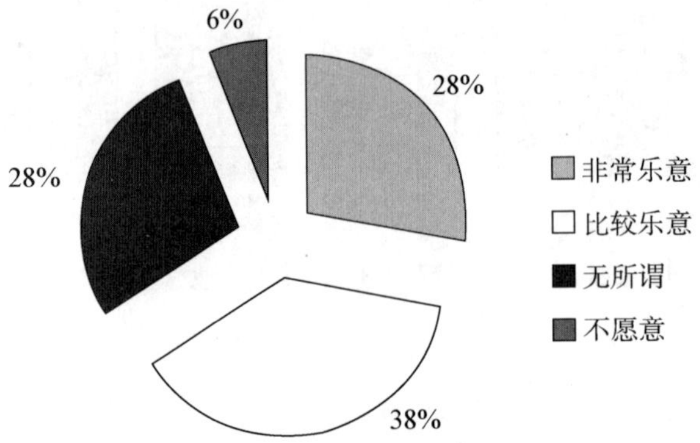

图 13－6　饼图（2）

3. 折线图

折线图是用若干连续的线段把散点连接起来的图形，这种图形可以表现一个变量随另一个变量变化的趋势。如果在一个图中同时有几条这样的线，研究人员还可以进行几种状态的横向比较。当图中出现多条折线时，应该使用不同的颜色显示。图 13－7 表示了某种商品在一周内交易量的变化。

箱形图（box-plot）形如箱子，可以描述数据的分散情况。一般的箱形图包括样本的上边缘、上四分位数、中位数、下四分位数、下边缘，一些样本绘制的箱形图中还会有异常值。箱形图可以识别一组数据中的异常值，从而在后续数据计算分析中剔除异常值，箱形图中异常值的判别标准为小于 Q1（下四分位数）－1.5IQR（四分位距）或大于 Q3

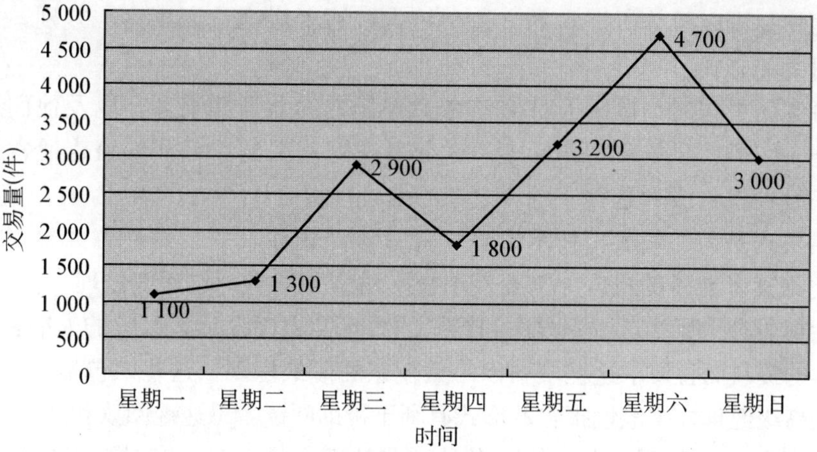

图 13-7 折线图

（上四分位数）+1.5IQR的值；还可以根据中位数在箱形图方盒中的分布判断数据偏态和尾重；将几组数据的箱形图并行排列在同一数轴上，可以比较这几组数据的中位数、尾长、分布区间和异常值等信息（如图13-8所示）。

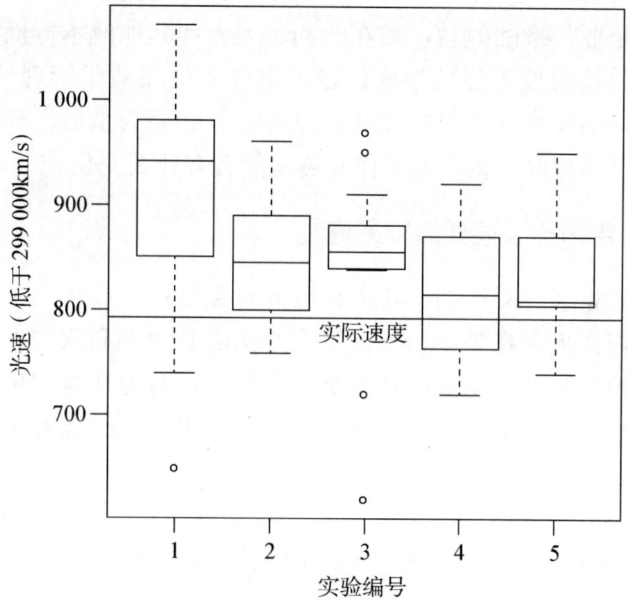

图 13-8 箱形图

四、撰写调研报告的注意事项

（一）应把报告的式样与委托方的需要联系起来

通常报告的委托方（或报告的阅读者，如决策者）与资料收集者（或报告的撰写者）阅读调研报告的侧重点是有差别的。委托方需要的是研究的特定结果，资料收集者更关心资料收集的过程以及分析资料的方法。报告撰写者应当认识到这个差别，并以适合报告委托方阅读的方式写。

在撰写调研报告时，调研人员应该考虑委托方的背景和兴趣，以及他们期望得到的信息的类型——语言风格及写作深度。充分考虑这些问题后完成的报告通常是一个技术性报告或一般性报告或者是介于两者之间的综合性报告。

技术性报告是为那些懂得技术术语并且对该课题涉及的技术性方面感兴趣的人准备的。为这类阅读者准备的报告，需要使用技术语言并对主题作深度处理。

一般性报告是为那些对研究方法和结果的技术性方面没什么兴趣的人准备的，他们希望看到基本的资料而且要求这些资料以不太复杂的形式呈现。这些人包括企业里的非技术人员和某些高级经理。一般性报告的形式有利于帮助阅读者迅速地阅读和理解报告内容。

当阅读者包含上述两类人（技术人员和非技术人员）时，有必要形成一个综合性报告以同时满足他们的需求。在这样的报告中，较多的技术上的资料可以放在附录里，用总结的形式反映研究的关键结果。结果的最重要的部分常出现在报告的前面，随后是对研究结果作深度描述的章节。也有可能为特定的阅读者准备单独的报告。例如，某个企业希望知道在本企业开发和使用管理信息系统的可行性，为此做了一项调查研究。在报告研究结论时，研究者可以为经理准备一份报告，告诉他们所需要的设备和设施的费用以及该系统可能为企业带来的效益，如在时间、人力和其他成本方面的节约情况；也可为财务部门准备一份技术性更强的报告，告诉财务人员在使用管理信息系统的情况下，企业的财务报表可能会发生什么样的变化；也可能有必要为基层经理准备一份报告，告诉他们使用管理信息系统时，他们的工作领域可能会有什么变化。

（二）调研报告语言表述要清晰易懂

营销调研报告是供客户阅读的，其主要服务对象是一线经理人员。因为不同的经理人员在阅读与思维习惯上存在差异，所以要求给出的营销调研报告在格式、内容组织方面应有所不同。一般而言，大多数经理人员都很忙，针对上述客观情况，调研报告应该注意以下几点：第一，报告中提出的观点要鲜明、突出，让阅读者很容易注意到重点内容。第二，调研报告的内容安排要有序，资料组织要有逻辑性，使阅读者很容易弄明白报告各部分之间的内在联系。第三，调研报告的语言表达要清晰易懂，简洁而有条理，即务必把所说明的问题写得明明白白，尽量使用易懂的术语。

（三）调研报告内容要安排适当

营销调研报告是从某一调研目的出发去阐述经调研了解的情况，最终要提出解决问题的方案，显然后者是主要的。因此，调研报告在写作上必须有所侧重，注意在分析上特别是解决问题的方面多花笔墨，尽可能深入细致，做到层层推进。切忌堆砌数据资料，面面俱到，否则，调研报告的针对性、价值将大打折扣。

（四）调研报告内容要客观

营销调研报告不同于文学作品，它本质上要求反映客观的实际情况，以帮助服务对象去认识事物并把握事物的发展趋势。因此，在撰写时要始终坚持实事求是的原则，辩证取材，对调研发现的某些不利信息资料勇于反映。这既是营销调研行业的职业要求，又是真正为客户着想的具体体现。

（五）合理利用图表

在调研报告中适当通过图表、图片及其他可视性较强的表现形式来强调重要信息是必要的。直观可视的图表可以帮助阅读者理解报告内容，同时增强阅读者和撰写者之间的交流效果，但图表、图片不是越多越好，应该适量，否则适得其反。一般来说，对图表等应该进行必要的文字解释，方便阅读者阅读和理解。

（六）调研报告应便于呈送

报告的可呈送性主要是指报告的外观效果。

首先，报告的印刷应该使用优质的纸张。采用优质的纸张印刷报告能够间接地向阅读者传递这样的信息：“这是一份正式的报告”“研究机构很重视这次调研”等，从而使阅读者更加认真地阅读报告。

其次，报告印刷要精美。报告形式的完美设计最终要通过精美的印刷体现出来。通常采用单面印刷，每页印有页码，整个报告装订整齐、牢固。报告的版面要考虑纸张的大小，妥善编排，上下左右四边都要留出一定的空白，使文字图表美观突出。如有插图，要精心绘制，不可粗制滥造。

第 3 节　调研报告的沟通

调研报告的沟通是指调研人员同委托方、使用者以及其他相关人员之间对于调研结果等方面的沟通。

营销调研报告的完成并非调研项目的结束，尽管调研过程的正确组织和实施是调研成功的基础，高质量的调研报告的形成是调研成功的重要方面，但对调研结果的沟通也是调研人员一项重要的任务。

一、调研报告沟通的意义

首先，调研报告的沟通是调研结果实际应用的前提条件。营销调研本身不是目的而是一种手段，是为企业的经营活动提供依据。不形成完整的调研报告，营销调研活动的结果就无从体现。即使调研过程组织得很完美，调研报告也很好，各项资料很精确、有用，但如果不能有效沟通，那些潜在的使用者就无法应用调研结果，调研的目的也就无法全部实现。

其次，调研报告的沟通有利于调研报告的阅读者和使用者更好地了解和接受有关信息。调研报告的沟通过程也是调研人员对调研报告使用者的指导过程。通过与调研人员的沟通，阅读者、使用者能够更全面、更准确地了解调研报告，从而作出正确的营销决策，更好地发挥营销调研的作用。

再次，调研报告的沟通有利于扩大调研报告的使用范围，可以使调研报告为更多的阅读者或使用者所认识，发挥更大的作用。

最后，调研报告的沟通有利于调研人员水平和能力的提高，也有利于调研报告的进一步完善。调研报告的沟通是一个双向过程，在沟通过程中，调研人员可以从委托方了解有关的信息、意见和建议，从而可以对整个项目，尤其是调研报告进行总结、提高。总之，调研报告的沟通是必不可少、十分重要的环节，必须高度重视。

二、口头报告

口头报告是进行调研报告沟通的一种重要形式。与书面报告相比，口头报告可以用生动的语言对不容易理解的内容进行介绍，加深听众的理解；对于有疑问的地方，当面解答，提高沟通效果。

（一）口头报告的形式

口头报告一般分为即兴讲解、按书面报告讲解和专门讲解三种形式。

1. 即兴讲解

这种口头报告形式一般没有充分的准备，适合较小的调研项目。有的对调研项目有全面了解的调研人员，会在没有准备的情况下直接讲解调研报告。一般来说，这种讲解的准确性较差，风险较大，不适用于大中型调研项目。

2. 按书面报告讲解

这种口头报告形式是指调研人员按照书面报告的内容顺序逐一解读，并回答问题。采用这种形式，调研人员有了充分的准备，其讲解的提纲就是整个调研报告，因此比较系统和全面，但是这种形式比较呆板，缺乏重点，难以引起听众的兴趣。因此，在使用这种口头报告形式进行讲解时，最好能配合一些演讲的技巧，如注意和听众的眼神交流或使用辅助工具等，以此来吸引听众的注意力。

3. 专门讲解

这种口头报告形式经过了充分的准备，并不是照本宣科地讲解。它的特点是生动活泼，突出重点，在讲解过程中如果能很好地配合演讲技巧，将达到很好的效果。专门讲解对于讲解者的要求比较高，要求讲解者一定要做好充分的准备，同时要求讲解者有一定的灵活性，发现听众有疑问，要及时停下来进行讲解说明，使听众能更好地理解，因此，这种讲解形式最受欢迎。

（二）口头报告成功的基本要素

口头报告能否充分地发挥其效果取决于许多因素，其中比较重要的是在进行口头报告之前要做充分的准备，同时还要具备很好的讲解技巧。

1. 充分的准备工作

（1）详细的演讲提纲。采用口头报告的形式并不意味着讲解者可以随心所欲、信口开河，同样需要一份详细的演讲提纲，包括报告的大致结构和基本内容。当然，报告的内容和讲解的深度要与听众的专业水平相适应，针对不同水平的听众，应注意了解他们对调研项目了解的专业程度，根据不同的专业程度控制讲解内容的深度。

（2）准备可视化材料。口头汇报时应该通过可视化媒介来展示研究成果。在关键部分应尽可能运用图表等。在用图表时，应该通过色彩来吸引人们的注意力。摘要、结论和建议的呈现也应尽可能可视化。

（3）汇报摘要。提前准备好汇报的摘要，提供给每一位听众。摘要应该能简要介绍口头报告中的主要内容，使听众对报告的内容预先了解，避免听众在听的过程中因忙于做笔记而错过重要内容。

除准备以上材料之外，讲解者还应该有充分的心理准备。在报告过程中难免会有紧张的情绪，为了缓解紧张，可以采取深呼吸和穿着舒适合身的服装等方法加以缓解，更重要的是在口头报告前进行充分的练习，掌握报告的内容，把控做报告的时间，建立自信心。

2. 自信的讲解和发挥

（1）作报告时要充满自信。口头报告的开头非常重要，必须积极、自信，能够吸引听众参与，一开始就调动听众参与的积极性很重要，可以通过提出一个发人深省的问题或陈述做到这一点。在讲解过程中要注意与听众保持目光交流，从听众的目光中解读他们对报告方式的好恶程度和对内容的理解程度。另外，在口头报告中切忌按照写好的发言稿宣读，应该熟悉主题，打好腹稿，多做练习，熟能生巧，在报告时充满自信。

（2）讲解时使听众听懂。口头报告也要针对报告的对象来确定其内容和形式，听众希望在有限的时间内听到调研的主要发现、结论和建议。由于听报告比做报告更难集中注意力，因此要求讲解者的语言要简明、通俗易懂，要有趣味性和说服力。如果要解释一个复杂的问题，可以先做简单的介绍和概括，并运用声音、手势、眼神等加深听众的印象，同时注意讲解的节奏，做适时的停顿，让听众消化讲解的内容。

（3）让听众积极参与。在做报告时解答听众的疑问也是一项重要的内容，但是在报告过程中最好不要回答问题，以免出现讲话思路被打断，使听众偏离报告主题或造成时间不够等问题。在报告开始之前应该告知听众，会在报告之后就个别问题进行解答和交流。如果对于听众的问题，讲解者也不知道答案，不妨坦白承认并承诺尽快找出答案告知对方，这样会加强讲解者和听众之间的交流效果，会增加听众对讲解者的好感。

（4）在规定的时间内结束报告。口头报告一般都有一定的时间限制，在限制的时间内完成报告是最基本的要求。滔滔不绝不仅浪费听众的时间，也会影响报告的效果。因此，在准备时就应注意对时间的把握，并且在讲解的过程中也要时刻注意时间，随机应变。

延伸阅读　口头报告小贴士

三、 辅助工具

进行口头报告时最好借助某些辅助工具。经验表明，借助辅助工具的报告有更好的效果。辅助工具能起到帮助理解、提高兴趣、加深印象等作用。如果口头报告时涉及一组数据或一长串资料，没有辅助工具，听众是很难记住的。对口头汇报而言，应该借助多种形式的辅助工具，形成完整配套的辅助手段。

常用的辅助工具有以下几种。

1. 字板

这是一种简单易用、使用较多的辅助工具。其中，用粉笔书写的黑板，能供讲解者在讲解过程中随时书写一些重要的、疑难的或数字型的材料。此外，磁性板或粘贴板也较多使用。它们的共同特点是能快速地把事先准备好的材料吸附或粘贴在板上展示，但使用的灵活程度不如黑板。

2. 翻板

这是一种巧妙设计的由一定数量的硬纸板组成，能自如灵活地一页一页翻转，用一种特制的支架支撑的辅助工具。事先把在介绍过程中欲向听众展示的材料写或画在纸上，并按介绍时的先后顺序排列好，在介绍时，翻转到合适的页，即可向听众展示相应的辅助材料，使用方便，效果较好。为了加深听众的印象，可以在某些地方做彩色的记号，也可以在介绍时让翻板出现空白页，使听众的注意力集中于讲解者，也给讲解者发挥的机会。

3. 投影仪

利用投影仪可以把预先准备好的画面在口头介绍时适时地在屏幕或墙上显示出来，这是一种广泛采用的辅助工具。投影的内容可以是文字、图表，也可以是复杂的画面。此外，讲解者也可以把所要显示的内容在投影用的软片上写下并显示出来，比用粉笔在黑板上写要方便得多。

随着科技的发展，某些投影软片的内容，如图表，可以用专门的计算机软件制作，并直接由计算机输出。

4. 幻灯机

把需要在介绍时向观众展示的有关内容拍摄下来，制成幻灯片，在向听众作报告时用幻灯机投影出来，具有较好的效果，特别是彩色的效果更好。其不足之处是制作相对复杂，且不能在介绍的同时当场写下并投影出来。

基本概念

营销调研报告　　摘要　　附录　　口头报告

思考题

1. 营销调研报告的特点有哪些？
2. 撰写营销调研报告有什么意义？
3. 营销调研报告撰写的步骤有哪些？有哪些技巧？
4. 营销调研报告的结构包括哪几部分？
5. 如何评价营销调研报告？

案例分析

关于消费者购物模式选择与既定购物模式下影响消费者购买意愿的因素研究

引 言

随着优衣库、Zara 等品牌的迅速崛起，带来了一种全新的购物体验，让人们看到了一种新的购物模式——自助式服装仓库购物模式。显然，很多人迅速适应了这种自由的没有导购的购物环境，甚至有些抵触传统的购物模式。这导致不少商家都眼红于优衣库、Zara 等快销品牌，也有意模仿它们的购物模式。由于不同品牌在产品、店面氛围等方面的构成要素不同，并不是每一个品牌都适合运用这种自助模式。本调研将基于消费者视角研究具有不同要素的服装品牌更适合选择哪种购物模式，若企业不愿改变其现有的购物模式，应该在哪些要素上作出改变，以提高消费者的购买意愿。

调研思路

探索性调研部分主要采用深度访谈方式进行。针对 20 个大学生样本进行深度访谈，了解其对自助式和传统导购式两种不同模式的理解，记录不同模式下受访者描述的购物偏好，以此整理出 20 个可能影响消费者购买行为与购买偏好的因素，作为“可能的自变量”编入问卷进行深入研究。同时，我们还询问了受访者的购买后续行为，分别以“重购”“推荐”等 4 个维度作为描述消费者消费倾向的衡量指标，确定为“待解释的因变量”。

描述性调研部分只采用问卷调查方式进行。前期针对 50 个大学生样本进行预调查，根据分布确定样本总量；通过信度、效度等分析，针对存在的问题修改问卷；进行初步的统计分析，预测可能的研究结果。后期完善问卷后，我们针对 200 个抽样样本进行调查，得到较为全面的数据，构建消费者对购物模式的选择模型和在既定购物模式下的消费倾向模型。

因果性调研部分根据以上两个模型，结合初期假设，解释消费者的购买行为，并提出相关改进建议。

数据分析

一、频数分析

（1）本次营销调研共发放 200 份问卷，收回有效问卷 163 份。问卷发放对象皆是在读大学生，有效问卷的填写人中，男性 58 人，占总调查人数的 35.6%；女性 105 人，占 64.4%。男女比例差异较大，有效问卷回收份数较少，但对数据分析总体影响不大。

（2）在所调查的 163 名大学生中，92 人曾经在 Zara、优衣库等采用自助式购物模式的服装商店购物，约占总人数的 56.4%，没参与过这种自助式购物的人数为 71 人，约占总人数的43.6%。

上述数据说明，在当代大学生中，没参与过自助式购物和参与过自助式购物的人数较为平均，也说明自助式购物模式正逐步为大学生这个消费群体所接受。

（3）提到Zara、优衣库，在所调查的163名大学生中，有48人首先联想到的是这些品牌店内比较自由轻松的购物氛围，此外，价格低廉、店内人潮涌动、款式多样也是他们对这些商家的第一印象（见图13-9）。

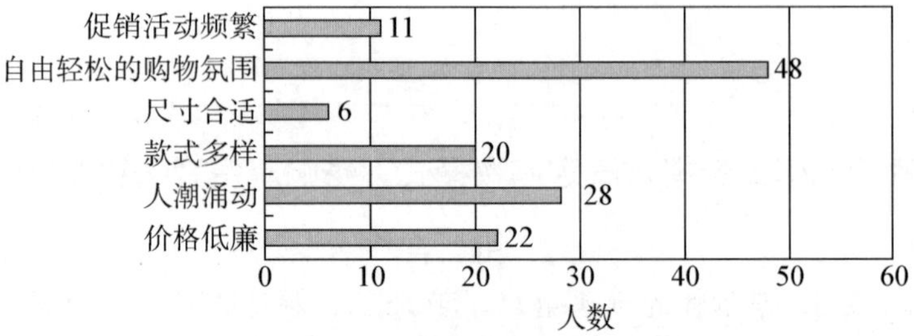

图13-9 大学生对部分自助式购物商家的第一印象

上述结论表明，自助式购物模式为消费者创造的一种轻松自由的购物氛围能给其留下较为深刻的印象，故采取自助式购物模式的服装品牌应继续注重这种购物氛围的营造与维护，强化顾客对这种模式的印象与理解，这样更能提高这类服装品牌在消费者心中的地位。

二、相关分析

本调查拟用相关分析研究自助式购物模式下品牌各要素与消费者重购、推荐等行为之间的相关关系，进而找出与其行为具有显著关系的因素，最终尝试为拟采用自助式购物经营模式的服装品牌提供参考性意见。

本调查设计了包括衣服质量、色彩、品牌logo、橱窗展示、客流量、服装陈列、店内音乐、室内装潢等在内的20项会影响消费者购物意愿的品牌要素，以及包含重购、推荐、关注新品上市、尝试类似品牌的消费者行为要素。录入数据后分别进行了两次相关分析。

第一次分析，选择直接将所有24个项目进行相关分析，初步观察品牌要素与行为要素之间的相关性。

第二次分析，先通过因子分析将代表行为倾向的4个项目归为一个因子Y_1，总体代表消费者对自助式购物的青睐程度，再将20个品牌要素与Y_1进行相关分析，更加直观地筛选出与行为倾向显著相关的品牌要素。

表13-1表明20个品牌要素中的一些要素与消费者行为要素之间的相关关系。

表13-1 相关分析

皮尔逊相关系数				
	继续购买优衣库等	将优衣库等推荐给他人	关注优衣库等新上市服装	尝试其他类似优衣库等购物环境的品牌
服装尺寸	0.290**	0.248*	0.264*	0.292**
室内装潢	0.039	0.213*	0.037	0.046

续表

皮尔逊相关系数				
	继续购买优衣库等	将优衣库等推荐给他人	关注优衣库等新上市服装	尝试其他类似优衣库等购物环境的品牌
服装分区	0.029	0.238*	0.190	0.024
灯光	0.080	0.284**	0.189	0.133
品牌标签	0.064	0.253*	0.214*	0.111
品牌 logo	0.099	0.305**	0.276**	0.060
橱窗展示	0.063	0.259*	0.264*	0.111

注：* 表示相关系数在 0.05 的水平上有意义。
** 表示相关系数在 0.01 的水平上有意义。

皮尔逊相关系数表示两个变量之间相关的密切程度和方向，系数的绝对值越大说明两个变量的关系越密切。通过观察数据可知：

- 继续购买优衣库等自助式购物模式品牌服装与服装尺寸在 0.01 的水平上显著正相关。
- 将优衣库等自助式购物模式品牌推荐给他人与服装尺寸、室内装潢、服装分区、品牌标签、橱窗展示要素在 0.05 的水平上显著正相关，与灯光、品牌 logo 在 0.01 的水平上显著正相关。
- 关注优衣库等品牌新上市服装与服装尺寸、品牌标签、橱窗展示在 0.05 的水平上显著正相关，与品牌 logo 在 0.01 的水平上显著正相关。
- 尝试其他类似优衣库等购物环境的品牌与服装尺寸在 0.01 的水平上显著正相关。

从上面的统计分析结果可以得出，服装尺寸与消费者的四个行为要素都是显著相关的，说明自助式购物模式下，服装尺寸的齐全程度对于吸引消费者具有十分重要的意义，它可以刺激消费者产生偏好并最终作出重购、推荐或者持续关注的行为。因此，建议采用此种购物模式经营的服装企业注意陈列尺寸齐全的服装。

同时，我们注意到，室内装潢和灯光与推荐相关，说明营造良好的购物环境有利于产生口碑效应，提高品牌的知名度和影响力。品牌标签、橱窗展示、品牌 logo 三个和视觉形象有关的要素与消费者的推荐、持续关注显著相关，即自助式购物品牌应善于利用 CIS 以及视觉因素设计，以易于消费者识别挑选，加深其对品牌的印象，进而产生口碑效应和品牌忠诚。

三、Logistic 回归分析

首先进行因子分析，因子分析的前提是变量之间存在相关性，且变量之间相关性较高。针对因子进行 KMO 样本测度，得到 KMO 值为 0.823，大于 0.8，说明此 20 个变量适合进行因子分析。

对 20 个变量采用主成分因子分析，并进行正交旋转，由得出的方差解释表可以看出，选取特征值大于 1 的因子，可以得到 5 个重要的公因子，5 个公因子的累计贡献率为 59.59%，即这 5 个因子可解释原有变量 59.59%的信息。

从各因子的解释变量出发，按因子负荷量将变量归属于绝对值最大的因子，下面是5个因子各自包含的项目。因子 X_1，包含的项目为：服装摆放密集度、购物袋样式、客流量大小；因子 X_2，包含的项目为：店面装潢、背景音乐、服装分区；因子 X_3，包含的项目为：品牌 logo、服装标签、橱窗展示；因子 X_4，包含的项目为：价格、尺寸、质量、服务态度；因子 X_5，包含的项目为：色彩、样式。

接着进行信度检验，通过计算 Cronbach 内部一致性系数，得到信度（见表 13－2)。

表 13－2　信度的计算

项目	样本量	项目数	Alpha 值
X_1	163	3	0.638>0.6
X_4	163	4	0.717>0.6
量表	163	7	0.624>0.6

信度均大于 0.6，说明不用修改问卷（最终仅有 X_1，X_4 进入方程，为节省版面起见，仅提供 X_1，X_4 的信度）。

最后进行逻辑回归，根据向前逐步选择法，逐步将无关变量排除。两步回归的三种检验方法的 Sig. 值均小于 0.05，变量有资格进入方程。最终 X_1 与 X_4 进入方程，方程为：

$$Prob(\text{消费者选择传统模式})=\frac{e^y}{1+e^y}=\frac{1}{1+e^{-y}}$$

$$Y=-0.999-0.218\times X_1+0.167\times X_4$$

● 由上式可得，*Prob*（消费者选择传统模式）随 Y 值增大而增大。

● X_1 项（服装摆放密集度、购物袋样式、客流量大小）相对于 X_4 项（价格、尺寸、质量、服务态度）对消费者选择传统购物模式的影响更大。

● X_1 系数为负，说明看重服装摆放密集度、购物袋样式、客流量大小的消费者更不倾向于选择采用传统购物模式的服装商店，更倾向于选择自助式购物模式的商店。因此，建议自助式购物模式的商店更注重服装摆放密集度、购物袋样式的设计，凸显与传统导购模式商店的不同。Zara、优衣库商店的服装呈现多尺寸密集摆放，方便消费者自由选购，有别于传统导购模式，一定程度上体现了两种模式的差异；同时，控制客流量也有利于 Zara、优衣库商店的发展。

● X_4 系数为正，说明在价格、尺寸、质量、服务态度方面令消费者满意的传统导购模式商店更有可能吸引顾客。因此，建议采用传统导购模式的商店更加注重产品的本质属性，同时提高服务质量。

结　论

1. 企业开展自助式经营模式的必要性

自助式服务是随着电子计算机技术和自动化技术的发展以及经营管理观念的变化而发展起来的。基于其本身的特点，相关研究认为企业用自助式服务替代一般服务具有一定的必要性。

首先，对企业来说，降低了投资成本。一次性投资建立自助式服务设施、对购物环境的各环节进行有利于自助式模式的相关装潢改造，比持续性雇用、培训服务人员更能节省成本。

其次，对消费者来说，自助式服务兼具快捷和方便的特点，有利于提升消费者对购物体验的满意度。如在银行柜台前等待取钱可能要花费较长时间，但利用ATM机不受时间限制，可随时享受服务。再如在自助式购物商场中，消费者不必受导购一路跟随的影响，可以完全在自由的环境中随心所欲地挑选、试穿产品，其顾客感知价值有所提升。

因此，研究认为自助式服务的发展对服务业产生了一定的影响，企业采用自助式经营模式具有可实践性和必要性。

2. 企业的选择——既定模式下如何改进店面因素吸引顾客

通过调查问卷发现，在自助式购物模式下，服装尺寸、灯光和导购人数对消费者的购物意愿以及对购物模式的喜爱程度有显著影响。其中，服装尺寸的影响最为显著，其次为灯光和导购人数。服装尺寸和灯光对消费者产生的均是正向的影响，导购人数产生的则是负向的影响，也就是说，导购人数越多，消费者越不喜欢。

在传统购物模式下，产品种类和店面大小对消费者有显著影响。其中，产品种类的影响大于店面大小的影响。产品种类为负向影响，也就是说产品种类太多会使消费者不愉快，店面大小是正向的影响。

3. 消费者的选择——自助式购物还是传统购物

通过调查问卷的因子分析发现，看重服装摆放密集度、购物袋样式、客流量大小的消费者更不倾向于选择采用传统购物模式的服装商店，更倾向于选择自助式购物模式的商店。因此，建议自助式购物模式的商店要更加注重服装摆放密集度、购物袋样式的设计，凸显与传统导购模式商店的不同。

传统导购模式的商店如果在尺寸、价格、质量、服务态度方面能够令消费者满意，则会比同类商店更有可能吸引消费者。因此，建议采用传统导购模式的商店更加注重产品的本质属性，同时提高服务质量。

4. 自助式购物的兴起与未来趋势

随着企业经营管理观念的变化，应用自助式模式的领域在拓宽，自助式模式的形式在丰富，除了自动服务设施的设计和应用以及基于网络技术的自助式服务外，服装领域采用的“超市型自助购物”也是自助式模式，即将超市货架的商品码放方式和传统悬挂展示方式相结合，陈列尺码、颜色齐全的产品，消费者只需要提起手边的购物篮，像在超市采购日用品一样，自由试穿和选购多件服装。导购人员只在顾客需要时才提供帮助，最大限度地为顾客营造宽松自主的购物环境。

研究表明，对不同的消费者来说，其所需的顾客体验是有差别的。购买平价服装的消费者更倾向于轻松愉快、自由随意的购物方式，事无巨细一路跟随的服装导购人员反而会使其产生消极的购物感受，妨碍其对于商品的判断和选择。许多成功采用此模式的范例表明，自助式购物模式是平价服装品牌的未来趋势。

参考文献

[1] 郭国庆，陈凯．市场营销学．7 版．北京：中国人民大学出版社，2022.

[2] 陈凯．市场调研与分析．2 版．北京：中国人民大学出版社，2021.

[3] 阿尔文·伯恩斯，安·维克．营销调研：第 9 版．北京：中国人民大学出版社，2021.

[4] 郭国庆．市场营销学通论．8 版．北京：中国人民大学出版社，2020.

[5] 卫海英，陈凯，王瑞．市场调研．北京：高等教育出版社，2016.

[6] 庄贵军．市场调查与预测．2 版．北京：北京大学出版社，2014.

[7] 王公达．市场调查．上海：复旦大学出版社，2009.

[8] 蔡继荣．市场营销调研学．广州：中山大学出版社，2009.

[9] 于翠华．市场调查与预测．2 版．北京：电子工业出版社，2009.

[10] 涂平．营销研究方法与应用．北京：北京大学出版社，2008.

[11] 胡瑞卿，李远．当代市场调研理论与实务．武汉：华中师范大学出版社，2007.

[12] 赵伯庄，张梦霞．市场调研．2 版．北京：北京邮电大学出版社，2007.

[13] 柯惠新，丁立宏．市场调查．北京：高等教育出版社，2008.

[14] 薛薇．基于 SPSS 的数据分析．2 版．北京：中国人民大学出版社，2011.

[15] 梁金华，郑媛媛．市场调查与预测．北京：清华大学出版社，2009.

[16] 姚小远，杭爱明．市场调查原理与方法．2 版．上海：立信会计出版社，2009.

[17] 阿尔文·伯恩斯，罗纳德·布什．营销调研：第 6 版．北京：中国人民大学出版社，2011.

[18] 陈友玲．市场调查预测与决策．北京：机械工业出版社，2009.

[19] 张西华，吴国予．市场分析技术．杭州：浙江工商大学出版社，2012.

[20] 小约瑟夫·海尔，罗伯特·布什，戴维·奥蒂诺．营销调研：信息化条件下的选择：第 4 版．北京：清华大学出版社，2012.

[21] 简明．市场研究定量分析．2 版．北京：中国人民大学出版社，2015.

[22] 吴广，刘荣，丁维岱，等．SPSS 统计分析与应用．修订版．北京：电子工业出版社，2013.

[23] 卢纹岱．SPSS 统计分析．4 版．北京：电子工业出版社，2010.

[24] 徐国祥．统计预测和决策．3 版．上海：上海财经大学出版社，2008.

[25] 王玉华. 市场调查与预测. 北京：机械工业出版社，2010.

[26] 高百宁. 经济预测与决策. 上海：上海财经大学出版社，2009.

[27] 张灿鹏，郭砚常. 市场调查与分析预测. 2版. 北京：北京交通大学出版社，2013.

[28] 陈启杰. 市场调研与预测. 上海：上海财经大学出版社，2014.

[29] 艾尔·巴比. 社会研究方法：第11版. 北京：华夏出版社，2009.

[30] 曹洁冰. 读者问卷调查中选择题的简易编码设计和数据分析. 上海高校图书情报工作研究，2007 (2)：55-57.

[31] 郭国庆，张中科，陈凯，等. 口碑传播对消费者品牌转换意愿的影响：主观规范的中介效应研究. 管理评论，2010 (12)：62-69.

[32] 郭国庆，雷羽尚，杨海龙. 电商不同类型促销对购买行为的长期影响：以亚马逊电子书为例. 经济管理，2020，42 (4)：106-123.

[33] 郭国庆，王玉玺，杨海龙. 免费增值商业模式下用户参与度分析：基于在线游戏的实证研究. 管理评论，2019，31 (7)：199-209.

[34] 陈凯，高歌. 绿色生活方式内涵及其促进机制研究. 中国特色社会主义研究，2019 (6)：92-98.

[35] 陈凯，梁皓凯. 居民绿色出行的差异来源与表现：以北京市为例. 软科学，2016，30 (11)：109-113.

[36] 王建明，吴龙昌. 绿色购买的情感-行为双因素模型：假设和检验. 管理科学，2015，28 (6)：80-94.

[37] 郑晓莹，彭泗清，戴珊珊. 社会比较对炫耀性消费的影响：心理补偿的视角. 营销科学学报，2014，10 (3)：19-31.

[38] 赵占波，陈荣，陈凯，等. 购后时间对降价导致后悔情绪影响的探讨：基于产品类型的视角. 管理评论，2015，27 (2)：77-86.

[39] 彭茜，庄贵军. 道德强度在灰色营销行为决策中的影响作用. 西安交通大学学报（社会科学版），2012，32 (3)：29-35.

中国人民大学出版社　管理分社

教师教学服务说明

中国人民大学出版社管理分社以出版工商管理和公共管理类精品图书为宗旨。为更好地服务一线教师，我们着力建设了一批数字化、立体化的网络教学资源。教师可以通过以下方式获得免费下载教学资源的权限：

★ 在中国人民大学出版社网站 www.crup.com.cn 进行注册，注册后进入“会员中心”，在左侧点击“我的教师认证”，填写相关信息，提交后等待审核。我们将在一个工作日内为您开通相关资源的下载权限。

★ 如您急需教学资源或需要其他帮助，请加入教师 QQ 群或在工作时间与我们联络。

中国人民大学出版社　管理分社

教师 QQ 群： 648333426（工商管理）　114970332（财会）　648117133（公共管理）
教师群仅限教师加入，入群请备注（学校 + 姓名）

联系电话： 010-62515735，62515987，62515782，82501048，62514760

电子邮箱： glcbfs@crup.com.cn

通讯地址： 北京市海淀区中关村大街甲 59 号文化大厦 1501 室（100872）

管理书社　　人大社财会　　公共管理与政治学悦读坊